吴式颖　李明德

丛书总主编

外国教育通史

第十一卷

19世纪的教育

（中）

贺国庆　何振海　刘淑华

本卷主编

GENERAL HISTORY OF
FOREIGN EDUCATION

北京师范大学出版集团
BEIJING NORMAL UNIVERSITY PUBLISHING GROUP

北京师范大学出版社

图书在版编目(CIP)数据

外国教育通史：全二十一卷：套装 / 吴式颖，李明德总主编. -- 北京：北京师范大学出版社，2025.1.
ISBN 978-7-303-30486-8

Ⅰ. G519

中国国家版本馆 CIP 数据核字第 20251WL437

WAIGUO JIAOYU TONGSHI：QUAN ERSHIYI JUAN：TAOZHUANG

出版发行：北京师范大学出版社 https://www.bnupg.com
　　　　　北京市西城区新街口外大街 12-3 号
　　　　　邮政编码：100088
印　　刷：北京盛通印刷股份有限公司
经　　销：全国新华书店
开　　本：787mm×1092mm　1/16
印　　张：684
字　　数：9000 千字
版　　次：2025 年 1 月第 1 版
印　　次：2025 年 1 月第 1 次印刷
定　　价：4988.00 元(全二十一卷)

策划编辑：陈红艳　鲍红玉　　　　　责任编辑：安　健
美术编辑：焦　丽　　　　　　　　　装帧设计：焦　丽
责任校对：陈　民　　　　　　　　　责任印制：马　洁

编委会

总主编
吴式颖　李明德

副总主编
王保星　郭法奇　朱旭东　单中惠　史静寰　张斌贤

编　委
（按姓氏笔画顺序排列）

王　立	王　晨	王者鹤	王保星	史静寰	乐先莲
朱旭东	刘淑华	许建美	孙　进	孙　益	李子江
李立国	李先军	李明德	李福春	杨　捷	杨孔炽
杨汉麟	吴式颖	吴明海	何振海	张　宛	张　斐
张斌贤	陈如平	陈露茜	易红郡	岳　龙	周　采
郑　崧	单中惠	赵卫平	姜星海	姜晓燕	洪　明
姚运标	贺国庆	徐小洲	高迎爽	郭　芳	郭　健
郭志明	郭法奇	傅　林	褚宏启		

目 录 | Contents

第一章

德国教育的发展

中世纪之后，德国教育一直不断向欧洲的邻国学习，15—16 世纪向意大利学习人文主义文化，17—18 世纪向法国学习语言和新宫廷文化，18 世纪中叶之后向英国学习自然科学和哲学，18 世纪末期开始学习古希腊和古罗马的文化。在多样性的学习过程中，德国教育逐渐走向现代，并形成了自己的格局。

到 18 世纪末期，德国已经有了等级和类型不同的教育机构。大学在各邦国中的主要城市建立起来，它们已经从 17 世纪的沉沦中恢复了科学和学术的声誉。诸如文科学校和实科学校这种近现代意义上的中等学校开始出现，它们或者从事学术教育或者为工商业培养实用人才，同时也带有师资培训学校的性质。初等教育虽然还主要依托教会，但是政府已经从教会手中获得了监督和管理权，普鲁士已经开始强制要求适龄儿童接受教育。

但是总体而言，直到 18 世纪末期，德国教育还在亦步亦趋地追随他国的脚步。进入 19 世纪后，德国教育突然呈现出新的精神面貌，并且一路高歌猛进。尽管各国各民族的教育各具特色，但是举世公认，19 世纪的德国教育处于世界领先地位。

第一节　高等教育

一、洪堡教育改革的背景

(一)18—19世纪之交的德国社会思潮和文化

以地理大发现为代表的一系列重大历史事件，引起欧洲社会各种重大变化。第一，欧洲社会进入了一个以科学和哲学为基础的新文化新时代，其中对于"人"自身认识的改变是各种纷繁变化中最重要的方面，从那时起人类开始重新认识自己和自身所处的世界。文艺复兴带来了科学与艺术的革命，揭开了近代欧洲历史的序幕。第二，宗教改革运动打破了天主教对人的精神的束缚。第三，启蒙运动宣扬理性和人生的价值，有力地批判了封建专制、宗教愚昧和特权，宣传自由、民主与和平等新思想。这三大解放运动为建立新的社会秩序做了思想上的准备。

文艺复兴运动和宗教改革运动都起源于欧洲中部，而启蒙运动的策源地西移到了法国巴黎。启蒙时代，由于法国的辉煌成就，其政治、文化、军事、教育、语言和生活方式等对欧洲其他国家产生了深刻的影响，成为它们竞相模仿的榜样。法国新宫廷文化一时间盛行于包括德国在内的欧洲各国。

这一历史时期的德国却因为三十年战争(1618—1648年)形成了小国分治的格局，启蒙运动推进受到保守势力的阻碍，其政治、经济和文化等各方面的社会变革比法国要缓慢而平和。在封建专制制度下，德国的启蒙运动不能广泛涉及政治、法律和社会等问题，只能集中在哲学、文学和艺术等文化领域，因而它无法对社会产生广泛而深入的影响。

18世纪中期之前，德国的莱布尼茨(Gottfried Wilhelm Leibniz，1646—1716)、托马西乌斯(Christian Thomasius，1655—1728)、克·沃尔夫(Christian von Wolff，1679—1754)等人就有了鲜明的启蒙思想。1740年弗里德里希二世

继位后，德国的启蒙运动开始走向兴盛。弗里德里希二世把其所信仰的启蒙原则经过合理化改造，通过法律和制度的形式推广到普鲁士，使之成为欧洲的强国之一。到 18 世纪下半叶，门德尔松（Moses Mendelssohn，1729—1786）、莱辛（Gotthold Ephraim Lessing，1729—1781）、康德（Immanuel Kant，1724—1804）等伟大的启蒙主义者涌现。康德提出的"鼓起勇气，运用你自己的理智"①成为启蒙运动中最响亮的口号，"理性崇拜"和"绝对相信理性"成为这个时代的指导思想。

但是恰当启蒙运动达到顶峰之时，法国启蒙思想家卢梭（Jean-Jacques Rousseau，1712—1778）开始进行反思，他强烈反对理智主义（intellectualism）过分偏重理性，指摘理性主义（rationalism）不尊重人性和自然，致使人屈从于制度和规则的枷锁。卢梭指出人类的文明进步造成了自然和文明、理性之间的对立，批判启蒙学者盲目的社会进步观。卢梭的思想对他所处的时代产生了巨大的影响，尤其震撼了德国青年一代的心灵。这一时期的德国文化巨人在年青时代基本受到过卢梭自然主义思想的激励。受卢梭思想影响和维护本民族文化本能的需要，德国也对启蒙运动进行了重新思考，并最终在 18 世纪末期产生了一系列的精神成果。18 世纪最后几年，唯心主义哲学、古典文学和浪漫文艺在各自不同的领域开化，开启了德国文化界一个伟大的时代。

康德的"批判哲学"开启了唯心主义哲学的时代。在康德之后，德国接连出现了费希特（Johann Gottlieb Fichte，1762—1814）、谢林（Friedrich Wilhelm Joseph von Schelling，1775—1854）、黑格尔（Georg Wilhelm Friedrich Hegel，1770—1831）等唯心主义大师。在康德之后的德国文化运动中，古典作者和浪漫主义者都从唯心主义哲学中吸取精神成分，秉承了其精神旨趣。

浪漫主义秉承启蒙运动的怀疑主义，针对启蒙本身的理性主义进行质疑。

---

① Kant I., Was ist Aufklärung?, https://www.rosalux.de/fileadmin/rls_uploads/pdfs/Utopie_kreativ/159/159.pdf, 2022-10-02.

不同于因启蒙运动而产生的现实主义和功利主义，浪漫主义极力强调在精神范畴内寻找问题的答案。浪漫主义的思维和创作体现了历史主义精神。早期浪漫派以古希腊、古罗马或者中世纪的德意志民族为精神故乡；后期浪漫派则主要寻找德意志民族生活的范式，寻找民族之根。

18世纪末期到19世纪初期，德国政治、经济落后，但是在哲学、文学和艺术等文化领域却光辉灿烂，呈现出极不平衡的状况。进入19世纪，国家和民族面临危难之际，社会思潮开始向政治转向，统治阶级和人民借助文化的力量来弥补国力的不足，希冀以此改变国运，实现民族复兴。

(二)新人文主义教育理念

18世纪法国新宫廷文化在德国大行其道。虽然德国社会转型比欧洲邻国缓慢，但是其社会结构也已经走向重构。随着社会生产的发展，资产阶级兴起，其与贵族阶级社会地位差距逐渐缩小，因而提出了自己的文化需求。为了传播其自由主义精神，他们需要在古希腊的哲学、文学、科学等文化领域中寻找载体和支持，借以抵制代表贵族阶级审美的法国宫廷文化。另外，缓慢觉醒的德意志民族意识在狂飙突进运动中兴起，而法国文化不具有本民族特性，德意志人渴望塑造属于自己的文化。基于宗教、政治和社会等多方面的原因，新人文主义终于在启蒙运动后期在德国达到了高潮，取代了达官显贵们的法国新宫廷文化。

德国新人文主义呈现出不同于文艺复兴人文主义的新特征，它虽然继续关注古雅典时期的哲学、文学、艺术和雄辩术等，但是不再刻意模仿，而是论证德国人和古希腊人在精神生活方面所具有的密切关系，试图从中找到精神指引，最终创造出与之相媲美的世界。古希腊世界一时间成为德意志人新的宗教信仰。

新人文主义认为，富有人性的理性，是古希腊所体现的理想，与卢梭所追求的"自然"相符合——人不是神学教条的奴隶，不是社会习惯准则所控制的傀儡，不是囿于某个特定职业的专家，而是具有人的"个性和特性"的人，是真正"人"的意义上的自由人，是自己的生活的创造者，是公民自治社会的首创者。在德国人看来，卢梭所探索的真正的文化和教育可以在古希腊找到完美的典型，他们可以充分地、不折不扣地体现符合自然的创造精神的人类形象。教育就是培育青年的心灵的伟大事业，教育者应该用古希腊人的情操培养年青一代热爱真善美，使他们具有探索真理的勇气和能力以及战胜一切敌人的精神气概。

当普鲁士拉开改革大幕之后，洪堡（Karl Wilhelm von Humboldt，1767—1835）将新人文主义的教育理想灌输到各级学校和大学之中。"用古希腊的模式塑造你自己"这句话，贯穿了整个 19 世纪，深深影响着那些有志于学术事业的学者和学生。

（三）承载民族命运的教育使命

为了抵制新兴资产阶级，普鲁士参加的反法同盟与法国在 1792—1807 年连续爆发了四次战争，但是全部铩羽而归。四次对法战争失败将德国拖到了历史地位的最低点。其付出的代价是延续千年的神圣罗马帝国被取缔，拿破仑占领或者控制了大部分德国领地，严惩了奥地利和普鲁士这两个帝国中最具有实力的邦国。本来在 18 世纪积攒了深厚实力的普鲁士邦国损失最大，它被迫在 1807 年与法国签署了丧权辱国的《提尔西特和约》，不但向法国赔款，还丧失了一半以上的领土和人口。普鲁士国力大损，由欧洲强国下降为二流国家。拿破仑统治德国期间强迫它按照法国模式推翻封建制度，推行社会改革。这虽然从客观上推动德意志民族追赶时代发展的步伐，但是，法国占领也极大地伤害了德国民众的民族感情，唤醒了他们的民族意识。

国内外的纷纭变幻教育了德国人，他们看到了法国人在大革命中显示出来的民族大团结，羡慕法国从中收获的自由、平等，感慨自己顷刻丧失了神圣罗马帝国臣民的荣耀。这些与德国共同的民族语言以及在之前几十年的文化运动中凝聚的"相信自身的价值"信念融合在一起，将原本松散的德国人聚拢在一起，奋起反抗法国占领，争取民族独立和解放。"自由与统一"成为德国人的主要追求，最终形成了持续几十年的民族运动。

德意志民族独立运动中最重要的起源因素莫过于精神信念。晚年的席勒(Johann Christoph Friedrich von Schiller，1759—1805)表示支持拥护各自民族的个性和自主性。费希特将民族主义、世界主义和个人主义结合到一起，提出能够完美代表整个人类的非德意志民族莫属，通过教育德国将成为人类理性王国核心，因此，德意志民族复兴不仅是德意志人而且是全人类的大事。在国家危难之时，洪堡想到要把国人教育成能形成民族共同体的先锋战士。

二、柏林大学创立

1648年三十年战争结束，根据战后签订的《威斯特伐利亚和约》，德意志神圣罗马帝国被分割成大小不一的300多个邦国和自由市。这些政权为了巩固统治，纷纷建立大学来加强实力。大学数量经过较快增加后，德国一度成为欧洲大学数量最多和最密集的地区。[1] 欧洲第一次工业革命后，大学远远落后于科学技术翻天覆地的进步，慢慢成为人们心目中"没有科技含量"和"过时的"教育机构。德国大学突出培训特征，不再是科学和思想的场所，变成了维护自身政权统治的"公务员学校"[2]，丧失了声誉。

法国完全废止了大学，用专门学校和科学院取而代之。因成绩显著，法国已经接替英国成为新的科学中心，其声望助推了以文雅和现代知识(如数学和自然科学等)为目标的法国新宫廷教育扩散并流行到整个欧洲。作为外来文化，法国教育被移植到德国之后开始传播理性主义思想，推动本土的新教育

---

① 贺国庆:《德国和美国大学发达史》，15页，北京，人民教育出版社，1998。

② Ellwein, Thomas, Die deutsche Universität: vom Mittelalter bis zur Gegenwart, Königstein, Athenäum Verlag，1985，p.47.

运动。在启蒙思想影响下，德国的哈勒大学和哥廷根大学显现出崭新的面貌，从众多大学中脱颖而出，人民对于欣欣向荣的大学寄予了厚望。但是到 18 世纪后期，大学整体并没有崛起，反而持续走低。到 18 世纪末，多所大学关停，学生数量也迅速缩减到 6 000~7 000 人，降到两个世纪以来的最低水平。①

（一）关于新建高等学术机构的论战

在大学危机四伏的情况下，普鲁士内部在 1794 年就开始了关于是否在首都柏林新建一所大学的讨论，但是当时保守的弗里德里希·威廉二世（Friedrich Wilhelm II，1744—1797）政府出于政治和财政原因反对新建大学。1797 年，新国王弗里德里希·威廉三世（Friedrich Wilhelm III，1770—1840）继位后支持改革高等学术机构。当时主管教育工作的内政大臣马索夫虽然支持和积极推进高等教育改革，但是反对新建大学这一古老机构，他主张"用专门（高等）学校与科学院取代大学"。马索夫显然深受功利主义和现实主义的法国高等教育模式的影响。

与之相对立的一方，反对法国模式，支持建设大学，维护高等教育的本民族特色。1789 年，席勒在耶拿大学做题为《何谓以及为何学习普遍历史》的演讲时，就通过把"哲学之才"和"利禄之徒"两类大学生做比较，对于当时社会上普遍存在的、以功利为目的的学习态度提出批评。② 康德在其 1798 年出版的《系科之争》一书中系统地论证了纯粹科学的自主独立性，成为德国式大学思想的先声。1802 年，谢林在耶拿大学做了关于大学学习方法的报告，批判了现实主义学风，指出狭隘的专业教育只能满足眼前利益，使得学者在其中迷失了高远的使命。为了克服这种狭隘性，大学不应追求现实利益，而应成为培植科学的学校和纯粹的以科学为目标的联合组织。1806 年，费希特在

①　Müller R A.，Geschichte der Universität: von der mittelalterlichen Universitas zur deutschen Hochschule，München，Callwey，1990，p.60.

②　Friedrich Schiller，Was heißt und zu welchem Ende studiert man Universalgeschichte，http://www.willensbekundung.net/Assets/PDF_Dateien/Schiller_Universalgeschichte.pdf，2022-10-03.

《关于爱尔兰根大学内部组织的一些想法》中表示，"把对自由的科学反思的要求提高到大学课程的一切专业之上"。费希特认为，新入学的大学生并非要拥有大量知识，而是应该学会进行科学的思维。德国人逐渐形成一种广泛的共识，德国应该建设一种并非进行职业教育，而是扩大和介绍科学知识的大学。在这次论战中，德国模式暂时战胜了法国模式。

1806 年普鲁士在和法国进行的耶拿会战中惨败，被迫于 1807 年签署《提尔西特和约》。这个条约使普鲁士高等教育事业遭受到毁灭性打击，易北河西岸哈勒大学等七所大学全部被法国占有，只有哥尼斯堡大学与奥德河畔法兰克福的维亚德利纳大学得以保留。

在国家濒临灭亡之际，弗里德里希·威廉三世终于下定决心加快改革挽救国运。在当时情况下，封建顽固且不思进取的普鲁士比拿破仑扶持的莱茵联邦更加具有承担复兴德意志民族大业的道义优势，因此，具有较高文化素质的德国精英们纷纷聚集到普鲁士，共商民族独立和国家振兴的大计。1807 年 9 月，弗里德里希·威廉三世任命来自拿骚的施泰因男爵担任首相负责改革。在施泰因带领下，开明大臣们对普鲁士的政治、社会、军事和教育等方面开始了大刀阔斧的改革。

在接到哈勒大学校长兼总务长施马尔茨关于在柏林新建大学的请求后，弗里德里希·威廉三世欣然同意，当即表示"好，有勇气！国家应该用精神的力量来弥补在物质方面的损失"。他命令已经接替马索夫工作的拜默在柏林建立一个新教育机构，并要求与柏林科学院有合适的联系，还承诺将原本给哈勒大学的财政拨款用于新建机构。[1] 为了完成这个任务，拜默向数位著名学者发函征求建议。学者们的立场并不统一，其中以费希特和施莱尔马赫

---

[1] Köpke R., Die Gründung der königlichen Friedrich-Wilhelms-Universität zu Berlin: nebst anhängen über die Geschichte der Institute und den Personalbestand, Berlin, Gustav Shade, 1860, p.16.

(Friedrich Schleiermacher，1768—1834)最具代表性。

　　基于唯心主义哲学体系，费希特认为对于理性的追求是人类完成其历史使命的唯一途径，而大学正是使理性连续不断地发展的机构，是人类和社会进步的中枢。作为"人类的教师"①，学者在社会进步中具有特殊作用，所以大学的主要任务是培养学者，使他们同时获得科学修养和道德修养。在《柏林创立一所高等学校的演绎计划》中，费希特指出，大学作为"科学地运用理智的艺术"的学校必须用哲学精神对待科学，而不是片面和功利地运用科学。②学生没有哲学精神就不能真正理解各学科，也不能成为学者。费希特赋予了大学改革以广阔的精神背景，因而被有些学者奉为德国大学观念上"真正的奠基人"。③ 费希特把科学研究理解为针对特定对象的探索，而与哲学精神无直接关联，因而他并不支持在大学进行科学研究。另外，费希特认为大学应该听命于国家，他所憧憬的学校不但是"哲学学府"，还应该如同"兵营或者修道院"一般实行严明的组织纪律。

　　哲学家和新教神学家施莱尔马赫通过《关于德国式大学的断想 附"论将要建立的大学"》表达了自己的立场。他认为，应该在柏林建立一所符合德意志文化和传统，并具有本民族特点的大学。他在书中陈述，真正的大学不是"专门性的学校"，而是"由学者们自由联合而成的科学团体"。大学最重要的目标不是教育，而是"认识"，即唤醒学生的科学精神，使他们深入科学之中，进行创新性研究，去追寻永无尽头的真理。④大学的任务不是传授现成的知识，

----

　　① ［德］费希特：《论学者的使命 人的使命》，梁志学、沈真译，43 页，北京，商务印书馆，1984。

　　② Fichte J.，Deduzierter Plan einer zu Berlin zu errichtenden höhern Lehranstalt, die in gehöriger Verbindung mit einer Akademie der Wissenschaften stehe，http：//edoc.hu-berlin.de/miscellanies/g-texte-30372/9/PDF/9.pdf，2019-01-30.

　　③ König R.，Vom Wesen der deutschen Universität，Berlin，Runde，1935，p.69.

　　④ Schleiermacher F.，Gelegentliche Gedanken über Universitäten in deutschem Sinn. Nebst einem Anhang über eine neu zu errichtende，Berlin，Realschulbuchhandlung，1808，pp.71-80.

而是向学生展现如何发现知识，从中"激发学生们的科学观念，鼓励他们运用科学基本原理进行思考"，并在科学实践的过程中培养学生的科学能力。①而只有哲学才具有这个能力，因此它能够统摄其他科学，统领大学。他甚至提出大学只保留哲学院。另外，他还坚持大学应该立足于培养功能，科学研究任务不是大学而是科学院的主要任务。

费希特和施莱尔马赫都认为：新建的大学应该选址在柏林；从唯心主义和新人文主义的教育立场出发，绝对相信精神的力量；主张新大学不是培训官僚和专才，而是提高思想修养和教会学生学习，并且，哲学是大学学习的基础。但是在其他关键问题上两人存在分歧，其中重要的一点是如何处理科学与大学和国家的关系问题。施莱尔马赫反对费希特由国家治理大学的观点，他认为，以追求真理为目标的科学活动不能受到国家的过多干涉，大学应该"完全独立于国家"，这样才能避免受到功利、实用主义价值导向的影响。为了达到这些目的，社会需要给予教授和学生在物质经济和学术上双重的充分自由。施莱尔马赫所设想的大学体现了其自由主义的大学观。自由主义决定了大学教学的各方面，包括大学任务和职能、教学目标、教学内容、教学方式以及大学和政府之间的关系等，它们都以"自由"为特征。柏林大学应当以"自由"思想为宗旨来建立。

费希特和施莱尔马赫引发了关于建校指导思想的第二次学术大论战。适逢拿破仑继续推行现实主义的教育改革，在法国建立帝国大学，又引起法国模式支持者发声，加剧了混乱。更甚者，1807年10月，拜默由于政治原因突然辞职，并彻底放弃了他辛苦几年的计划。普鲁士新建大学的计划困难重重。

1808年7月，施泰因选定洪堡担任普鲁士教育事业的负责人，尽管他后因躲避拿破仑的追捕而辞职逃往国外，但是弗里德里希·威廉三世在1809年

---

① Schleiermacher F., Gelegentliche Gedanken über Universitäten in deutschem Sinn. Nebst einem Anhang über eine neu zu errichtende, Berlin, Realschulbuchhandlung, 1808, p.48.

2月最终任命洪堡为枢密院成员兼内政部文化教育司司长，负责管理普鲁士教育事业。

（二）创立柏林大学

洪堡并非宗教和教育事务的专家，此前他很少与教会和学校打交道，因而最初并没有为所要承担的重要使命做好准备。为了完成这项艰巨的任务，洪堡一方面寻找密切的协作者，一方面利用自己独特而出色的思维能力，勾勒出教育思想。接受任命后，洪堡选择了尼克洛维乌斯（Georg Nicolovius，1767—1839）、苏弗恩（Johann Süvern，1775—1829）、乌登（Wilhelm Uhden，1763—1835）和施麦丁（Johann Heinrich Schmedding，1769—1847）四名具有启蒙思想的枢密院成员作为助手，着手科学院、国家教育体系、中小学校和高等教育的改革。

为了组建大学，洪堡开始向普鲁士王室请求物质资助，但是最初国王和财政部部长因种种顾虑暂时拒绝了洪堡的请求。针对他们的种种顾虑，洪堡在1809年7月24日呈给国王一份名为《关于在柏林新建大学的申请》（Antrag auf Errichtung der Universität Berlin）的报告。这份著名的报告陈述了在柏林组建教育机构的理由和重要性，阐释了将柏林作为建校地点的优势，提出把柏林所有学术机构重新调整组合，使它成为一个既保持原有机构独立性又"庞大而统一"的学术组织的构想。在报告中，洪堡还提出请求国王每年给予15万塔勒①拨款、捐赠海因里希王子宫殿作为校址等一共七项建议。这份政治文件打消了国王和政府要员的疑虑。8月16日，国王就发布了命令，正式批准在柏林组建大学，并同意了洪堡的全部主张与建议。

在解决了拨款、赠地和获准组建联合学术机构等问题之后，洪堡重启了建校计划。首先要解决的是大学理念、组织机构和制度建设以及聘任教师等问题。针对费希特和施莱尔马赫等人不同的建校意见，洪堡从中发展出了自

---

① 19世纪时德意志的大银币名。普法战争后，成立德意志帝国，以马克代替塔勒为货币单位。

己的理念。1809年年底到1810年上半年，洪堡写作了《论柏林高等学术机构的内外组织》一文。这份手稿虽然没有最终完成，但十分清晰地呈现出他的建校理念。

第一，大学是民族的道德文化汇集之地，大学的基础或者使命是在最深刻和最广泛意义上开展纯粹的科学研究工作，并且将其用于精神和道德教育。

新人文主义的教育目的是在追求真理的过程中培养人性，使学生成为"完人"。为了利于学生形成良好的思维和人格，大学用于研究和教学的"最深刻和最广泛意义上的、纯粹的"科学不应是实用的、专门化的知识，即大学是"哲学的"。因为要不断探索真理，所以大学不但要传授知识，还要不断创造新知识，开展科学研究是第一位的。大学将科学研究和教学结合起来，也就是将研究者和教师相统一。教师们将创新性的研究成果作为知识传授给学生，完成对他们的教育。科研和教学统一，成为大学的支柱之一。

第二，大学的本质分为内在和外在两个方面。大学内在的本质是将客观的科学和主观的教养、教化(Bildung)连接起来。大学外在的本质，即外部组织制度，就是把(已经完成的)中学教学和(即将开始的)大学独立学习连接起来。

当时，以纯粹的推理为依据的真理观和以纯粹的经验为基础的真理观彼此对立。它们分别发展出唯心主义和经验主义两种派别的教育哲学观。而洪堡本着务实的、现实主义的态度，通过建设性的折中立场化解两个派别之间的矛盾——洪堡要创建的大学既不是注重实效的、法国模式的专门学校，也不是费希特所希望的单纯的哲学学府。一方面，洪堡把"好战的"哲学家们引入大学，聘为教授；另一方面，不让哲学家们对组建大学施加影响。最终，洪堡把科学的所有分支结合到一起，让大学成为包括所有科学的机构。[1]

为了保证科学的整体性和统一性，使其完成对人的教养、教化，他认为

---

① [德]贝格拉：《威廉·冯·洪堡传》，袁杰译，80页，北京，商务印书馆，1994。

必须将中学的教学和大学的学习研究贯穿起来。在《科尼斯堡①学校计划》一文中，洪堡曾写道："从哲学的意义上看只有三种：小学课程、中学课程、大学课程。"三个课程阶段不可分割，构成一个整体。与课程阶段的范围一致，"也只能存在三种连续的教育机构"。②对于教育而言，科学是其始终的关注点和关键。对科学进行无尽的探索，可以使深深根植在内心的科学改变人的性格和行为，而这恰是国家所关注的。

第三，大学的基本组织原则是"寂寞和自由"。

作为纯粹的学术机构，大学不受国家干预，也不受社会经济生活的干扰和诱惑。大学师生专注和致力于科学和教养，持守寂寞。自由包括两方面的含义：其一，新人文主义的教育目标"完人"就是"自由人"；其二，只有自由才能保障大学的纯粹科学和独立性。没有自由精神和原则，则大学无以成立。自由原则不但体现在防止大学之外因素的干预和干扰上，还包括在内部组织和运作上，大学教师有"教"的自由，学生有"学"的自由。师生在大学中组成一个联合体，共同从事科学工作。在这个过程中，学者有自由选择研究课题、开展研究和发表研究成果的权利，学生有权利自由选择学习内容、专业、课程和导师。学术自由成为大学的另外一根支柱。

第四，要想保证纯粹的科学、教和学的统一和自由，就要涉及大学和国家的关系问题，大学必须具有独立性，即大学自治。

因为大学由国家创立，需要国家提供制度和资金方面的保障，然而这种支持势必会威胁到大学的自治，所以大学必须"独立于国家所有的组织形式之外"。如果能够得到国家的拨款和赠地，大学经济独立之后便可以实现自主治校，独立运行。另外，大学内部可能出现的门阀之争也会成为自由原则的潜

---

① 即哥尼斯堡。
② ［德］弗利特纳：《洪堡人类学和教育理论文集》，胡嘉荔、崔延强译，73、75 页，重庆，重庆大学出版社，2013。

在威胁。洪堡构思出了由国家任命教授的策略，以此使得各种思想都能够在大学内百花齐放，百家争鸣。同时，国家聘任比大学自主聘任具有更大的吸引力，借此能够帮助新大学尽快招揽到更多、更好的学者。

另外，洪堡在文稿中还思路清晰地论证了如何实现新建学术组织的问题。洪堡批驳了当时贬低、取缔大学而让科学院专事研究的流行观点，提出沿用普鲁士传统上保留下来的两类学术机构，即大学、科学院(和与之并行的艺术院)。这样做是因为：首先，在德国传统中，是大学教师而不是科学院院士承担扩充知识的任务；其次，与科学院相比，大学拥有承载希望的年轻学者，而且教学可以成为辅助研究的手段；最后，各类学术机构所拥有的功能以及它们与国家的关系不同，大学除了具有学术功能之外还与实际生活和政府的需求关系密切，因此可以满足多方面的需求，而科学院只能与学术联系。通过这样的重新规划，原有的两类机构既系统地结合起来，同时又保持了各自的独立性。此外，还要在这两类"有生命力"的机构之外，设置一种"无生命力"的机构，它们是供前两类机构使用的辅助机构，并受其监督。这样，整个学术组织包括大学、科学院和辅助机构三类机构，三者之间既相互独立又相互关联。①如此，包括大学、科学院和艺术院等在内的柏林"所有学术机构"被重新规划为一个"庞大而统一的"学术组织，其中大学在新的高等教育结构中被赋予了不可替代的地位。

简单地说，洪堡关于大学思想的核心就是"教、学和科学研究相统一""学术自由和大学自治"，或者说这两者是大学的两根支柱。洪堡的建校理念既彰显了自己新人文主义的学术理想，又考虑到了德意志民族的学术传统和政治现实。尽管困难重重，但是在他的努力下，柏林大学的筹建工作日益推进。

但是普鲁士政坛又起风云，哈登堡重新回归政坛，开始新一轮的政治改

---

① [德]弗利特纳：《洪堡人类学和教育理论文集》，胡嘉荔、崔延强译，89~98页，重庆，重庆大学出版社，2013。

革。枢密院地位降低造成升职无望，建设大学遇到种种限制，终于使深感失望的洪堡在 1810 年 4 月提出辞职。5 月，国王同意了辞职申请。6 月，哈登堡正式出任首相后批准了洪堡的辞呈。7 月，洪堡得到出任维也纳公使的任命之后，最后主持了教育司的一次会议。同年秋天，洪堡离开柏林，永久告别了政坛和教育界，重新走上外交生涯。自 1809 年 2 月接到任命到 1810 年 7 月正式离职，洪堡在普鲁士主管教育部门仅仅 16 个月，但是他深深影响了普鲁士乃至整个德国教育事业，为整个 19 世纪的发展指明了方向，其影响甚至一直延续至今。《威廉·冯·洪堡传》的作者贝格拉盛赞他是德国历史上最有影响的"心灵大臣""文化大臣"和"精神大臣"①。

洪堡离职后，其助手尼克洛维乌斯继续按照洪堡确定的内外建校原则推进大学筹建工作。1810 年 8 月，施莱尔马赫按照自由主义的构想，撰写了《大学普通规章》，详述了大学的内外制度。9 月，普鲁士内阁任命施马尔茨为柏林大学第一任校长，并任命了四个学院院长，分别为哲学院院长费希特、神学院院长施莱尔马赫、法学院院长比内尔、医学院院长胡弗兰德。第二年，负责选举的委员会成立之后，职位委任改为选举制，费希特当选校长。58 名教师得到聘任，其中包括 24 位编内教授、9 位编外教授、14 位私人讲师、6 位科学院院士和 5 位语言教师。聘任名单中包括了当时欧洲最杰出的学者，除了四位院长外，还有古典语言学教授沃尔夫、历史学教授尼布尔、农学教授泰厄、化学教授克拉普罗特和法学教授萨维尼等著名学者。有人称"从此再没有一位德国的教育大臣或部长可以出示一张更可值得自豪的聘任表"。

1810 年 10 月，学校正式开放后，前后共有 256 名学生在 1810—1811 年冬季学期注册学籍。这 256 名学生中，只有 36 人为贵族出身，其他人都来自普通的市民阶层。10 月 10 日，柏林大学召开了第一次校务委员会暨开学典礼。29 日，建校后的第一场讲座开始，从此柏林大学拉开了其传奇的序幕。

---

① [德]贝格拉：《威廉·冯·洪堡传》，袁杰译，2、69、71 页，北京，商务印书馆，1994。

(三)德国大学模式的形成

1808年，西班牙爆发了反抗拿破仑统治的起义，此后欧洲民族解放运动逐渐兴起。经过1809—1815年的三次反法同盟战争，拿破仑最终被击溃，德国终于实现了民族解放。从19世纪初到维也纳会议期间，德国的大学经历了一系列的震荡和变革。在新的形势下，有的大学被迫停办或者关闭，而以柏林大学为代表的新大学取得了支配性地位。洪堡创立柏林大学，标志着教育改革运动达到高潮。这一轮大学改革一直持续到1819年《卡尔斯巴德决议》颁布和实施。改革的结果是形成了具有德意志民族特色的大学模式。其特色主要有：学术自由在一定程度上得以保障和保留，大学教师在成为体制内有财政保障的教授之前要从编外教师(Privatdozent)做起。

在柏林大学建立之前，德国已经存在多所传统大学，如海德堡大学、哥廷根大学、马尔堡大学、吉森大学、哥尼斯堡大学、杜宾根大学、莱比锡大学和维尔茨堡大学等。它们分散在各地，规模较小，但是早已是历史悠久的学术中心。由柏林大学开始，德国的大学发生了转折——通过对真理的探索，大学把科学传递到全民族受过教育的阶层中。这个转折点对大学及德国的命运起到了不可估量的作用。柏林大学的创办像一个燃烧点发出耀眼的光芒，一切光线全都从这里发出。[1]柏林大学并没有取代或压倒这些传统大学，但是给它们提供了一个改革的参照模式。另外，布雷斯劳(1811年)、波恩(1818年)和慕尼黑(1826年)等地新建大学也以柏林大学为榜样。此后，大学清除了中学教学的气息，变成从事学术活动的场所。科学研究和学术自由的精神在德国蔚然成风，这些大学一起普及、传播和发展科学知识，成为德国的特点和优势。德国大学焕然一新，赢得了各界和人民的普遍赞许，社会上长期要求取缔大学的呼声就此销声匿迹。经历过改革的洗礼，德国大学消除了不断衰退的现象。

---

[1] [英]克劳利：《新编剑桥世界近代史(第九卷)：动乱年代的战争与和平：(1793—1830年)》，中国社会科学院世界历史研究所组译，169页，北京，中国社会科学出版社，1992。

经过这次改革，举办大学的资金得到了国家的保障。

战争动荡时期，尽管国库空虚，但是国家仍然极力为大学提供资助。如同欧洲其他国家一样，随着德意志民族国家的世俗化和官僚化，大学也走向了世俗化、官僚化和专业化。原本作为教会机构的大学在19世纪初期转化为世俗机构，成为地方政府当局的隶属机构，受其领导。作为这个发展过程的结果，大学教师职业实现了专业化，教授成为世俗社会官僚机构的公务员、政府官员。政府提供的资金远不能满足需要，但是优先保证了大学教授们的待遇，使他们能够专心于本职工作，不再为补贴家用而从事教职之外的第二职业。大学内正常的教学和科研秩序也因此得以维持。同时，国家资金保障也吸引了有才能的青年人从事学术工作，为国家高等教育和科技发展准备了必要的人力资源。但是，由国家提供资助也带来了一系列的弊端。通过提供资金支持，各邦政府手握聘任教授、编制预算和纪律监督等权力，使得大学自治只能在形式上得以保留，大学校长、评议会、学院和系主任等的权力和职责都被削弱了，为日后"阿尔特霍夫体系"滥用权力和破坏学术自由提供了条件。

三、德国大学模式的形成及发展变化

(一)德国大学模式的特征

柏林大学一经创办，就表现出与传统大学不同的新特点和新面貌。

1. 大学科研功能和自由原则确立

"为科学而生活，以科学为志业"成为柏林大学的理想，学术自由成为柏林大学的精神主旨，大学自治成为柏林大学的基本制度诉求，它们为促进科学发展创造了良好的条件。

将科学研究作为大学应有的功能和作用，早在哈勒大学和哥廷根大学时期就显露出这个发展方向，但那时教学仍然是大学的主要任务，科学研究只是次要任务。柏林大学扭转了教学和科研的主次关系，把科学研究作为主要要求，授课仅作为次要要求。或者说，在科研方面卓有成效的优秀学者总是最好和最有能力的教师。学术研究的最终目标是取得创新性的科研成果，即新知识，这一点决定了大学教育的主导思想，即学生掌握科学原理、提高思考能力和从事创建性的科学研究。

大学培养的人才不仅是不断探究真理的学术接班人，还是国家发展所需要的建设者。大学通过这个目标确立了它的双重属性，它既是国家机构，又是拥有学术自治权的法人。在这种制度框架之下，国家举办大学，管理财务和人事事务，但是不能直接插手和干涉学术事务。大学拥有学术管理权，以教授为核心进行自我管理。发展科学成为大学成员的共同理想和追求，学术自由和大学自治同时在一定程度上满足了科学研究的基本条件，精神和客观条件方面都为促进科学发展做好了准备。

但是，自由主义思想和教研结合在德国的发展并非一帆风顺，甚至一度步履艰难。1819年学生运动兴起后，德国政治走向反动，这些改革受到阻挠，一直到1848年欧洲革命之后才得以恢复。

2. 哲学院取得领先地位

柏林大学建立之后，哲学院是最早按照新规划的教育路线进行改革的部门。改革之前，哲学院的任务主要是为准备升入神、法、医三个"高级学院"的学生奠定知识基础，因而被看作大学中的"低级学院"。哈勒大学和哥廷根大学的哲学院曾因大力提倡创新型研究，其地位得到提升，然而系科之争并没有结束。建立柏林大学之时，费希特、施莱尔马赫和洪堡等人特别强调哲学院的地位。柏林大学建立之后，哲学院的新目标是为新建的文科中学培养师资，对大学生进行学术教育。不久之后，沃尔夫等语言学者又提出，大学的目标不是培养教师，而是培养学者。在他们看来，任何精通科学的人都具有教学的能力。在他们之后，哲学院中历史、语文、数学和物理学等其他学科的教师也同意这种观点，把培养通过独立研究来提高科学知识水平的学者作为教育的目标。哲学院的地位逐渐提高，成为与其他学院平等的专业学院。

不但如此，哲学院中的语言学和历史学研究为神学和法学两科提供理论基础，新的研究成果取代了以往教条的内容，同时史学研究方法在这个时期统治了这两个学科。而哲学院中的物理、化学、生物等自然科学又是医学知识的基础，医学离不开自然科学的研究方法和研究成果。自然科学已经遥遥领先，成为开路先锋。另外，哲学院中首先推行的讲座（Vorlesung）和习明纳（Seminar，又译为"习明纳尔"）也逐渐发展到各个学院中。在柏林大学，哲学院无论是在科学知识方面，还是在教学方法方面，都确定了领先地位，成为大学中的先驱。

（二）研究型大学形成

1814—1815 年维也纳会议之后，欧洲形成了近代史上第一个重要的国际新秩序——维也纳体系。在德国土地上林立的邦国通过签署《德意志联邦条例》组建了一个新的国家，是一个由 34 个君主国家和 4 个自由市组成的联合体，因此"德意志联邦"（Deutsche Bund）实质上是一个松散的联合体，即"德意志邦联"。这样的结果对于德意志民族而言，既不能满足民族主义对于政治统一的诉求，也不能符合经济社会发展对于用近代国家体制取代中世纪君主制的客观要求。德意志人民还必须为统一和自由的目标而努力。[①]

大学生首先发出了要求民族统一的呼声，他们发起了一场声势浩大的政治运动。大学生联合会在各地的大学中建立起来，并在 1817 年组织了第一场全国规模的活动——瓦特堡大会。次年，全德大学生大会召开。大学生运动对维也纳体系的原则形成了剧烈冲击，政府开始镇压学生运动。奥地利和普鲁士达成协议后，在 1819 年的联邦议会上通过了《卡尔斯巴德决议》，它包括反对和镇压民族统一运动和自由制定的四项法律。按照其中的《大学法》的规定，学生活动和教师的教学受到监视，大学生联合会被取缔，不少教授被指

---

① 郑寅达，《德国史》，187~189 页，北京，人民出版社，2014。

控甚至被解除教职。1837 年，在汉诺威王国掀起的反对暴君的抗议浪潮中，哥廷根大学历史学家达尔曼和格尔维努斯、语言学家格林兄弟、东方学家埃瓦尔德、物理学家韦伯、法学家阿尔布雷希特七名国际著名的学者因为抗议国王违反宪法的专横行径而被开除公职，其中三人还被驱逐出汉诺威。在这种恶劣的环境中，大学前进的步伐没有停止，并深受群众的拥护，科学研究继续向新的目标迈进。

1. 习明纳的发展

习明纳逐渐发展为大学基层和中心的学术组织，习明纳中使用的"教学—学习"方式在大学中得到普及。习明纳并非 19 世纪首创。早在 18 世纪早期，虔敬派神学家和教育家弗兰克(August Hermann Francke，1663—1727)在创办的师范学校中建立了一种用于教学的习明纳，目的是培养高级教师的教学能力。大学从传统的教学方法开始向科研和教学自由过渡也发生在 18 世纪。哥廷根大学兴起之后，教授们在优越的条件和自由的学术氛围中可以开展独创性的研究，它需要一种适应其研究特征的研究机构。古典学者格斯纳(Johann Matthias Gesner，1691—1761)最先把习明纳引入大学之中。他在 1737 年在哥廷根大学创办了哲学习明纳，目的是培养从事教学的神学家。这个习明纳是一个混合体，同时用于培养教师和开展科研。哥廷根大学的另一位古典学者海涅(Christian Gottlob Heyne，1729—1812)用新人文主义的研究方法分析、批判古典文化，对古典作家进行探索，赋予古典著作以新的、符合时代要求的意义。1763 年，海涅创立了一所语言学习明纳。他把新人文主义的研究方法引入其中，有力地加快了习明纳近代化的步伐，而被称为第一个真正意义上的习明纳。这个习明纳被誉为北德地区所有高级教师的培训学院。[1]

之后，类似的语言学习明纳在德国维滕堡、爱尔兰根和哈勒等地的多所大学中陆续建立起来。柏林大学建校的重要参与者和第一批受聘的教授、古

---

① ［德］鲍尔生：《德国教育史》，滕大春、滕大生译，83 页，北京，人民教育出版社，1986。

典学者和现代语言学的奠基者沃尔夫于 1778 年在哈勒大学任职期间也创办了一所著名的语言学习明纳。尽管最初的想法是建立一个教学法习明纳，但是其后来明显地表现出引导学生进入科学研究的趋向，教师通过在研讨班活动引导学生参与科学研究。习明纳由此走上了一个新的高度。总体上来说，这些 19 世纪之前早期的语言学习明纳虽然进行了一些研究，但是主要作为培养教师的方法、形式和场所而存在，通过讨论和答辩来培养学生独立思考的能力和良好的学术品质，同时数量稀少，因而它们对大学影响有限。

施莱尔马赫在其建校方案中提倡习明纳制度，认为这种学习形式能够培养科学精神，并指出了科学精神由哲学唤醒，它"能够深入具体问题的更深层，集合并形成对事物的真正认识，并通过完善认识获得对所有知识本质及其关系的真知灼见"①。柏林大学建立之初的十余年，习明纳仍然少量存在于语言学和哲学等人文学科中，在医学和自然科学中罕见。1820 年之后，大学入学率提高，政府对大学日益重视，投入经费持续增长，其中对科研领域的习明纳的投入最为明显，习明纳的数量随之持续稳定增长。原本主要存在于语言学和哲学领域的习明纳扩展到大学所有学科中：首先是扩散到哲学院中的各学科中，如历史学、数学、社会科学等，然后进入神学院和法学院。医学院和部分自然科学领域中代替习明纳的机构称为"研究所（Institut）、实验室（Laboratorium）或临床诊所（Klinik）"。建立习明纳和研究所这类机构的真正目的是让教师和学生开展合作，通过教师的示范和引导，让学生认识和学会如何进行科学研究。它们就好比科学研究的苗圃。后来，作为习明纳制度开端的教学法习明纳走出大学，进入中学中去了。

教授资格和私人教师制度为大学遴选了优秀人才。教授自我管理和治校的基础是他们拥有胜任能力和具有为科学献身的精神基础。为此，1816 年柏

---

① Schleiermacher F., Gelegentliche Gedanken über Universitäten in deutschem Sinn. Nebst einem Anhang über eine neu zu errichtende, Berlin, Realschulbuchhandlung, 1808, p.48.

林大学做出规定，首次引入了教授资格制度(Habilitation)。教席(教授岗位)的申请者必须拥有博士学位，还要通过授课资格也即教授资格的考核。当青年学者获得教授资格但未被聘任为教授之前，可以担任私人教师。他们可以在大学开课，只能收取学生的听课费，不能从国家获得薪水。大学的学术职业因此成为一个需要漫长等待而又高风险的选择，只有那些真正能力突出、具有浓厚科学兴趣和甘愿为科学奉献终身的青年人才有可能实现成为教席教授的梦想。

2. 科学理念和大学理想的改变

19世纪前30年，自然科学研究在德国逐渐发展成为一种特殊的形态，即"自然哲学"(Naturphilosophie)。这个时期的哲学家同时也是自然科学家，他们身兼哲学研究和自然科学研究。洪堡教育改革后，哲学院地位提高自然改变了大学内部的结构。在知识分子集团中执掌大权的变成了哲学家，哲学之外的其他人文学者位列其后，他们构成了知识分子集团的主体；自然科学家和社会学家只能屈居第三等级。19世纪20年代之前，古典和思辨研究占据了强势地位，德国的学术严重倾向于人文研究，而基于数学和经验的科学受到否定和排挤，自然科学因而走向衰退。可以说，人文主义的科学精神将自然科学带向了哲学思辨，并最终取代了经验研究。

情况突然发生变化。19世纪前期，法国巴黎成为世界科学中心，其精密科学观点冲击着德国哲学观，法、德两种科学观点开始对立、对抗。在两种学派之争中，洪堡的胞弟亚历山大·冯·洪堡(Alexander von Humboldt)率先把法国科学观念引入德国。亚历山大德国人文主义理解的科学精神，主张把青年科学家引向"正确的"科学知识源泉。[1]在他的带领下，近代数学之父高斯(Johann Carl Friedrich Gauss)、有机化学的奠基人李比希(Justus von Liebig)、

---

① [英]梅尔茨：《十九世纪欧洲思想史：第一卷》，周昌忠译，176页，北京，商务印书馆，1999。

数学家雅可比（Carl Gustav Jacob Jacobi）和生理学家米勒（Johannes Peter Müller）等众多杰出的德国科学家纷纷涌现。这些科学精英推动大学潮流开始转向，大学内部实现了自然科学、经验主义和实验方法的繁荣。实验科学逐渐被德国大学接受，后来甚至争取到了大学等级结构中较高的地位。面对哲学地位下滑，德国古典哲学的集大成者黑格尔（Georg Hegel）曾经试图重新给理论哲学新的定位，将其塑造成为一个包括所有人文学科和自然科学在内的科学体系，赋予哲学以新的时代精神。但是随着 19 世纪 30 年代初黑格尔离世，古典哲学就此宣告终结，曾经风行一时的自然哲学也就此消失。大学中古典思辨哲学和新人文主义理想也失去了原来的绝对统治地位。

19 世纪 30 年代，德国的大学开始接受自然科学，这是对德国大学的重要改革。洪堡大学的终极目的是完人教育，完美个性的教育。为了达到这个目的，确定纯粹的学术研究这个使命，即取道科研。人们原来希望用哲学思维、精神探索和解决一切真理问题，促进人和社会进步，现在寄托到自然科学。科学及其研究本身由大学的职能、教育途径变成了目的。

1840 年之后，受内外部反动政治环境影响，大学缺乏改革动力，改革陷入停滞，也没有产生新的大学，人文主义教育理想落空。但是与此同时，新的科学理念产生，研究职能进一步确立，大学内部结构、制度以及高等教育国家体制逐渐形成。在大学体系作用下，德国的科学研究成为专业而又组织严密的活动，而英法两国的科学研究仍然是业余爱好者或者大学之外个别学者或机构的兴趣所在。19 世纪 40 年代之后，德国取代法国成为世界科学研究的中心。19 世纪中叶之后，德国在自然科学方面终于赶超了法国。

3. 德国大学在突飞猛进中的危机

普鲁士改革后率领德国各邦国走上了工业化道路。从 19 世纪 50 年代到 70 年代第二帝国成立之时，德国工业化就实现了突破，快速地完成了第一次工业革命。当第二次工业革命到来之时（19 世纪 70 年代），刚刚统一的德国已经由原来的工业化迟到者转身成为新时代的急先锋，迅速走上了资本主义生产的快车道。虽然德国自然资源匮乏，但是它能够最充分地利用有限的资源，大规模集中发展重工业。这使得德国经济增长速度惊人，一鼓作气地完成了人类史上最迅捷的工业化进程。① 19世纪末，德国已经成为欧洲最强大的国家和经济体。

19世纪中期，德国资本主义进入全盛时代。科学一路高歌猛进，不但在学术方面脱离哲学自立门户，其自身体系也不断扩大。承担科学研究和教学功能的大学也随之扩张，已经由洪堡改革前后的小型精英机构成长为"庞大的组织"，学生和教授数量猛增。另外，大学编制中还增设了大量学术内外的辅助、管理和服务人员。随着大学生数量增加和大学规模不断扩张，国家高等教育体系日渐庞大。造成德国大学生数量猛增的原因有多个方面，包括人口增长、社会经济繁荣带来的各阶层财富增加、大量中产子弟增加、外国留学生涌入以及学生负担过重造成的学习期限延长等(表1-1)。

表1-1 19世纪德国大学学生和教授人数统计表② 单位：人

时间	神学院	法学院	医学院	哲学院	总计
1830年	6 076	4 502	2 355	2 937	15 870
1850年	3 006	4 386	1 932	3 102	12 426
1904年	3 777	11 747	6 948	15 205	37 677
1810年	151	140	201	394	886
1860年	137	127	194	465	923
1900年	215	188	443	894	1 740

德国大学模式取得巨大的成功，在19世纪末深刻影响了欧洲甚至世界多个国家的高等教育，与此同时，它也深陷危机之中。究其原因：一是无法适

---

① [美]多德：《资本主义经济学批评史》，熊婴、陶李译，85页，南京，江苏人民出版社，2008。

② [德]鲍尔生：《德国教育史》，滕大春、滕大生译，131页，北京，人民教育出版社，1986。

应工业化社会中社会和知识发展的需要，二是它作为社会机构无法满足对其提出的需求。

第一，高等教育发展方向转变，大学学习向为现代职业做准备转变导致洪堡理念的危机。19世纪后期，大学生数量快速增加，但是他们在学院之间的分布极不平衡，神学院学生数量锐减，哲学院学生数量猛增。另外，大学之外中等层次的职业院校因社会需求升格为高等层次，技术大学应运而生。申请到这类学校就读的学生数量增长远超传统大学。虽然它们被大学和社会视为低等院校，但是因为工业社会发展需求的推动，其自身学术水平快速提高，又经过艰苦努力争取，这类院校在1865年获得自主权，并在1899年最终获得博士学位授予权，拥有了和普通大学相等的地位。

新申请入学的学生选择不同于以往的学院或者非传统大学的新教育机构，原因在于学生的家庭出身和背景发生了变化。他们中很多不是特权阶级，而是有经济条件和文化的中产阶级子弟。学生及其家长对洪堡建校时期的大学教育理念并不认同，学习的目的更加务实，就是为了以后谋生做准备。与此同时，随着19世纪第二次科学革命来临，大学教授在自己领域内专业化分工更加明确并向纵深发展，学科专业之间距离拉大，并且学术工作日益脱离社会。学生人数大增和专业多样化可能危及教授们的利益，促使保守主义抬头，有些人甚至拒绝承认现实而沉迷于对德国学术传统的缅怀中。毕业生市场出现供大于求的状况。

第二，德国模式的理念危机导致大学内部结构分裂。德国洪堡式大学是为培养社会精英而设计的，教育对象是有文化的特权阶级。大量务实的学生涌入大学之后，他们忽视人文素养，学习精力集中在为职业做准备的实践课程中。19世纪70年代德意志第二帝国建立之后，部分邦国迎合来自社会经济生活和学生自身的学习需求，开设实用课程，支持高等教育机构联系商业部门开展研究。大学在教学和科研之外还要为社会服务，这种新职责无疑会引发对洪堡式大学理念的质疑。

第三，大学内部群体之间的矛盾凸显，社会要求大学开放，教授却走向封闭。在小规模的精英大学中，教席教授具有绝对的支配权和话语权。随着大学规模的扩张，非教师系列教育管理人员数量快速增加，但是他们没有发言权。没有拿到国家聘任证书的讲师数量也大大增加，他们与教授之间的规模差距逐步减小。为了谋得教席职位，提高地位和经济收入，他们彼此之间的竞争日趋激烈，事业发展步履艰难。激烈竞争虽然会激发创新能力，但是也带来不可避免的挫败感。教席教授们为了维护自身利益，极力维持原有格局，拒绝变化。这样的现实带来的后果就是，当学生群体日益向社会开放时，教师群体日益与社会隔绝。①

第四，政府干扰大学自治。政府运用政策工具和手中的资源来直接或间接控制大学。具体包括：任命教授，尤其是19世纪末形成的阿尔特霍夫制度规定，政府可以不经学院同意而任命符合自己意愿的教席教授；大学众多开销，包括研究机构、图书馆、设施设备场地和教授工资等各方面都由政府财政提供；政府出资建立教学—科研相分离的独立于大学之外的研究所；允许企业举办大学，成立专门的教师教育机构等。

教授为了维护自身垄断地位，一般拒绝接受随工业社会到来而产生的应用型研究。面对大学的保守，不被大学容纳的学科及其研究只好退出大学，被迫在大学之外寻找落脚之地。同时，工业发展必须要展开应用型研究，有实力的企业开始建立自己的工业实验室和研究所。在共同的利益驱使之下，被大学实验室拒绝的大量化学家、物理学家等自然科学家便涌入工业实验室和研究所。正是借助这种结合方式，德国才能在如火如荼的第二次工业革命

---

① ［瑞士］瓦尔特·吕埃格：《欧洲大学史(第三卷)：19世纪和20世纪早期的大学(1800—1945)》，张斌贤、杨克瑞等译，61页，保定，河北大学出版社，2014。

中实现在"另一个规模上利用科学"①，规模远远在英法等国家之上。

自19世纪60年代独立的工业实验室和研究所出现开始，这类科研机构的人员与大学教授无关，属于专职研究人员，完全脱离教学，但是他们的工作使得科学研究和工业生产保持紧密联系。随之而来的是，科学工作者不可避免地不再隔离于金钱、名誉和地位之外。

沿着这条道路发展的结果就是，原有的大学内部竞争机制只有在不需要大型设备和实验室的人文学科和基础自然科学等领域才能够发挥作用，同时大学与工业实验室和研究所之间产生了新的竞争机制。随着实验研究蓬勃发展，大学之外的科研机构不断向大型化发展，他们逐渐对大学形成竞争优势，开始抑制实验研究在大学内的发展。大学之外的庞大的科研组织对于科学的发展作用越来越大，最终"足可以与大学分庭抗礼"②。1910年专门的科学研究机构威廉皇帝协会成立，标志着教研逐渐分离时代的来临。

四、技术大学的出现和发展

除了应用型研究之外，科学技术的惊人发展还要求从业人员必须掌握相关的科学知识，因而社会需要大学培养应用型人才。但是大学同样拒绝提供这样的服务。现实只能是设立相当于大学水平的科技学校，除此之外别无他途。③ 在19世纪20年代普鲁士领导的德意志工业化转型之初，从事技术教育的中等层次的综合型"技术学校"（Technische Schule）就开始出现。它们进行自然科学基础知识和工艺技术的教育，培养工程师等实用人才。在高等教育单一的学术导向之下，为了提高自身地位，同时也是为了学生的利益，这些学校只能向学术化靠拢，越来越注重理论教育。19世纪60年代，一部分这类机

---

① [英]贝尔纳：《科学的社会功能》，陈体芳译，71页，北京，商务印书馆，1982。
② [英]贝尔纳：《科学的社会功能》，陈体芳译，285页，北京，商务印书馆，1982。
③ [德]鲍尔生：《德国教育史》，滕大春、滕大生译，133页，北京，人民教育出版社，1986。

构开始摆脱纯粹的职业教育性质，渐次升级为高等层次，升格为综合类的多学科"技术高等学校"（Technische Hochschule）。但是大学拒绝一切变革，既不承认技术高等学校的学术地位，也不承认实科中学（Realschule）具有高等学校预科性质。

到 19 世纪 90 年代，德国的诸大邦国都已经建立了自己的技术高等学校，包括达姆斯塔特、布伦瑞克、慕尼黑、亚琛、汉诺威、柏林、卡尔斯鲁厄、斯图加特和德累斯顿等。与大学的固执僵化相比，技术高等学校迎合工业生产的需要，参与应用科学研究的热情高涨，其学术水平不断提高。1899 年，9 所技术高等学校最终都获得了博士学位授予权，在学术地位上已经与大学平等了。尽管在社会声望上还不能与大学比肩，但是在发展速度方面技术高等学校已经超越大学——从第二帝国成立的 19 世纪 70 年代到 20 世纪 30 年代纳粹窃取政权之间的约 70 年间，大学数量基本保持不变，而技术高等学校无论是在机构数量还是学生数量上的增加远远超过大学。除了综合类技术高等学校，德国还先后设立了高等教育层次的工、农、商、军等单科技术学校（Technische Schule）或专业学院（Akademie），但是其规模和影响要远远逊于前者。

第二节　中等教育

一、文科中学创立和发展

在洪堡教育改革时期，以洪堡为首的人文主义者坚信人性、人的使命和人的力量，并按照他们的理想塑造人类。他们改革中等学校的指导思想是要对青年进行"全面教育"，途径是革新教学方法和教学内容。中学教育培养目标是通过"全面教育"，发展和锻炼学生的智力和能力，让他们在毕业之后具备在大学中从事学术研究或者在社会上从事某种专业工作的良好基础。这一革新主要包括：对于教学方法而言，就是用生动活泼的方法取代原有死气沉沉的方法；对于教学内容而言，既让学生主动自愿地学习"最有价值的"知识，也就是优秀的古典文化（古希腊和古罗马文化），又让他们掌握当代世界伟大的最新智慧成果，其中首要的是数学等自然科学。

从"教育是为了充分发展人的个性"这一教育理念出发，洪堡形成了对国家教育体系的基本概念。其基本观点是，国家各种类型和层次的学校并非彼此分割，所有学校应该是一个整体，其中中学是连接小学和大学的桥梁。洪堡在1809年《哥尼斯堡和立陶宛学校计划·论拟进行的哥尼斯堡学校教育改革》一文中写道"从哲学角度上而言，只存在三种阶段的教学：基础教学、学校教学和大学教学"，即通常认为的小学、中学和大学三类教学。对于三种学校类型，洪堡有自己独特的认识。他认为，小学还够不上学校，只是为真正的教学做准备。中学才能够被视为学校，但是中学本身也没有意义，其目的是为大学做准备。而大学不再是学校，因为大学中被称为教师和学生的，其真正的身份是独立的研究者和接受指导的研究者。除此之外，社会中存在的各种其他类型的学校，其定位不清，它们不是真正的教育机构，而是训练机构，应该从学校教学中剔除，只保留具有研究性质的学校。①

1810年7月洪堡从教育司辞职之后，他的助手苏弗恩根据即定改革思路，很快落实了洪堡的构想。

第一项措施是进行教师从业资格制度改革。7月，普鲁士颁布了录用中学教师的敕令——《学校教师资格考试规定》，对学校师资教育做出了新规定。在这之前，中学教师由具有神学背景的教职人员充任，此后必须由具有哲学和人文学科基础的人士担任，由此，中学教师的地位提高到学术专业工作者的行列。

---

① ［德］贝格拉：《威廉·冯·洪堡传》，袁杰译，73~74页，北京，商务印书馆，1994。

第二项措施是进行课程改革。旧文法学校只有一门主要课程——拉丁文写作。为了推行"全面教育",培养学生写作和文学素养,同时增加他们在实科方面的知识,新课程规定将拉丁文、希腊文、德文和数学四门功课作为主要课程,同时还增加了自然科学、历史和宗教等方面的教育。虽然因战争等因素影响,这个新课程计划没有正式颁布,但是它显示出中等学校总体发展方向。另外,这一时期普鲁士在教学方法上推广家庭作业和学生独立进行创新性的小规模研究。

第三项措施是进行毕业考试制度改革。普鲁士在1812年增补和修订了1788年公布的中等学校毕业考试办法,要求学生精通拉丁文和希腊文,对德文和数学也有一定要求。毕业制度改革的重要成果是从原有众多大学预科性质的中学中挑选出正规的学校,赋予其主持毕业考试的资格,这些学校就是文科中学(Gymnasium)。到1834年,所有大学全部被禁止自行举办入学考试,文科中学毕业文凭成为学生进入大学学习唯一的资格证书。舒尔泽(Johannes Schulze)在1818—1840年主管全国中等教育事业期间,制定了很多影响深远的教育法规,推动中学教育向洪堡中学"全面教育"目标稳步前进。

文科中学是以上系类改革的成果,它排除了其他学校类型,成为唯一的正规的大学预备学校。文科中学承担了大学中原先由哲学院承担的普通教育任务,其学生精通拉丁文和希腊文两种古典语言,具有现代德语和现代科学的良好基础,拥有了进行科研的基本技能。

但是这样的培养途径也带来了不可避免的消极影响。因为学业负担大增,所以学生学习压力过重和劳累过度,学习年限也被迫延长两年左右,学生升入大学年龄推迟到20岁左右,大学毕业年龄推迟到25岁,甚至到30岁。社会对此怨声载道,开始出现批评的声音,并提出改革的呼吁。另外,19世纪40年代,德国政治趋于保守,希望通过中学教育禁锢现代思想,统治者重新强调教条主义的宗教教育,妄图让文科中学倒退到16世纪梅兰希顿时代文法学校的样子。在这种环境下，1856 年普鲁士教育大臣维泽出台了新的《中学教学细则》，试图将中学教学限制在人文学科范围之内。维泽制严重削弱了自然科学课程，但是对其他方面影响有限。

1871 年德国重新统一，俾斯麦当政期间，包尼茨（Hermann Bonitz，1814—1888）在 1875 年接替维泽出任普鲁士教育大臣，终止了维泽的教育路线，重新推行洪堡"全面教育"思想，试图恢复舒尔泽在 1837 年制定的教学细则。但是，通过古典文化进行新人文主义教育的思想已经受到来自社会的质疑。因为经过一个世纪之后，社会生活已经与洪堡时代大相径庭——19 世纪，欧洲发生了第二次科技革命和工业革命，资本主义生产方式、人们的生活方式和社会制度经历了激烈转型，社会对人才培养有了多方面的需求，而且青年对古代文学已经失去兴趣，他们需要切合生活体验的文学、艺术和诗歌，当然也要求适合现代生活的教育。

1888 年威廉二世（Wilhelm II，1859—1941）继承德国皇位，作为在 19 世纪成长的一代，他强烈不满学校的教学方法，认为传统的古典文化教育无法起到真正的人文主义文化的教化作用，坚决要求改革。1890 年 12 月，柏林国会期间，威廉二世亲自召开了全国学校工作会议，他在开幕词中宣布了其改革的决心。但是，国会中的老一辈人亲历过新人文主义教育的辉煌时代，他们竭力推崇古典文化，主张维持原状。新旧势力之间爆发了尖锐的冲突。

在这样的情况下，1892 年政府公布了新的《文科中学教学规则》。文科学校限制古典课程而突出德文作为主要科目的地位，课堂教学大量削减拉丁文教学时间，取消了对拉丁文论文的要求，同时突出德文教学，要求只有等级为"良"以上的成绩才能通过毕业考试。但是与之相悖的是，德文课的标准却比以前降低了，授课时数也减少了。与此同时，新的规则继续维护文科中学排他性的"正规学校"特殊地位，文实中学和以现代科技教育为核心的高级实科学校则不享有相应的权利。

二、文实中学和高等实科学校的创立与发展

自从洪堡提出中等教育改革计划之后，德国各地为数众多的文法学校在 19 世纪走上了迥然不同、命运各异的发展道路。一部分条件良好、水平较高的文法学校被授予中学毕业考试资格，成为受国家认可的正规学校，即文科中学。而办学条件不足的那部分文法学校被排除在文科中学之外，它们或者成为文科中学的预备班，或者转变为相当于文科中学中、低年级程度的中等学校。后者通过减少古典课程、增加现代课程发展成为培养目标各异、教育层次不同的各种市民学校(Bürgerschule)。

19 世纪初期，在文法学校之外，还有一种学校类型——实科学校(Realschule)。这种类型的学校出现在 18 世纪中期，它们与传统学校差异化明显。"实科"表示注重现代精密科学，在课程设置上与实际生活联系紧密，如自然科学课和化学课，还利用化学实验室、木材和玻璃车间进行手工艺教学。创立伊始，这类学校成为其他国家教育改革效仿的榜样。

19 世纪初的洪堡改革后，德国人文主义教育盛行。特别是 19 世纪 40 年代之后，政府干涉学校办学，限制和削减自然科学教学，强制实科学校增设神学和拉丁文课程。维泽主管普鲁士教育期间，推行以文科中学为主的教育政策，但是他也认识到必须补充其他类型的高级中学。

1859 年普鲁士政府制定并公布了一系列改革方案，包括关于实科学校、高等市民学校教学和考试的规定以及《实科学校课程编制》。由此，实科学校被一分为二，成为甲、乙两级。甲级实科学校(Realschule I)学制九年，设置神学、拉丁文和现代语言、历史和地理、数学和其他自然科学等课程。这个时期德国科技研究所已经发展起来，需要后备人才。甲级实科学校被看作培养和训练这种实际工作人才的正式预备学校。乙级实科学校(Realschule II)学制六年，课程设置不包括拉丁文，教学目的是培养基础的实用人才。按照当时的规定，甲级实科学校的毕业生除了不能升入大学之外，其他方面与文科

中学等同。到了 1870 年，甲级实科学校的毕业生被允许进入大学哲学院，专攻数学、自然科学和外国语等专业。

1882 年，政府制定了新的课程方案，将甲级实科学校更名为"文实中学"（Realgymnasium）。虽然如此，文实中学的实际创建要从 1859 年算起，它成为文科中学之外得到政府认可的第二种中学类型。它打破了文科中学的垄断地位，开辟了进入高等教育的第二条道路。由此，德国中学学校体制由单轨制转变为双轨制。这个课程方案还将乙级实科学校加以扩充，称为"高级实科学校"（Oberrealschule）。1892 年柏林教育会议期间，高级实科学校也被授予毕业生可以进入大学哲学院学习的权利。

三、中等教育新结构

1892 年改革作为保守派和改革派相互妥协让步的产物，各方对此都不满意。尽管如此，新的规则得到大力宣传和快速实施，但是饱受非议。批评主要集中在新规则保留了文科中学的特殊地位，中等教育单一轨道的结构不可能满足一个正在快速发展的国家对于各类型人才的需求。推动这项决议的势力本想继续保持文科中学的特殊地位，但是实际情况让他们始料未及，愿望落空。因为随着学生人数的急剧增加，文科中学正常教学受到严重冲击，如果继续坚持由文科中学独揽各种教育，势必导致古典学术走向毁灭。为了避免灾难，文科中学不得不让出自己的垄断优势。1892 年新教学规则很快就被废止了。

1900 年 6 月，国会再次召开学校工作会议，讨论学校改革问题。有了前车之鉴，各派势力的代表很快取得共识，将三种类型的中等学校放到同等地位上，承认它们拥有一样的权利。德皇接受了会议讨论的结果，于同年 11 月发布敕令，批准三种学校在原则上具有同等重要性，拥有同样的资格。

1901 年政府公布了新的规章，制定出普鲁士各类学校的课程编制和考试制度，三类学校相互配合成为大学的预备学校。三类学校的差别体现在课程设置和教学内容上，主要体现在古典语文课程、德语、现代外语以及自然科学等方面。文科中学以古典语文、德语、数学和宗教为主要学科，强调拉丁文和希腊文，坚信古代语言研究的教育价值，反对功利主义倾向；文实中学只保留拉丁文教学，在高年级以德语和现代科学为教学重点；高级实科学校完全废弃古典语文，以现代语言和文学、自然科学和文化教学为主。

尽管三类学校的毕业证书在高校入学资格上具有同等价值，但是毕业生申请升入大学的资格依旧存在着等级差别。文科中学毕业生可以申请大学任何专业，文实中学毕业生依旧只能申请现代语言和自然科学专业，高级实科学校毕业生可以申请进入技术大学深造。也就是说，进行古典语文教育的文科中学实际上依旧享有垄断地位。

第三节　初等教育

17世纪中期，德国地方政府从教会手中取得了初等教育权，开始实行强制教育。欧洲启蒙运动后，德国逐渐走向近代化，特别是18世纪末期兴起的教育改革运动给初等教育带来了丰硕的成果。其中的代表人物是瑞士教育家裴斯泰洛齐(Johann Heinrich Pestalozzi，1746—1827)，他为初等学校指明了发展目标和发展途径。裴斯泰洛齐主张教育就是要培育自由人、发展人的天赋和才能，教育工作者的责任就在于唤醒和激发人的潜能，因此必须革除以往靠死记硬背的灌输式的陈旧教学方法，利用新手段提高教育效果。法国大革命之后，欧洲陈旧的教育普遍走向末途，这给裴斯泰洛齐的教育思想铺平了道路。

普法战争的惨败把德意志民族推向亡国灭种的境地，普鲁士为了民族复兴开始了全面的社会改革。以施泰因为代表的普鲁士改革政治家认可裴斯泰洛齐的教育新思想，曾经派遣大批青年去瑞士学习。

作为一名忠诚的爱国者，费希特试图唤醒德意志人民，实现国家统一。1807年12月—1808年3月，费希特坚持周日晚上到柏林科学院发表演说，宣传爱国主义。在其系列演说词中，费希特首先指出维护德意志民族、复兴国家的首要任务就是提高国民的文化素养和教育水准，脚踏实地解决培养"全面发展的人"这一教育课题。他把德国的未来和希望寄托在培养新国民的教育制度上，主张必须强制推行国民教育。

德国民族意识逐渐觉醒，人民认识到要摆脱被统治者奴役的状况，就必须成为能够按照自己意志行动的自由人。在裴斯泰洛齐思想的指引、费希特爱国主义宣传的鼓动和政府的推动下，德意志民族进行教育改革的热情高涨，德国人把国家命运寄托在下一代人身上，强烈渴望培养出能够承担国家复兴重任的青年一代。

为了尽快推行新教育，普鲁士和勃兰登堡邦率先成立了教师学习班，后来各地纷纷建立了以裴斯泰洛齐教育原则为指导的师资培训学院。尽管当时的物质条件极其简陋，但是人们在坚定信念的支撑下克服困难，推动师资培训学院和初等学校走向兴旺。到19世纪40年代，仅普鲁士就拥有40多所这样的培训机构，其中包括很多笃信裴斯泰洛齐思想的优秀教师。

当时师资培训学院基本能够自我管理，自行选择教材，探索教学方法。师范教育的目标包括两个方面，既要教会受训者今后上课所需要的专业知识，还要培养他们进行教学实践的技艺。为了完成第二项目标，师资培训学院都附设了初等学校作为实习场所，供未来的教师观摩资深教师的示范课，并在他们的指导下进行教学实习。

1840年之前的师资教育和初等教育并非一路坦途，受到了当权者的质疑和阻挠，他们不相信人民，轻视基层群众的爱国主义对于民族复兴的作用。对于发展国民教育事业，统治阶级阳奉阴违，一再拖延和阻挠教育改革。虽然没有得到政府支持，但是师资培训和初等教育并没有受到高压政治的太多影响，而是能够稳步向前。

1840年之后，德国政治日渐趋于极端保守甚至反动，对教育的消极影响越来越大，甚至开始关闭师资培训学院，攻击和侮辱教师。1848年德国爆发的革命被政府镇压，普鲁士国王威廉四世将人民起义归罪于国民教育，民众开智势必危及君主统治，他甚至在当年的师资培训教师会议上公开用恶毒的语言攻击教师。为了迎合国王，1854年普鲁士教育部出台了《普鲁士国民学校法规》，将反动思想法律化。它是一部政府就国民学校管理、行政和教师监督等方面制定的法规，指出地方政府与教会对学校具有重要作用，以抽象概念为基础的人的教育是无效甚至有害的，明确规定学校必须加强宗教教学。教师的首要任务是向学生灌输对皇室的爱戴和对上帝的忠诚，禁止学校使用任何能发人深省的课外读物，取缔任何带有启发性的教学方法。师资培训学院的任务是培养教师而不是幻想做学者的人，为此法规要求其大幅改变教学计划，削减教学科目，剔除教育学原理、教学理论和心理学等内容。总之，该法规通过课程编制来限制初等学校和师资培训学院的自治和自由，其根本目的是全面抵制洪堡改革以来的"全面教育"，降低教师的知识水平和初等学校的办学标准，把初等教育降低到宗教统治时期的水平。

19世纪60年代俾斯麦担任首相之后，普鲁士的政治发生转变，社会生活趋于积极，教育政策也开始发生显著变化，此前制定的反动法规被废止，代之以1872年的《普鲁士国民学校和中间学校一般规定》。该规定明确：教学目标要提高各学科的学习效能，尤其重视历史和自然学科；教学方法限制死记硬背，提倡促进学生理解和思考力发展。恢复师资培训学院的教育理论、心理学和逻辑学等方面的课程，增加自然科学和现代外语等教学内容。扩大初等学校教学规模，并对各科的教学做出规定(表1-2)。

表 1-2 德国国民学校课程和各阶段课时分配① 　　　　　单位：课时

学科	多班制国民学校			单班制国民学校		
	低级阶段	中级阶段	高级阶段	低级阶段	中级阶段	高级阶段
宗教	4	4	4	4	5	5
德语	11	8	8	11	10	8
算术	4	4	4	4	4	5
几何	—	—	2			
绘画	—	2	2	—	1	2
自然	—	6	6(8)*	—	6	6
唱歌	1	2	2	1	2	2
体操(手工)	2	2	2		2	2
周课时数	22	28	30(32)*	20	30	30

*：符合规定有关条款(半日制学校和有两名教师及三个班级)的学校，可按需要的程度加以必要的修改。

初等学校按照新规定所指明的方向进行整顿，除去条件和环境不好的部分，大多数学校能达到要求。随着德国经济持续繁荣，国民收入不断提高，人口和学生数量增加，学校规模也不断扩大。教育财政拨款大幅增加，教育事业和教师的社会地位得到很大提高。到 19 世纪末，德国初等教育取得很大进展，实现了真正的国民教育制度的意图，在欧洲甚至世界范围内处于领先地位。

第四节　其他教育

一、青少年继续教育

19 世纪，德国工业化进程中还催生了一种新的教育途径，即为职业做准

---

① 瞿葆奎：《联邦德国教育改革》，13 页，北京，人民教育出版社，1991。

备的职业技术教育。初等学校毕业生年龄在 14 岁左右，其中大多数出身平民阶层，没有条件继续在中学接受正规教育，只能转入职业领域，但是他们仅凭过去接受的教育还不足以应对生活和职业带来的挑战。早在 18 世纪德国就出现了星期日学校和夜校对这部分青少年进行继续教育，但是因为经济原因和学生缺乏学习兴趣，这类学校的教育效果微乎其微。

随着 19 世纪 70 年代德国经济繁荣，原有的各种业余学校转变为技术学校和专业学校开展进修教育，总的目的是帮助青少年学习和掌握与未来职业直接相关的知识和技能。这类机构形式各异，种类繁多，结构非常复杂，而且地理分布广阔，遍布全国各地。到 19—20 世纪之交时，接受继续教育的人数已经达到数十万，形成宏大的规模，已经成为教育体系中不可忽视的一部分。

继续教育兴盛发达的动力来自社会经济快速发展以及工业革命。在 19 世纪的工业革命进程中，德国有大量资本投入生产领域，机器生产快速扩张。原有的家庭手工业作坊生产消亡殆尽，大量农民和手工业者只能进入工厂，但是他们缺乏从事机器生产的知识、技能和经验，无法满足现代生产的需求。政府只能为他们提供继续教育，用来弥补工业生产劳动力的匮乏。

继续教育解决的第一项难题是学生出勤率不高。对此，北德意志联邦在 1869 年率先在工商业条例中授权各成员邦国设立地方性法规，强制性要求 18 周岁以下的青年学徒必须接受继续教育。这个条例成为德国职业义务教育制度初步形成的标志。此后，很多地方跟进，把进修学校作为就业青少年接受义务教育的场所。到 1900 年，德国大多数城市订立了地方性法规，从法律层面规定了进修学校义务教育的性质。

二、双元制职业教育

继续教育解决的第二项难题就是缺乏受过专业训练的师资力量。仅凭学校一己之力不可能快速补充优秀师资。事后证明，人才的需求方企业对此能够提供帮助，因为他们既有实际操作经验丰富的师傅(熟练工)、现成的生产设施和充裕的资金，也非常明确自己的企业要培养什么样的人才。如果企业和学校紧密合作，就能够共同培养出合格的生产后备力量。1877 年，一篇题为《艺术教育问题与工业的衰落》的文章首次提出按照职业分工训练工人的想法。1878 年，德国铁路管理部门规定铁路部门设立训练场培训工人。这两个事件标志着企业—学校双元职业训练体系在德国开始形成。

所谓双元制，是指青少年一方面在继续教育学校接受普通文化知识教育，另一方面又在企业接受与工作岗位密切相关的专业知识和职业操作技能培训。这是一种将学校与企业、理论与实践技能紧密结合，以培养高水平专业技术工人为目标的职业教育制度。[①]

双元制职业教育来源于中世纪手工业行会中盛行的学徒制教育模式，即培训师傅和学徒之间进行的手把手的训练方式。行会通过章程明确规定对师徒的要求、学徒期限和学徒出师考试等具体标准。但是随着工业化进程，大机器生产逐渐取代手工操作，手工业行会自然逐渐走向没落，甚至在 1810—1811 年的法规中规定行会可以自行决定解散，学徒可以独立门户自行营业。行会的没落严重威胁到了学徒学习和训练，普通的职业训练途径几乎被废弃。德国学徒作为廉价劳动力时常被滥用，学徒训练经常半途而废。[②]为了阻止手工业训练恶化，普鲁士(1847 年)和北德意志(1869 年)出台的工商条例挽救了学徒制，逐步使学徒训练制度恢复。19 世纪 70—90 年代，普鲁士手工业学徒制训练的人数甚至比工业界培训的人数多(表 1-3)。

---

① 冯增俊、陈时见、项贤明：《当代比较教育学》，432 页，北京，人民教育出版社，2008。

② Lotze, The German Dual System: Formal Policy, Theory and Practice, and Legitimation, What the United States Can Learn from an Apprenticeship Model in Context, PhD diss., Universtiy of Virginia, 1994.

表1-3　1871—1901年普鲁士传统手工业与工业界培训人数比较① 单位：人

时间	传统手工业培训人数	工业界培训人数
1871 年之前	5 415	375
1871—1881	8 150	6 466
1881—1891	13 487	13 415
1891—1901	14 895	20 673

但是这种态势并非出于工业社会需要，而是保守的小资产阶级手工业者为了维护其行会特权而取得的政治博弈胜利。手工业训练难以满足社会对大量劳动力、产品质量和科技应用等各方面的需要。因此，学徒训练再次萎缩，它只能向工业化转型，途径就是与专门的职业培训机构合作形成双元制训练，两者共同发挥作用。1897年的《手工业者保护法》承认已经转变为公司身份的行会的权利，并且在1900年重建手工业行会。手工业行会重新焕发活力，其手工业学徒制也已经渗透到工业各部门之中。

学徒制衰落、萎缩之后顶替学徒制训练真空的，除了继续教育学校之外，还有企业训练工场。德国在工业化过程中，企业规模迅速扩大，分工越来越细，为了帮助学徒掌握职业技能和知识，企业主自己建立训练场所，并抽调熟练工人辅导学徒强化职业技能。1878年，铁路行业设置的训练工场起到了示范作用，很多私营大企业开始效仿，纷纷设置类似的场所。企业对学徒制进行改造，使它适合现代化生产的需要。在19世纪最后10年，其培训的人数已经远超传统手工业学徒制。企业训练工场和进行继续教育的进修学校拥有共同的目标，都是为了现代化生产而准备，并且它们在19世纪并驾齐驱并快速发展，为两者的结合准备了条件。19世纪末期双元制就已经具备雏形，经过几十年的发展和塑造，到了20世纪之后正式成为具有法定约束的体系制

---

① 国家教委职业技术教育中心研究所：《历史与现状：德国双元制职业教育》，6页，北京，经济科学出版社，1998。

度。这是德国特殊的国情以及众多因素共同影响和综合作用的结果。极具德国特色的双元制职业教育高效灵活，至今仍是德国职业教育的基本形式，被世界各国重视和研究。

三、女子教育

以男子为主体的德国社会长期忽视女子教育，使其落后于其他邻国。到18 世纪下半叶女子中接受正规中学教育和大学教育的极少，甚至女子进大学深造必须事先得到政府特殊许可。1787 年，年仅 17 岁的多罗特娅·施勒策尔（Dorothea Schlözer）通过博士论文答辩获得哲学博士学位，哥廷根大学为此举办了由王子、部长和教授参加的盛大庆祝会，庆祝会的主角却因未婚而不能出席庆典。但是施勒策尔的学术成就大大鼓舞了德国青年女性，激发了她们求学上进的信心和决心，也冲击了保守的封建制度，对女子教育发展影响深远。

19 世纪德国社会全面改革后，女子要求接受文化教育的呼声高涨，德国建立了多所女子学校和女子师资培训学院。女校和一般学校相比更加注重文学和美学修养，忽视数学等自然科学教学。随着资本主义社会发展，妇女解放运动兴起，男女平等的呼声日渐高涨。1865 年，全德妇女联合会成立之后广泛呼吁妇女应该享有和男子一样的教育和就业权利，要求建立和文科中学一样的女校。

1894 年，普鲁士第一次公布了中等教育层次的女子高级学校章程和女教师考试办法的指导原则，这意味着女子今后可以担任初等学校的教师。但是女子依然无权参加文科中学毕业考试，也就是没有申请大学深造的资格。尽管如此，也有特例发生，1896 年柏林的一所文科中学最终同意五名女生参加文科中学考试，她们全部通过，取得大学入学资格，其中两人大学毕业后成为女医生。这次事件打破了关于女子学术能力差的偏见，极大地推动了女子教育的发展。

第二章

德国的新人文主义教育思想

新人文主义教育思想是 19 世纪初在德国出现的。它提出教育上的无功利性的价值取向，强调人性的和谐与人格的完善，重视古典文学和古典研究在人的精神培育中的作用，并努力把新人文主义思想付诸教育实践。其主要代表人物是洪堡。这一教育思想对 19 世纪德国的教育尤其是高等教育的改革和发展产生了重要的影响，使之走上了正规化和近代化的道路。在新人文主义教育思想影响下，德国大学特别是柏林大学的模式以及所形成的原则精神，至今仍对世界各国的大学教育起着积极的作用。

第一节　新人文主义和新人文主义教育思想的特点

一、新人文主义

何谓新人文主义？新人文主义与人们通常所说的人文主义相比究竟新在何处？要回答这些问题，我们先要搞清楚人文主义这一历史现象。人文主义这一概念是欧洲在人文运动，也即文艺复兴运动中萌发的人文主义者所反映的新兴资产阶级的愿望。人文主义者汲取古代希腊、罗马文化中积极、健康的因素，以便在新的历史条件下形成新兴资产阶级的世界观、人生观和价值观，为资本主义的发展鸣锣开道。人文主义者对古代希腊、罗马文化中的俗世性、思想自由、个性发展、探究精神倍感兴趣。他们崇尚人的价值以对抗神权至上，主张接近大自然以取代牢笼式的经院生活，提倡追求快乐的生活以代替禁欲主义，以研究自然、揭露自然的秘密来代替读经。人文主义者号召回到古代希腊、罗马，以作为摆脱中世纪阴影的方便途径。他们提倡从读经转向阅读古代希腊、罗马的著作。人文主义者新鲜、活泼、积极、向上的思想形成了对中世纪意识形态的有力冲击，在封建主义的上层建筑中开了一个缺口。

新人文主义这一概念一方面与德国精神发展史紧密相连，从另一方面看也是整个欧洲人文主义运动在德国的具体表现。1700 年英伦三岛、法兰西及尼德兰文人对古希腊精神重新产生强烈的兴趣，不久后，德国的"古代文化学"也应运而生。与旧人文主义运动所不同的是，德国的新人文主义较之古罗马更加注重古希腊文明，更加注重诗学，特别是对荷马史诗的研究。德国新人文主义早期代表人物是哥廷根大学的格斯纳、哈勒大学的沃尔夫和莱比锡大学的埃奈斯梯。以他们为核心的德国早期新人文主义者主要是普鲁士的一些新教贵族知识分子。这些知识分子试图在教会以外寻求新的认同客体，他们在卢梭身上看到了自然，在温克尔曼身上看见了古希腊。他们认识到，古希腊人与自然的联系非常紧密，因此古希腊的艺术和哲学是自然的艺术和自然的哲学。回归古希腊对新人文主义者来说是对当时流行的法兰西宫廷文化和文学的反叛，甚至是对正统基督教的某种叛逆。德国的新人文主义在狂飙突进运动和古典主义时期发展到高潮，同样，在这一土壤上开出了以康德、费希特、谢林、黑格尔为代表的德国古典唯心主义哲学的绚丽之花。新人文主义也是普鲁士政治和教育改革时期的主要理论依据，新人文主义教育理论产生于1800年左右。① 它一方面以康德的伦理学为基础，结合了席勒的美学教育；另一方面吸收了歌德(Johann Wolfgang von Goethe，1749—1832)的理想主义、洪堡的语言哲学等。新人文主义的核心是通过"形式教育"培养完全的人及和谐的统一体。当然，"新人文主义教育"这个概念并不是当时就确立的，而是柏林大学教授包尔生(有的译为"鲍尔生")在1885年回顾这段历史时采用的。②

二、新人文主义教育思想的特点

首先，在德国古典唯心主义的影响下，新人文主义看重精神培育，即人性的和谐与人格的完善。"在新人文主义者看来，大学的任务是培养具有古希腊精神的个性充分发展的人。"③例如，德国戏剧家、新人文主义教育思想的代表人物席勒曾反复强调，"要发展人的多种素质"，要培养"完美的人"，要使"人性自由地发展"。④

其次，新人文主义教育思想的价值取向是非功利性的，因此，不把职业训练作为教育的重点。席勒说："职业精神陷入在对象的单调圈子里，这样自由的整体必然从职业精神的眼中消失，同时使这一精神领域更加贫乏……专业的人往往具有一颗狭隘的心，因为他的想象力限制在他的单调的职业圈子里，而不能扩大到陌生的表现方式中。"过分强调职业精神，会"成为迂腐的局限性的牺牲品"。⑤ 德国教育家包尔生也曾在《德国大学与大学学习》一书中说："新人文主义憎恶将任何事物都分为'实在的'或'功利的'的做法。"⑥

① Dieter Lenzen, Pädagogische Grundbegriffe, Hamburg, Rororo, 1989, p.1039.
② Dieter Lenzen, Pädagogische Grundbegriffe, Hamburg, Rororo, 1989, p.1039.
③ 贺国庆：《德国和美国大学发达史》，40页，北京，人民教育出版社，1998。
④ [德]席勒：《美育书简》，徐恒醇译，54页，北京，中国文联出版公司，1984。
⑤ [德]席勒：《美育书简》，徐恒醇译，53页，北京，中国文联出版公司，1984。
⑥ [德]弗里德里希·包尔生：《德国大学与大学学习》，张弛、郄海霞、耿益群译，113页，北京，人民教育出版社，2009。

最后，新人文主义教育思想十分重视古典人文学科和古典研究在教育中的作用。包尔生说："新人文主义时期的一项基本任务就是论证德国人和希腊人在精神生活方面具有密切关系。……新人文主义者在学校中兴起了古典文学研究的革命运动。"①他还指出，在 19 世纪德国的大学里，"新人文主义古典研究的重要性"仅次于哲学，列第二位。②

第二节　洪堡的教育思想

卡尔·威廉·冯·洪堡是在德国 18 世纪末 19 世纪初新人文主义鼎盛期出现的杰出思想家。他作为普通语言学的奠基人，在语言学研究方面著作等身，并专门探讨过汉语和汉字的问题。但洪堡的语言研究是他在新人文主义的时代氛围下对"人的研究"的一部分。他对人的研究不仅旨在探索人的精神世界，追求古希腊人精神和肉体和谐统一的理想，还努力把新人文主义思想付诸教育实践。因此，洪堡是德国重要的新人文主义教育思想家。他与歌德、席勒不仅有着深厚的个人友谊，而且还共同创立了德国历史上的古典主义，被称为德意志辉煌的古典主义金字塔的鼎足之一。洪堡在文化哲学、政治学和教育学上对德意志民族的深远影响超过歌德和席勒，尤其是他领导了普鲁士的教育改革，在德国乃至欧洲的教育史上占有重要的地位。

一、生平与教育活动

1767 年 6 月 22 日，洪堡出生于普鲁士王国波茨坦的一个贵族家庭。父亲

---

① ［德］鲍尔生：《德国教育史》，滕大春、滕大生译，111 页，北京，人民教育出版社，1986。
② ［德］弗里德里希·包尔生：《德国大学与大学学习》，张弛、郗海霞、耿益群译，56～57 页，北京，人民教育出版社，2009。

曾是普鲁士军官，母亲出身豪门。洪堡家与普鲁士王室和贵族阶层的关系一直相当密切，这对洪堡的生活氛围和所受的教育影响很大。欧洲贵族阶层素有请家庭教师教育子女的传统，洪堡家也不例外。洪堡家请了当时著名的教育家和儿童文学家卡姆普①(Joachim Heinrich Campe)给孩子启蒙。卡姆普是德国早期民主思想家，他的思想深受法国启蒙主义教育家卢梭的影响，主张人皆天赋善性，教育应顺乎自然，促进个性自由发展。这种根植于古希腊文化的人本主义思想对洪堡的童年教育和洪堡日后形成德国新人文主义教育思想的作用不可低估。卡姆普虽于1777年离开洪堡家，但洪堡成年之后一直与其保持交往。此后，洪堡家又短期请过几个家庭教师，但都不甚理想，最后洪堡家决定由克里斯蒂安·孔特(Gottlob Johann Christian Kunth)接管洪堡兄弟俩的教育。孔特虽是一个迂腐乏味的学究，但他学多识广，博古通今，对洪堡兄弟的教育影响了他们的一生。特别是1779年洪堡父亲去世后，孔特实际上承担了全面负责洪堡兄弟俩教育的任务。

1787年，洪堡和他的弟弟由孔特陪同前往奥德河畔法兰克福的勃兰登堡大学学习。一个学期后兄弟俩转入哥廷根大学。哥廷根大学是当时欧洲进步思想的圣地，德国新人文主义运动主要代表人物海涅即在这所古老大学任教。在哥廷根大学四个学期的学习，对洪堡来说是一个重大的转折。哥廷根大学早期人文主义气息对洪堡的影响不下于他日后在耶拿大学与古典主义代表席勒、歌德的交往。在哥廷根大学，洪堡迅速成了新人文主义的忠实追随者。

在哥廷根大学学习期间，洪堡所交往的朋友都比他年长。他开始"成型"，开始走他独特的人生道路。1788年9月至次年1月，洪堡由哥廷根出发，在美茵茨河和莱茵河流域做了第一次长途漫游。他在杜塞道夫拜访了德国新人

---

① 卡姆普于1785—1792年编辑出版了17卷的教育大百科全书，名为《总的学校教育体制的全面修订》(Allgemeine Revision des gesamten Schul-und Erziehungswesens)。卡姆普所写的大量儿童文学在洪堡家任教期间虽尚未正式发表，但已是洪堡兄弟喜爱的读物。

文主义时期著名的思想家、哲学家雅科比(Friedrich Heinrich Jacobi)，两人一起探讨了康德哲学。他们之间的私人交往和通信一直保持到雅科比去世。

1789 年 7 月 18 日，巴黎市民冲破巴士底狱后的第四天，洪堡与童年时的老师卡姆普结伴，由布鲁塞尔前往巴黎。和当时大多数的贵族学者所不同的是，洪堡不只是想读万卷书，行万里路，增加人生的阅历，而是要亲自去巴黎向法国大革命致敬。

1789 年年底，洪堡在柏林普鲁士高级法院任职，后又在外交部当见习生。然而，1790 年他辞去了官职，回到了自己的书斋。1794 年，洪堡前往耶拿大学，因为那里集中了当时著名的人文主义思想家歌德、席勒、费希特等。

1796 年母亲去世后，洪堡举家迁往意大利，后因战争辗转到维也纳和巴黎。在这以后的近 10 年时间内，除了 1801 年短期回国外，洪堡主要生活在欧洲各国。1802 年，洪堡在普鲁士驻罗马教廷办事处谋得一个闲职(公使)，这样他有机会把大量的时间和精力放在对西方古代文化的研究之上，特别是放在对古希腊文献残片的研究之上。这一系列的考察研究对洪堡逐步形成新人文主义教育思想有着举足轻重的作用。

1806 年，普鲁士在普法战争中的崩溃唤醒了洪堡对德意志国家和德意志民族的忧患意识。1808 年，洪堡回到柏林。洪堡到柏林时，看到的是国土沦陷、民心涣散的社会现实，与费希特一样，他迅速地走出理论和古典主义理想的梦境，投身于民族救亡运动。1808 年后，在普鲁士具有进步资产阶级思想的贵族的积极倡导下，普鲁士开始在政治、军事、经济、农业和教育等领域开展广泛的改革。普鲁士自由主义贵族、普鲁士政治改革发起人施泰因男爵推荐洪堡担任内政部文化教育司司长。洪堡起初很犹豫，再三推辞，但1809 年 2 月 20 日普鲁士国王仍正式任命洪堡为内政部文化教育司司长。从此，洪堡开始了为期 16 个月的教育改革。上任 14 个月后，洪堡于 1810 年 4 月 29 日提出了辞职申请。同年 5 月 25 日，普鲁士国王接受了洪堡的辞职申请。同年6月23日，洪堡卸下了除柏林大学筹建委员会主席之外的所有职务。洪堡在短短的时间内为普鲁士教育改革做出了一系列影响深远和意义重大的决定。他在1810年7月28日写给妻子的信中说："我已经提出了一个广泛的计划，内容既涉及小学也涉及到大学，计划的各个部分联系紧密、相得益彰。"①

洪堡后来担任过枢密大臣、普鲁士政府驻奥地利大使等职务。去职后他从事理论研究。洪堡晚年研究的重点是语言哲学和纯语言。洪堡从人类不同语言的不同结构出发，探讨了人类精神发展的阶段性和异同性的问题。因为洪堡认为语言乃是精神力量的主要表现形式，介于人与世界之间，人要了解人，要了解一个民族的特性，必须从语言着手。由此，我们可进一步看到洪堡的基本立场。

1835年4月8日，洪堡在柏林逝世。

二、洪堡与新人文主义教育

洪堡是德国教育史上新人文主义教育思想的代表人物。他不仅在科学理论上，而且在教育改革实践上丰富了新人文主义。1793年，洪堡在《关于古代研究，特别是有关古希腊研究》和《简论古希腊人》等文中提出，学习古希腊主要不是为了获得美感，而是增长历史认知，起一种"形式"作用。洪堡认为，古希腊人是符合卢梭理想的自然人，其所具备的特点接近纯粹的人性，而受民族、习俗、阶层和社会职业分工限制的现代人正好可以"历史"地通过古希腊了解本真含义。因此，在这层意义上学习古希腊，对洪堡来说首先是一个关于人和对人教育的问题。洪堡的新人文主义精神在于：学习古希腊一方面要借鉴历史，认识古代民族的特点；另一方面在于回归现实，并不照搬古代。

---

① ［摩洛哥］扎古尔·摩西：《世界著名教育思想家》第2卷，梅祖培、龙治芳等译，203页，北京，中国对外翻译出版公司，1995。

因此，洪堡的新人文主义在本质上超越了格斯纳、海纳和沃尔夫。例如，洪堡在评价席勒的新人文主义精神时说："席勒认为以古希腊为榜样，目的在于最终放弃古希腊这个榜样，这是个天才性的思想。"①他还认为，歌德也是一个以古希腊精神为本质，但生活在现实生活中的人，是人性完美化的典范。因此，洪堡认为，只要学习以歌德、席勒为代表的古典主义文学，就不必再去学习古希腊的东西了。

洪堡的新人文主义教育思想主要表现在建立柏林大学上。柏林大学的建立使德国新人文主义运动在建设新式大学方面有了完美的终结。此外，它还表现在德国特有的文科中学的建构思想上，新人文主义取代了原先的神学中心论。德国文科中学直至今天仍保留着语言文学，特别是以古典语言文学为中心的特点。值得一提的是洪堡的新人文主义教育思想是与启蒙教育思想格格不入的。启蒙教育重视的是以客观社会生活为目的，以科学实证精神为宗旨的教育，是面向客体的。而新人文主义教育更关心人和个体、自我的问题，是面向主体的，语言被视为人的存在之本质。新人文主义教育在资本主义上升阶段，特别是在人的异化过程中具有一定的积极意义。洪堡曾指出："即便是最下层的临时工也和受过最良好教育的人一样具有同等的、原始的人性，人人都有人的尊严。"当然，洪堡的新人文主义教育思想难免有主观唯心主义的痕迹。

三、对教育改革的设想

普鲁士的教育改革从某种意义上讲是施泰因—哈登贝格改革②中的最后一

---

① W. von Humboldt, Über das Studium des Alterthums, und des Griechischen insbesondre, Wilhelm von Humboldt, Gesammelte Schriften, hrsg. von der Königlich Preussischen Akademie der Wissenschaften Bd. 1, Darmstadt, Wissenschaftliche Buchgesellschaft, 1963, p.261.

② 施泰因—哈登贝格改革得名于1807—1822年主持普鲁士改革的自由主义贵族代表施泰因男爵和哈登贝格侯爵。这场由普鲁士自由主义贵族领导的改革涉及普鲁士的政治、农业、军事、教育等领域。恩格斯称施泰因—哈登贝格改革为"普鲁士的资产阶级革命"。参见丁建弘、李霞：《普鲁士的精神和文化》，253页，杭州，浙江人民出版社，1993年。

个环节。这场改革运动最初集中在农业、政府机构和经济层面，后来扩展到教育层面。从教育改革的目的来看，这场改革旨在以新人文主义理想来培养资产阶级"新人"。

洪堡在成为普鲁士的文化教育司司长之前并未从事过任何教育方面的工作，他并不是教育家，而是一个自我主义者。他似乎并不具备教育家的天分，不仅没有任何教育实践经验，而且在教育理论方面没有特别建树。尽管当时报刊上接连不断地探讨教育和教学问题，但洪堡在1809年之前并未参加过这方面的讨论。他的《国家功能之界定的理论尝试》(Ideen zu einem Versuch, die Grenzen der Wirksamkeit des Staats zu bestimmen)一文尽管涉及教育问题，但其着眼点主要是国家的权限和人的自由发展的关系，而没有具体阐述教育的方法或其他教育家所关心的问题。但如果我们把新人文主义思潮看成当时的时代精神，并把教育家首先视为注重内在修养和品格完善的人，那么，毫无疑问洪堡是这样的教育家。因为对洪堡来说，最重要的是"做人和做有教养的人"①。他把教育视为人的本质，所以一旦委他以教育改革之重任，他就能把新人文主义思想全部注入教育之中，形成以人为本的教育思想。从这层意义上讲，他的教育思想达到了极高的境界。

洪堡的新人文主义教育思想的核心是"普通教育"(Allgemeinbildung)。这一概念包含多层意义，并在洪堡的论述中反复出现，可以说是洪堡教育理论的源点和终极。德语词"allgemein"可译为"普通的""全面的""一般的"和"完全的"等意，在此与"教育"(Bildung)组成合成词，本书选择了"普通教育"的说法，主要是从洪堡反对封建的等级教育、提倡人本思想出发的。洪堡意义上的教育是普通的，因而也是普遍的。洪堡的普通教育观和当时很有影响的

---

① W. von Humboldt, Über das Studium des Alterthums, und des Griechischen insbesondre, Wilhelm von Humboldt, Gesammelte Schriften, hrsg. von der Königlich Preussischen Akademie der Wissenschaften Bd.13, Darmstadt, Wissenschaftliche Buchgesellschaft, 1963, p.278.

卢梭教育思想是一脉相承的，即人生来是自由的、平等的，在自然状况下，人人都享受着这天赋的权利。只是人类进入文明状态之后，才出现了人与人的不平等，产生了特权和奴役现象，使人失掉了自己的本性。在这个基础上卢梭提出了著名的自然教育观，而洪堡通过他的普通教育，强调要通过教育把人从等级制度的桎梏中解放出来。

在洪堡看来，普通教育和特殊教育（spezielle Bildung）是两种不同本质的教育方向。"通过普通教育应使全部力量，即人自身得到强化和协调，获得升华；而特殊教育的目的仅仅在于让人获得实用的本领。"①可见，洪堡的普通教育概念始终涵盖了完全的人的培养的含义。洪堡1793年前后曾写过一篇题为《人的教育理论》（Theorie der Bildung des Menschen）的文章。在这篇文章里，洪堡认为人文科学和自然科学二者必须结合起来，因为所有的科学都只有扎根于完全的人，扎根于人的完美的内心世界，才有意义。完全的人的培养目的在于促使每一个人得到和谐的发展。在洪堡看来，教育要把人真正当作人来培养，充分激发人内在的生命力，开阔人的视野，而不应该跟在某个具体的教育目的后面亦步亦趋，受制于"用"。因此，教育必须从"体"上着眼，应是"全面的"，即要唤醒人的内在的所有力量。洪堡写道："人的真正目的——这儿指的是由人的永恒的理性，而不是由变化无常的兴趣爱好所决定的目的——是通过最高的、最合理分配的教育成为全面发展的人。"②

洪堡认为，教育除了必须是"全面的"之外，还必须是"纯粹的"。即教育除了发展人的内在能力之外，不再包含其他目的。教育的全面性不是要培养全才或是百科全书似的人物，也不是向人传授知识和技能，而是让人成为自

---

① W. von Humboldt, Über das Studium des Alterthums, und des Griechischen insbesondre, Wilhelm von Humboldt, Gesammelte Schriften, hrsg. von der Königlich Preussischen Akademie der Wissenschaften Bd. 4, Darmstadt, Wissenschaftliche Buchgesellschaft, 1963, p.202.

② W. von Humboldt, Über das Studium des Alterthums, und des Griechischen insbesondre, Wilhelm von Humboldt, Gesammelte Schriften, hrsg. von der Königlich Preussischen Akademie der Wissenschaften Bd. 4, Darmstadt, Wissenschaftliche Buchgesellschaft, 1963, p.189.

由的研究者和创造者，让人具备去发现客观世界的能力。

虽然洪堡的新人文主义教育思想与以"用"为主的启蒙教育思想相左，但他并不完全反对职业教育。他反对的只是单单根据职业和市场的需要去培养人。传统的封建等级社会中的各行各业就是按等级划分的，如果现在的教育改革以改进职业教育为目的，那么这无异于去促进等级教育，去恢复和振兴日趋没落的等级社会。所以，洪堡强调，任何职业教育必须以普通教育、以培养完全的人为前提，任何一个年青人，无论他的门户出身，无论社会有什么需求，他都有权获得与人的尊严相符的教育。因此，洪堡不赞成把学校划分为贵族和平民学校或是普通和职业学校。对他来说，学校及课程必须是统一和连贯的，每个人所受教育的区别在于就学时间的长短和由此产生的学习内容的多寡。洪堡指出："每一个人，甚至是最穷的人，都应获得全面的人的教育。每个人获得的教育都应是全面的，所受的教育不能局限至少不能妨碍教育的进一步实施。每一个智力正常的人都有受教育的权利和属于他的位置，都可以在自我的逐步发展过程中寻找自己的命运。大多数人在离开学校后，至少有一段从纯粹的课堂到特殊机构的过渡。"①

洪堡在他1809年拟定的《哥尼斯堡学校计划》(Der Königsberger Schulplan)和《立陶宛学校计划》(Der Litauische Schulplan)中精辟地阐述了推行普通教育的学校体制的设想。前者是他为在哥尼斯堡召开的改进教育事业的会议所做的准备，后者是他去立陶宛考察时的笔记。在这两个计划中，洪堡都极力呼吁建立统一的、连贯的普通教育体制。洪堡把教育过程视为一个不可分割的有机整体，由此他把设想中的普通教育体制具体划分为三个阶段。他在《哥尼斯堡学校计划》和《立陶宛学校计划》中都强调了这种划分。洪堡说："从哲学

---

① W. von Humboldt, Über das Studium des Alterthums, und des Griechischen insbesondre, Wilhelm von Humboldt, Gesammelte Schriften, hrsg. von der Königlich Preussischen Akademie der Wissenschaften Bd. 4, Darmstadt, Wissenschaftliche Buchgesellschaft, 1963, p.64.

上讲，教育设置应分为三个阶段：初等教育、学校教育（指中等教育）、大学教育。"①"作为自然阶段我只认可：初等教育、学校教育、大学教育。"

普通教育是三个教育阶段的核心。在《立陶宛学校计划》中，洪堡写道："整个民族或国家，而非某个阶层所支持的学校，必须以普通教育为目的。生活的需求或行业中的具体需要，必须在结束了普通教育之后另行获得。如果两者加以混淆，那么教育就不纯正，结果既无法获得完全的人，也无法获得隶属各个阶层的纯粹的公民。"②国家公民和人在洪堡看来是两种互相对立的目的，由此产生两种互相矛盾的教育制度。洪堡带有强烈新人文主义色彩的普通教育是对人而不是对公民的"全面的、纯粹的"教育，其目的是培养自由的人，而不是"把人从小就当作国家公民培养，从而使人的存在为公民的存在付出代价"③。因为在他看来，只有完善的人，才能成为民主国家中完善的公民。

在上述三个教育阶段的基础上，洪堡设想建立一个从初等学校、文科中学直到大学相互衔接的单轨制学校体系。在这个体系中，教学的每个阶段都和下一阶段挂钩，使毕业生或是能进入更高的学习阶段，或是结束普通教育进入生活，接受职业培训。值得重视的是，在洪堡构想的普通教育的三个阶段中都不直接包含职业教育，职业教育必须放在普通教育之后进行。无论在上述哪一个阶段，教师都是从事普通教育的，他们的任务是培养下一代走向

①　W. von Humboldt, Über das Studium des Alterthums, und des Griechischen insbesondre, Wilhelm von Humboldt, Gesammelte Schriften, hrsg. von der Königlich Preussischen Akademie der Wissenschaften Bd. 4, Darmstadt, Wissenschaftliche Buchgesellschaft, 1963, pp.169, 175-176, 188, 191.

②　W. von Humboldt, Über das Studium des Alterthums, und des Griechischen insbesondre, Wilhelm von Humboldt, Gesammelte Schriften, hrsg. von der Königlich Preussischen Akademie der Wissenschaften Bd. 1, Darmstadt, Wissenschaftliche Buchgesellschaft, 1963, p.106.

③　W. von Humboldt, Über das Studium des Alterthums, und des Griechischen insbesondre, Wilhelm von Humboldt, Gesammelte Schriften, hrsg. von der Königlich Preussischen Akademie der Wissenschaften Bd. 1, Darmstadt, Wissenschaftliche Buchgesellschaft, 1963, p.106.

生活，使他们或是具备继续升学的能力或是中断学习，选择工作。所以，应该说，洪堡的普通教育的三个阶段包含了双重可能：一是学生可以进入普通教育的更高阶段；二是学生可以进入社会，参加职业培训。从这个意义上讲，尽管洪堡反复强调教育的全面性和纯粹性，反对由国家出资兴办进行职业和技术培训的公民学校，主张把这种学校作为非正规学校，从三级教育体系中分离出来，但正是他的这种主张和他的普通教育思想中所包含的双向可能导致了后来德国的双轨制职业教育。

四、论初等教育

关于初等教育，洪堡在《哥尼斯堡学校计划》中写道："初等教育仅仅是要让学生具备领会思想、口头表达、书面表达和理解文章的能力，使学生克服各类主要为表述能力方面的困难。初等教育还谈不上是真正的教学而只是为教学所做的准备，为教学创造条件。因此，初等教育只涉及语言、数字及度量等基本技能，用母语教学，因为采用什么样的教学内容对初等教育来说并不重要。但如果此外还添设地理、历史和自然史的课程，那么这样做也不无道理。一方面是通过多方面的运用来加强经初等教育而发展起来的能力及接受初等教育所必备的能力；而另一方面也要考虑到那些结束初等教育后直接进入生活的学生，为此初等教育又必须超越最基础的教育。"①

为了进一步理解洪堡这段有关初等教育的论述，这里有必要回顾一下18世纪末19世纪初普鲁士的教育情况。尽管当时开始推行义务教育，但学生的父母大多没有受过人文主义的普通教育，至多只获得过一些宗教方面的教诲，不具备阅读、书写和计算的能力。普鲁士以减少文盲为目标，通过初等教育

---

① W. von Humboldt, Über das Studium des Alterthums, und des Griechischen insbesondre, Wilhelm von Humboldt, Gesammelte Schriften, hrsg. von der Königlich Preussischen Akademie der Wissenschaften Bd. 1, Darmstadt, Wissenschaftliche Buchgesellschaft, 1963, p.169.

造就断文识字的一代，要求每个人无论从事什么职业，都必须具备书信交流的能力，这种教育方针在当时无疑是一个很大的进步。

洪堡在推行他的这一人文主义教育方针时，却阻力重重。原因是多方面的：首先，传统家庭需要孩子作为劳动力，孩子就学意味着劳动力的直接损失；其次，当时有许多教师并不合格，没有完全掌握阅读、书写和计算的能力；最后，国家方面也有阻力，国家担心断文识字的臣民不再安于务农。当时流行的启蒙主义教育观点就是小学要和职业需要直接挂钩，因为家境贫困的学生一般不能继续升学，所以要利用初等教育来学点实用的知识。而洪堡提出初等教育主要是让学生掌握基本技能，至于获得什么知识，采用什么教学内容并不重要，这个看法是有深刻含义的。在以普通教育为准绳的初等教育中，洪堡认为，阅读和书写的技能不应片面地从学习圣经和教义问答一类的内容中获得，不能和具体的应用混为一谈。也就是说，学生不是通过初等教育获得阅读某一类文章的能力，而是应该获得阅读和书写这种根本的、通用的能力。在洪堡的设想中，即使最穷的孩子在接受了初等教育后，也应该拥有进入学校教育(指中等教育)的可能。也是在这层意义上，他强调基本技能的获得，因为只有获得这些基本技能，初等教育才有可能向学校教育过渡，即"经过初等教育，学生有能力学习事物、跟随老师的思路"[1]。但同时考虑到有些学生在结束初等教育后就进入传统的家庭作坊或是进入社会，洪堡又提出设置"地理、历史和自然史"课程，而对"采用什么样的教学内容对初等教育来说并不重要"这一说法加以适当的限定。

当然，这些普遍的技能无疑是要通过特殊的内容获得的，但强调普遍技能而非特殊内容，主要是因为洪堡非常注重修养和教学的紧密联系。普遍技

---

[1]　W. von Humboldt, Über das Studium des Alterthums, und des Griechischen insbesondre, Wilhelm von Humboldt, Gesammelte Schriften, hrsg. von der Königlich Preussischen Akademie der Wissenschaften Bd. 1, Darmstadt, Wissenschaftliche Buchgesellschaft, 1963, p.169.

能在他看来并非只能在某一特定的条件下运用，而是一种无须借助外力就能不断发展的能力，是人的内在力量的觉醒。因此，洪堡强调，初等教育主要不是使学生学到知识，而是锻炼记忆力，加强理解力，增进判断力，发展理性，陶冶性情。

毋庸置疑，瑞士教育家裴斯泰洛齐对洪堡有关初等教育的设想的影响是很大的，尽管我们找不到任何证据可以证明洪堡读过这位伟大的教育家的任何著作，但当时裴斯泰洛齐的教育理论和方法在欧洲已引起了强烈的共鸣。普鲁士政府一方面选派人前往伊弗东跟随裴斯泰洛齐学习，另一方面聘请裴斯泰洛齐的高足策勒(Karl August Zeller)前来讲学。洪堡可以说是在实践中认识了裴斯泰洛齐的理论。

值得一提的是，洪堡不仅在初等教育的设想中吸取了裴斯泰洛齐的教育思想，而且把裴斯泰洛齐在初等教育方面的理论和实践推广到教育的各个阶段，无论哪个阶段都必须以普通教育、以培养完全的人为核心。裴斯泰洛齐强调教师的目标是"增长学生的能力"，而不是"增长他们的知识"，洪堡更为明确地指出："如果初等教育使教师的存在成为可能的话，那么经过中等教育教师就成为多余，所以大学教师不再是师长，大学生不再是学生，大学生自己进行科研，教授则是领导科研并帮助他的学生。"[1]费希特也认识到了这个课题的必要性，洪堡则在他的教学计划中正式提出，可见洪堡确实走在了教育改革的最前列。

五、论中等教育

洪堡把学校教育(指中等教育)视为普通教育的第二阶段。同初等教育一

---

① W. von Humboldt, Über das Studium des Alterthums, und des Griechischen insbesondre, Wilhelm von Humboldt, Gesammelte Schriften, hrsg. von der Königlich Preussischen Akademie der Wissenschaften Bd. 4, Darmstadt, Wissenschaftliche Buchgesellschaft, 1963, p.191.

样，他强调学校教育必须向学生提供双向的发展可能，纠正了当时通常把学校教育视为学者培养的前期教育的看法。他认为，学生既可由学校教育走向社会，也可继续选择大学学习。与初等教育不同的是，学校教育不再是义务教育，学生可以因人而异，根据自己知识的积累、能力的发展和本人的愿望在适当的时候离开学校。洪堡指出：

> 学校教育旨在锻炼学生的能力，使学生获得对将来的科学研究或艺术实践来说都是必需的知识，为日后要从事的科学研究或艺术实践做好准备。要让年青人有能力为自己的创造收集必需的材料，或是现在动手收集或是将来根据爱好收集，要培养他们的智力和动手能力。学生一方面要学习，另一方面要学会学习。所有学习的功能如收集、比较、整理和核实等都是相对的，是隶属于更高阶段的。只有当个体得以展现时，才是绝对的，这是必不可少的。学校教育的课程分为语言、历史和数学三方面，教师必须不断观察学生偏爱哪方面，同时密切注意学生在这三方面都得到均衡的发展，因为学校教育应该起承上启下的作用，以保证每个人将来在大学能得到迅速发展，而不是欲速则不达。如果学生在他人那儿已经学到了很多东西，因而具备独立学习的能力，那么他就是成熟的。①

学校教育的关键在于进一步开发学生的学习能力，他们的任务不仅是学习，而且要学会学习。洪堡关于学会学习的论述，对德国的教育影响很大，其核心就是要让学生经过学校教育阶段能逐渐摆脱对教师的依赖，发展独立学习的能力。当学生学会了学习，那么纯粹的教学就应结束，而步入大学教育阶段。同时，洪堡特别重视各教育阶段的师资质量问题。1810 年，在洪堡

① W. von Humboldt, Über das Studium des Alterthums, und des Griechischen insbesondre, Wilhelm von Humboldt, Gesammelte Schriften, hrsg. von der. Königlich Preussischen Akademie der Wissenschaften Bd. 4, Darmstadt, Wissenschaftliche Buchgesellschaft, 1963, pp.169-170.

的倡导下普鲁士开始全面实行文科中学教师的国家统一考核制度，这一制度在德国的师范教育中延续至今。

洪堡认为，学校教育不仅要追求全面性，也要发展个性。全面性是指文科中学的课程应分为语言、历史和数学三个方面，而不能只片面强调语言课，忽略历史和数学。"文科中学不能只是上拉丁文，而要把历史、数学课和语言课一视同仁，同样予以认真、仔细的对待。目前在这方面做得不足的学校就产生了以下弊端：那些语言上天赋不高的学生不是过早地离开学校就是在学校中荒废光阴。"但洪堡提倡的全面性并不意味着要抑制或抹杀学生的个性，"在学生不是完全忽视其他科目的前提下，教师应允许并支持学生因其个性的发展而对某一科目比较专心，而对其他科目较少投入"。① 洪堡还认为，语言、历史和数学都是必修课，但学生可选语言或数学为重点，历史例外。

洪堡强调新式文科中学教学的三个方面都应以普通教育为重，同样，他的完全的人的培养目标适用于所有的人。因为在洪堡看来，"无论是收入低微的临时工还是受过最优良教育的人，其天性原本是一样的"②，所以教育的本质就在于使人的这种本质得到充分发挥。从这点出发，职业教育不应是新型文科中学的教学内容。例如，数学课不应把某些职业中的应用数学作为教学重点，而应把柏拉图意义上的纯粹的数学推理作为教学内容。历史课的意义不在于让学生熟记一大堆历史事件及其发生的年代，而是要让他们明白人的历史存在，明白现在只是过去和未来之间的一个环节。语言课不是让学生埋头于故纸堆，背诵一些经典作品，而是要让他们了解拉丁文和古希腊语的结构和精神内涵，从而获得通往人类文化起源的钥匙。

---

① W. von Humboldt, Über das Studium des Alterthums, und des Griechischen insbesondre, Wilhelm von Humboldt, Gesammelte Schriften, hrsg. von der Königlich Preussischen Akademie der Wissenschaften Bd. 4, Darmstadt, Wissenschaftliche Buchgesellschaft, 1963, p.174.

② W. von Humboldt, Über das Studium des Alterthums, und des Griechischen insbesondre, Wilhelm von Humboldt, Gesammelte Schriften, hrsg. von der. Königlich Preussischen Akademie der Wissenschaften Bd. 4, Darmstadt, Wissenschaftliche Buchgesellschaft, 1963, p.189.

另外，洪堡还设计了专业班制度，以区别于传统的班级，即学生可以根据选择的重点和各自的成绩，去听不同程度专业班的课，以发展个性。洪堡意义上的文科中学是对所有的人开放的，如果一个人在结束了初等教育后不是马上进入社会或接受职业培训的话，那么他就可以去上改革后的文科中学。但是反过来，如果有人跟不上新型文科中学的课程，不管他是平民还是贵族子弟，他就得离开以普通教育为目的的学校教育，而去参加职业培训。做出这样的决定的前提是对学生进行全面的考查。洪堡建议给离校学生出具离校证明时，不是以评分的形式，而是应该详细描述该学生的成绩和能力。同样，在出具(高级)中学毕业证书时，尽管证书分为三级，但应以鉴定学生的能力为主，而且无论持有(高级)中学毕业证书的哪一级，都可进入大学学习。这一大学资格考核制度自 1810 年开始实行，在历史上虽经历多次改革，但其基本框架由洪堡开创，在德国延续至今。

六、论大学教育

大学是洪堡新人文主义普通教育设想中的最后一个环节。大学教育改革是洪堡对教育改革做出的最重要的贡献。18 世纪末至 19 世纪初德国的大学，除了哥廷根大学、哈勒大学等极少数之外，大多早已失去活力。大学的弊端主要集中在以下三个方面：第一是当时教学的内容脱离实际，由于德意志各邦闭关自守，学术交流非常困难，自然科学和其他实用学科被排斥在大学门外；第二是教授缺乏任何教学理论的指导，使用的教材陈旧不堪，他们照本宣读讲稿，无法唤起学生的学习兴趣；第三是学生缺乏对学业的严肃态度和敬业精神。洪堡本人曾在日记中描写了他在马尔堡大学听法律课时的经历，表达了他对当时大学状况的不满。当时的大学，在许多持批评意见的人看来，既不是真正的科研机构，也不是走向职业生活的过渡，而是一个假学究成堆的地方。造成这种状况的原因，无疑在于人们历来把大学看成传授传统知识的场所，而忽视了科学的迅猛发展，以至于大学日益与世隔绝。

普法战争后，在用"精神力量"来弥补物质上损失的呼声日益高涨的历史背景下，大学改革重新成为重要的议题。费希特、洪堡等人并未仅仅满足于对当时大学现状的批判，而是从德国古典唯心主义立场出发，提倡建立以哲学为基础和先导、把科学视为有机整体的新型大学。在普鲁士国王弗里德里希·威廉三世的支持下，德国开始建立新型大学，最先建立起来的是柏林大学。柏林大学的建立，从各方面来说都是普鲁士最重要的成就。正如洪堡在建立柏林大学的一项申请报告中所写的那样："一所规模宏大、组织优良的大学的教育，如果能成功地把德国各地的学生吸引过来，那么普鲁士就能通过这种极为出色的手段为自己赢得威望和声誉。"①

新的柏林大学的原则，不是管理和从属，而是自由和独立。洪堡的纯科学是建立在独立于国家和社会的理想之上的。超功利的科学在洪堡看来是教学和科研相结合的唯一前提，同时也是引导学生自觉地进行科学研究的必要条件。在柏林大学中，教授不再是从事教学和主持考试的国家官员，而是独立的学者。教育的进行和开展，不是因循守旧、遵照僵硬的程序，而是始终以教与学的自由为准绳。教育的目标不是百科全书式的知识，而是以普通教育为目的，旨在培养一个人真正的科学修养。大学内开设讨论课，采用新的教学方法，避免死记硬背，以不加限制的科学研究手段，把学生培养成为有独立思想和理智及道德自由的青年。学生不是被视为将来为政府服务的候补官员，正是出于这样的原因，国家文职人员考试从大学中分离出来，和各种学位的学术考试不发生关系。

柏林大学是洪堡普通教育理想的具体实践。他认为，在大学教学中，第

---

① W. von Humboldt, Über das Studium des Alterthums, und des Griechischen insbesondre, Wilhelm von Humboldt, Gesammelte Schriften, hrsg. von der Königlich Preussischen Akademie der Wissenschaften Bd. 10, Darmstadt, Wissenschaftliche Buchgesellschaft, 1963, p.287.

一，要让学生对科学的统一性有相当的了解，这也是大学有别于中小学的地方。"科学的统一性"一是指哲学是各门学科的基础；二是指大学正是要起到"百川归海"的作用，大学正在于其"大"，因而为科学研究的统一性、为理论和实践相结合提供可能。第二，洪堡认为大学教育要培养学生从事研究的能力。大学教师的任务应当是对学生从事研究进行引导，学生的任务是独立研究。"大学教师就不再是教师，学生也不再仅是学习者，而是从事研究的学者。教授给他们的研究提供指导与帮助。"①洪堡在《哥尼斯堡学校计划》中写道："大学旨在让人能领悟科学的统一性并具备创造力，所以创造力的培养是大学教育的重点。即便是对科学的理解也是一种创造，尽管可以说这是一种从属性的创造。因此大学教育没有上限，对于就学者而言，严格地讲，没有成熟的标志。一个拥有大量的中学知识的人，是否还需要教师的引导、需要多久、需要什么样的，这一切都取决于其本人。听课本身其实是偶然的，绝对必要的是，一个年青人在学校教育之后、进入生活之前，在一个有许多教师和学生的地方，逗留几年，把自己完全奉献给科学思考。"②德国大学自 20 世纪以来，特别是两次世界大战以后及 1968 年学生运动后，在结构和内容上进行了大规模的改革，然而洪堡创办柏林大学时提倡的学术自由、科学的统一性及教学与科研相结合的原则仍然是德国大学的优良传统。

洪堡于 1809—1810 年撰写了《论柏林高等学府的内外组织问题》(Über die innere und äussere Organisation der höheren wissenschaftlichen Anstalten in Berlin) 一文，进一步阐述了他的教学与科研相结合的原则和对科学的独立、自由和统一性的看法。可惜这篇文章未完稿，而且这部手稿在洪堡生前从未发表过，

---

① [摩洛哥]扎古尔·摩西：《世界著名教育思想家》第 2 卷，梅祖培、龙治芳等译，203~204 页，北京，中国对外翻译出版公司，1995。

② W. von Humboldt, Über das Studium des Alterthums, und des Griechischen insbesondre, Wilhelm von Humboldt, Gesammelte Schriften, hrsg. von der. Königlich Preussischen Akademie der Wissenschaften Bd. 4, Darmstadt, Wissenschaftliche Buchgesellschaft, 1963, pp.170-171.

甚至在整个19世纪都不为人知。① 洪堡写道："在高等学府这个概念中……汇集了与一个民族的道德文化有直接关系的一切，这个概念的立足点是高等学府必须对科学从这个词的深度和广度展开研究，不是说要有意识地把科学用于培养道德智慧，但无疑科学是培养道德智慧的最合适的材料。"②显而易见，洪堡对科学的理解也是受新人文主义的影响的，认为真正的科学产生于人的心灵深处。

洪堡进一步指出："高等学府的本质在于内部把客观的科学和主观的教育、外部把结束了的中学教育和刚开始的大学在自己的领导下结合起来，或者说是促使前者向后者过渡。其中最关键的是科学，因为只要科学是纯粹的，那么即使出现个别的偏差，纯科学仍然会自动地全部被人正确掌握。"

在洪堡看来，经过前两个阶段普通教育的人已具备自我判断的基本能力和从事科研所需要的"理性"。因此，这样的"人"对纯科学有很好的驾驭能力，反过来，纯科学的掌握又可以促进个体人性的进一步完善。洪堡认为："只有在高等学府尽可能地把纯科学作为思想基础时，才能达到高等教育的目的，而独立和自由是这个领域的关键准则。因为人类的精神作用其实质都是共同作用，而且不仅是要让一个人去弥补另一个人的不足之处，更是要用一个人的成功去激励其他人，使所有人共同的、本质的、在不同情况下单独或是派生的力量展现出来。这样高等学府的内部组织必须创造和保持持续的、不断更新的但又不是强制性的和唯目的论的合作。"③在这里，洪堡进一步强

---

① 张弢、何雪冰、蔡志楠：《洪堡神话的终结?：德国史学界对洪堡与德国现代大学史之关系的解构以及相关思考》，载《德国研究》，2018(3)。

② W. von Humboldt, Über das Studium des Alterthums, und des Griechischen insbesondre, Wilhelm von Humboldt, Gesammelte Schriften, hrsg. von der. Königlich Preussischen Akademie der Wissenschaften Bd. 4, Darmstadt, Wissenschaftliche Buchgesellschaft, 1963, pp.225-256.

③ W. von Humboldt, Über das Studium des Alterthums, und des Griechischen insbesondre, Wilhelm von Humboldt, Gesammelte Schriften, hrsg. von der Königlich Preussischen Akademie der Wissenschaften Bd. 4, Darmstadt, Wissenschaftliche Buchgesellschaft, 1963, pp.225-256.

调大学的独立和自由原则，明确地把独立思考、自主的科研和自由的纯学术竞争机制作为科研发展的辩证动力来看待。这对打破当时德国各大学的学术封闭和信息闭塞状况意义十分重大。而同时，洪堡又十分强调人类精神的共同作用，指出合作的必要性和必然性，把科研的自由和独立放在共同合作的基础上来观照。

在《论柏林高等学府的内外组织问题》一文中，洪堡还明确地指出，大学教师和学生的关系不再是原来的"教"和"学"："高等学府的另一个特点是把科学永远看作是没有彻底解决的课题，因而永远处于科研之中。通常中学教育只与固定的和既成的知识发生联系，而在大学里教师和学生的关系完全是另外一种关系，教师并不是为学生存在，应该说教师和学生是共同为科学而存在。"可见，洪堡反对把大学中传授的知识看作一个封闭的系统，而把它看成开放的、不断调整改变的力量，大学的教学应该和科研相结合，大学学习是对学生科研能力的一种挑战。洪堡所理解的"寂寞和自由"不是说大学应成为象牙宝塔，而是反对把学术看成简单的继承，教授照本宣科传授那些"陈年烂芝麻"，而学生只是亦步亦趋没有任何创造。他所要求的"独立"是面对科学不断提出的新的挑战所要付出的专心致志，这并非和他同时强调的"相互合作"有悖；相反，每一个科学家都要积极投入，争取把科学推向一个新的高峰。学术工作的"独立"决不排斥人类精神的"合作"，而是科研和教学的自由的必要前提。因此，洪堡提出的大学教育原则诸如学术的独立与合作、教学与科研相结合以及科学的统一性等是彼此关联的有机整体，是不能割裂开来看待的。

这里要特别强调的是，洪堡所提倡的"科学自由"从国家和科学的关系看，包含了两层含义：其一是国家必须彻底放弃对科学的任何干涉，国家的干涉往往会变成科研的障碍；其二是要保证科研人员有足够的资金，能专心致志地从事科研工作，不必为生计所迫去从事和科研无关的行当。"科学自由"决定了大学必须独立于国家和宗教之外，国家除了供应必需的物资和选任适当的人员外，没有其他任何义务。在这种意义上，19世纪的德国新型大学已重新恢复了欧洲传统上古老大学的某些优点，但这种新型大学不是建立在中世纪教会统一体基础之上，而是建立在德国新人文主义的人性理想和科学工作的统一体的基础之上的。德国19世纪的新型大学成为一种自由追求真理的科学教育机构，因而吸引了欧洲各国的学生前来求学。这和洪堡的大学教育改革无疑是紧密联系在一起的。

作为19世纪普鲁士教育改革家，洪堡对现代德国教育体制的形成，甚至对于现代德国的形成和发展都产生了极其重要的作用。洪堡的教育思想和哲学思想是他所处时代的产物。他的新人文主义思想在反对普鲁士封建专制、促进资产阶级民主制度生成的过程中有重要的积极意义。但是德国19世纪的新人文主义思潮带有强烈的主观唯心主义色彩，从某种意义上看是普鲁士先进的贵族知识分子的蓝色幻想曲。应该指出，洪堡的新人文主义教育思想在19世纪中期以后才逐渐产生实践意义。

第三章

德国的国民教育思想

德国的国民教育思想是在 19 世纪初期出现的。面对法国军队 19 世纪入侵德国的情况，德国许多思想家和教育家为了激发德意志民众的民族意识，重建独立和统一的德意志国家，大力提倡国民教育。其中，前期的主要代表人物是费希特和黑格尔，后期的主要代表人物是第斯多惠（Friedrich Adolph Wilhelm Diesterweg，1790—1866）。德国的国民教育思想强烈要求建立国民学校并由国家来管理，主张通过国民教育来建构德意志民族的意识，强调德意志语言和文化，提倡理性的教育与和谐发展的教育。前期的德国国民教育思想对国家的独立和统一以及加强德意志民族意识起了不可忽视的作用，但其中德意志信念的理论基础也使其不可避免地具有负面的影响；后期的德国国民教育思想对 19 世纪 70 年代后德国国民教育的复兴和发展起了重要的作用。

第一节　费希特的教育思想

约翰·戈特利布·费希特是德国古典哲学史上前承康德后启黑格尔的唯心主义哲学家，也是普法战争（1806—1807 年）后普鲁士施泰因—哈登贝格改革时期重要的政治思想家和教育思想家。在德国古典哲学家中，他是激进的自由斗士。他的教育思想在德国教育史和教育哲学界通称为"国民教育"思想。可以说，费希特的国民教育思想是德意志民族生死存亡危急关头的产物，带有强烈的时代特征和民族主义色彩。同时，费希特的教育思想又根植于欧洲大陆启蒙精神及18—19世纪欧洲新人文主义思潮和人文哲学的土壤，充满了强烈的人文主义气息。德国伟大诗人海涅(Heinrich Heine)在费希特去世20年后发表的著名论文《论德国宗教和哲学的历史》(1834)中写道："当今的德意志精神仍然受着费希特思想的支配，费希特的影响仍然不可估量。"①

一、生平和教育活动

费希特1762年5月19日出生于今德国东部萨克森州拉梅诺村的一个织带匠家庭，他是家中的长子。当时，大多数乡村儿童无法受到良好的教育，费希特也不例外。起先，他在父亲的指导下读书认字，课本是《圣经》。村里教堂的牧师也给费希特上过一些启蒙课。费希特天资聪颖，理解力极强，他能复述前一天听的教堂布道。费希特的才华和真诚以及牧师的推荐很快使当地的一位贵族恩斯特·豪伯特·冯·米尔梯茨做出资助费希特接受良好教育的决定。

1774年，费希特进入著名的波尔达贵族学校。这是一所大学预备学校，里面的生活类似修道院，有着严格的纪律约束，主要学习方法是死记硬背。波尔达贵族学校的经历对费希特的个人成长和他日后教育思想的形成影响极大。一方面费希特对波尔达贵族学校的教育方法极其反感②，另一方面他又学到了许多东西。这主要是指当时学生藐视权威的抗拒精神和大量偷阅禁止读

---

① Heinrich Heine, Gesammelte Werke, Bd.5, Weimar, Anaconda Verlag, 1956, p.115.

② I.H.Fichte, Johann Gottlieb Fichte's Leben und literarischer Briefwechsel, Berlin, Leipzig, 1830, p.16.

物，如莱辛、歌德和威兰德(H. O. Wieland)的著作等。

1780 年，费希特中学毕业后就做了去耶拿大学学习神学的选择。但这时米尔梯茨去世，费希特的经济来源中断。于是他于 1781 年转到莱比锡大学，其原因是他觉得在那里比较容易得到一份奖学金，但这一希望马上就破灭了。经济上的拮据导致费希特几次中断学业，被迫去当家庭教师。就像海涅所描述的那样，费希特不得不"通过教书匠的活计来领略世事之艰辛"①。费希特起先在萨克森当家庭教师，后来去了瑞士。家庭教师的教育实践可以说是费希特日后国民教育思想形成的实践基础。

1788—1790 年在瑞士期间，费希特曾与他的雇主、苏黎世知名人士安东尼尤斯·奥特就孩子的教育方法问题发生争执。奥特指责费希特情绪消极、沉湎酒浆，而费希特则批评家长错误的教育方法。1790 年，费希特辞去了这份工作。在这一时期，费希特对两个教育原则问题开始进行思考。第一，费希特反对机械背诵的方法，主张通过理解进行学习；第二，他主张培养学生的独立思考和独立判断能力。这两个基本思想主要反映在他当时写的《有关最为明显的错误教育的日记》(Tagebuch über die merklichsten Erziehungsfehler)中。

1791 年 7 月初，费希特前往哥尼斯堡拜访一代名师康德。费希特聆听了康德的哲学讲座并向康德递交了一篇名为《试评一切神启》(Versuch einer Kritik aller Offenbarung)的论文。此文从康德哲学的实践批判出发，对神的启示之可能性提出肯定性的论证。后来，这篇论文以不署名方式问世，并在学术界引起巨大反响。这样，费希特作为哲学家的地位便初步确立，被公认是康德哲学最好的诠释者和继承人。

法国大革命爆发后，费希特以极大的热情予以肯定与支持。在这期间，他匿名发表了两篇著名文章宣传和讴歌法国大革命。1793 年，费希特去苏黎世，与约翰娜·拉恩(Johanna Rahn)结婚。在这期间他通过约翰娜结识了瑞士

---

① Heinrich Heine, Gesammelte Werke, Bd.5, Weimar, Anaconda Verlag, 1956, p.116.

著名教育家裴斯泰洛齐，并一起探讨了教育问题。

1794 年 3 月，费希特在耶拿大学接任康德的哲学教授教席，同时期在耶拿大学任教的还有著名诗人席勒。费希特从一开始就试图按照自己的教育思想、见解施行改革。在耶拿大学的五年时间内，费希特不仅具体尝试了教育体制的改革，而且建构了他主要的哲学体系，发表了《论学者的使命》（Die Bestimmung des Gelehrten）、《全部知识学的基础》（Grundlage der gesamten Wissenchaftslehre）、《自然法基础》（Grundlage des Naturrechts）和《道德学体系》（System der Sittenlehre）等著作，从而成为德国古典哲学中举足轻重的哲学家。

费希特离开耶拿大学后旋即来到普鲁士王国的首都柏林。在柏林他深居简出，闭门著书，写下了《论人的使命》（Die Bestimmung des Menschen）等著名论文。1800—1805 年，费希特主要在普鲁士各地讲演。普法战争中，普鲁士王国在拿破仑大军的铁蹄下迅速沦陷，1807 年 7 月 9 日，普鲁士和法兰西签订了《提尔西特和约》。费希特结束了短期流亡，从丹麦回到柏林。他马上开始投入德意志民族的精神救亡中去。对于费希特来说，精神救亡就是通过教育来唤醒当时民心涣散的德意志国民，在国土破碎的德国境内唤醒统一的德意志民族意识。这一具体行动便体现在他著名的《致德意志民族》（Reden an die deutsche Nation）①的系列演讲和他的建设柏林大学的计划中。

1810 年柏林大学的成立标志着普鲁士教育改革达到高潮，同时，柏林大学是洪堡倡导普鲁士教育改革的产物。费希特被选为柏林大学的第一任校长。在校长的岗位上，费希特继续施行他在耶拿大学未竟的教育改革事业。

1814 年年初，费希特夫人约翰娜因护理伤兵染上传染病，又不幸传给费希特，1 月 29 日，费希特逝世。

---

① 亦译《对德意志国民的讲演》或《对德意志民族的讲演》。

二、早期教育思想

费希特的早期教育思想主要集中在他 1789 年在苏黎世贵族奥特家任家庭教师时写下的《有关最为明显的错误教育的日记》和 1804 年左右陆续写下的《教育箴言》(Aphorismen über Erziehung)中。在《有关最为明显的错误教育的日记》中，费希特记下了奥特夫妇关于孩子教育的弊病和他对教育学与儿童心理的反思。这篇手稿于 1919 年首次发表，后收入 1930 年出版的《费希特书信集》中。[①] 在谈到对奥特的女儿苏珊的教育时，费希特写道："如果我批评孩子或指出她的错误时，我绝对不会说她不应该犯错误，换句话说，我不会用成人的标准来要求她……小孩应该被当成小孩对待，如果不懂得儿童与成年人的区别，就不能胜任教育工作。"[②]在这里，费希特明显持有卢梭《爱弥儿》中的自然主义教育观，这显然与他早期接受卢梭启蒙主义教育思想有关。这种人文主义思想势必同奥特夫妇的封建贵族思想产生矛盾和冲突。

对于费希特来说，"在教育儿童过程中，最困难的是去揭示儿童的思路顺序，去理解儿童是如何从一个念头转到另一个念头的。自然，现今的老师只会让人死记硬背，不会想到这一点的。而不懂得这一点，任何课堂教育都是不会成功的"[③]。在这里，费希特不仅把受教育者放到教育的中心地位，而且初步提出了儿童教育心理的问题。这比德国著名儿童心理学家施泰恩(Wilhelm Stern)系统关注儿童心理要早了近一个世纪。费希特反对机械地死记硬背并不是单单从学习效率高低出发考虑的，而是从当时的人文精神出发，提倡人至高无上的尊严，从主观唯心论出发，坚持从意识到存在的认识路线。在费希特看来，教育也是一种主观建构(Konstruktion)，或者说是一种培养儿童正确地建构符合道德伦理的认识能力的社会行为。应该看到，费希特当时

---

① J.G.Fichte, Briefe kritische Gesamtausgabe, hrsg.v.H. schulz, Bd.1, Leipzig, 1973.

② Heinz Schuttenhauer, Ueber Patriotische Erziehung, Pädagogische Schriften und Reden Johann Gottlieb Fichtes, Belin, 1960, p.39.

③ 范捷平：《德国教育思想概论》，220 页，上海，上海译文出版社，2003。

的主观建构思想是在西方新人文主义氛围下主体至上论的必然产物，这种教育观在资产阶级上升时期对提倡个体解放曾有过积极意义。

在这种主观唯心认识论的基础上，费希特把培养儿童的理性思维能力规定为教育活动的最终目标。他在《有关最为明显的错误教育的日记》中指出："理顺儿童的思维顺序，让他们的思路有规律，符合理性，教会他们如何去思维，乃是教育的最终目的。"①费希特认为，儿童的思维还远远没有成型，还没有达到理性的程度，因此儿童的想法及行为常常与成人的要求不相符。同时，儿童也常常会在认识过程中对事物产生误解和误判，对此不能用强制命令的手段予以纠正。例如，他在《有关最为明显的错误教育的日记》中对儿童的一般抗拒心理进行了解释。他认为，儿童的抗拒行为和成人持续的或有意识的、有计划的抗拒行为是有本质区别的。儿童的不服从往往只是暂时的、无计划和无意识的。对于儿童来说，所有对他们的惩罚都是未来的，而眼下的任性是现实的。在费希特看来，不停地命令儿童"坐直了！""不要做鬼脸！""认真听讲！"是完全错误的教育方法。这种方法只能导致儿童产生更多消极的抗拒心理，因为"儿童习惯于将重要和不重要的指令同等对待，并且很容易随着性子来服从或不服从"。②

费希特在《有关最为明显的错误教育的日记》中特别强调怎样培养儿童良好的性格。他写道："儿童一般不乐意承认错误，特别不愿意被强迫承认错误。我在这里必须说明一个普遍的问题，在培养儿童的性格时，最重要的是让儿童学会对其做的错事进行反思并产生发自内心的后悔。这才是真正地承认错误。认错只能在反思和情感的基础之上产生，而不是强迫命令。"③就如

---

① Heinz Schuffenhauer, Ueber Patriotische Erziehung, Pädagogische Schriften und Reden Johann Gottlieb Fichtes, Belin, 1960, p.40.

② 范捷平：《德国教育思想概论》，222页，上海，上海译文出版社，2003。

③ Heinz Schuffenhauer, Ueber Patriotische Erziehung, Pädagogische Schriften und Reden Johann Gottlieb Fichtes, Belin, 1960, p.40.

他在《教育箴言》中指出的那样："教育一个人就是给他机会，给他完善自我和控制自我的力量。"①这种控制自我的力量就是人的理性。

在费希特看来，教育的目的并不在于"将人培养成为什么人，也不在于人学到了什么，而在于他是什么"②。在这里，费希特强调人具有理性的和自我行动的本质，这种自觉性是不能通过"外部的机械训练达到的"③。在《教育箴言》第五节中，费希特对此进一步阐述道："人文教育的精神和特点在于使学生在其行动时具有独立性，学生通过独立思考去获取知识，而绝不是机械地模仿，外部强加的知识和技能是无价值的。"④这里，以培养学生理性和独立思考能力为重的教育思想已经初见端倪了。在这个时期，费希特认为，一个理性的社会必须建立在具有理性的个体之上，而理性的个体只有通过理性的教育才能实现。这种思想在他早期的《有关最为明显的错误教育的日记》中还处于萌芽状态，在他以后的国民教育纲领中，则得到了进一步明确的阐发。

三、教育思想的理论基础

（一）哲学观

费希特的国民教育思想的理论基础是他的《知识学》（Wissenschaftslehre）。费希特提倡的新教育，首先旨在培养人的善心和爱心，培养受教育者的行为以爱心为准则，行动以爱心为出发点。其次是培养学生从爱和善出发的独立思考能力。再次是让学生在独立思考的基础上，通过自我实践的方法来认知和改造事物。最后是通过爱的培育来激发学生的学习积极性，并以此达到人

---

① 范捷平：《德国教育思想概论》，223 页，上海，上海译文出版社，2003。
② 范捷平：《德国教育思想概论》，223 页，上海，上海译文出版社，2003。
③ Heinz Schuffenhauer, Ueber Patriotische Erziehung, Pädagogische Schriften und Reden Johann Gottlieb Fichtes, Belin, 1960, p.40.
④ Heinz Schuffenhauer, Ueber Patriotische Erziehung, Pädagogische Schriften und Reden Johann Gottlieb Fichtes, Belin, 1960, p.46.

的自我实现的目标。以上四条理论基础出自《知识学》中的四条基本原理：
①观察(Anschauung)；②感知(Empfindung)；③自我行为(Selbsttätigkeit)；
④循序渐进(Stufenmäßiges Voranschreiten)。

在费希特看来，教育过程是一个"自我"(das Ich)和"非我"(das Nich-Ich)
之间发生相互关系的过程。这一思想是与他以行动为目的的哲学框架紧密相
连的。费希特知识学的第一原理为："自我设定自己本身。"这一辩证原理的基
本出发点是："自我"既是行动者，同时又是行为的产物。在费希特看来，行
为与事实是一个辩证的共同体。例如，"我是"或"我存在"(Ich bin)就其本身
来说无非是对"事实行动"(Tathandlung)的一种表述。因此，费希特认为，他
的知识学第一原理是自明的。

费希特知识学的第二原理是"非我"原理。在上述第一原理的基础上，费
希特规定了"自我"的反设定。这里所谓反设定就是指"自我"可以无条件地设
定一个与其正相反的东西，即"非我"。因此，费希特的知识学第二原理也可
以说是"自我设定非我"。

费希特知识学的第一原理是他所有肯定判断的基础，他的肯定性或实在
性范畴便由此得出。第二原理是他所有否定性判断的基础，否定范畴是由"自
我"无条件地设定"非我"而来的。在费希特看来，前者是同一原则，后者是差
别原则。第一原理和第二原理的相互作用、相互区别决定了费希特的第三原
理："自我作为有限制的自我而设定非我。"①可以说，费希特知识学的这三项
原理奠定了他国民教育思想的基础。也就是说，个人的完善只能在他与他生
活的国家、民族，或他人交往中完成。有独立人格的"自我"只有在"非我"限
制下才能实现，这种"非我"的限制在费希特国民教育思想中便具体表现为与
个体相对立的国家与民族利益。

---

① 也可理解为"自我通过非我而有限地设立自己"。费希特"知识学三原理" 参见 Johann Gottlieb Fichte, Sämmtliche Werke, Bd.1, Berlin, Veit und comp, 1845.

在世界观问题上，费希特把从"自我"出发的行为视为主体对客观外界的判断态度。他认为，世界观和自我行为不仅仅是个人想象，也不仅仅是一种对感受到的外部世界的"印象"，而是建构在先有观念的"设想"之上的行为方式。建立在观察、感知和自我行为基础之上的德育是一种积极地、有意识地改变"非我"（外部世界）及自我行为的必要手段。费希特说："如何及何时激发学生的自我独立行为是教育学的关键，如果这一步成功了，那么只要在此基础之上循序渐进就可以了。"①这样，他便得出结论，新教育的基石就是要将受教育者培养成具有独立思考能力的改良世界的人。所以，对费希特来说，教育首先就是德育。

（二）社会观

1. 对不良社会的批判

1806—1807 年的普法战争，从某种意义上说，可以看成以法兰西为代表的新兴资本主义制度与以容克贵族为代表的普鲁士封建农奴专制制度②直接冲突的结果。19 世纪初德意志各邦的封建农奴制不仅严重阻碍资本主义经济在德意志土地上的发展，而且使德意志国民普遍缺乏独立自主的精神和积极主动的自我意识。当时德国资产阶级学者和思想家的启蒙尝试大多是"阳春白雪"，仅仅停留在孤芳自赏式的形而上哲学理论层面上，与国民意识和社会实践严重脱节。在这种背景下，普法战争迅速以法军的全面胜利而结束。

旧普鲁士的军事崩溃直接导致旧普鲁士的精神崩溃。国家被肢解，首都被占领，普鲁士国家机器陷入瘫痪。这一切导致普鲁士激进的资产阶级自由主义学者反思。可以说费希特是在这种时代背景下对旧普鲁士社会的衰落发出大声疾呼并为重建普鲁士及统一的德意志国家而呕心沥血的一位思想家。

① 范捷平：《德国教育思想概论》，239 页，上海，上海译文出版社，2003。
② 18 世纪下半叶，普鲁士王国出于对国家财政收入和军队兵源的考虑，解除了部分国有土地上的农民的人身依附关系。但是容克贵族拒绝改变农奴制，其庄园内的农民仍然无法摆脱对容克贵族的人身依附关系。

费希特对当时社会的批判反思,早期集中在对法国大革命的讴歌和对普鲁士封建贵族政治的直接鞭笞上,后期则避开直接的时事政治批评,转入哲学思辨。因此,费希特的社会批判主要集中在他的历史哲学、伦理哲学和知识学中。

费希特认为,他所生活的时代是罪孽深重的时代,个人无限制地追求占有和享乐的欲望与人类本质理念之间的冲突达到了极点。费希特指出:"虽然人类共同的、健康的理性是与生俱来的,理性是人类的本性,但是,人的感性却极容易被物质世界所误导。"[1]这一思想表面上看与卢梭的自然主义启蒙教育思想、裴斯泰洛齐和洪堡的人类学思想有相通之处,但实际上,费希特的社会批判更多是建筑在他的历史哲学基础上的。

费希特提出,人类发展可分为五个哲学理性阶段:第一阶段是人类无罪孽阶段。在这个阶段,人的理性完全以其本性的形式显现,因此理性占有绝对的统治地位。第二阶段是罪孽起始阶段。一方面,人的理性本性成为绝对权威,个人对理性产生盲目的信仰;另一方面,人又产生获得自由的欲念,理性开始逐渐失控。第三阶段是罪孽实现阶段。在这一阶段,人类极力摆脱各种权威的束缚,甚至企图从理性的本性中解脱出来。第四阶段是开始反思阶段。人类开始追求真理。第五阶段是反思和解救完成阶段。在这一阶段,人类达到真、善、美的统一。在费希特眼里,在他那个时代,人类正处于第三阶段,旧普鲁士的灭亡正是普鲁士统治者和国民的理性失控、欲念无限膨胀导致的。

费希特认为,人类之所以陷入第三阶段的困境是因为感性认识的误导性无限增大。在他看来,客观外界和事物对人有表象欺骗性,物质生活的不断改善导致人的进一步贪婪和对财富的追求。在这种情况下,费希特提倡改革教育,认为人类只有通过"后天"正确的教育才有可能不致腐化。

---

[1] Johann Gottlieb Fichte, Sämmtliche Werke, Bd.7, Berlin, Veit und comp, 1845, p.26.

2. 国家伦理观

费希特的国民教育思想与他的国家伦理观有着密切的联系。他认为，新型教育的责任应由符合理性伦理的国家和政府来承担。应该指出，费希特的国家观并非"朕即国家"的独裁国家观，也不是"内圣外王"式的开明封建统治，而是民主的资产阶级君主立宪制度。这种意义上的国家以"法治"的形式在个人的外围起作用，制约个人的享乐欲望，使个人感觉到自己的欲望不是无限制的；同时，作为绝对权威的国家有义务通过教育的强制手段把个人的发展导向整个社会赖以生存的伦理轨道。在这个前提下，费希特强调："在我们这个时代，每一个公民都必须服从国家，国家则将其公民视为工具，并将他们作为工具使用。国家应极力普及、优化和完善公民的驯服意识。"①

费希特的国家观基本上是积极的。他认为，国家通过其存在向社会成员提供普遍发展他们道德观念的可能。只有这样，一个国家良好的社会风尚才能得以发扬光大。在费希特看来，国家应该成为一个专门从民族利益出发，从事促进民族文化、推进民族理想的机构，国家不仅是巩固民族政权和民族安全的组织，而且是实现民族道德观念的权威。因此，任何教育都应该首先是爱国主义和民族主义的教育。国民教育必须在健康的国家伦理范畴内进行。

因此，"德行"（Sitte）就成了费希特国民教育思想中一个关键性的概念。费希特认为：德行是基于对某种文化、道德伦理理解的行为方式，这种行为方式是作为个体的人的社会活动之前提。国家及其法律是保障德行的必要手段，而法律又向国家机器提供惩罚一切违反德行的可能性。同时，德行又是宗教的绝对前提。通过对人的德行的培养，人获得责任感和良知，这样才有可能使人从盲目的直感和盲目的服从中摆脱出来。只有德行得以实现，才能使人具备自由独立地实现自我的可能性。

在费希特看来，宗教的颓废正是他那个时代的特征，一切观念的现世化

---

① Johann Gottlieb Fichte, Sämmtliche Werke, Bd.7, Berlin, Veit und comp, 1845, p.152.

导致了宗教的失落。但费希特并不反对宗教的世俗化。他认为，德行如"责任感、博爱、同情心、善心、忠诚及自我牺牲精神、家庭观念等"正是宗教世俗化后指导人的德行完善的结果。① 然而，费希特的德行教育并非一种机械说教。他在《教育箴言》第九节中写道："积极的德行教育不是给学生规定道德准则，让学生去循规蹈矩，这样只会扼杀学生内心对道德的感受能力，把他们培养成没有内心世界、没有个性的驯服工具。德行必须在自我谦虚的静思中，在不骄不躁中，在内心萌发，逐渐成长，发扬光大。"② 同样，对宗教的认识也只能在学生的自我认识过程中顺其自然，让其在学生的内心萌发。把宗教作为说教，有计划地灌输给学生，在费希特眼里同样是扼杀理性。

四、论教育的作用

普法战争以后，德国实际上处于拿破仑统治之下。在拿破仑的分裂主义政策下，德意志民族分裂成许多小的公国。《提尔西特和约》签订之后，德意志各公国的民族情绪空前高涨，在自由主义知识分子中，渴望国家统一和重建政治上独立、民族统一的德意志国家的呼声越来越高。费希特就是在上述历史氛围中做了《致德意志民族》的系列演讲，并提出其国民教育纲领的。

费希特的国民教育纲领有两个目标：第一是建构德意志的民族意识，以达到争取民族解放的目的；第二是在实践上试图解决如何使人类摆脱其发展第三阶段上的困境，走向美好的将来的历史哲学问题。这两个目标在费希特看来有着不可分割的必然联系。在1804年冬所做的《当前时代的基本特征》（Die Grundzüge des gegenwärtigen Zeitalters）演讲中，费希特坚信，若要统一和复兴德意志民族，就得首先加强德意志民族意识，创造具有高度民族意识的

---

① 范捷平：《德国教育思想概论》，229 页，上海，上海译文出版社，2003。

② Heinz Schuffenhauer, Ueber Patriotische Erziehung, Pädagogische Schriften und Reden Johann Gottlieb Fichtes, Belin, 1960, p.48.

新人。这与费希特 1800 年前后提出的优化德意志民族的口号是一脉相承的。换句话说，必须首先优化德意志民族的德行。要做到这一点，费希特认为：一方面要使人充分地个性化，即人完全与自我认同；另一方面通过民族优化，各社会成员之间达到和睦相处。要实现这些目标，在费希特看来，只有通过教育年青一代这种方法。

在上述两个目标的基础上，费希特阐述了建立德意志国民教育的理由。我们可以看出，在《致德意志民族》演讲中，费希特已明显地从 1800 年前后对社会的批判转为积极介入国家政治。一般认为，这个演讲是费希特从泛世界主义者转为激进民族主义者的标志。可以说，费希特的教育救国思想具有两面性，它既是普鲁士国家和德意志民族生死存亡的危急时刻的必然产物，同时又是大德意志主义的奇葩异草。

撇开其他所有政治因素来看，费希特的爱国主义是建立在其坚定的大德意志主义的信念之上的。他认为，德意志民族是优于欧洲其他各民族的"原始民族"，这一民族是一个牢不可破的精神实体。德意志民族有能力将自己和其他民族从时代的污垢中解救出来。

费希特从语言角度来论证德意志民族的优越性。他认为，与其他日耳曼语言相比，德语逻辑结构缜密、充满内在活力，这种语言赋予德国人尤其是德国精英学者以特别的思辨能力。德国人在这种语言优势下，不仅具有完全理解自我的能力，而且能够比外族人更能理解他们自身。同时，德语在漫长的历史进程中，一方面通过诗，另一方面通过哲学思辨而得到进一步优化。

以这一观点为依据，费希特认为优秀的德国语言既是德意志精神赖以产生的客观前提，又是德意志民族统一和复兴的有利条件。因为，在德意志精神的土壤里生长出来的德意志民族共同的典型品德是永生不灭的，如崇尚自然、忠诚、荣誉感、虔诚、谦虚和集体意识等。在这种德意志语言中心论基础上，费希特进一步提出他的民族主义的国民教育构想："只有德国人才有真正的民族感，只有德国人才具有真正热爱祖国的能力。"①

因为费希特把"爱国情结"视为国家和民族的道德凝聚力，所以，在《致德意志民族》中，他把爱国主义、国家至上主义和民族主义等同于"理性"，并一起作为国民教育的最终目的。费希特说："我的演讲的目的就在于宣扬和论证如何通过教育来培养人的真正的爱国主义情操。"②在这里，他特别强调要为德意志民族培养完美和完全的人，通过造就一代或几代这样的德国人使德意志民族复兴、走向强大，并担当起拯救全人类的重任。应该看到，费希特的极端民族主义观念在德国历史上虽然对德意志国家的统一产生过积极作用，但是对19世纪后期的俾斯麦主义乃至20世纪在德意志土地上产生侵略扩张性的国家社会主义不无影响。

五、国民教育理论

(一)对国民教育的设想

费希特在其国民教育构想中，批评传统教育只注重死记硬背，只注重具体知识的传授，而不注意知识结构之间的相互联系及新的知识的生成机制。他批评旧式教育一不培养学生的品德，二不培养学生的自我反思意识。在这个基础上，费希特提出了自己具体的教育目标：把学生培养成尽善尽美的人。在这里我们可以看到费希特与洪堡教育思想的共同点。在当时，强调教育以在全民范围内培养不限门第出身的"通才"为目标，无疑是一种对传统教育的激进改革。通过这一教育目的的构想，费希特把教育事业纳入他改造社会、改造历史、改造政治的历史哲学构想中去，使之成为达到人类理性发展第四和第五阶段的必要手段。这样，从理论上看，费希特的国民教育方案成为他对普鲁士改革政见中一个不可缺少的重要环节。

---

① Johann Gottlieb Fichte, Sämmtliche Werke, Bd.7, Berlin, Veit und comp, 1845, p.227.
② Johann Gottlieb Fichte, Sämmtliche Werke, Bd.7, Berlin, Veit und comp, 1845, p.395.

在费希特的国民教育思想中，除了前已提及的德行概念之外，另一个重要概念是"理性"（Vernunft）[1]。在这一概念下，以民族和国家利益为重的教育与完善、完美个人之间的矛盾达到了统一。因此，费希特把国民教育具体内容定义为全民的同时也是对个人的全面的教育。这种突出"二全"的教育思想强调，不应让受教育者只通过感官来认知世界，而要培养他们把认知建立在理性的基础之上，而理性又是自我反思、独立思考的高度发达的精神世界的产物。

在德行教育和理性教育的关系上，费希特认为，培养学生高尚的道德观是教育的最高目的，理性是其方法和内容。与裴斯泰洛齐和洪堡一样，费希特反对将德育变成某种宗教或道德说教，而是主张培养学生社会生活中的责任心及自由、独立的行为能力。因此，费希特将德育和宗教严格地区分开来。他认为德育是实际的生活哲学，而宗教是形而上的理论。他说："在实际生活中，或者说在社会秩序完整的社会中，一般不须要用宗教来组织生活，与此相反，人们需要一种真正的道德观念来组织社会秩序。就此看来，宗教是不实际的，它只是一种认知，它仅仅让人清楚地意识到自我和相互理解，只回答人最高、最抽象的问题，使人达到理性。"[2]

因此，费希特尤其提倡注重精神和独立思考的新教育，即精神道德教育。他认为，只有理性教育才是达到教育最高目标——德行教育最根本的保证。理性教育的核心是培养学生独立思考和独立行为的能力。同时，为了把学生培养成完美的、全面的人，费希特在他的国民教育设想中也考虑到体育的因素，他认为强健的体魄是培育新人不可缺少的重要环节。

费希特认为，由于现存社会风尚败落，要实现国民教育的目标，只能使

---

[1] 费希特同时还用了"Idee"一词。为了区别"Idee"和"Vernunft"二词的本真内涵，本书采用"理念"（Idee）和"理性"（Vernunft）两种不同的表述方式。

[2] Johann Gottlieb Fichte, Sämmtliche Werke, Bd.7, Berlin, Veit und comp, 1845, p.299.

学生从其生活的社会环境中完全脱离出来,隔绝学生和社会的任何联系。所以费希特建议,将学生隔离在学校内,直至理想的社会模式在学生思想中定型。只有在这种条件下,才有可能把年青一代培养成新时代的接班人。费希特在《致德意志民族》的第九讲和第十讲中具体提出了他的学校设想,其中重要的一点就是建立国家参与管理的公立学校体系。

(二)对国民学校的设想

在《致德意志民族》演讲中,费希特认为,教育应该是超阶层的。他不仅把他的国民教育看成全体社会成员所必需的,而且把这样的教育作为提高全体国民素质、拯救德意志民族危难的必要条件,因此,上层社会成员、贵族阶层同样须接受教育。费希特特别强调对学者或对教育者的教育。在他看来,学者身负改造时世、教育他人的重任,因此,学者必须得到形而上的、历史的教育,必须有独特的、自由的学术能力。对他们的教育必须从实践和技能教育中分离出来。

费希特提倡国民学校的模式。在《致德意志民族》中,费希特彻底拒绝家庭教育,而主张由国家来建立公共教育设施。然而,国家建立的学校必须依赖作为国家公民的家长。他认为,国家既有强迫它的公民参加战争的权力,同时也有权强迫年青一代接受公共教育,让他们摆脱父母的"襁褓"。

在费希特的设想中,国民学校是民族主义教育机构,是相对独立的经济实体。学生在那里学习农业技能、畜牧技能和手工业技能。费希特是这样描述他的学校的:"这种学校的基本原则是,一切所需要的物品,如食物、衣服等,甚至工具,都应自己生产。在这一自给自足的原则下,每个人都必须尽自己的力量去工作,不需要盈利,不需要个人财富。这样就能培养出学生日后进入社会和家庭所必需的德行。"①

---

① Johann Gottlieb Fichte, Sämmtliche Werke, Bd.7, Berlin, Veit und comp, 1845, p.425.

（三）对大学教育的构想

大学教育是费希特国民教育思想的一个侧重面。他的大学教育构想主要集中在 1805—1806 年撰写的《关于爱尔兰根大学内部组织的一些想法》和 1807 年写的《柏林创立一所高等学校的演绎计划》中。费希特认为：大学是最重要的人文机构，保障人类知识的不断进步；大学教育是国民教育的高级阶段，是国家培养民族科学文化精英的必要步骤。在《关于爱尔兰根大学内部组织的一些想法》中，费希特批评了以往大学教育的弊病，提出了改革的要点。他批评大学教育中教授和学生脱节，"教授不顾学生的情况，如同对壁空谈；学生则听一半，扔一半"[1]，书本知识与实践严重脱离。所以，费希特指出，大学改革应把书本上死的理论知识转化为实际的、活的知识。要做到这一点，就要提倡教授和学生对话，学生要被允许表达思想，这样，教师就能有的放矢地教学。同时学生之间也要交流对科研对象的看法，这样就能把个别的知识全面化、系统化。在教学方面，费希特把大学课堂演讲放到极其重要的地位。就像他身体力行做《致德意志民族》演讲一样，他把口头传授知识看成避免知识僵化、避免理论脱离实践的有效方法之一。例如，在《柏林创立一所高等学校的演绎计划》中，费希特花了三节来谈书本知识和演讲的区别。早在 1805 年，费希特就在爱尔兰根大学做过一个题为《论演讲型学者》的报告，他把演讲比喻成活的知识传授，将演讲视为一个合格学者必备的能力。

关于对学生成绩的测试，费希特认为"绝对不能以学生机械背诵、模仿学习内容或照抄书本的能力来衡量其学习成绩，而应以学生灵活运用其掌握的书本知识的能力来衡量"。[2] 费希特主张，在学生考试和解答问题时，大学教师应把注意力放在学生的理解能力上，看学生是否把书本或课堂讲授的知识

---

[1]　Heinz Schuffenhauer, Ueber Patriotische Erziehung, Pädagogische Schriften und Reden Johann Gottlieb Fichtes, Belin, 1960, p.109.

[2]　Heinz Schuffenhauer, Ueber Patriotische Erziehung, Pädagogische Schriften und Reden Johann Gottlieb Fichtes, Belin, 1960, p.191.

消化成为自己的知识。在《柏林创立一所高等学校的演绎计划》中，费希特进一步强调培养学生的实践认知力。在《柏林创立一所高等学校的演绎计划》第九节中，他把知识测定方式分为三种：第一，答题。在考试中不应注重学生是否照搬书本内容答对了题，而是要看回答是否符合实际运用的要求。第二，对话。在口试中学生和教授应互相提问题，这种苏格拉底式的对话是学术能力的反映。第三，笔试或论文撰写。在笔试中不应只看学生的模仿能力如何，而要测试学生是否具备在所学知识的基础上发展出自己独立的思想的能力，是否具备从事学术研究的能力。值得一提的是，费希特主张的这种测试学习成绩的方式成为德国教育的传统，至今仍然在德国大学中占很大的比重。

在大学改革设想中，费希特的国民教育思想还具体体现在打破封闭、进行横向学术交流这一重点上。在《关于爱尔兰根大学内部组织的一些想法》中，费希特提出，由爱尔兰根大学编辑一部《科学年鉴》，收集和发表普鲁士各大学的最新科研成果，同时，收入学生的优秀论文和科研成果。费希特提这个建议主要出于两个考虑：第一，为了最终统一德意志精神和由此达到德意志国土统一的目标，普鲁士各大学之间应建立科研横向联系和科研竞争机制，从而打破思想和学术上封闭的局面。第二，培养民族主义精神，发挥教师和学生的积极性，为德意志祖国而教与学，同时，统治者可以发现为国家服务的优秀人才，储备优秀的政府官员。因此，在《柏林创立一所高等学校的演绎计划》第十四节中，费希特写道："我们的大学绝对不能建设成一个自我封闭的世界，大学应该同实际存在着的世界相联系……这是建设大学的基本点。这就是大学里可学的东西和发展的东西。"[1]

值得一提的是，《柏林创立一所高等学校的演绎计划》是费希特的一份浩繁的高校教育改革蓝图。它不仅涉及大学的学习目的和内容、教学和测试方

---

[1] Heinz Schuffenhauer, Ueber Patriotische Erziehung, Pädagogische Schriften und Reden Johann Gottlieb Fichtes, Belin, 1960, p.215.

法，同时也涉及高校的专业设置和行政管理。这个计划虽然没能在建立柏林大学时具体实施，但这些思想在费希特担任柏林大学第一任校长时，部分地得到了试验。由于费希特任期只有短短两年，所以这些思想不可能全部实施，但《柏林创立一所高等学校的演绎计划》在1817年发表后，对德国的高等教育发生的影响是不可低估的。

费希特的"知—德—行"三位一体的国民教育思想根植于他的哲学思辨。在这种三位一体模式中，认知或理念在费希特眼里是国民教育的起始点，道德学是国民教育的核心，国民教育的最终目的是使受教育者能够理性行动。

由于费希特的国民教育方案，无论在当时的政治形势下，还是在物质上或形式上都是不现实的，所以它只停留在主观唯心主义的哲学层面上。此外，费希特的极端民族主义倾向在今天看来无疑有一定的消极性，但是在他那个时代却有它积极的一面。同时，必须看到，费希特的乌托邦式的教育思想在一定意义上已经超越了与他同时代的普鲁士政治改革家。

第二节　黑格尔的教育思想

一、生平和教育活动

黑格尔是19世纪德国著名的哲学家，德国古典哲学的集大成者。他的辩证法思想达到了德国古典唯心主义哲学的顶峰。心理学和教育学观点是黑格尔思想的重要组成部分。

1770年8月27日，黑格尔出生于德国西南部的斯图加特城。他的祖父是牧师，父亲是官吏。他5岁入拉丁学校，7岁进斯图加特中学。他的学习成绩优良。父母还为他聘请家庭教师帮他补习几何学、希腊文和拉丁文，使他在古典语言方面打下了良好的基础。在中学时期，他对哲学产生了浓厚的兴趣。

1788 年，他进入杜宾根神学院学习神学和哲学，1793 年毕业。

大学毕业后，黑格尔先到瑞士伯尔尼地位显赫的施泰格尔家族担任了三年家庭教师。他的学生是两个女孩和一个男孩。在闲暇时间，他研究了康德和费希特等哲学家的著作，并密切关注瑞士的政治、经济和法国大革命的发展。在政治思想上，他是共和政体的拥护者。他对德国封建专制制度和基督教持否定态度，主张为了改变社会生活必须积极干预社会生活。1797 年，他回到德国的法兰克福，在商人戈格尔家担任了四年家庭教师。在这期间，他继续研究哲学、政治和历史问题，思想也日趋成熟。

1801 年，他在耶拿大学获得了编外讲师的职位，并以《论费希特哲学体系与谢林哲学体系的差异》一文开始了著述的历程。1806 年，他在班堡当过报纸编辑。

1808—1816 年，他在纽伦堡担任文科中学校长。这一时期，他完全献身于教育活动。1813 年，他还兼任纽伦堡市学校教务委员会顾问。在担任中学校长期间，他还亲自授课。

1816 年，黑格尔被任命为海德堡大学教授，讲授哲学史、政治哲学和美学。1818 年，黑格尔被任命为柏林大学教授。他讲授过逻辑学、自然哲学、人类学、哲学史、心理学、法哲学、美学、宗教哲学、历史哲学等课程，构建了庞大的哲学体系。他本人也因渊博的知识而赢得了很高的声誉。1830 年，他被选为柏林大学校长。1831 年 11 月 14 日，黑格尔因霍乱而在柏林去世。黑格尔的主要代表作有《精神现象学》(Phänomenologie Des Geistes，1807) 和《法哲学原理》(Grundlinien Der Philosophie Des Rechts，1821) 等。

黑格尔长期从事教育活动，对心理学和教育问题的探讨有一定的影响。英、美等国家曾出版过一些黑格尔的教育理论著作。

二、教育思想的理论基础

（一）大日耳曼主义思想

黑格尔意识到民族的危机。他指出，当时的德意志不能真正地被称为一个国家。他反对当时封建制度下诸侯割据的局面，要求民族独立和国家统一，反映了资产阶级的进步要求。与英、法相比，当时德国的政治、经济都相对落后。但是，黑格尔对德国的统一和强盛、日耳曼民族的未来充满信心。他认为，日耳曼人一旦抛弃他们的惰性，就有可能超过法国人。1818 年，他在柏林大学的演讲中甚至自信地宣称，德国"由于精神力量的高度发展，而提高其力量于现实中、于政治中。就权力和独立性而言，已与那些在外在手段上曾经胜过我国的那些国家，居于同等的地位了"。[①]

不幸的是，黑格尔错误地夸大了日耳曼民族的优越性。他认为，德国及其文化高于一切，普鲁士的君主立宪制是最完善的政体，是自由精神的最高体现。他的思想中甚至蕴含了法西斯种族主义和帝国主义。例如，他论证了大日耳曼主义，鼓吹日耳曼精神就是新世界的精神。[②] 他还滥用辩证法论证战争的必然性，认为永久和平会使民族堕落，而战争则是有理性的，主张用战争来解决国家之间的争端。这种思想为以后的法西斯主义提供了理论依据。

（二）论公民

1. 公民的权利

黑格尔的根本政治立场是主张"人民与贵族阶级的联合"，始终赞成君主立宪政体。他认识到，"人权和自由不是天赋的"，要求国家成为伦理的有机体。他认为，公民与公民之间、公民与政府之间应该具有休戚相关的道德关系，个人通过国家可以达到对自己美德的培养和自我意识的实现。

在理论上，黑格尔赞成法国革命的理想。他将自由、平等、博爱、人权等

---

① 贺麟：《黑格尔哲学讲演集》，4 页，上海，上海人民出版社，1986。

② ［德］黑格尔：《历史哲学》，王造时译，352~353 页，上海，上海书店出版社，1999。

资产阶级理想用唯心主义的术语加以重新阐述，但是，他提倡的是精神、道德、哲学革命。在实践上，他一直反对暴力革命。

黑格尔早期和晚年的政治态度有所变化。早期，他侧重民主自由思想，强调立宪的一面，关心人民、资产阶级和市民的利益。晚年，他的政治态度趋于保守，利用他的哲学为普鲁士君主政体做辩护，比较强调君主的权力，成为普鲁士政府的哲学家。

2. 论国家与公民的关系

黑格尔认为，无论对国家还是个人，伦理都是主观和客观的统一，是客观精神的真实体现。伦理具有其生长发展的过程，它可以分为三个阶段。

一是家庭——直接的或自然的伦理精神。家庭的基础是婚姻。婚姻不仅是一种市民的契约关系，也是一种精神的统一。家庭的生命具有时间性。它随着父母的死亡或子女的长大而消亡。家庭在教育子女中完成了其使命，过渡到市民社会。

二是市民社会——直接的伦理精神解体，通过法律维持市民的需要、人身和财产，形成各个独立的成员的联合。市民社会的发展分为三个环节：第一是"需要的体系"，第二是司法，第三是警察和同业公会。

三是国家——伦理精神通过分化、中介而完成自身的辩证统一。国家"是伦理理念的现实""是绝对自在自为的理性的东西""是客观精神"。个人本身只有成为国家成员才具有客观性、真理性和伦理性。它抹杀了国家的阶级性。

黑格尔试图通过伦理把个人、社会、国家连接起来。法和道德本身没有现实性，它们必须以伦理为基础，作为伦理的体现者而存在。对个人而言，个人的权利和道德自由以社会性的、客观的伦理实体为归宿。伦理的规定是个人的普遍本质，是调节个人生活的力量。对国家而言，国家是自觉的伦理的实体，是具体自由的现实性。

三、人的发展观

(一) 人的地位

黑格尔是从客观唯心主义出发论述人的发展问题的。他认为，自然是外化了的精神。人类本身是上帝按自己的形象制造出来的。但是，他所说的上帝实质上是对象化了的人的理性、自我意识。神的本性和人的本性是一样的。上帝是"神人"（Gottmensch），"人类是上帝，——上帝就是人类"。① "人类认识上帝，只能以上帝在人类之中对它自己的认识为范围，这种知识是上帝的自我意识，但也就是上帝关于人的知识，而上帝关于人的知识就是人关于上帝的知识。"②教育是神圣的典范在个体身上得以实现和呈现的过程。

那么，社会中人与人的关系如何呢？黑格尔认为，人是理性化的自然说明了所有人权力平等的可能性。所有的人在自然中都是相同的——是神的代表。因为上帝是神圣的、无限的，它能完全地充斥在个体中，所以人的手足之情的确定性在于上帝的这种"父亲的身份"。因而在人类组成的一个神圣的大家庭中，每个人帮助其他人，也被其他人帮助。因此，人的教育只有通过相互帮助才成为可能。

人与自然的关系如何呢？黑格尔认为，自然仅是内部精神凝聚的外在表现形式。它不仅是相对于精神的事物，而且是精神的一个特殊方面。自然是精神产生的最低级的形式。从无意识的无限扩展到意识的集中存在的恢复过程中，最高形式是个性化的人的自我指导行为。因此，人作为实际的无限的精神的浓缩体存在于这个世界中，有着无限的不可避免的权力。

可见，人是生命与自然、社会和上帝的联系纽带。因为这些联系的阶段包含在每个个体的生命中，所以人们可能开展教育。在教育过程中，所有这

---

① ［德］黑格尔：《历史哲学》，王造时译，369 页，北京，商务印书馆，1963。
② 中国社会科学院哲学研究所：《论康德黑格尔哲学》，338 页，上海，上海人民出版社，1981。

些条件决定他的生命将被带入一个理性的空间。这种成长的历程揭示了教育的真正本质。

(二) 人的发展与教育

教育的真正目标是个性理性的形成和实际运用——养成理性习惯。那么，人是否生来就有理性？或者说，人性是善的还是恶的？黑格尔认为，就人的最初的本质而言，人性本恶是正确的。没有受教育和训练而停留在一种粗俗与鲁莽的阶段，只能变成"侏儒"，堕落到对无价值事物的贪婪追求，因而导致暴力和邪恶。这种"侏儒"和"堕落"，黑格尔称为"反复无常和自私"。根据这种结论，个体作为一种精神的存在"必须使他的双重本性的两方面趋向和谐一致"。即人必须完全地使"动物的"本性处于次要地位，而去追求精神或理性的存在。也就是说，性恶论在一定限度内——在与更高级或精神本性相冲突的低级本性中是正确的。人的精神本性是人的所有可能的善的根源。他进一步论述了精神重生(纯洁)的途径及改变人的第一本性并使之转为第二本性的途径，"但只有'个人意志'退居次要地位方有可能进入此途"。①

黑格尔明确指出："教学法是创造人道德的艺术。"教育能使个体从一个不完美的阶段到达一个比较完美的阶段。他说："教育是主观之有形的渐进的超越。内含着道德性的形式的幼儿，最初是主观的。幼儿在成长中，便超越着这形式：教育便是这超越的过程。……个人获得他的实在性，而成其所以为人，是由于文化。他的真的原始的本性，在于从自己的自然存在(natural being)的分离(estrangement)。他的主观之客观化，构成了人的生活。这是从理性到实在，反之，又从实在的个性，到普遍的'个性的'转化过程。从文化中，人获得了真的个性。"②他所说的"主观之客观化"也就是个人的社会化。个人

---

① [摩洛哥]扎古尔·摩西：《世界著名教育思想家》第2卷，梅祖培、龙治芳等译，175页，北京，中国对外翻译出版公司，1995。

② 周谷平、赵卫平：《孟宪承教育论著选》，314页，北京，人民教育出版社，1997。

要超越他的主观性，服从社会制度，才能获得自由。在这个过程中，黑格尔论述了生理、智力、道德、宗教等方面的影响。

他考虑到人的生理和自然环境在人的发展中的作用，把某种气候条件、大陆板块的轮廓和离海的远近作为影响种族、民族、个体的发展的因素。他把这种生理生命作为人精神生命的一个有机因素来研究，论述了生理生命在人的发展中的重要意义。

亚里士多德认为"人的本质是种社会存在"。黑格尔认为这种真理是深远而重要的。在人的教育中，这种社会因素远比他与自然联系组成的因素更为重要。他说："就个人来说，每个人都是他那时代的产儿。哲学也是这样，它是被把握在思想中的它的时代。妄想一种哲学可以超出它那个时代，这与妄想个人可以跳出他的时代，跳出罗陀斯岛，是同样愚蠢的。"①他宣称："历史是通过上帝的人的教育。"因此，所有社会生活的形式，所有人的习惯都有它特殊的教育价值。

儿童的自身的活动是决定其发展的重要因素，怎样指导自我活动是教育的真正的问题。黑格尔不但把他的教育思想落实到学生固定、有效的实际形式中，而且认为"共同训练"的手段对处在危机与迷惑期的年青人的意志训练非常适用。

黑格尔把人的个体精神分为智力的、道德的和宗教的三个主要方面，这个思路与他的精神哲学划分为主观精神、客观精神、绝对精神是一致的。也就是说，人的精神培养应该从主观精神、客观精神、绝对精神这三方面加以考虑。这就是他所说的"教学"（instruction）、"训练"（discipline）和"精炼"（refinement）。

---

① ［德］黑格尔：《法哲学原理或自然法和国家学纲要》，范扬等译，序言 12 页，北京，商务印书馆，1961。

四、教学

(一)思维与教学

黑格尔认为，个体思维发展的最高阶段是实现理性的理想。儿童的思维在初级阶段是不"真实的"。它只是思维的初级和抽象的预言。思维要变为"真实的"就必须把这种预言付诸实践，使可能转变为现实。由于人的思维发展的理想是无限，因此，个体思维的现实性从来不能在短暂的时间内达到完美的程度。人们只有在思维的理性的发展的实际过程中考虑思维时，才能真正地认识在"真"中的思维。这种"真"，在黑格尔看来是现实与理想的统一。

思维的完全发展可通过自我辨别、自我转变、自我提高达到"真"。这种自我辨别、自我转变是它最高的本质的统一，即这种思维不仅是真实的，而且是一种活的、有机的统一。这种统一的典型的本质(个体通过教育得到的意识)是人类的重要特征。换句话说，知识是通过自我活动得到的，认知是它自身的一种自我活动形式。

由此看来，教育是一种帮助的体系。教育虽然不能涵盖这个过程的全部，但是，它与儿童和少年思维发展的总过程存在着直接关系。通过教育，个体思维能够从婴儿的无助状态发展为独立的个性化的真正的自我意识。

教学的一般特征可以被描述为两种思维微妙的、循序渐进的相互作用：一种是成熟的思维，它推动指导教学的过程；另一种是不成熟的思维，它自愿地接受鼓励和指导。在教师的头脑中，布置给学生的练习已经重复过好几次。这些练习是事先预定的、清楚的、有逻辑性的。但是，在学生的思维中，作为一种有意识地追求知识的过程才首次出现。他们不能清楚、充分地认识事物的理性的必然性，即事物的本质的逻辑关系。于是，他们感到自己的无能和依赖。因此，他们逐渐地把自己的兴趣融入教师给他们的暗示中，以获得那种在教师思维中已经清晰的智力活动的充分发展。黑格尔认为，对学生来说，这种发展的方式只有"模仿"。对学生来说，教师是不容置疑的、被服从的权威，也是可直接模仿的模范。

思维的方法有两种：一种是从结论考虑的，思维趋向于分析；另一种是从进程的初始阶段考虑的，思维趋向于综合。确切地说，两者是相辅相成的。在思维过程中，没有一种无分析的综合，也没有一种无综合的分析。个体思维首先理解或掌握事物的整体，这并不意味着个体思维理解、掌握事物的外部特征比区分其与其他事物的本质不同来得容易，而是因为思维没有能力去区分此事物与彼事物的不同，只能先从整体上加以理解。显然，要更好地理解这种事物，只有通过进一步的分析。这种分析是在学生的思维中呈现出更丰富的形式的过程。因此，在客观方面，思维过程主要呈现为显著的分析。在主观方面，思维过程呈现一种显著的综合。思维方法的选择必须依赖于各种条件，但最重要的基础条件是教学进度。他非常看重综合的方法，认为学生思维发展过程中的综合是所有教育的确定的本质。

他指出，人类教育没有进步是由于人们没有对儿童思维的限度做实质的调查。这些限度并不是微妙的、隐藏的、特别难被发现的，而是已经被实质地认识了许多世纪，其方法和手段的选择也是确定的。在智力方面，这种限度表现为如下方面。

①感觉。儿童对他们所感知的事物的描绘和实际存在的事物往往并不一致。它经常被儿童对客体不准确的想象歪曲。

②想象。儿童的想象是多变的。一些害怕或渴望、失望或得意的情感会影响他们的想象。从这点上说，"孩子的谎言"常常仅是种幻想。不能把这种不确定的阶段认作道德邪恶和要求惩罚的证据。

③思考。儿童的想象必须被训练为思考。思考与想象，一种包含在另一种中，而又非另一种。想象是去发展在思维中的想象，而思考是去认识一种联系。

因此，感觉，特别是视觉与听觉，作为特殊的智力的感觉，应该受到细致的训练。但是,对于教育来说,感觉或感知的训练处于次要地位,比其重要的是思考。教育的最终目标是引导思维走向成熟。这种成熟就是在每种和所有思维方式中的一种整体思维,它在教育的意义中特别重要。

想象与思考之间的区别不应期望还是儿童的学生能理解。当个体思维或多或少被唤醒到意识阶段,也就是黑格尔所描述的"包括人类的生命"的阶段时,个体才开始明确地认识抽象无限的形式,也就是开始真正的思考。这时,两者才可能实现统一,即训练创造想象的更高程度。

黑格尔还指出,儿童的思维走向成熟是连续、渐进的。这一过程的发展取决于教师的"个性",即教师的天赋、品格、文化修养及对学校工作的情感。

(二)教学内容

教学内容包括教学内容的恰当安排(学习的进程)和为达到良好效果而运用的工具(课本)。黑格尔认为,教学内容是教学的直接的和客观的方面。它表现为三个明确的阶段:第一阶段是语言,表达思维关系;第二阶段是形式,表达空间关系;第三阶段是过程,表达能量关系。

1. 语言

(1)语言的普遍性

黑格尔认为,从意识的思维方面说来语言是最普遍、最适当的形式。语言能精确、充分地表达思维的典型或一般特征。语言不仅是思维的最早的表现形式,而且是每个教育阶段的最重要、最直接、完全独立的工具。对于学生来说,理性的教育是通过语言教学过程,引导个体学生用语言去认知、表达思维的具体内容。

在语言的基本结构方面,形式和实质是密不可分的整体。儿童还不能完全区分形式和内容,不能离开思考去认识语言,也不能离开语言去认识思考。对于儿童来说,事物的描写同时是思考的直接的、具体的内容。从基础教育的目的来说,语言的内部本质和外部形式是统一的、不可分割的。

教育是人的思维自我鉴定、自我形成的过程。黑格尔认为，在这个过程中，最直接、最微妙、最精确的是语言。对所有的人来说，基础教育主要是语言教育——它包含在说、读、写、算中。这种形式的学习也是一种本质的训练。对人的头脑来说，没有一样事物比通过语言来思维更重要。

（2）语言的教学

黑格尔认为，语言教学应从以下四个方面来进行：语音、阅读、写作、语法。

语音。它也可被说成是表达意识的最小的音调。通过这样一种音调，感觉变得明确。确切地说，人的发声表达出个体意识中最内部的东西。情感和音调仅是个体内部和外部的两个方面。音调是灵魂微妙的手势。教师应该培养学生产生一种正常音调，避免所有的做作。

阅读。阅读教学分为两个方面：第一，指导学生怎样去学习功课，找出确切的思维表达方式，使之清楚地认识所给的词语和句子。第二，训练学生形成能被听者精确、充分地理解的表达方式。教师应当把这两种形式作为学校文化修养的重要手段。

写作。写作是生产，阅读是理解和再生产。因为这个原因，写作和阅读应当同时进行，并且相互补充。教师应当引导学生加强写作锻炼，并给予恰当的指导。

语法。作为语言的科学，它是理论评价和思维形式判断的框架。语法学习是培养思维的统一而崇高的手段。对语法的本质的把握和对语法的精确运用是所有教育媒体有效又有价值的手段之一。

（3）质的语言

质的语言是指对抽象领域的一种统一的语言。它是一种通用语。黑格尔认为，数学就是典型的质的语言。在应用数学的人中，它被普遍地定义为数字的科学，符合特定的基本语法。数字是完全相同的，数数和计算是以统一的方式进行的。例如，7+5=12。这种判断在于：①这种结论包含了在题中没有直接给出的一些事物。②它的真实性从一开始就作为普遍规律而被人们认知。

当然，数字的多样性促使人们思考。但是，外在的数字的综合绝对地依赖于头脑内部的综合，即"数字是头脑外在性的纯思考"。

因此，数字具有两面性：一方面，数字具有简要性、具体性和普遍性。这就是它如此容易地被理解，以及基础教育中首先开始数字教学的缘由。其实，学生在上学前就对数字有了自发性的认知基础。另一方面，数字不一定能全面、具体地表达事物。数字的精确性正是它无可救药的局限性的标志。因为每个数精确地表达了一个确定的度。在教育价值上，数的空间是非常有限的。没有一个数字能表达无限的概念。因此，黑格尔指出，数字组成仅是一种中性的、非主动性的特征，它们必须通过其他方式有效地与生活相联系。

2. 形式

形式，即抽象的空间联系。它涉及的学习课程有三个方面：①地理学，给出具体真实形式的学习。②几何学，关于抽象思维形式的学习。③绘画学，关于创造思维形式的学习。

（1）地理学

黑格尔认为，对地理的学习是直接的、实际的，但这不完全是它的教育意义。地理学习的实际教育意义在于将直接给出的具体的形式作为一种明确的思考的形式来学习。因此，这种学习必然包含在空间关系的认知中，它暗示和导致几何学和绘画(通过地图、图画这些自然形式的代表)学习。

在地理学习中，学生主要认识陆地和水，如大陆板块的轮廓，山系的位置和高度，平原的范围，下雨的条件和范围，陆地和水的范围与太阳的几种关系，大气流势，等等。所有这些对地球表面的观察，使学生头脑中形成庞大的一系列的想象。

通过地理学习，学生明确地从他的个体自我调整进入对世界的思考。作为自然的孩子，人仅在其与自然环境的联系中被理解，因此，自然地理和人文地理中都有明确的教育意义。

（2）几何学

黑格尔认为，几何学是对空间关系的统一的、抽象的规则的学习。它有一种特殊的教育价值，即使学生习惯于坚持在每种情况下结果的绝对性和精确性。这种思维习惯在所有学习中都有无法估量的价值。

几何学习适合基础教育的需要。因为平面几何的形状简单，而且，在地理学中，已经具备了几何形体教学的基础。

（3）绘画学

黑格尔认为，绘画学涉及在几何（或形式的语法）中一样有效的、统一的规则。学生通过应用这些规则，发展对美的感受力。在人类历史中，绘画（包括模仿）发展了理想化的世界。绘画是通过人自身的学习和尝试去再生产完美的形式的产物，也是人内部精神生活的一个本质阶段。

绘画教学包括对世界伟大艺术生产中重要历史因素的学习。其教育价值不仅有一种正式的智力的特征，而且有重要的伦理特征。

3. 过程

过程学习的教育意义是使能量在现实世界中呈现它自己的本质联系。它有以下三种形式：无机的过程、有机的过程、人类历史过程。

（1）无机的过程

自然是人类历史的先决条件，它能引导人类生命有秩序地向最高点发展。黑格尔提出了自然发展的一些重要原则，并把这些原则应用于自然领域。对黑格尔一般哲学理论的正确理解和运用可以为解释现代科学成果提供一条线索。这种解释对于任何系科、任何年级的科学教师来说是不可缺少的。

(2)有机的过程

有机科学的教师应当使学生认识自然的整个过程,还应当使学生明白思维是世界的本质。黑格尔指出,其教学价值在于:第一,发展观察能力。这种观察能力包含了理解力和判断力。为科学目的的观察不同于为艺术目的的观察。第二,训练学习者的能力,直至他们自己愿意自我发展。

(3)人类历史过程

人类的历史是多样的能量特别微妙、复杂的表现形式。黑格尔相信,人类世界的历史是它自己,我们所看到的仅仅是"自由意识中的进步"。历史学习最重要的教育价值是理性,与之相比,智力训练的价值倒在其次。对历史的学习不是对一本书的学习,而是以一本书为手段的过程的学习。历史书仅是世界大事集合的一种形式。

历史教学需要家庭、国家、教会和学校等所有教育机构协调一致,通过习惯来进行。

五、训练

黑格尔认为,人生来是邪恶的,人的直接的倾向符合人的动物的本性,唯有通过教育和训练才能使人到达明确的道德生活阶段。在他看来,道德是法的一种,是自由意志在内心中的实现,即"主观意志的法"。他把道德分成"故意和责任""意图与福利""良心与善"三个阶段。其中善是被实现了的自由,世界的绝对目的。只有主观的道德意志的表现才算是真正的道德行为。道德目的要通过一系列的道德行为才能最后达到。因此,他赞成康德"训练或教育使得人由动物性向人性转变""训练保证人们在成年后遗弃他们动物的倾向"的观点。

学校放弃对"法"的追求,鼓励学生的自身方面的兴趣是错误的。在黑格尔看来,这种兴趣是所有邪恶的根源。他认为,恰恰相反,学生必须谨慎地学习"法"，因为他的意识还不是理性的或成熟的。因此，教师不应该仅仅去发现让学生高兴的是什么，学生最感兴趣的是干什么及按照这些去管理学生，而应该发现怎样引导学生对适合于他的正规的事物感兴趣；不是在学生不遵守规则方面予以迁就、原谅，而是应当引导学生重视规则。因此，黑格尔说："教育法的起点，在于注意。……注意完全是靠意志的：只有我意志要，才会注意。所以这并不是一件容易事。这要求努力；要求我从无数事物中把自己分离出来，从自己的兴趣分离开来，而去把握住一件一件客观的事物；要求我抑制轻率的判断，而完全听命于客观。"[①]

黑格尔论述了训练的两个方面：管教和修养。

（一）管教

现实生活的具体内容是确定的，因此，作为教育的一个方面，管教使儿童的顺从多少带有强制的方式。管教最终应该使儿童从多变的意愿发展到成熟、理性的意愿。

黑格尔甚至认为，儿童是无限的不满足和渴望的"地狱"。所以，个体只有通过炼狱的痛苦和训练的疲惫才能逃离到一个充实的天堂和成为神圣的存在。这种毫无疑问的顺从权威适用于儿童的初级意识阶段。

（二）修养

修养是使个性接近成熟的自我意识和自我活动的过程，它对人的个性成长是绝对必要的。黑格尔认为，顺从的思维从未达到个性的充分发展，唯有当顺从的头脑被自我意识个性化，才体现出其真正的价值。个体价值方面的修养不是一种外部强化，而是一种自发的发展。它可能被规范和指导到理性的途径。学校教育应当坚持从正确观点的判断到使学生理解。从管教到修养，这种变化的本质在于，强调保持主体感受的重要性越来越少，其结果也不是通过严格测试和强迫手段去获得的。

---

① 周谷平、赵卫平：《孟宪承教育论著选》，317 页，北京，人民教育出版社，1997。

黑格尔还认为，在人的个性成长中，社会方式是不可回避的。事实上，正是这种社会方式带来两种后果：一方面，使学校中的年青人对社会的兴趣加强；另一方面，使特殊兴趣居于次要地位，他们放弃一些无价值的事物，以及一时的兴致和幼稚的想象。

六、精炼

黑格尔认为，精炼主要是针对人的绝对精神的发展而言的。它涉及艺术、宗教、哲学三方面。

(一)艺术

艺术是人类思维对美的需要的直接表现，它是思维追求完美的需要的一个侧面。而完美是"现实与理想的一致"，它不是个体偶然的、反复无常的"理想"或一时的喜好，而是它自身永恒的理性理想。

艺术的发展是精神战胜物质的过程。它分为三个阶段：第一阶段是象征艺术。用动植物、自然的东西来象征神圣的东西，理念得到模糊的、隐晦的表现，内容与形式不协调。它是较低级的艺术。第二阶段是古典艺术。用感性形式表现理念，内容与形式统一起来。它比象征艺术前进了一步。第三阶段是浪漫艺术。用精神工具来表现精神，精神统率了物质。它是艺术的最高层次。

艺术是美的领域中的最高形式。黑格尔认为，"美就是理念的感性显现"。自然的美与艺术的美不同。自然是神性的外在表现，自然美是不能用清晰的言语表达的，它所反映的只是一种不完全、不完善的形态。艺术美是神的韵律在人的意识中存在且通过人的意识呈现的。艺术美是能表达的。因此，艺术美高于自然美。

这种美吸引着所有年龄阶级的人的成长着的神性，艺术因而成为人类思维教育中的一个重要方面。在学校里，学生学习音乐、文学的一层含义是因为它们有着训练学生内部思维能力的教育价值。通过艺术教育，学生在感觉的微妙形式中培养判断力。这种感觉就是自发地选择和热衷于真实而高尚的美。

(二)宗教

黑格尔认为，真正的艺术产物是内部精神原则的外部表现，这个原则的本质是宗教。事实上，宗教是黑格尔的重要的、基本的原则之一。在他看来，所有艺术确切地说都有一个宗教的内容。这意味着分割了艺术和宗教就是分割了美的外部形式和内部本质。艺术没有宗教的内容，就会丧失平衡而变得虚幻。如果艺术是精炼外部形式，宗教则是精炼内在灵魂。

宗教是艺术的实质是因为它是生命的实质。然而，宗教能被人们认识吗？对此，黑格尔明确指出，宗教是能被教的。一个人认识宗教有确定内容和实质意义，不仅能，而且必须在外在的或客观的方式中认识它。宗教作为合适的教育内容，是对神学的整个系统的充分延伸。

(三)哲学

哲学是"知识的统一"或"事物的思想的思考"，也就是以人的智慧去理解所有真实世界的物体，同时形成理性世界。这意味着哲学是人们去理解、掌握真实的人以及与人的联系中的事物的代名词。

在黑格尔看来，系统的哲学教学应该包括以下五个阶段：第一阶段是理性的心理，第二阶段由逻辑组成，第三阶段涉及实际的方面——伦理学（有关个体、社会、历史等），第四阶段应当使学生熟悉哲学历史的一般轮廓，第五阶段是彻底的、全面的分析。

但是，黑格尔的这些思想是自相矛盾的。一方面，他认为，哲学是理性的；另一方面，他又认为，哲学的对象和宗教的对象是同一的。他说："哲学和宗教的内容、要求和兴趣实际上是同一个东西。宗教的对象如同哲学的对象一样，是存在于真理客观性中的永恒真理本身，是神，是除了神和解释神而外再也没有别的对象了。哲学不是尘世的智慧，而是非尘世的知识……因此，哲学在解释宗教时不过是在解释自己，而当它解释自己时也是在解释宗教。"①

美国学者布赖恩特在《黑格尔的教育思想》(Hegel's Educational Ideas)一书中曾经指出："我们虽然不宜将黑格尔与具有教育先驱者盛名的裴斯泰洛齐、福禄培尔(Friedrich Wilhelm August Froebel, 1782—1852)、赫尔巴特(Johann Friedrich Herbart, 1776—1841)等人相提并论，但是，黑格尔从他的哲学体系的整体出发阐述了其广泛的教育设想，上述伟大的改革者都能从中找到合适的位置和应有的关系。如果在现代教育文献中人们不能找到这一设想，那么这个过错只能归咎于现代的作者。"②确实，作为一个著名的哲学家，黑格尔对教育问题的思考有其独特之处。

---

① 中国社会科学院哲学研究所：《论康德黑格尔哲学》，336页，上海，上海人民出版社，1981。

② William M. Bryant, Hegel's Educational Ideas, New York, Werner School Book Company, 1971, p.13.

第四章

赫尔巴特的教育活动与思想

在瑞士教育家裴斯泰洛齐的教育思想影响下，19世纪德国教育家赫尔巴特以心理学和哲学为理论基础，从理论和实践上认真探索了"教育心理学化"的问题，并对教育目的以及管理论、教学论、德育论等做了较先前时代更为系统的论述，试图构建一个完整的教育理论体系。由于赫尔巴特的教育思想把系统知识的传授放在学校教育过程中的首位，因此，在西方教育思想上它被称为"主知主义教育思想"，并成为"传统教育理论"的主要标志。

第一节 生平与教育实践活动

一、生平与著作

赫尔巴特是19世纪德国哲学家、心理学家和教育家。他出生于奥尔登堡。他的祖父曾任奥尔登堡文科中学校长，在当地教育界很有影响。他的父亲是奥尔登堡的律师和议员。赫尔巴特自幼得到良好的教育。他的母亲非常重视家庭教育，聘请沃尔夫学派的哲学家、牧师乌尔赞（Pastor Ultzen）为家庭教师。为了在学习困难时帮助赫尔巴特，她坚持与赫尔巴特一起听课。乌尔赞在哲学上很有见地,在教学中十分重视培养思想的清晰性、确定性和连续性,对赫尔巴特形成哲学性的思维方式产生了深刻影响。

1788年,赫尔巴特进入奥尔登堡的拉丁文中学(该校于1792年改为文科中学)学习。他在中学里接受古典式的学校教育,学习成绩优异。他特别喜欢哲学和物理学,对沃尔夫和康德哲学尤感兴趣,并显露出音乐才能。1794年,赫尔巴特以优异的成绩毕业。

中学毕业后,赫尔巴特于1794年10月升入德国当时的哲学研究中心——耶拿大学。在大学期间,他潜心学习古希腊哲学家巴门尼德(Parmenides)以及康德、费希特、谢林等人的哲学思想。他在母亲的陪伴下来到耶拿大学,并深受以席勒为首的耶拿大学自由思想的影响。

1797年,根据母亲的建议,大学尚未毕业的赫尔巴特前往瑞士的伯尔尼,担任地方长官和贵族斯泰格尔家的家庭教师。其间他就三个孩子的教育问题给斯泰格尔写了24份报告。

1800年,赫尔巴特辞去家庭教师的职务,返回德国,一度寄居在不来梅市市长的家中,专门研究哲学和教育学,还给三位贵妇人教过教育学、哲学、钢琴和希腊语等课程。

1802年,赫尔巴特到哥廷根大学接受公开的博士学位论文答辩,获得哲学博士学位,并受聘作为私人讲师在该校讲授教育学、逻辑学、心理学及哲学等课程。赫尔巴特的讲学言简意赅,颇受学生喜爱。1805年,他晋升副教授。在哥廷根大学任教期间,他发表了一些重要著作。例如,《论展示世界美为教育的主要工作》(Abhandlung über die ästhetische Darstellung der Welt als das Hauptgeschäft der Erziehung)、《普通教育学》(Allgemeine Pädagogik aus dem Zweck der Erziehung)、《形而上学概要》(Hauptpunkte der Metaphysik)、《逻辑概要》(Hauptpunkte der Logik)和《实践哲学概论》(Allgemeine praktische Philosophie)等。

1809年,因法国拿破仑的军队入侵德国,哥廷根大学濒临停办,赫尔巴特离开哥廷根大学，应邀到哥尼斯堡大学接任康德的哲学教席，任哲学教授，主持哲学讲座（直至 1833 年）。这一殊荣使赫尔巴特沾沾自喜，他踌躇满志地说，能有机会接受这最有名的哲学教授的讲席至为荣幸。他在儿童时代研究哥尼斯堡的哲人（康德）著作时，即已在景仰的梦中怀想这一讲席。赫尔巴特曾经说过，他最关注的是教育学的演讲。

在哥尼斯堡大学期间，赫尔巴特撰写了大量著作，主要有：《公共协作下的教育》（Erziehung unter Öffentlicher Mitwirkung）、《声学之心理研究》（Psychologische Bemerkungen zur Tonlehre）、《现存观念强度及其持久性心理的探讨》（Psychologische Untersuchung über die Stärke einer gegebener Vorstellung als Function ihre Dauer betrachtet）、《关于教育学的黑暗面》（Über die dunkle Seite der Pädagogik）、《哲学概论》（Lehrbuch zur Einleitung in Philosophie）、《心理学教科书》（Lehrbuch zur Psychologie）、《学校与生活的关系》（Verhältnis der Schule zum Leben）、《科学的心理学》、《形而上学》、《关于心理学应用于教育学的几封信》（Briefe über die Anwendung der Psychologie auf die Pädagogik）、《唯心主义与教育学的关系》（Das Verhältnis des Idealismus zur Pädagogik）等。他试图把教育学建立在心理学基础之上的奋斗目标已大体完成。

由于哥尼斯堡大学在学术自由上受到普鲁士政府反动势力的压制，再加上气候的原因，1833 年，赫尔巴特辞去哥尼斯堡大学教授职务，重返哥廷根大学讲授哲学和教育学，还曾担任该校哲学院的院长。1835 年，他出版了《普通教育学》的续篇——《教育学讲授纲要》（Umriß pädagogischer Vorlesungen），使他的教育理论更趋完整。1840 年，他出版了《心理学研究》。

1841 年 8 月 14 日，赫尔巴特在哥廷根病逝，享年 65 岁。

《普通教育学》是赫尔巴特教育理论体系的代表作，比较集中地反映了赫尔巴特的教育思想。该书分四部分：绪论部分论述了教师学习教育学的意义、教育性教学、教育目的等问题；第一编论述教育的一般目的，其中以儿童的管理理论为先导，进而说明"真正的教育"问题；第二编"关于兴趣的多方面性"阐述教学论思想；第三编"性格的道德力量"论述了教育与训练意志、性格的关系。《教育学讲授纲要》是对《普通教育学》的补充与具体化。

浙江教育出版社于2002年出版了中文版的《赫尔巴特文集》(六卷本)，其中包括哲学两卷、教育学三卷和心理学一卷。该文集的编委会由北京师范大学顾明远教授、浙江大学金锵教授等人组成；翻译和校订团队也很强，由华东师范大学李其龙教授等人组成。

二、对裴斯泰洛齐思想的传承与超越

有的学者认为，赫尔巴特的教育学说是构建在裴斯泰洛齐理论基础之上的，同时又对裴斯泰洛齐思想做了进一步补充。确实，赫尔巴特的一些教育观点，特别是早期的观点，吸收了裴斯泰洛齐的思想。但是，赫尔巴特以其特有的敏锐的思维和对教育理论的不懈探索使他自己的思想日益完善起来，并在理论构建上超过了裴斯泰洛齐。

出于对裴斯泰洛齐献身教育事业精神的敬仰，1799年夏天，赫尔巴特带领学生专程到布格多夫拜访久负盛名的瑞士教育家裴斯泰洛齐。裴斯泰洛齐对赫尔巴特热诚相待，特意在晚上安排了观摩课。裴斯泰洛齐"要使教育心理化"的主张和教育直观性的原则对赫尔巴特触动颇深。在不来梅，他大力宣传和讲授裴斯泰洛齐的思想，成为德国"裴斯泰洛齐运动"的先驱者。在一篇评论裴斯泰洛齐的文章中，赫尔巴特曾经概括了裴斯泰洛齐方法的优点。他认为，裴斯泰洛齐方法根据清晰的感知来掌握经验，比以前的任何一种方法更利于儿童思维能力的培养；它没有把儿童当作有经验者来进行教育，指明了教师有职责授予学生知识并使之完善；它关注早期儿童的教学问题等。

赫尔巴特志在发展裴斯泰洛齐的理论。他说，我们不能仅仅满足于这种方法，不能把人类的思想看作一块固定不变的牌匾。在这块牌匾上，所有的文字都如同刚写上去一样永远清晰。

观念心理学是赫尔巴特心理学的核心，也是其教育学的基石。赫尔巴特用观念心理学论证教育学的思想明显受到裴斯泰洛齐的启发。在理论上，裴斯泰洛齐已经提出过"教育过程就是感性认识上升到清晰观念的过程"。然而，虽然裴斯泰洛齐反复强调教育心理学化，但是他并没有建立起自己的心理学体系。赫尔巴特在此基础上进行了深入的研究，详细阐述了感知的对象是如何通过统觉过程而转变为确定的观念的，从而为他的教育理论奠定了坚实的基础。

在对裴斯泰洛齐教育思想深入研究的基础上，赫尔巴特提出了一些具体改进意见。这一点在他的《关于〈葛笃德如何教育她的孩子〉》（Über Pestalozzis neueste Schrift：Wie Gertrud ihre Kinder lehrte）、《关于裴斯泰洛齐的直观 ABC 的概念》和《对于裴斯泰洛齐教授方法的批判》等论著中有所反映。

在《关于〈葛笃德如何教育她的孩子〉》中，赫尔巴特认为，教学的最高理想是探索教学规律。他充分肯定了裴斯泰洛齐在这方面所做的努力。他指出，在裴斯泰洛齐的学校中，教师循循善诱，教学目标比较明确，儿童的思路不会受到任何阻挠。但是，在尊重儿童个性方面，裴斯泰洛齐也存在一些有待改进之处。例如，他指出，为什么裴斯泰洛齐给学生如是之多的记忆材料？为什么他在选择教学的材料时，似乎很不注意学生天性的倾向？为什么他只允许学生学习，而从不与学生做亲切的谈话，从不与他们闲谈、说笑话，也不给他们讲故事……因为什么，他在占有他全部心灵的学生中间，反而从不流露欢悦，从不将愉快与有益的事物结合起来？①

在《关于裴斯泰洛齐的直观 ABC 的概念》中，他充分肯定了直观性教学原则，并指出其不足，力图从心理学的角度进一步阐述这一原则。可以看出，

---

① 《赫尔巴特文集 4》教育学卷二，李其龙、郭官义等译，46 页，杭州，浙江教育出版社，2002。

赫尔巴特关于直观观念的灵感和构思都深受裴斯泰洛齐影响。赫尔巴特在裴斯泰洛齐的基础上进一步发展了直观教学的思想。他指出,发明者仅在狭窄的范围——初级教育的范围内发挥这一观念,而这观念却是属于教育全部的,但要为教育的全部,则必须进一步扩大与发展。①

三、家庭教育与教育实验思想

(一)家庭教育

1797年,赫尔巴特前往瑞士,开始担任斯泰格尔家的家庭教师。在担任家庭教师期间,他工作非常认真,潜心研究三个孩子的心理特点,根据实际情况设计教学方法。在教育实践活动中,他注意观察和思考,积累了一些教育实践经验。

在实践和学习的基础上,他开始孕育其教育学说的基本设想。教育性教学、研究儿童心理特点、激发儿童多方面兴趣等思想,以及颇有创新精神的实验,都是从这一时期开始的。

赫尔巴特对斯泰格尔家的教育环境比较满意。在给他的朋友瑞斯特(J. G. Rist)的信中,他写道:

> 所给予我耕作的一块田地,大自然并未忽略,虽然这块田地停荒了过长的期间,土壤均变成坚硬,在播种任何种子之前,必须彻底的疏掘过。……友谊的面孔,需要帮助时的助手,体谅与礼貌,以及最重要的在工作布置中之绝对自由,连同那对于结果之最大的兴趣——我所需要的一切在斯台格尔②东家家中均具备着。……男子有丈夫的威仪,女有贤淑的妇道,儿童有活泼天真的品质;他们的外表与内心完全是一致的,即使不是完全美满的,但至少却能满足真理的条件……斯台格尔本人极

---

① 《赫尔巴特文集4》教育学卷二,李其龙、郭官义等译,60页,杭州,浙江教育出版社,2002。

② 即斯泰格尔。

诚恳而严正，并且并不拘泥；他几乎无所偏执，只要有理可言他即能接受一切。有时他极为欢欣愉快；在他治理之下，全家都生活于井然的条理之中，其妻则一贯娴雅、良善及仁慈，其儿童亦极为欢欣活泼。此家虽非天才荟萃之所，而却饱有康健的常识。①

初到斯泰格尔家时，赫尔巴特有三个学生：路德维希 14 岁、卡尔 10 岁、鲁道夫 8 岁。斯泰格尔比较欣赏赫尔巴特的才能，他把三个孩子的教育工作完全托付给他。赫尔巴特对教学非常负责任，认真备课，凡是学生要学习的科目，他都先研究一番。他还努力钻研教学艺术，提高教学能力。在担任家庭教师的三年里，他与学生的相处非常愉快，对家庭教师的工作很满意。

斯泰格尔要求赫尔巴特每隔两个月提交一份有关教育计划、学习进度的书面报告。根据这一要求，赫尔巴特先后写了 24 份报告（只保存下来 5 份②）。赫尔巴特积累了一定的教育经验。我们可以从他的报告中，看到赫尔巴特对教育学说的构想，如教育性教学和培养学生多方面兴趣等思想。

(二)教育实验

赫尔巴特丰富的教育实践活动，为他的教育理论提供了感性认识。赫尔巴特在谈及自己的一本主要著作时曾经说道："这本书的产生，是出自我的哲学思想，同时也是根据我的哲学思想，利用各种机会，收集并整理了我精心安排的观察和实验的材料。"③因此，在探讨赫尔巴特的教育理论时，不能忽略他的教育实验活动。

赫尔巴特认为，教育学不能局限于理论上的教导，必须与实际相结合。他的教育思想的一个重要起点是他的家庭教育经验。但是，他并不满足于此。

---

① [德]赫尔巴特：《普通教育学》，尚仲衣译，英译者费尔金夫妇序言 10 页，上海，商务印书馆，1936。

② 详见《赫尔巴特文集 4》教育学卷二，李其龙、郭官义等译，1~36 页，杭州，浙江教育出版社，2002。

③ [英]博伊德、金：《西方教育史》，任宝祥、吴元训主译，332 页，北京，人民教育出版社，1985。

赫尔巴特一直有把他的教育理论应用于实际的愿望，试图对当时的教育实行改革。他说："一种教学的方案，如果没有相当的教师，尤其是缺少为此方案的精神所感动的教师，以及在方法运用上的练达的教师，则实无任何价值之可言，所以我建议设立一种小规模的实验学校，这种办法或者能成为将来扩充运动的最优良的准备。康德有一句话'先之以实验学校，继之以师范学校'。"①

赫尔巴特为了引起人们对他的教育计划的关注，发表了一些演讲。他的教育改革计划得到了当时教育部门领导人洪堡的大力支持。洪堡给予他实施该计划的绝对自由，并资助他聘请助手的经费。后来，赫尔巴特创办了师范班、实验学校和教育研究所，试图以他的教育理论来培养教师，开展教育科学研究。

第二节 教育思想的理论基础

赫尔巴特坚信，他建立了"科学的教育学"。因为他的教育学具有"坚强的双翼"，即把教育学建立在哲学和心理学的基础上。他说："教育学作为一种科学，是以实践哲学和心理学为基础的。前者说明教育的目的；后者说明教育的途径、手段与障碍。"②因此，要研究赫尔巴特的教育学，必须对他的哲学和心理学思想加以剖析。从构成教育理论基础的角度说，他所说的哲学主要是实践哲学，即伦理学，这是他的教育目的的主要依据。为了达到使教育学心理学化的目标，心理学思想贯穿了他的教育思想的始终。

当然，在分析赫尔巴特教育思想的理论基础时，也不能忽视他的政治思

---

① ［德］赫尔巴特：《普通教育学》，尚仲衣译，英译者费尔金夫妇序言27页，上海，商务印书馆，1936。

② ［德］赫尔巴特：《普通教育学·教育学讲授纲要》，李其龙译，190页，北京，人民教育出版社，1989。

想。离开了他的政治思想，也难以对他的教育思想做出客观的评价。

一、政治思想

赫尔巴特是欧洲资本主义上升时期的德国资产阶级教育家。恩格斯认为，德国从 19 世纪初才有资产阶级。18 世纪末至 19 世纪 40 年代，德国资产阶级处于成长时期。

19 世纪上半期，德国社会的主要矛盾是资本主义经济发展与封建社会制度的矛盾。一方面，德国新兴资产阶级与容克贵族之间存在明显的矛盾；另一方面，德国资产阶级在经济上和政治上对封建统治者的依附和妥协，形成德国新兴资产阶级软弱的一面。正因为如此，他们既不满意普鲁士封建贵族统治，又害怕人民群众。于是，德国资产阶级在意识形态领域找到了宣泄口，萌发出具有"叛逆精神"的思想启蒙运动。正如恩格斯所指出的："这个时代在政治和社会方面是可耻的，但是在德国文学方面却是伟大的。1750 年左右，德国所有的伟大思想家——诗人歌德和席勒、哲学家康德和费希特都诞生了；过了不到二十年，最近的一个伟大的德国形而上学家黑格尔诞生了。这个时代的每一部杰作都渗透了反抗当时整个德国社会的叛逆的精神。"18 世纪 70—80 年代德国资产阶级在思想启蒙上出现了颇具个性的狂飙运动。赫尔巴特正是出生在狂飙运动之中。1794 年，赫尔巴特进入当时德国哲学的中心——耶拿大学。这时，法国正处在资产阶级革命的高潮中，"法国革命象霹雳一样击中了这个叫做德国的混乱世界"。法国资产阶级的胜利，一度鼓舞了德国资产阶级的革命热情。但是，随之而来的雅各宾派专政又把他们吓坏了，使他们由欢迎革命转而害怕革命。①

当时，德国新兴资产阶级既有反封建斗争和领导革命的一面，又有对封建势力妥协的一面。这就是 1848 年前德国新兴资产阶级的两面性。费希特和

---

① 《马克思恩格斯全集》第 2 卷，634~635 页，北京，人民出版社，1956。

谢林是赫尔巴特在耶拿大学读书时崇敬的两位哲学教授。他还参加了在席勒影响下成立的耶拿大学"文学会",进入了这个时代的思想潮流之中。赫尔巴特在政治思想上曾受到这些哲学家的影响。

赫尔巴特担任过一些小的公职,但他不是当时政治舞台上的政治活动家和社会活动家,他的主要工作是大学教授,他本人对此非常满意。1809年,继康德之后,他成为哥尼斯堡大学哲学教授。他对这一职务的热爱也是其政治上不敢大胆表露资产阶级思想的一个缘由。他的教育主张也由此打上了时代和阶级的烙印。

普法战争爆发后,在军事征服者的胁迫下,普鲁士的统治者被迫进行了一系列改革。赫尔巴特欢迎这些资产阶级性质的改革,在政治上也一度向比较激进的资产阶级民主革命派的立场靠近。他在哥廷根大学讲授教育学、哲学、心理学。从1801到1841年的40年间,赫尔巴特共写了18本书,而在哥廷根大学7年中就出了7本书。在1806年,他不仅完成了主要教育著作《普通教育学》,而且完成了《逻辑概要》《形而上学概要》两书的写作。其中,《普通教育学》阐述了资产阶级教育理论,集中代表了上升时期资产阶级对封建教育进行改革的意愿。在赫尔巴特从事大学教育工作的40年,德国资产阶级革命的舆论正在酝酿之中。特别是1830年以后,受法国七月革命的影响,德国的舆论界发生了巨大变化。普鲁士弗里德里希·威廉三世政府严密控制舆论和学校。在这里,一切知识的来源都在政府控制之下:从贫民学校、主日学校以至大学,没有政府的事先许可,什么也不能说、不能教;报纸不能印刷,文章不能发表。当然,赫尔巴特的教授生涯,以及他的教育学说,也是在普鲁士君主政府严控之下的。1806年,在他的《普通教育学》问世时,他曾感慨地说:"我可怜的教育学已不能提高它的声调了。"直到30年后,他仍感到他的教育理论和学说还没有得到公平的评论。可见,他的政治立场并不是反动的,更难断语他是"德国容克地主贵族阶级在教育方面的代表人物"。赫尔巴特逝世 25 年以后，即在 19 世纪 60 年代德国资本主义工业经济高涨时期，他的教育学说才被重视。

但是，像黑格尔和歌德一样，赫尔巴特也拖着一根"庸人的辫子"。他与康德、费希特、黑格尔等有一段相似的经历，即曾做过贵族或富翁的家庭教师。生活的脚印，在赫尔巴特思想情感上留下深深的痕迹。在豪华贵族的圈子中，他不可避免地熏染上趋炎附势的"庸人气味"。这一点我们可以从他对斯泰格尔的恭维中品味出来。例如，他曾经诚恐诚惶地写道："阁下您的严肃正如您的善意一样伟大。尽管我在期待您承认上面所说的变化，但是，这将犹如一次判决，会把我打倒在地。我请求您无情地让我看到您的全部的不高兴。也许结果是忠实地履行稍稍的奉承的义务又会得到您表示欢迎的掌声。"[①]

尽管他继承了裴斯泰洛齐的教育思想，但他与裴斯泰洛齐所走的道路不同。裴斯泰洛齐一生致力于初等教育与平民教育，而他主要关注中等与上流社会的教育。赫尔巴特一度受到普鲁士贵族的青睐。在哥尼斯堡，他曾被政府委任为"皇家考试委员会主任"。他根据裴斯泰洛齐的教育思想改革教育的计划得到普鲁士政府教育厅长洪堡的支持。

赫尔巴特在政治上具有保守的一面。这一点可以从他对当时政治事件的态度上略窥一斑。1819 年，普鲁士政府利用激进派学生杀死一个俄国奸细的机会，镇压学生和教师的自由主义和社会主义运动。赫尔巴特对此退避三舍，后来干脆离开哥尼斯堡，回到哥廷根大学，甚至想躲到国外去。1837 年，普鲁士汉诺威公爵悍然废除已经建立的人民宪法，哥廷根大学七位著名教授联名抗议，反对倒行逆施。结果，这七人都被公爵撤职，其中三人被驱逐出境，这就是当时著名的"哥廷根大学危机"。人们纷纷同情和声援被撤职的教授，唾骂那些"眷恋利禄、卑躬屈膝、恬不知耻"的人，赫尔巴特就是其中不光彩

---

① 任钟印：《世界教育名著通览》，731 页，武汉，湖北教育出版社，1994。

的受到非难者之一。赫尔巴特后来写了《关于哥廷根的事变》(Erinnerung an die Göttingische Katastrophe，1837)一书为自己辩护，认为要将政治与学术截然分开。但是，这种行为表露了赫尔巴特对封建势力的妥协退让，暴露出他的政治思想的保守。

二、哲学思想

赫尔巴特教育思想的一个重要理论基础是他的哲学观。有的学者甚至认为，"他是从教育学出发而走向哲学的"①。

显然，赫尔巴特不是德国古典唯心主义的著名代表。但是，他受康德和费希特的哲学影响较大。还在中学时代，赫尔巴特就发表过关于康德道德哲学和至善观念的演讲，并深受称许。在耶拿大学，他师承康德的学生费希特。因此，无论是在哲学还是教育学上，他都深受康德思想的影响。

赫尔巴特认为，宇宙万物是由一种不变的"实在"构成的，它的真实本性隐藏在事物的内部，人们不可能真正认识它。但是，这种不变的"实在"构成的事物在它们互相发生联系、影响时，会产生一种虚幻的可变外表，人们通过感官可以感觉到它，从而获得关于事物的表象，产生观念。在这个意义上，赫尔巴特认为"一切概念都毫无例外地是时间和经验的产物"。

唯心主义在人类认识的发展过程中产生过积极的作用。特别是在思维与存在的关系上，它阐发了思维及其形式(概念)对存在的能动作用，从而发展了观念论。赫尔巴特正是由此提出"观念心理学"和教学论的。

赫尔巴特道德教育理论的一个重要依据是伦理学，即实践哲学。他的伦理学思想导源于康德。他赞同康德提出的把理论哲学和实践哲学分开，以及不变的、普遍的道德原则，企图把人类的一切行为都归纳到绝对的道德规范之中。他试图以"道德观念"取代康德的"绝对命令"。他认为，有五种道德观

---

① 常道直：《赫尔巴特的教学论的再评价》，载《华东师范大学学报(人文科学版)》，1958(3)。

念调节着社会和人的道德行为。这些道德观念是维护社会秩序的永恒不变的真理。他详细阐述了这些道德观念，认为每一种道德观念都包含着权威性的知识，人们可以通过教育产生独立的判断。这种判断是对各种道德观念审视的结果。

赫尔巴特论述了这五种道德观念。

（一）"内心自由"（Innere Freiheit）的观念

这是指一个人的愿望、倾向和情欲要摆脱外在影响的束缚，服从"理性"的判断。要做到这一点，需要对善有充分的认识和足够的责任感，在欲望与理性发生矛盾时，使理性克服欲望。他所说的善的责任感类似康德的意志自律。赫尔巴特还援引柏拉图的伦理学解释内心自由的观念。柏拉图曾经提出，智慧、勇敢、节制、正义是人的四种美德，这四种美德得到体现的社会就是理想的社会。赫尔巴特认为，内心自由的观念就是智慧、勇敢和节制三位一体。但是，内心自由的观念只能使人决定行为的方向，还不能使人成为有道德的人。

（二）"完善"（Vollkommenheit）的观念

人们在更改判断的时候，其内心容易产生矛盾。这里，人们不仅应该有正确的辨别力，而且要有完善的意志，不能凭一时的冲动行事。理性和意志是相辅相成的。一个人缺乏正确的辨别力，就无以分辨善恶；缺乏坚定的意志，理性所指引的善的方向就得不到坚持。赫尔巴特认为，意志本身有深度、广度和强度三个维度。意志的完善是指在这三个维度上都达到圆满的状态。

（三）"仁慈"（Wohlwollen）的观念

仁慈就是"绝对的善"，即宗教所称的仁爱。赫尔巴特认为，人与人相处要仁爱。个人的意志与他人的意志发生冲突时，应该以仁慈为本，服从别人的意志，这样，人与人之间就不会产生"恶意的冲突"。如果每个人都有这种善意，自己的意志就能与他人的意志相协调，就能保持社会的稳定和生活的安定。

(四)"正义"(Recht)的观念

然而, 在实际生活中, 人们之间的意志冲突是不可避免的。当两种以上的意志发生冲突时, 为防止纷争, 人们应该以正义的观念来调节自己, 做到克制自己, 遵守法律, 互不侵犯。如果做到这一点, 就能维持稳定的社会秩序。

(五)"公平"(Billigkeit)的观念

假如一个人的行为违背了上述观念, 就应该意识到自己的行为会产生相应的结果。

赫尔巴特指出, 这五种道德观念是一个不可偏废的相互联系的整体。它们应该各占一定的比例, 某一种观念既不能缺少, 也不能过多或过少。在上述五种道德观念中, 前两种是调节个人道德行为的, 后三种是调节社会道德行为的。他还从这五种道德观念中推演出五种社会学的观念: 由内心自由的观念推演出必须使学生获得理想社会的观念, 由完善的观念推演出必须使学生获得文化系统的观念, 由仁慈的观念推演出必须使学生获得行政的观念, 由正义的观念推演出必须使学生获得社会法制的观念, 由公平的观念推演出必须使学生获得奖惩的观念。

显然, 它反映了当时德国封建专制下软弱的资产阶级的愿望。一方面, 他主张平等、自由、公正、仁爱等, 显然, 这些口号是与封建集权相对立的, 反映了新兴资产阶级的呼声; 另一方面, 他又主张维护当时的封建社会秩序, 这是符合容克贵族利益的。

三、心理学思想

赫尔巴特把心理学作为教育学的重要理论基础。在《对某教学法文章的思考》中, 他写道: 他以20多年时间研究形而上学和数学, 同时还进行自我观察和实验，这一切都是为了发现真正的心理学的基础。他之所以从事这种并非轻而易举的探索的动机，主要在于他深信在我们教育领域中存在的大部分缺陷是由于缺乏心理学。我们必须首先建立这一门科学，然后才能把握及确定在一堂课中什么是正确的和什么是错误的。在《普通教育学》中，他提出："教育者的第一门科学，虽然远非其科学的全部，也许就是心理学。应当说是心理学首先记述了人类活动的全部可能性。我相信认识这样一门科学的可能性与困难：我们了解它需要很长时间；而我们要求教育者了解它，将需要更长时间。"①因此，如果脱离了他的心理学，就不可能正确理解赫尔巴特的教育思想。

(一)赫尔巴特心理学的基本特点

赫尔巴特宣称心理学是一门科学，它的基础是经验、形而上学和数学。赫尔巴特心理学的基本特点如下。

第一，心理学不是实验的科学，而是经验的科学。赫尔巴特提出，心理学应该以经验而不是实验为基础。在他看来，经验与实验是不同的。经验是科学的属性，所以科学心理学不能不建立在经验之上。心理学虽然是一门科学，但它与物理学不同，它主要属于哲学性质的科学，其研究方法是观察和计算而非实验。因此，它不属于实验科学之列。

第二，心理学不是描述性科学，而是研究心灵的数学法则。数学是心理学的基础，这与赫尔巴特思想中的思辨性相一致。他认为，数学的方法是心理学和物理学的又一区别。物理学应用两种科学的方法——计算法和实验法，而心理学仅用前者。在《科学心理学》一书中，赫尔巴特详细论证了心理学与数学的关系。

第三，心理学不应建立在生理学的基础上。19 世纪中期，许多研究心理

① ［德］赫尔巴特：《普通教育学·教育学讲授纲要》，李其龙译，11 页，北京，人民教育出版社，1989。

学的人主张把心理学与生理学结合起来。赫尔巴特对生理学不感兴趣,他认为,我们决不能由生理学入手来研究心灵的问题。这与他反对把心理学看作实验科学是相对应的。

但是,赫尔巴特反对把心理学和生理学结合起来并不意味着他否认心理和身体的关系。他曾经分析过身体状况和心理活动的关系。例如,身体的状况可阻止一个观念(如睡眠)的引起,这是压抑作用。身体的状况也可使一个观念(如酒醉或狂热)易于引起,这是强化作用。感情或观念(如情绪激动)可引起运动,这是心理和身体的互相合作。

第四,心理学是非分析的。赫尔巴特认为,心灵是统一的,它不能分割为部分。因此,在这方面,他与英国的经验主义者不同。其实,正是因为心灵是统一的,所以心理学不能归于实验科学。

赫尔巴特否认分析主要是为了反对将心灵划分为个别的官能。但是,他并没有彻底摆脱对观念的元素分析,他把这种元素纳入数学的公式之内。现代心理学家铁钦纳(E. B. Titchener)曾称德国心理学家费希纳(G. T. Fechner)的心理分析源于赫尔巴特,正说明了这一点。

(二)观念

赫尔巴特认为,世界是由无数个"实在"组成的,人的心灵也是一种"实在"的活动,它便是"观念"(英文为idea,德文为Vorstellung)。人的全部心理活动是各种观念的活动。观念是赫尔巴特心理学中的一个核心概念。它是指事物呈现于感官,在意识中留下的印象。在赫尔巴特看来,人的一切心理机能只是观念的活动,心理学就是研究观念活动的科学。因此,他的心理学又称观念心理学。

赫尔巴特对观念的阐述受洛克、莱布尼茨等人的影响。他把观念的相互联合与斗争看作心理学的基本内容。他反对官能心理学将灵魂分解为各种不同的官能,认为灵魂是统一的。他指出,旧心理学用"官能"来解释一切,新心理学必须以"观念的运动"来解释一切。

观念时刻处于活动状态。赫尔巴特试图用力学来解释观念活动。他的心理学是观念的静力学和动力学。根据他的动力学观点，观念在不同时间有强弱的差异。不同观念在性质上是有区别的，彼此互相吸引或排斥。这样，一个观念不至于变成另一个观念，以保持观念的清晰性。观念的清晰性体现了观念自我保存的趋势。由于不同的观念有强度上的差异，每一个观念与其他观念发生关系时，努力实现自我保护。观念的每一个运动都限于两个定点之间：完全受制止的状态和完全自由的状态。他认为，一个观念 a 可阻止另一个观念 b，其相关的法则可用含有 ab 二项的方程式表示。ab 代表观念的强度。他认为，观念有三种变量，即时间、强度、质量。

观念的对抗可减弱彼此的势力。相反的观念互相抵制的根源在于灵魂的统一性，观念是这个统一性的保护者。观念的这种保护作用是非常必要的。各观念若不因对立而互相抑制，就没有观念的分化，所有观念就会共同造成心灵的单一行动。换句话说，那些可以合成一个心理行动的观念，不互相抗拒。实际上，由于观念的数目繁多，由彼此对抗而引起的抑制是意识的一个准则。

然而，观念不会因相互抑制而完全消失。当观念产生对抗时，弱的观念只是做必要的"退让"，减弱其强度或清晰性，由一种现实的状态，退为一种潜在的状态。因此，受压抑的观念仍然存在，它只是处于一种"无意识"的状态。

(三)意识阈

赫尔巴特认为，由于观念具有引力和斥力，人们只能意识一定的对象或注意有限的范围，不能同时注意两个观念，除非它们联合成一个复杂的观念。他由此提出了"意识阈"(threshold of consciousness)的概念。他说："一个概念若要由一个完全被抑制的状态进入一个现实观念的状态，便须跨过一道界线，这些界线便为意识阈。"①强有力的观念处于阈限之上，为"意识的"；本质微弱或因受抑制而变得微弱的观念，处于阈限之下，是"无意识的"。可见，被人们意识的观念是从无意识的观念之中，选取那些和自己调和的观念而产生的。在阈限之下的观念，只有和意识的统一相调和时，才可能不遇阻力升入阈限之上。占意识中心的观念只容许与它和谐的观念出现于意识上，与它不和谐的观念则被抑制下去，降入无意识的状态。

观念是能动的，相应地，意识阈也不是固定不变的。意识和无意识可以互相转化。一种观念被逐出意识，降落在阈限之下，但是，它们只是减弱了强度，并没有消失。一有机会，它可以通过有关意识观念的吸引从意识阈限之下进入意识阈限之上。也就是说，随着时间的变化，意识阈限上的观念可以转入阈限下而成为无意识的。相反，被抑制的观念也可以从完全受抑制的状态进入自由的状态。

赫尔巴特的"意识阈"在心理学上具有承前启后的作用。我们知道，他的"意识阈"的设想受到莱布尼茨的启发。他所说的被抑制的观念类似于莱布尼茨的"小觉"(petites perceptions)。同时，他的"意识阈"思想又被冯特(W. Wundt)和费希纳吸取。冯特曾经引用赫尔巴特的无意识来解释知觉和统觉。费希纳在赫尔巴特的启发下，研究阈限之下的感觉的强度，即所谓"负的感觉"。弗洛伊德(S. Freud)早年关于潜意识的概念也直接来源于赫尔巴特。

(四)统觉

赫尔巴特把观念的同化(assimilation)与相互融合说成"统觉"。统觉是赫尔巴特心理学的基本概念。他认为，统觉的过程就是把一些分散的感觉刺激纳入意识，形成一个统一的整体，组成"观念团"。从心理学上看，教学的过程就是统觉的过程。

从观念活动来说，相同或相似的观念容易互相联合，进入意识的领域。

---

① [美]波林:《实验心理学史》，高觉敷译，288页，北京，商务印书馆，1981。

因此在教学中，教师要善于利用可以激发学生观念融合的知识，使新知识与学生头脑中原有的知识紧密地结合起来。新旧观念结合得越多，范围越广，学生掌握的知识就越多、越容易被理解、越牢固。

就观念团的产生而言，赫尔巴特认为，有下列两种情形。

第一种是融合。它是指性质相同的观念或同一连续体的观念混为一体。例如，红、蓝混合而成紫色。

第二种是复合。属于不同的连续性的观念不相对抗时，也可联合起来。例如，声音、形状、颜色可造成单一体。

不能相互融合的知识可能相互抑制。已经进入意识阈的某种观念由于受到抑制会被贬到阈限之下，造成学习上的遗忘。因此，对学习来说，研究观念的抑制非常重要。

赫尔巴特认为，势力相等的两个观念可以完全互相抑制。但是，势力不相等的两个观念永远不能互相抑制，二者可以并存，合现于意识之内。三个或三个以上的势力不相等的观念也可合成一个意识的产物，也可有一个观念完全受抑制。

较强大的观念既然不能完全抑制较弱小的观念，那么，较弱小的观念完全抑制较强大的观念更是不可能的。因此，两个势力不相等而同时发生的观念，谁也不能排斥对方于阈限之下。

莱布尼茨首先使用了"统觉"这个名词。赫尔巴特吸取了莱布尼茨的思想。他和莱布尼茨一样，认为升入意识的任何观念，都可引起统觉。但是，他的统觉思想与莱布尼茨有区别。莱布尼茨提出，完全独立的单子是成立的。赫尔巴特则认为，观念须先在意识的统一的整体之内。

赫尔巴特把人的心理活动看作各种观念的活动，认为观念的联合和斗争是心理活动的基础。他提出，观念是人的大脑与外界事物相互作用的结果，观念体系是新、旧观念同化的产物。他把这种观念及其统觉论应用于教育中，就是要说明教育是如何通过感觉经验的作用使学生不断掌握新知识的。赫尔巴特的这个观点既是对前人理论的发展，也是与后来的儿童研究运动相符合的。美国心理学史专家墨菲(Gardner Murphy)曾对赫尔巴特的统觉论做出这样的评价："内心冲突的基本概念——根据赫尔巴特的描述，这种冲突任何时候看来都是继续在意识的组成部分之间进行着的——就'斗争'和'心灵内部的动乱'的意义来说，当然是十分'能动的'，十分富有内容的，足以很容易地同随之而来的浪漫主义时期和进化论时期对能动性的普遍强调吻合一致。"①

赫尔巴特否认心理本质的可知性，否认心理生理基础的研究，把人的全部心理活动都归结为观念的活动等。因此，就其整个体系而言，他的心理学是不科学的。但是，他的心理学思想中不乏合理的因素。例如，他提出观念的对立与融合、意识阈限转化等。此外，他的无意识说和意识阈概念，对心理活动研究的数量分析等，对费希纳心理物理学和弗洛伊德的精神分析产生了直接影响。

赫尔巴特对心理学的研究以及把心理学作为教育学的基础的思想反映了教育理论发展史上的进步趋势。他的教育心理学，特别是观念心理学思想是传统教育理论中的经典理论，对推动西方教育学的发展产生了积极影响。

第三节　教育目的论

一、论教育的三个层次的目的

赫尔巴特在担任家庭教师期间就意识到明确的教育目的对教育活动成功的重要性。他说，"以我之见，教育的目的是使孩子摆脱偶然的游戏，若出现

---

① [美]G.墨菲、J.K.柯瓦奇：《近代心理学历史导引》，林方、王景和等译，82~83页，北京，商务印书馆，1980。

为人所不容的无把握性，那么就根本不要去想对年轻人进行有意的教育；因为，偶然的事情比起父母和教师的极其细心的工作来所起的教育作用要强得多。教育因其教育计划的可靠性才具有自身的价值；教育总是在无把握的时候就用高概率来预测自己的成功与否；在非常情况下，教育的成功与否若纯是些可能性而已，就会终止教育"①。

赫尔巴特的教育目的是什么？对此，我国教育理论界的观点并不一致。有的学者认为，赫尔巴特的教育目的在于维护容克贵族的统治秩序，培养封建统治阶级所需要的人才。也有人认为，赫尔巴特的教育目的反映了新兴资产阶级的要求，培养适应德国资本主义经济和政治需要的人。赫尔巴特的教育目的究竟是什么呢？

在《普通教育学》第二章中，赫尔巴特指出，要在教育上寻求一种统一的目的是不可能的。他论证了教育的可能的目的和必要的目的。

赫尔巴特认为，由于人的追求是多方面的，教育目的也是多方面的。因此，从教育的本质来看，统一的教育目的是不可能产生的。但是，这种教育目的的多方面性并不意味着人们不能归结出一个或几个主要的教育目的。教育目的既有多样性，也有统一性。要剖析这一问题，首先要分析制定教育目的的根据。

在制定教育目的的根据上，赫尔巴特认为，教育者要着眼儿童的未来。他说："教育者要为儿童的未来着想，因此，学生将来作为成年人本身所要确立的目的，这是教育者当前必须关心的；他必须为使孩子顺利地达到这些目的而事先使其作好内心的准备。"②可见，教育目的的制定应该按照未来成人——既非教育者，又非儿童——的意向目的和道德目的来区分。从这里可

---

①　任钟印：《世界教育名著通览》，728~729 页，武汉，湖北教育出版社，1994。

②　[德]赫尔巴特：《普通教育学·教育学讲授纲要》，李其龙译，37 页，北京，人民教育出版社，1989。

以看出，赫尔巴特的教育目的论与斯宾塞(Herbert Spencer)的生活准备说是一致的，他们都主张今天的教育是为了儿童明天的生活。

教育者如何才能事先把握学生将来才有可能达到的目的？

首先，赫尔巴特认为，在人类真正的较高级活动领域中，社会分工不应该分化到每个人相互不了解的程度。也就是说，尽管社会存在分工，但不同职业之间存在着联系，不同职业仍然有沟通的可能性。这就决定了教育为学生未来服务的可能性。

其次，赫尔巴特认为，虽然人们从事的职业不同，但是，每个人必须从事一项工作，这种可能从事的工作是教育者现在就应该关心的。赫尔巴特说："大家都必须热爱一切工作，每个人都必须精通一种工作。但是，这种专一的精通是各人所意向的事情，而多方面的可接受性，只能产生于个人从一开始就作出的多方面的努力之中，这就是教育的任务。因此，我们把教育目的的第一部分叫做兴趣的多方面性，但我们必须把兴趣的多方面性同过分强调多方面性，即许多事情都浅尝一下，区别开来。"[①]在教学过程中，兴趣是首要的目的。他说："教学计划要根据各种情况设想到各种差别，从而应当突出一般目的，即把多方面的、尽可能平衡的和结合得很好的兴趣(智力的真正发展)作为一切详细的教学过程的目的放在首位。"[②]

赫尔巴特把教育者要培养的这种多方面性称为"平衡的多方面兴趣"或"一切能力的和谐发展"。兴趣是相对知识而言的。在他看来，知识是人们在分工制度下从事自己的职业所必须具备的。由于知识可以通过教学获得，因此，教育者应该把握学生将来的"可能的目的"或直接的目的。

同时，他指出，培养多方面兴趣并不是对多方面知识的浅尝辄止，要使

①　[德]赫尔巴特：《普通教育学·教育学讲授纲要》，李其龙译，38~39页，北京，人民教育出版社，1989。

②　[德]赫尔巴特：《普通教育学·教育学讲授纲要》，李其龙译，264页，北京，人民教育出版社，1989。

学生爱好一切活动而精通其中一种。这种多方面性反映了资本主义生产复杂的分工对教育提出的一种客观要求。他把这种目的称为可能的目的。

除了培养兴趣外，教育还有更高层次的目的，这就是培养学生的品性，品性在心理学上相对应的是性格。这是教育的必要的目的，也是最高的或终极的目的。赫尔巴特认为，教育的目的在于借助知识的传授使受教育者能明辨善恶，陶冶意志，养成去恶从善的品德。他指出："我们可以将教育惟一的任务和全部的任务概括为这样一个概念：道德。"①为什么他把品性培养作为教育的最高目的呢？这主要有两方面的理由：一方面，道德是人人都应该具备的，否则，我们就可能培养出有才无德的人，这种人必然违反社会秩序，给社会带来危害；另一方面，对个人来说，能力发展是有限的，并非每一个人都能够在一切能力上得到和谐发展。但是，个人的道德发展是无限的，在一切人身上都能培养理想的品性。

最后，他从学生个性发展的角度来考虑教育目的。赫尔巴特认为，教育的起点是个性。一个有智慧的教师应该尊重学生的个性。他反复强调，教师要尽可能不侵犯学生的个性。从赫尔巴特把培养个性当作一个教育目的中，可以看到，他的思想受到了康德的影响。赫尔巴特主张尊重个性、把个性当起点，同时也反映了当时德国资产阶级要求进步的呼声。

在个性、多方面性及道德的关系上，赫尔巴特认为，它们是相互联系的。其一，他把培养学生对知识的浓厚兴趣看作实现最高教育目的的首要条件。没有兴趣，就不可能有真正的道德教育。兴趣必须是多方面、均衡的。因为教学中如果只有单一的兴趣，或者某个方面的兴趣过度，就会出现与完全缺乏兴趣相同的结果：破坏完善道德的培养。因此，兴趣必须向多方面发展，多方面的兴趣构成一个匀称的统一整体。其二，多方面兴趣的培养是个性的

---

① 《赫尔巴特文集 4》教育学卷二，李其龙、郭官义等译，177 页，杭州，浙江教育出版社，2002。

多方面发展的教育。他指出，教师要使个性向多方面性发展，使个性与品格及多方面性相适应。个性愈益同多方面性相融合，品格即愈易于驾驭个人。他所说的个性与多方面性实际上是当时资产阶级个人发展的要求与社会需要的反映。三者的配合既为实现教育的最高目的——道德的完善奠定基础，又为实现可能的目的创造了条件。赫尔巴特有时把教学放在第一位，有时又把训育放在第一位，原因就在这里。他说："假如道德在多方面性中没有根基的话，那么我们自然可以有理由撇开教学来探讨训育了；那样的话，教育者就必须直接控制个人，激发他，驱使他，使善在他身上有力地生长起来，使恶劣的习性消声匿迹。教育者可以自问，这样一种人为的、被强调的单纯的训育至今是否有可能？假如不可能，那么教育者必须有一切理由假定，人们首先应通过扩展了的兴趣来改变个性，必须使其接近一般形式，然后才可以设想个性有对普遍适用的道德规律发生应变的可能；同时在对付过去业已变坏了的儿童时，除了应考虑他现存的个性之外，还应着重估量他对新的和较好的思想范围的可接受性与他接受它们的时机。"[1]因此，教育目的的三个部分是相互联系的。

二、教育目的论的特点

从总体上看，赫尔巴特的教育目的论有以下几个特点。

(一)教育目的应该重视儿童广泛的兴趣

赫尔巴特在从事家庭教育时就注意到培养学生的兴趣。在《普通教育学》中，他所说的可能的目的也在于培养儿童匀称的多方面兴趣，以适应未来成年后的需要。

---

① [德]赫尔巴特:《普通教育学·教育学讲授纲要》，李其龙译，48页，北京，人民教育出版社，1989。

(二)教育目的是由教师根据儿童未来生活的需要制定的

在他看来，今天的教育是为了明天的生活。他之所以持这种观点，与当时的时代背景有关。在当时的德国，资本主义工业和经济发展还比较缓慢，未来的生活似乎是可以把握的。正如赫尔巴特自己提出的："对我们来说，问题仅仅在于：我们能否预料未来人的目的，替他早一点把握这些目的，并为他追求这些目的，这样他总有一天将感激我们？假如是这样，我们便不需要其它各种进行教育的理由了。"①

(三)在教育目的的制定中重视儿童的个性

赫尔巴特认为，学生是个别的人，"即使对人类作最纯粹的、最成功的描述，这种描述却同时也始终是对特殊的个人的说明"②。因此，教育应该以学生的个性为出发点。一个真正的教育者应该尽可能避免侵犯个性，让个性具有的鲜明的轮廓明显地显露出来。他进一步论述了个性与多方面性的对立统一关系，认为个性应该广泛地与多方面性融合起来，统一在教育目的的各成分之中。

赫尔巴特虽然主张在教育中重视儿童的个性，但他反对教育者迁就儿童。他曾经指出，如果人们要求成年教育者迁就儿童，为其创造一个儿童世界，这就意味着人们提出了不允许提出的要求，因此，它将不可避免地遭到自然的惩罚。

(四)教育目的反映了民主性，具有鲜明的阶级性

赫尔巴特的教育目的反映了当时德国资产阶级政治上要求民主、经济上要求发展的需要。他说："多方面性是没有性别、没有等级、没有时代差别的。它具有灵活性与普遍存在的可接受性，适合于男女老少，任意地存在于

---

① ［德］赫尔巴特：《普通教育学·教育学讲授纲要》，李其龙译，35 页，北京，人民教育出版社，1989。

② ［德］赫尔巴特：《普通教育学·教育学讲授纲要》，李其龙译，41 页，北京，人民教育出版社，1989。

贵族和平民身上，存在于雅典和伦敦、巴黎和斯巴达。"①

(五)教育目的是培养全面而又专业的人才

为了适应资本主义经济发展，赫尔巴特希望培养的是一切能力得到和谐发展的，又是专精于某一行业的人才。

从赫尔巴特对教育的必要目的的论述中，我们可以发现：

第一，他批评了仅仅把道德当成一种约束的现象，主张使五种道德观念成为学生自己的意愿。他指出："道德只有在个人的意愿中才有它的地位，所以我们当然先应这样来理解：德育决不是要发展某种外表的行为模式，而是要在学生心灵中培养起明智及其适宜的意愿来。"②也就是说，应该使学生养成一种道德性格或道德意志。从这里可以看出，赫尔巴特并不仅仅重视传授道德知识，而更强调道德自律。

第二，教育终极目的的达到依赖于直接目的的实现。培养理想的道德与培养个性、兴趣并非截然对立的。欲达到教育的最高目的，须研究受教育者的心理活动及规律，制定合理有效的方法。他说："假如仅仅向上看到我们的最高目的，那么个性与人世间的多方面兴趣通常就会被遗忘掉——直到不久之后连最高目的也被遗忘掉为止。"③"教学的最终目的虽然存在于德行这个概念之中，但是为了达到这个最终目的，教学必须特别包含较近的目的，这个较近的目的可以表达为'多方面的兴趣'。"④

第三，最高目的的实现需要多方面的、持续的努力。他认为，终极目的

---

① [德]赫尔巴特：《普通教育学·教育学讲授纲要》，李其龙译，45页，北京，人民教育出版社，1989。

② [德]赫尔巴特：《普通教育学·教育学讲授纲要》，李其龙译，39页，北京，人民教育出版社，1989。

③ [德]赫尔巴特：《普通教育学·教育学讲授纲要》，李其龙译，43页，北京，人民教育出版社，1989。

④ [德]赫尔巴特：《普通教育学·教育学讲授纲要》，李其龙译，217页，北京，人民教育出版社，1989。

不是个别教师、学科所能完成的，需要全体教育者和社会的共同努力，更需要受教育者的终生努力。

第四节　儿童管理论

一、管理的目的

赫尔巴特的儿童管理思想与他对人性的看法是紧密相关的。在人性论上，他是性恶论者。他说："一个人的天然爱好，不是本身就是道德的，我们讲宗教原罪，不是瞎说，是不无深刻意义的。道德以其威力使人脱离天然本性而进入精神世界。"①"我对于人性的自由无过奢的要求。我将人性自由的发挥委之于席林②和费希特，而仅欲以一个人的理智与禀赋的定律来决定一个人，并给以相当的启发，使之能有所自助。"③他指出，在儿童没有形成道德意志之前，处处会表现出不服从的烈性。这种烈性是不守秩序的根源，随着儿童年纪的增长会导致反社会的倾向。因此，教育者必须克服这种烈性，否则就是教育者的过失。如何克服这种烈性？他认为，对尚不理智的儿童，应该通过强有力的手段来实现。这种强有力的手段就是儿童管理。

赫尔巴特把管理看作预防道德上罪恶的一项重要措施。管理的目的是多方面的：从儿童和社会的角度来说，"一方面是为了避免现在和将来对别人与儿童自己造成危害；一方面是为了避免不调和斗争本身；最后一方面是为了

---

①　任钟印：《世界教育名著通览》，732 页，武汉，湖北教育出版社，1994。
②　即谢林。
③　[德]赫尔巴特：《普通教育学》，尚仲衣译，英译者费尔金夫妇序言 7 页，上海，商务印书馆，1936。

避免社会参与它没有充分权力参与却被迫要参与的那种冲突"①。从管理与教育的关系来看，管理并非要在儿童的心灵中达到任何目的，而是为教育工作的顺利开展创造一种外部秩序。因此，赫尔巴特说："满足于管理本身而不顾及教育，这种管理乃是对心灵的压迫，而不注意儿童不守秩序行为的教育，连儿童也不认为它是教育。此外，如果不紧紧而灵巧地抓住管理的缰绳，那么任何课都是无法进行的。"②

二、管理的方法

在儿童管理方法上，赫尔巴特主张采用以下方法。

第一，作业。赫尔巴特把作业当作一切管理的基础。他认为，如果学校的作业没有组织好，儿童就会空闲、懒惰，从而导致管理失效。赫尔巴特说："无论在什么情况下，儿童必须有事做，因为懒惰会导致捣乱与不可拘束。如果活动是有益的工作，例如手工劳动或田间劳动，那当然好。而假如通过活动能够学习有利于将来教养的东西，那就更好。"③这里，他所说的作业的主要目的是通过安排学校的学习活动，使儿童有事做，避免他们利用闲暇时间干蠢事。

第二，威胁。威胁往往能起到良好的管理效果。但是，在运用这种手段时可能触及两种暗礁：第一种暗礁是有些本性顽强的儿童藐视威胁，敢于做他们想做的任何事情，恣意妄为。这种情况虽然罕见，但教育者要及早注意，抓住教育机会，防患于未然。第二种暗礁是有的儿童性格太软弱，不能承受

---

① [德]赫尔巴特：《普通教育学·教育学讲授纲要》，李其龙译，24页，北京，人民教育出版社，1989。

② [德]赫尔巴特：《普通教育学·教育学讲授纲要》，李其龙译，23页，北京，人民教育出版社，1989。

③ [德]赫尔巴特：《普通教育学·教育学讲授纲要》，李其龙译，214页，北京，人民教育出版社，1989。

威胁，容易产生恐惧，处于这种情况的儿童较多。儿童表现出来的软弱和健忘说明不能仅仅依靠纯粹的威胁来管理他们。

第三，监督。监督是对儿童管理的一种不可缺少的手段。赫尔巴特认为，如果对学生不加监督，不加教养，放任他们撒野，就不可能培养出良好的性格。但是，他也意识到监督过严会产生不良后果。其一，监督过严对教育者和被教育者都是一种负担。"拘泥于细节的和经常的监督对于监督者与被监督者来说同样是一种负担，因此双方都常常千方百计要回避它，并一有机会就会把它抛弃掉；要知监督的需要将随着其被使用的程度而增加，到了最后，任何停止监督的时刻将造成极大的危险。"①其二，监督过严不利于儿童身心健康。过严的监督会妨碍儿童自我控制能力的形成，儿童难以获得一些需要自己探索才能发现的知识。他指出我们不能期望经常处于监督之下的儿童机智敏捷，具有创造能力，具有果敢精神和自信行为。因此，赫尔巴特强调监督应该适当。

第四，权威与爱。赫尔巴特认为，权威与爱能消除威胁、监督的消极后果，是一种有效的管理方法。他说："心智屈服于权威，权威能拘束其超出常规的活动，因此非常有助于扑灭一种倾向于邪恶的、正在形成的意志。"②特别是对那些天性活跃的人来说，权威是最不可缺少的。即使是儿童消极地服从权威，它对划定儿童的思想范围也是非常重要的。儿童将在这种思想范围内更加自由地活动，并独立地创造自我。与此同时，在教育过程中，教师与学生一旦建立起爱，便能很大程度上减轻管理的负担，在教育中发挥重要作用。爱的获得基于情感的和谐与习惯。情感和谐可以通过两种方式产生。一种是教师深入学生的情感中去，十分巧妙地与学生的情感交融在一起；另一

①　[德]赫尔巴特：《普通教育学·教育学讲授纲要》，李其龙译，25页，北京，人民教育出版社，1989。

②　[德]赫尔巴特：《普通教育学·教育学讲授纲要》，李其龙译，26页，北京，人民教育出版社，1989。

种是教师设法使儿童的情感以某种方式同教师的情感接近。在赫尔巴特看来，在学校中权威与爱的作用犹如家庭中的父母，权威犹如父亲，爱犹如母亲。权威与爱比任何严厉的手段都更能保证管理的效果。"但并不是每个人都能随心所欲地建立权威的。明显优越的智慧、知识、体魄和外表举止乃是属于取得权威的有关范围。虽然通过较长时间的和善态度有可能赢得可爱的听话的学生，但恰恰在最需要管理的时候，应停止这种和善态度；同时不要用软弱的宽恕来换取学生的爱戴；只有当爱同必要的严格结合在一起时，爱才是有价值的。"①

第五，命令、禁止、惩罚。赫尔巴特认为，当以上方法不能取得良好的效果，而教育者又有充分的理由时，应该让学生毫无异议地服从。使学生毫不迟疑并完全乐意地服从是教育者的胜利。为此，他主张采用命令、禁止、惩罚甚至体罚的手段，来维持学校的纪律。但是，教育者应该注意把服从和儿童本人的意志结合起来。

为了对儿童实行有效的管理，赫尔巴特还主张加强学校与家庭、教师与父母之间的合作。

第五节　教学论

赫尔巴特认为，教育理论与教育实践是互相影响、互相统一的。在他看来，只有在工作中才可以学到艺术，得到机智和技艺，熟习技巧和技能，但是只有在思想中预先研究了科学、掌握了它、由它来决定和预定自己从经验方面所期待的未来印象的人，才能在工作中学到艺术。赫尔巴特非常重视教

---

① ［德］赫尔巴特：《普通教育学·教育学讲授纲要》，李其龙译，212页，北京，人民教育出版社，1989。

育理论对教育实践的指导作用。他认为，缺乏教育理论的教育实践，是一种"单纯贫乏的实践"，它容易使教育活动局限于片面的经验。他曾说：对于他人，科学或者是一副眼镜；对于他，科学则为人类据以观察其环境的眼睛，而且还是一双最好的眼睛。[①]

正是由于教学理论对教育实践具有重要的指导作用，赫尔巴特着重研究了教学理论。他的教学理论是其教育学核心，在世界教学理论发展史上产生了重要影响。

一、教育性教学

赫尔巴特把教学作为实现最高教育目的的主要手段，在西方教育史上第一次明确提出了"教育性教学"的概念，认为教育不能离开教学，教学是实施教育的一种主要手段。

赫尔巴特的教育性教学思想与其观念心理学密切相关。他指出，教育过程实际上是统觉的过程。教学就是向儿童提供适当的观念，促使这些观念以一定的方式联结起来，形成观念团，并进一步构成"思想之环"（The Circle of Thought）。思想之环范围的大小与人的性格完善与否相关。观念的获得在教学上即为掌握知识，统觉的过程就是教学的过程。欲望、情感、意志都可归结为观念的积累和贮存，即掌握知识的结果。良好的道德离不开坚定的意志、信念，而意志、信念以知识、能力为依据。知识是发展道德的前提。缺乏知识，人们无以追求其最高的教育目的。他说："巨大的道德力量是获得广阔视野的结果，而且又是完整的不可分割的思想群活动的结果。"[②]在他看来：假如一个人缺乏对智慧的兴趣，而思想的储藏又不足的话，那么，兽欲就有了

---

① 中国教育史研究会：《杜威、赫尔巴特教育思想研究》，234 页，济南，山东教育出版社，1985。
② 《赫尔巴特文集 3》教育学卷一，李其龙、郭官义等译，140 页，杭州，浙江教育出版社，2002。

其地位。因此，赫尔巴特把"知"放在首位。在他看来，人的一切心理现象，包括情感和意志等，都以"知"为基础，由观念的相互作用而产生。无知就无以成善。教师应该把培养学生的道德建立在知识教育的基础上。

在这个基础上，赫尔巴特提出了教育性教学的原理。他说："教育学是教育者自身所需要的一门科学，但他们还应当掌握传授知识的科学。而在这里，我得立刻承认，不存在'无教学的教育'这个概念，正如反过来，我不承认有任何'无教育的教学'一样。"①在他看来：教学如果没有进行道德教育，只是一种没有目的的手段；道德教育如果没有教学，就是一种失去了手段的目的。

赫尔巴特认为，道德教育与智育是紧密相连的。一方面，德育的有效开展依赖于教学。他说："训育只有与教学结合才能完成它的工作。"②"道德的确立一般取决于教学如何同活动共同起作用。"③另一方面，教育性教学也有利于学生的智力发展。他说："在教育性教学中，某些科目会更容易且更可靠地激发智力活动，其他教学要做到这一点比较费力，并在有些情况下可能是徒劳的。"④尽管如此，绝不是所有的教学都有教育性。例如，为了收益、为了生计或出于业余爱好而学习，这种学习与一个人变好、变坏无关，因此，它谈不上是教育性的。

赫尔巴特的教育性教学思想在某种程度上反映了教育工作的客观规律。他认识到教育和教学的关系，在教育思想发展史上具有积极的意义。应当肯定，德育和知识教学不是对立的，而是统一的。但是，道德和知识教学并非像赫尔巴特所说的那样仅仅是目的与手段的关系。其实，赫尔巴特在论述教

---

① 《赫尔巴特文集 3》教育学卷一，李其龙、郭官义等译，12 页，杭州，浙江教育出版社，2002。

② ［德］赫尔巴特：《普通教育学·教育学讲授纲要》，李其龙译，274 页，北京，人民教育出版社，1989。

③ ［德］赫尔巴特：《普通教育学·教育学讲授纲要》，李其龙译，290 页，北京，人民教育出版社，1989。

④ ［德］赫尔巴特：《教育学讲授纲要》，盛群力、赵卫平译，76 页，北京，中国轻工业出版社，2017。

育目的时也提到通过教学掌握知识是一个重要的目的。同样地，有时道德教育何尝不是掌握知识的手段。

在外国教育史上，教育家们大多重视道德教育。在赫尔巴特论述"教育性教学"的概念以前，"教学的教育性"的思想在裴斯泰洛齐等教育家那里就有所表露，但是，赫尔巴特第一次从心理学上论证了教育性教学问题。它反映了教学客观规律，是对教学理论发展的一个贡献。

二、课程论

教育内容是达到教育目的的桥梁。如果说教育目的在未落实之前仅仅是一种指导思想，显得有些抽象的话，那么，作为它的体现的教学内容，似乎更能具体反映出人们期望培养的人才规格。因此，要了解一个教育家的思想不仅应该知道他想培养什么样的人，而且必须分析他的教学内容是什么。

(一)兴趣与课程

在赫尔巴特看来，培养多方面兴趣不仅是重要的教育目的，而且，兴趣的培养利于学生有效学习。他说："具有耐心的兴趣决不可能会过分丰富的；最丰富的兴趣最易于保持耐心。在兴趣中，一个人可以容易地去完成他的各种决定，而且使他觉得到处都很容易，并不会因为有其他要求而取消他的计划。"①

那么，什么是赫尔巴特心目中的兴趣呢？他认为，兴趣是观念的积极活动状态。他分析了兴趣与其他心理现象的联系与区别：兴趣与欲望、意愿和审美有共同之处，它们都是一种与漠不关心相对立的心理状态；兴趣与上述三者的区别在于兴趣并不支配其注意的对象，而是依赖于这个对象。当人们对某一个对象发生兴趣时，内心是积极的，但是，在兴趣还没有转化为欲望

---

① [德]赫尔巴特：《普通教育学·教育学讲授纲要》，李其龙译，57 页，北京，人民教育出版社，1989。

与意愿之前，它在外表上是消极的。从人的心理状态来说，它只是内心的一种主动趋势，处于观望与行动之间。当兴趣过渡到欲望或意愿后，它才由内心的主动变为外表的主动。欲望关注的是现在还未占有而试图占有的未来的对象。兴趣则专注于现在的对象。因此，兴趣的对象与欲望的对象是不同的。显然，在他这里，兴趣是与注意联系在一起的，有时甚至是一回事。

从广度而言，赫尔巴特把兴趣比喻为"多面体"。它是多方面的，又是统一的。他指出："虽然兴趣的各种方向是形形色色地分布开去的，就象它的对象那样多得使人眼花缭乱一样，可是这些方向却都是从一点伸展开去的。或者说，许多方面象一个物体的各个面一样，也就是说象同一个人的各个方面一样。在这个人身上，所有的兴趣都必属于一种意识，我们决不可以忘记这种统一性。"[1]赫尔巴特又把这种多方面的、统一的兴趣解释为"多方面的匀称的兴趣"。

这种多方面的兴趣可分为两大类：一类是认识周围自然界的兴趣，它属于认识自然的兴趣；另一类是认识社会生活的兴趣，称为同情的兴趣。这两类兴趣又可各细分为三种，共有六种兴趣。

①经验的兴趣，它是直接与经验相一致的，是对自然的多方面的知识的兴趣，试图观察和认识事物到底"是什么"。

②思辨的兴趣，它是思考事物"为什么"是这样的兴趣，即对经验的对象的进一步思考。

③审美的兴趣，它是对事物产生美丑善恶的评价的兴趣。

④同情的兴趣，同情是指对一定范围的人的感情。他说："同情是把它本身传入于别人的感情之中。"

⑤社会的兴趣，社会的兴趣是同情的兴趣的扩大，由个人之间的同情扩

---

① ［德］赫尔巴特：《普通教育学·教育学讲授纲要》，李其龙译，50 页，北京，人民教育出版社，1989。

大为对社会、本民族和全人类的同情。

⑥宗教的兴趣，是指研究人类、社会"对于最高存在的关系"的兴趣，其表现是对上帝的虔信。

那么，如何培养多方面兴趣呢？赫尔巴特认为，儿童的兴趣是在与自然接触和社会交往中发展的，设置与学生兴趣相应的广泛的课程是兴趣培养的最重要的方法。他说："兴趣来源于使人感兴趣的事物与活动。多方面的兴趣产生于这些事物与活动的富源之中。创造这种富源，并把它恰如其分地奉献给儿童乃是教学的任务。"①

为了培养学生这六种兴趣，赫尔巴特提出了范围广泛的课程体系。

与经验兴趣相对应的学科是各种自然科学，如物理、化学、地理。

与思辨兴趣相对应的是研究"为什么"的学科，如数学、逻辑学、文法。

与审美兴趣相对应的是有关艺术评价的学科，如文学、唱歌、图画。

与同情兴趣相对应的学科是人与人交往必须具备的知识，如外国语(古典语与现代语)和本国语。

与社会兴趣相对应的学科是关于民族和社会的知识，如历史、政治、法律。

与宗教兴趣相对应的学科是有关表现人与上帝关系的知识，如神学。

赫尔巴特把上述学科归纳为三类：属于经验兴趣和思辨兴趣的学科称为"科学的科目"，属于审美兴趣、同情兴趣和社会兴趣的学科称为"历史的科目"，神学则为"宗教的科目"。

赫尔巴特还指出，教学中只注意兴趣的多方面性还不够，因为它们完全可能是互相对立、冲突的。因此，教学中有三个因素要考虑：智力活动的强

---

① ［德］赫尔巴特:《普通教育学·教育学讲授纲要》，李其龙译，47 页，北京，人民教育出版社，1989。

度、范围和统一。① 智力活动的强度，是指教学中学生对所学事物的兴趣的深厚程度，以及对所学事物进行智力活动的"专心"和"审思"程度。智力活动的范围，指的是对知识兴趣的多方面性。智力活动的统一，是指多方面的兴趣应该是一个匀称的整体。这种思想在课程设置中应该得到体现。赫尔巴特认为，仅仅从各个角度出发编制广泛的，包括丰富学习内容的课程，对儿童个性发展是没有什么帮助的。他设计的课程体系不仅要满足多方面兴趣的发展，而且努力使多方面的兴趣构成一个匀称的统一整体。赫尔巴特指出："假如经验的兴趣在忽视其他对象的情况下来选择某一种经验对象的话，那么它在特性方面将变得片面起来。……假如思辨的兴趣只是限于逻辑方面；或数学方面(也许只是限于古代几何的那种数学)；或只限于形而上学方面(也许只限于某一系统观点方面)；或只限于物理学方面(也许只探索某一个假设)；或者限于是实用历史方面，那么这种兴趣从特性上看是片面的。"②相应地，审美的、同情的、社会的兴趣不能只局限于某一门学科，否则，容易导致学生片面发展。

(二)课程结构

赫尔巴特的课程论是建立在兴趣说基础上的。他主张开设的课程包括：自然科学、物理、化学、地理、数学、逻辑、文法、文学、唱歌、图画、外语(古典的和现代的)、国语、历史、政治、法律、神学等。除了这六种主要兴趣类型的课程外，赫尔巴特认为"技术知识"也很重要。他说："技术是自然观念与人类目的之间的重要环节。每个青少年应当学习使用木匠最常用的工具，应当象使用直尺与圆规一样出色。使用机械的技巧往往比体操练习有用。前者有助于智力发展，后者对身体有利。……每个人都应学习手的使用。在

---

① [英]博伊德、金:《西方教育史》，任宝祥、吴元训主译，339页，北京，人民教育出版社，1985。

② [德]赫尔巴特:《普通教育学·教育学讲授纲要》，李其龙译，233~234页，北京，人民教育出版社，1989。

人超过动物这一点上，除了语言外，手有它的光荣地位。"①那么，是不是每一个儿童都要达到这些要求呢？不是。赫尔巴特认为，教学范围在很大程度上取决于水平与能力的外部关系，所以，不能刻板地规定一般的教学内容。但必须有一部分人得到这种均衡发展："我们虽然不能期望所有这些兴趣在每个个人身上均衡地得到发展，但我们必须期望一大批学生具有这种全部兴趣。"②

现代教育派曾对赫尔巴特的课程论进行猛烈的抨击，认为他的课程是与社会脱节的。不可否认，赫尔巴特的课程确实非常强调学科的逻辑关系，但是，他并没有否认课程与社会生活的联系。他曾经指出，我们学习不是为了学校，而是为了生活。"不是为了富丽堂皇，而是为了实用！也许这一简短的译辞可以解释那句格言。它是一条聪明的经济规则，它适用于家具的添置，同样也适用于知识的置备。"③

从课程结构上看，赫尔巴特的课程主要具有以下特点。

第一，在学科结构上，人文学科与自然学科兼有。因为资产阶级既需要实用知识以发展经济，也需要文雅知识来满足闲情雅致。但是，赫尔巴特的学科体系中也有明显的宗教的痕迹。

第二，强调学科之间的联系和一门学科的多种价值。赫尔巴特从观念的融合出发，注意知识之间的联结。他虽然根据兴趣种类对课程进行了划分，但是这种划分是相对的。在激发儿童兴趣方面，各学科彼此存在着相互联系，赫尔巴特称为"联合点"。他说："文学连同其作家与讲演者属于审美兴趣。历

---

① ［德］赫尔巴特：《普通教育学・教育学讲授纲要》，李其龙译，331 页，北京，人民教育出版社，1989。

② ［德］赫尔巴特：《普通教育学・教育学讲授纲要》，李其龙译，233 页，北京，人民教育出版社，1989。

③ ［德］赫尔巴特：《普通教育学・教育学讲授纲要》，李其龙译，111 页，北京，人民教育出版社，1989。

史可以激发起对优秀人物与社会兴衰的同情。语言通过这两者甚至于间接地可对引起宗教兴趣发生作用。我们找不到更好的能激发许多不同兴趣的这种联合点了。假如加上对这种语言的语法结构的探索,那么甚至还会引出思辨的兴趣来。……假如这些课程恰当地合作,那么它们与宗教课一起起很大作用,使青年人的智慧获得符合多方面兴趣的发展方向。"①即语言既可以激发宗教的兴趣,也能引起思辨的兴趣;自然科学包括了经验的兴趣与思辨的兴趣。

第三,教材体现教育性。赫尔巴特主张教育性教学,教育性教学的特征之一是教材的教育性。例如,他论述了历史、地理等科目的教育性。

第四,教学内容反映文化复演论。赫尔巴特认为,在人类历史早期,感觉在认识中起主导作用,以后想象力逐渐发展起来,最后得到发展的是理性。儿童的个体发展重复了种族发展的过程。相应地,课程的安排应该反映这个规律。他把人的发展划分为婴儿期(0~3岁)、幼儿期(4~8岁)、童年期、青年期四个阶段。在教学内容上,婴儿期以感官训练为主,学习语言;幼儿期以发展想象力为主,学习书、写、算等;童年和青年期学习与理性思维有关的内容,如数学、历史、自然科学等。

第五,教材组织渗透"相关"与"集中"的思想。赫尔巴特的"相关"与"集中"思想是其观念心理学在课程上的延伸。"集中"是指这个心理活动专注于某一个对象,排斥其他的对象。"相关"是指对"集中"的对象的支持与配合。根据这个主张,他认为,在众多学科中必须有一门共同的中心学科,其他学科围绕着这门中心学科设置。从道德教育这一最高目的出发,他曾经把历史和文学作为中心学科,把自然科学作为次要学科。

在西方教育思想史上,赫尔巴特第一次在分析学生兴趣的基础上论述了

---

① [德]赫尔巴特:《普通教育学·教育学讲授纲要》,李其龙译,235页,北京,人民教育出版社,1989。

中等教育的课程体系。这个课程体系试图把人文学科和自然学科糅合起来，为培养学生多方面的兴趣服务。在他的课程体系中，人文学科与自然学科相辅相成。一方面，他把人文学科放在教学的重要位置上，这既与他的教育目的论和教学的教育性思想相联系，也适合当时中等教育的需要。另一方面，赫尔巴特也重视自然学科的教学。他曾指出：难道你们相信仅仅凭着道德观念就能教人如何行动吗？人处在大自然中间，其本身即为大自然的一部分。大自然的力量淌过他的心田……他必须懂得自己的能力，以及他周围能够帮助他的力量。显然，赫尔巴特不仅没有忽视自然科学知识的教学，而且还重视自然科学知识的教育价值。重视自然学科的教学在客观上反映了德国资产阶级经济发展的需要。

显然，赫尔巴特的课程体系是针对"古典人文主义"的缺陷提出的，与以希腊文和拉丁文课程为主体的古典人文主义课程体系相比，它显然前进了一步。赫尔巴特设置的课程内容广泛、结构严谨，是以前的课程论无法比拟的。就当时而言，它是比较适应资本主义发展需要的普通教育课程体系，并奠定了现代课程论的基础。当然，他的课程论既带有时代的烙印，如重视人文学科，也暴露出他思想中落后和保守的一面，如对宗教教育的重视。

(三)形式教学阶段论

赫尔巴特根据观念心理学论证了教学过程。根据学生观念活动和兴趣的特点，他提出了著名的"形式教学阶段论"。

赫尔巴特认为，统觉的过程可以划分为三个阶段：感知引起旧观念的活动，新、旧观念的斗争或联合，统觉团的形成及其强化。学生掌握知识的过程就是观念活动的过程。

在人的观念活动的过程中，兴趣既是统觉的基本条件，又是智力活动的前提。赫尔巴特把兴趣划分为以下四个阶段。

①注意。赫尔巴特认为，注意是"一种表象突出于其他表象，并对它们发

生作用，其第一个因果关系就是不由自主地压制与遮盖了其他表象"①的心理状态。良好的教育必须把多方面兴趣和引起学生的注意结合起来。他说："教师在教学的时候必须注视学生的表象是否是自然发生的。如果自然发生，学生被称为是注意的，教学本身就是有兴趣的。"②

赫尔巴特把注意分为"有意注意"和"无意注意"两大类。在教学中，有意注意和无意注意都重要，但是，教师更应该注意无意注意。他说："有意的注意取决于决心，教师往往可以通过劝告或威胁来引起它。更值得期待，而且更卓有成效的是无意注意。它必须通过教学艺术来寻求达到。在这种注意当中包含着我们想要的兴趣。"③

赫尔巴特把无意注意细分为"原始的注意"和"统觉的注意"。原始的或最初的注意是儿童最先具有的，它不依人的意志为转移，而依赖于感觉印象的强度。例如，"明亮的颜色和高声的讲话比暗淡的东西与微弱的声音更容易被注意。不过我们不要从中得出结论说，最强烈的感知是最好的，因为它们会使人的接受能力迅速变弱，……因此，我们必须在这方面寻找出一种可产生中等程度感知的事物。"④统觉的注意是一种由旧观念引起新观念的注意。例如，在教师讲授某一门学科时，缺少相关旧观念的学生难以引起统觉的注意，具有相关的旧观念的学生就容易引起统觉的注意。

有意注意依赖教师的引导或学生本人的努力。相比而言，赫尔巴特主张发展学生的有意注意。因为即使通过最好的方法，也并非每个人都能充分达到最初的和统觉的注意，而且，要记忆的事物并不总是有趣的，要记住它们

---

① ［德］赫尔巴特：《普通教育学·教育学讲授纲要》，李其龙译，56页，北京，人民教育出版社，1989。

② 滕大春：《外国近代教育史》，205页，北京，人民教育出版社，2002。

③ ［德］赫尔巴特：《普通教育学·教育学讲授纲要》，李其龙译，224页，北京，人民教育出版社，1989。

④ ［德］赫尔巴特：《普通教育学·教育学讲授纲要》，李其龙译，224页，北京，人民教育出版社，1989。

多半要求运用有意注意。

②期望。被激发起来的新表象常常不能立即出现在人的意识中，因此，"当实在延缓显示于人的感觉之前时，兴趣便在期望中出现了"①。

③要求。人们期望的事物并不与激发起期望的事物相一致。也许人们所期望的东西属于未来，而其产生的基础与出发点属于现在。假如从兴趣中产生欲望，那么，这种欲望可能通过其对事物的要求显示出来。

④行动。人们不能仅仅沉溺于欲望之中，"倘使人的各种器官可以为这种要求服务的话，那么要求就会以行动出现"②。

在学习的过程中，儿童的思维状态也是掌握知识的重要条件。赫尔巴特认为，观念的获得是逐个地获取单个观念的专心过程与交替进行同化这些单个观念形成观念体系的审思过程。前者称吸收，后者叫思考。吸收与思考，像理智的呼吸动作，两者永远相互交替。③ 因此，教学过程包括"专心"和"审思"两个基本环节。专心（德文 Vertiefung，英文 concentration）是指集中于某一主题或对象而排斥其他的思想活动。在教学中，要求深入钻研教材，力求清晰地认识个别事物。审思（德文 Besinnung，英文 reflection）是指追忆与调和意识内容的思维活动，即深入理解与思考，把专心中认识的个别事物集中起来，使之联合成统一的东西。赫尔巴特认为，这两个环节既有相互联系，又有区别。

①各种专心活动是互相排斥的，不能同时发生于不同的对象，而是一个接着一个的。在审思中才能把各种专心活动汇合起来。赫尔巴特说："专心活动不能同时发生，它们必须逐个产生。首先是一种专心活动，接着再有另一种

---

① ［德］赫尔巴特：《普通教育学·教育学讲授纲要》，李其龙译，57 页，北京，人民教育出版社，1989。

② ［德］赫尔巴特：《普通教育学·教育学讲授纲要》，李其龙译，57 页，北京，人民教育出版社，1989。

③ ［英］博伊德、金：《西方教育史》，任宝祥、吴元训主译，342 页，北京，人民教育出版社，1985。

专心活动,然后它们才在审思中汇合起来！人必须有无数次这种从一种专心活动过渡到另一种专心活动去的变迁,然后才会有丰富的审思活动,才能随心所欲地返回到每一种专心活动中去,才可以称得上是多方面的。"①

②专心活动在审思活动之前,但是,两者是可以互相转化的。赫尔巴特认为,一方面,各种专心活动应当交替进行,互相转化,并过渡到审思活动。因此,审思是由专心组成的。他指出:"要预先了解这一点,也许是心理学的事情;而要预先感觉到这一点,乃是教育技巧的核心,教育艺术的最珍贵的法宝。"②另一方面,审思也可变为新的专心。

③专心和审思在掌握知识中同样重要。离开专心,人们就无以掌握知识。但是,要掌握真正的多方面知识又离不开纯粹的审思,否则,"具有多方面性的人就将成为那种有时候被人并非善意地称为学者的人,这正如从各种缺乏审思的专心中产生一种怪僻的技艺家一样"③。

④专心活动和审思活动,都各有其静止状态和运动状态。

赫尔巴特以观念心理学为基础,把培养多方面兴趣和注意力结合起来,提出了教学阶段的理论。他把教学过程划分为明了、联合、系统、方法四个连续的阶段。赫尔巴特认为,一切教学活动都应遵循这四个阶段。他说,教学的环节就基于上述这一点。较大的构成部分是由较小的构成部分组成的,正如较小的是由最小的组成一样。在每一个最小的构成部分中都应区分出四个教学阶段,必须注意到各个阶段与阶段次序展开的进程。在最小构成部分中,这些阶段是迅速地、一个接着一个发生的,而在下一个较大的构成部分要由最小的构成部分组合起来时,这些阶段就较慢地、一个接着一个出

---

① [德]赫尔巴特:《普通教育学·教育学讲授纲要》,李其龙译,51页,北京,人民教育出版社,1989。

② [德]赫尔巴特:《普通教育学·教育学讲授纲要》,李其龙译,52页,北京,人民教育出版社,1989。

③ 《赫尔巴特文集3》教育学卷一,李其龙、郭官义等译,53页,杭州,浙江教育出版社,2002。

现了。①

形式教学阶段论的几个基本关系如下。

教学阶段：清楚(明了)—联合(联想)—系统—方法。

观念活动：静态—动态—静态—动态。

兴趣特点：注意—期望—要求—行动。

教学方法：叙述—分析—综合—应用。

第一，明了，是静止状态的专心活动。赫尔巴特认为，在这个阶段，教学的主要任务是教师通过应用直观教具和讲解的方法，进行明确的提示，使学生获得清晰的表象。这时，学生要对学习的内容逐个地进行静态的深入学习。他认为，对初学者来说，以最小的步伐前进才是最稳妥的。因此，学生应当对每一个环节都仔细学习，直到正确地理解每个对象。在心理状态上，学生要把注意集中到新观念上。在教学法上，教师要把教学内容加以分解，并逐个地呈现，使学生能够清楚地认识各个事物。赫尔巴特说："对于最初阶段的教学来说，教学艺术首先取决于教师是否知道应把教学内容分解成若干极小的组成部分，以免不知不觉地跳过了某些部分。"②在教学过程中，教师讲述新教材时应简洁易懂。如果学生不懂，教师可以通过"中介物"帮助学生理解。

第二，联合，是运动状态的专心活动。赫尔巴特认为，在这个阶段，"从一个专心活动进展到另一个专心活动，这就把各种观念联合起来了"③。教学中要建立新旧观念的联系，即新的教材和学生原有的知识发生联系，在新旧观念的联系中继续深入学习新教材。赫尔巴特认为，这一阶段学生在心理上表现为"期待"。在教学法方面，"联想"最好的方法是自由交谈。"因为学生可以从中获得机会去尝试作出偶然的联想，而这种联想对他来说恰恰是最轻

---

① 《赫尔巴特文集 3》教育学卷一，李其龙、郭官义等译，72 页，杭州，浙江教育出版社，2002。

② ［德］赫尔巴特：《教育学讲授纲要》，盛群力、赵卫平译，45 页，北京，中国轻工业出版社，2017。

③ 《赫尔巴特文集 3》教育学卷一，李其龙、郭官义等译，54 页，杭州，浙江教育出版社，2002。

而易举的，最不费力气的，同时可以获得机会去改变这种联想，使之多样化，并按他自己的方式掌握已学过的东西。如此，可以防止生搬硬套，这种生搬硬套往往产生于单纯的系统学习。"①

第三，系统，是静止状态的审思。赫尔巴特认为，最初形成的新旧观念的联合并不一定是有序的，它需要人们对联想阶段的结果进行审思。经过审思，学生看到许多事物之间的关系，把每一事物看成这种关系中的一个成分。系统是在明了和联合的基础上进行的，如果没有清楚的个别事物就不可能有系统、次序、关系，因为关系不会存在于混合体之中，它只存在于既分离而又重新联合的各部分之中。赫尔巴特说："系统通过突出主要思想使学生感觉到系统知识的优点，并通过较大的完整性增加知识的总量。"②在这个阶段，学生在教师指导下，在新旧观念结合的基础上，获得结论、规则、定义和规律等知识。在心理方面，学生表现为"要求"，在教学上，教师应采用综合的方法。

第四，方法，是运动状态的审思活动。赫尔巴特认为，教学过程达到系统阶段，并不意味着观念体系已经全部形成，它必须不断地充实和完善。在这个阶段，学生要通过实际练习应用已经获得的系统知识，使之变得熟练和牢固。要熟练应用知识，学生对所学的知识应融会贯通，能"由任何一点转向前后左右的任何一点，或转向两旁"，根据实际需要，重新组合知识以解决实际问题。学生在心理方面表现为"行动"。在教学法方面，学生通过作业、自己写作与修改等运用所学的知识。

总之，"为了始终保持心灵的一贯性，我们首先为教学确定这样一条规则：在教学对象的每一个最小组合中给予专心活动与审思活动以同等的权利，

---

① ［德］赫尔巴特：《普通教育学·教育学讲授纲要》，李其龙译，221页，北京，人民教育出版社，1989。

② ［德］赫尔巴特：《普通教育学·教育学讲授纲要》，李其龙译，221页，北京，人民教育出版社，1989。

也就是说，同等地关心并依次做到，对于每一个个别事物的清楚，对于许多事物的联想，对于联想的前后一贯次序以及在遵循这个次序前进中进行某种练习。"①

赫尔巴特形式教学阶段论分析的是教学的整个过程，而不只是某一堂课的各个环节。他认为，正如较小部分是由最小的部分组成的一样，在每一个最小的构成部分中都可划分出四个教学阶段，而且，这些阶段是迅速地一个接着一个的。体现在心理状态上，专心和审思交叉进行，而不是机械相连的。

赫尔巴特在总结自己和前人教学经验的基础上，依据其观念心理学阐述了教学过程。他把教学活动看成学生掌握知识的过程，分析学生学习过程中的思维特点，据此划分教学阶段，从而使教学活动有章可循。他试图把教学过程中学生学习心理活动与教师传授知识紧密联系起来，这推动了教学理论发展。他对形式教学阶段的划分在一定程度上反映了教学规律。正因如此，它不仅被赫尔巴特学派发展，而且苏联教育学的"课堂"教学环节也借鉴了这一思想。

但是，如果在教学上形而上学地遵循这个模式，必然导致教学方法的形式主义。后来在进步教育运动中，许多进步主义者对传统教学理论的批评正是基于这一点。

(四) 教学方法论

赫尔巴特教学方法论的基础也是建立在其观念心理学基础上的。他把统觉的过程分为感官刺激、观念的分析和综合、统觉团的形成三个环节。相应地，他提出了三种教学方法：单纯提示教学、分析教学和综合教学。

1. 单纯提示教学

赫尔巴特认为，单纯提示教学是一切教学的基础和前提。学生感知的表象要在意识中引起观念活动，必须有一定的强度和频率。单纯提示教学正是

---

① 《赫尔巴特文集 3》教育学卷一，李其龙、郭官义等译，71 页，杭州，浙江教育出版社，2002。

起到了这种作用。它的目的是使学生通过感觉的应用，得到一些与其观察过的事物相关联的表象，为观念的联合做准备。

单纯提示教学是建立在学生经验基础上的，是对经验的模仿和复制，同时又是对经验的进一步扩大。赫尔巴特说："任何时候要为某一个人制定授课计划，总会碰到这个人所处的经验范围和交际范围问题。这种范围也许可以按照平衡的多方面性的观念加以合理的扩大，或者在其内容上作一番更好的探索。"①教学的某些部分可以在儿童的交际和经验范围的基础上，从儿童能够目及视野中获得材料，通过对邻近世界的描述来开阔眼界。单纯提示教学离儿童的视野越远，就越容易丧失清晰性和深度。这时，教学方式应遵循一条规律：应使学生相信所描述即其所见。

赫尔巴特认为，新事物能否被感知，首先取决于学生的旧观念与新事物的联系及学生的感受能力。因此，教师必须事先充分了解学生心灵中已有哪些观念，然后才能决定应该提示哪些新观念。他说："我们可以由周围年长者的生活线索把儿童引导到其出生以前的时代。凡是与儿童以往观察到的相当类似并有联系的一切，我们一般都能通过单纯的提示使儿童感知到。"②可见，这种方法以直观教学法为基础。

2. 分析教学

单纯提示教学虽然具有直接的生动性，但是，不同的观念要实现联合，必须对不同的观念加以区分，以找出彼此之间的相似、相同和不同之处。这就需要分析教学。赫尔巴特说："每一个有思想的教育者，他的健康的触觉把他引导到分析在儿童头脑中堆积起来并通过单纯提示教学增殖起来的材料，使儿童注意力逐渐专注到较细小和极细小的问题上去，以便使儿童的一切观

---

① 《赫尔巴特文集 3》教育学卷一，李其龙、郭官义等译，80 页，杭州，浙江教育出版社，2002。
② 《赫尔巴特文集 3》教育学卷一，李其龙、郭官义等译，81 页，杭州，浙江教育出版社，2002。

念达到明确与纯洁的程度。"①

分析教学的作用就在于分析呈现在儿童感官中的材料。赫尔巴特指出了两种情况：第一，把同时出现的环境分解为个别事物，把事物分解为组成部分，再把组成部分分析为若干特征。整个环境、事物、组成部分以及特征都可以抽象化而形成各种形式概念。第二，把逐步出现的事物分解为不同的层次。

分析教学对观念的联合非常重要。赫尔巴特认为，通过不断地分析，人们"常常可以获得关于各种前提的联想，一个人得出逻辑结论的熟练程度全都有赖于这种联想——科学的想像。正因为经验没有系统，所以假如我们伴随着经验不断地进行思索，那么经验就能出色地使我们的各种思想多样化地混合起来，融为一体"②。

分析教学虽然比提示教学深入了一步，但是，教学如果仅仅停留在这一层次上是远远不够的。分析教学的局限是只能接受它所能找到的材料，而不能获得普遍的知识。只有综合教学才能使学生形成完整的认识。

3. 综合教学

统觉的主要功能是把许多个别的观念联合为一般的概念，形成"统觉团"。在正确组织教学的情况下，观念一般都能用以前形成的各种表象正确而迅速地再现出来，并自然地引起某种想象。一旦出现新旧观念不一致的现象，教师必须要激发学生的创造性思维，寻找有效的方法，用接近或类似的观念来代替或调和它们。综合教学与观念活动的规律是一致的，它能充分调动学生的心灵活动，其中主要的是记忆和想象。赫尔巴特说："综合教学是建立在它

---

① 《赫尔巴特文集 3》教育学卷一，李其龙、郭官义等译，81 页，杭州，浙江教育出版社，2002。
② 《赫尔巴特文集 3》教育学卷一，李其龙、郭官义等译，82~83 页，杭州，浙江教育出版社，2002。

自身的基础之上的，只有它能够承担教育所要求的建立整个思想体系的任务。"①因此，综合教学应该及早开始，而且，它是没有终点的。

综合教学以前两种教学方法为前提。赫尔巴特说："对于真正的综合教学来说，我们可以从这样的前提出发：在整个青少年学习时期纯粹描述的教学和分析教学凡在合适的地方都对他们产生了帮助。"②任何教学都可以成为综合教学。在这种教学中，教师可以把所有的内容综合起来。综合教学必须注意两个方面：必须提出成分并促成它们联合。他分析了不同类型学科的综合教学问题。他认为，最普通的一种综合是联结性的综合。这种综合到处存在，并在经验学科中尤为普遍。它必须尽早地、最大限度地得到训练，直至达到最高熟练程度。他还分析了思辨的、审美的、同情的、宗教的综合教学问题。

赫尔巴特认为，单纯提示教学、分析教学和综合教学是递进的，前者为后者提供基础，后者是在前者基础上的发展。但是，这三种方法并不是互相排斥的，教师应该注意将这三种教学方法结合起来，综合运用。在明了阶段，主要运用单纯提示教学和分析教学。在分析比较新教材时，须借助提示对教材加以生动的描述，用简练易懂的词句进行准确而精细的分析。在联合阶段，主要采用综合教学。在系统阶段，则采用更高形式的综合教学，使初步联合起来的各种观念进一步与课程的整个内容联合起来。它要求教师采用"更有联系的陈述方法"和"抽出要点的方法"，反复分析教学材料，使学生从中发现更多的联合因素，以便做出概括和结论。在方法阶段，学生要学会把"普遍"的概念运用到"个别情况"中去，其教学方法主要为练习，实际上也是对单纯提示教学、分析教学和综合教学的验证。

赫尔巴特的教学方法与他的多方面兴趣理论是紧密相连的。他认为，通

---

① [德]赫尔巴特:《普通教育学·教育学讲授纲要》，李其龙译，83页，北京，人民教育出版社，1989。

② [德]赫尔巴特:《普通教育学·教育学讲授纲要》，李其龙译，259页，北京，人民教育出版社，1989。

过单纯提示教学和分析教学，学生能够深入理解事物的特性，引起经验的兴趣。在分析教学中，学生可以发现自然界和社会生活的规律，产生思辨的兴趣。分析教学的结果，促使学生对事物做出评价，从而诱发审美的兴趣；通过对交际的分析和综合，学生可以产生温暖而持久的感情，引起同情的兴趣；通过辨明个人与社会的关系，培养学生的社会兴趣；通过分析人类与上帝的关系，培养学生信仰上帝的观念，形成宗教的兴趣；等等。

教学方法的实质是教师如何把一定的知识、技能传授给学生，它涉及教师—知识、技能—学生三环。赫尔巴特从他的心理学思想出发，论述了这三者的关系。美国教育家杜威指责赫尔巴特的教育学是教授学，认为他只注意教材，忽视了学生。显然，这是不公平的。赫尔巴特并没有忽略学生这一环。他清楚地告诉我们，教师"只不过是被派去对儿童作明晰的讲解和作为儿童合适的陪伴的"①。他虽然说过学生对教师要保持一种被动状态，但他又指出："使听者仅仅处于被动状态，并强迫他痛苦地否认自己活动的一切方式，本身就是使人厌恶与感到受压抑的。"②可见，赫尔巴特既强调教师在教学中的指导作用，又主张不要给儿童过多的、不必要的干涉，应让儿童有一定的自主权。他说："假定学生的选择已经作出，而不再举棋不定，那么一切可觉察到的干涉与干扰应在这方面予以避免。学生将自己行动，教育者只有按学生自己提供的衡量尺度来衡量学生。"③

但是，赫尔巴特的教学论论述的重点不在于学生如何学，而在于教师如何根据学生的心理特点去实施教学。他虽然没有否认儿童的活动，但他更重视儿童的审思。他认为，教学固然以经验为基础，但是"正确的道德原则不是

---

① [德]赫尔巴特：《普通教育学·教育学讲授纲要》，李其龙译，8~9页，北京，人民教育出版社，1989。

② 《赫尔巴特文集 3》教育学卷一，李其龙、郭官义等译，79页，杭州，浙江教育出版社，2002。

③ [德]赫尔巴特：《普通教育学·教育学讲授纲要》，李其龙译，161页，北京，人民教育出版社，1989。

能从经验中学到的，正相反，对经验的领会是受每个人在这方面一起发生作用的信念限制的"①。赫尔巴特反对过度激发儿童的外部活动，认为这样会使学生的"精神呼吸"受到干扰。他说："最根本的是，我们决不要过度地把儿童的外部活动激发起来，以至使精神呼吸——专心和审思的交替——受到干扰。对有些人来说，教育的原则必须是：从他们的早年起就要避免给他们的活动以过度的外部刺激。否则，他们就绝不可能达到思想的深刻性，形成礼貌，获得尊严。"②

赫尔巴特的教学论体系比较完备，他的教学理论成为传统教学派的经典理论。

第六节　德育论

道德是赫尔巴特教育的最高目标，德育论是他的教育学中三个重要组成部分之一。

一、道德的内涵

赫尔巴特指出："道德，普遍地被认为是人类的最高目标，因此也是教育的最高目标。谁否认这一点，谁肯定并不真正知道何为道德，至少他在这里没有发言权。但将道德作为人类和教育的全部目标，就需要扩大这一概念，

---

① [德]赫尔巴特：《普通教育学·教育学讲授纲要》，李其龙译，168页，北京，人民教育出版社，1989。

② [德]赫尔巴特：《普通教育学·教育学讲授纲要》，李其龙译，159页，北京，人民教育出版社，1989。

同样需要指出其必要的各种假设，作为其真正可能的条件。"①

赫尔巴特论述了道德的理性、意志、情绪等特征。

（一）道德的理性特征

赫尔巴特把道德纳入抽象的理性王国，将其看作一种超感性的理性力量。德育的目标是使学生形成五种道德观念，增长学生的道德认识和形成学生的道德判断。他所说的五种道德观念包括：内心自由、完善、仁慈、正义和公平。一个有良好道德性格的人，要具有坚强的"公正""善良""内心自由"等道德观念，并严格地受这些道德观念的支配。具备这五种观念就实现了教育的最高目的。

赫尔巴特试图把这种经过改造的伦理学运用于教育过程之中。值得一提的是，在他的伦理学思想中，赫尔巴特没有赋予宗教独立的地位，而仅仅把宗教作为同情兴趣活动的一种。在实际教育活动中，他把上帝看作大家共同的天父。这在当时是大胆之举，曾引起保守的家长们的愤怒与惊骇，认为这是"异教邪说"。但是，当时德国资产阶级毕竟是软弱的阶级，并反映在赫尔巴特身上，他保留了宗教教育。

（二）道德的意志特征

赫尔巴特特别强调性格的意志特征。他说："意志就是它的基点，意志决定的方式决定了这样那样的性格。"②"儿童所缺乏的，戏剧人物所必须表现的，能用来刻画作为理性动物的人的主要表征，这就是意志，而且是在严格的意义上来说的意志。这种意志是与情绪和要求的表露有很大区别的，因为情绪与要求不是坚定的，而意志却是坚定的。这种坚定性就是性格。"③

---

① 《赫尔巴特文集 4》教育学卷二，李其龙、郭官义等译，177 页，杭州，浙江教育出版社，2002。

② 《赫尔巴特文集 3》教育学卷一，李其龙、郭官义等译，130 页，杭州，浙江教育出版社，2002。

③ 《赫尔巴特文集 3》教育学卷一，李其龙、郭官义等译，43 页，杭州，浙江教育出版社，2002。

赫尔巴特把道德看作个人意志力量的表现，并把它和性格联系在一起，提出：道德性格=控制欲望+服从道德观念，即一个人的道德性格取决于其对主观欲望的控制和对道德标准的服从。一个人要行善而不作恶，必须善于控制自己的欲望，能处处忍受一切，具有自我牺牲精神。控制欲望和服从道德观念，是人的意志力的一种表现，也是一种情感体验。但是，要实现这一点，其基础是道德认识和道德判断。因此，道德意志和道德理性是密不可分的。赫尔巴特说："使绝对明确、绝对纯洁的正义与善的观念成为意志的真正对象，以使性格内在的、真正的成分——个性的核心——按照这些观念来决定性格本身，放弃其他所有的意向，这就是德育的目标，而不是其他。"①

(三)道德的情绪特征

赫尔巴特的道德观是对康德的善的观念的继承与改造。他认为，康德为逻辑与玄学所迷惑，将自由看作善的资源。如果按照这种自由意志理论，教育者就无以影响受教育者的道德。他反对脱离人的感性直观来进行道德判断。在他看来，意志固然不是欲望和欲念，但是，一种欲望可以产生相应的意志。那么，欲望又从何产生呢？他认为，欲望一部分属于感觉，一部分起源于对智慧的兴趣。认识的兴趣可成为欲望，并可通过行动变为意志。因此，赫尔巴特把康德的抽象的道德律令从理性王国中解放出来，回到世俗社会，还原为具体的感性活动。唯有这样，道德教育才是可能和可行的。显然，这里涉及了道德的部分情绪特征。

在对人的各种情感的培养中，赫尔巴特把爱国主义作为道德教育的一项重要内容。赫尔巴特在担任家庭教师时就提出："提高以真切的热情为祖国而奋斗的思想，对于形成一个人的性格比所有学说和课堂教学所能达到的还要有价值。在为正义和义务的绝望斗争中，英雄鄙视一切死亡和恐惧与吹牛，

---

① 《赫尔巴特文集3》教育学卷一，李其龙、郭官义等译，39~40页，杭州，浙江教育出版社，2002。

与闲散旁观者们死气沉沉消磨时间之间的差别，是何等的大哟！"①他在《普通教育学》中谈到古希腊的教育时也以赞赏的口吻说道："在一个有爱国心的民族中情况却是何等不同！这里 6 岁儿童都会告诉你们历史故事，儿童都会告诉你们关于从前伟大的英雄少年的故事。他们彼此讲述这些故事，彼此联合起来随着本国的历史发展前进。他们渴望成为本民族的卫士，而且的确可以成为本民族的卫士。"②

人们对道德的接受是自由的，还是来自外部的强制？在这个问题上，赫尔巴特的观点是折中的。他在讲道德的意志特征的时候，强调对理性的服从。但是，受康德的影响，他也看到了道德应该尊重个人意愿。在担任家庭教师期间，他曾经提出："道德，是一种兼顾四周的，开始时给学生较少直接规定的东西；是一种指点迷津的、适意地处理理智和想象力的、感人的、严肃的和处罚性的东西，是一种使人产生思想而不是压制良知的道德。"③在《普通教育学》中，他说："道德只有在个人的意志中才有它的地位，所以我们当然先应这样来理解：德育绝不是要发展某种外表的行为模式，而是要在学生心灵中培养起明智及其适宜的意志来。"④

一方面是坚强的道德意志，即对外来影响的抵御；另一方面是服从外来的道德律令。人们如何将它们协调起来呢？赫尔巴特提出，对外来主张的服从要经过自己的选择，使外来的东西转化为自己的意志，达到"内心的自由"。这就是他所说的"有道德的人是命令着自己的"。实际上，这里牵涉到道德的自律和他律的问题。在当时的历史背景下，赫尔巴特更强调道德他律。

在赫尔巴特眼里，道德是有弹性的。他认为，德行是一种理想，道德这个词表达向德行的靠拢。道德是不定型的、摇摆不定的，它具有可塑性。从

---

① 任钟印：《世界教育名著通览》，729 页，武汉，湖北教育出版社，1994。

② 《赫尔巴特文集 3》教育学卷一，李其龙、郭官义等译，90 页，杭州，浙江教育出版社，2002。

③ 任钟印：《世界教育名著通览》，732 页，武汉，湖北教育出版社，1994。

④ 《赫尔巴特文集 3》教育学卷一，李其龙、郭官义等译，38 页，杭州，浙江教育出版社，2002。

道德向德行的过渡是从可塑性向教养的过渡。

二、道德性格形成的影响因素

赫尔巴特心理学所说的性格在教育上相呼应的名词就是道德。训育的目的是培养"性格的道德力量"。

赫尔巴特将道德性格分为两部分：主观的和客观的，或积极的和消极的。他说："凡是他在这种自我观察中视为业已存在的那部分意愿，我们称之为性格的客观部分，但是那种在自我观察中和随着自我观察刚刚产生的新的意愿，为与前一种相区别起见，必须称之为性格的主观部分。"①这两部分是缺一不可的。两者的结合过程就是训育的过程。只有使这两部分的道德性格结合起来，才能形成良好的道德性格。对教学而言，教师的主要注意力应放在道德性格的客观部分或积极部分，即道德观念的形成和发展上。

那么，道德性格的形成受哪些因素影响呢？他着重论述了以下四个因素。

(一)行动

赫尔巴特认为行动是性格四原则之一。他把行动分成两种：一种是人的行动，即外部活动；另一种是意志行动，即内部活动。

人的行动是由意志产生的，它受两种因素的影响。一种是人的欲望范围。人的愿望一部分来源于动物的本能，一部分来源于智慧的兴趣。另一种是人的能力和机会。

赫尔巴特认为，意志行动是道德性格的基础，有何种意志就有何种性格。伟大的人在出现外部行动之前，思想上早就在行动了。外部行动只不过是内部行动的复本。因此，内部经验的性质和能力决定着道德性格的倾向。

赫尔巴特指出，只有通过行动，人才能产生顽强的道德意志，具有内心

---

① ［德］赫尔巴特：《普通教育学·教育学讲授纲要》，李其龙译，270 页，北京，人民教育出版社，1989。

自由。因此，"教育者不应替代学生去作选择，因为这是学生自身应当明确的性格。学生必须从自身经验中部分地，但仅仅是极有限地了解善与恶。……关键在于学生应能根据自身的实际经验证实教育者的告诫，从而使他们以后不用等待证实就相信其它各种告诫"①。对训育来说，主要的任务是使学生在行为中保持一贯性。因此，教育者一旦提出行为准则就必须坚持。

（二）思想范围

赫尔巴特认为，理性是道德的基础和标准。因此，思想范围对一个人的道德形成非常重要。他提出："无知即无欲！思想范围包含由兴趣逐步上升为欲望，然后又依靠行动上升为意志的积累过程。进一步说，它还包含着一切智慧工作(包括知识与思考)的积累，没有这些，人就没有手段追求他的目的。"②"愚蠢的人是不可能有德行的。因此头脑必须得到激发。"③

人的整个内心活动都是在一定的思想范围中进行的，思想范围为人们提供了内部的可靠性。假如人们缺乏思想的积累，必然限制性格的形成，兽欲趁机占有了活动的余地。而一种错误的意见无论是对性格的客观部分，还是对性格的主观部分都是极为有害的。因此，赫尔巴特认为思想范围的形成是教育的最本质的部分。巨大的道德力量不仅是获得广阔视野的结果，而且是完整的不可分割的思想群活动的结果。教育者应该了解思想范围中的有利和不利因素。

（三）素质

赫尔巴特认为，人的素质是各不相同的。人的身心健康直接影响道德性格的形成，即身体健康是基础。赫尔巴特指出，只有健康的身体才有健康的

---

① ［德］赫尔巴特：《普通教育学·教育学讲授纲要》，李其龙译，283 页，北京，人民教育出版社，1989。

② ［德］赫尔巴特：《普通教育学·教育学讲授纲要》，李其龙译，144 页，杭州，浙江教育出版社，2002。

③ ［德］赫尔巴特：《普通教育学·教育学讲授纲要》，李其龙译，241 页，杭州，浙江教育出版社，2002。

心性和健康的意志。他说："各种素质的基础是身体的健康。有病的人觉得自己是依靠别人的;强健的人敢于作出选择。因此,关心健康是培养性格的一个重要部分。"①

心性的差别在于各人的心灵状况是否比较容易改变。赫尔巴特认为,有的人天性稳重,不随心境和时尚的改变而轻易改变其心理活动。有的人则心性轻浮,看待事物的态度随心境而变化。其中,最值得教育的人牢牢地把握已知事物,不为事物的新而对它们发生兴趣。他们一旦获得了良好的意志,其良好的意志就能为教育提供牢固的基础。

(四)生活方式

赫尔巴特认为,散漫的生活方式会对性格产生不良的影响。为此,他提倡既有规律又自由的生活方式。一方面,他认为,有规律的生活对性格的培养是有益的;另一方面,他提出应该让学生的精力得到自由运用。赫尔巴特指出,生活过于单调、死板会阻碍精力的自由运用,使学生成为没有性格的人。他批评说:"迄今为止习惯的那些开放性活动是不能经受批评的。因为它们多半缺乏培养性格活动的最基本的前提,它们并不是出于青年人自己的思想;它们并不是那种内在欲望借以决定意志的活动。试想一下我们的各种考试,自中小学低年级考试一直到博士学位考试!"②为了使儿童能自由思考,他提出要给儿童安排适当的锻炼机会。

赫尔巴特指出,对于道德来说,仅仅了解这些要素是不够的,因为影响道德性格的因素是复杂、综合的。他希望能够找到一种纯净、系统、不受限制的力量。这种力量或许就是一种新的教育。正如他所说的:世界的美的体现就是教育的主要工作。

---

① [德]赫尔巴特:《普通教育学·教育学讲授纲要》,李其龙译,149页,杭州,浙江教育出版社,2002。

② [德]赫尔巴特:《普通教育学·教育学讲授纲要》,李其龙译,138页,北京,人民教育出版社,1989。

三、训育

赫尔巴特认为，教育（Erziehung）一词是从训育（Zucht）与牵引（Ziehen）两个词而来的。因此，从词义上说，训育是教育的主要部分。训育的目的就是培养"性格的道德力量"。

在赫尔巴特看来，训育与管理、教学既有不同的特点，又是密切相关的。其一，教学、管理、训育的作用不同，不可把它们混淆起来。教学的作用是不可替代的。如果学生对学习缺乏兴趣，甚至产生了厌恶，那么，这是不能通过训育来弥补的。训育与管理也不同，管理的方法是外在的、强制的，它强调行为的结果。训育则具有陶冶性。它是持续不断地、慢慢地渗透的。因此，管理要在训育之前完成。其二，管理、教学、训育是密切相关的。一方面，它们的目的都在于使学生有教养，训育以管理与教学为前提。"训育必须具备的前提是：管理不是软弱的，教学是不差的。假如这方面有缺点，那么哪里存在缺点就必须在那里加以改进。"①另一方面，作为培养人的手段，三者有时是互相补充的。它们在某种情况下可以统一起来。例如，训育可以纠正因严格管理而产生的弊病。因为训育是彬彬有礼的，它能营造快乐和谐的自然氛围，使学生感到快乐。这样可以减轻监督带来的负面影响，防止使用任何过严的管理手段。

（一）训育的作用

赫尔巴特认为，训育对道德性格培养具有维持、决定、调节三重作用。

首先，训育具有维持的作用。通过训育，学生可以维持自己的想法。赫尔巴特把这种维持定义为抵御和持续。这种维持应该有两个先决条件，一个是管理和由管理造成的服从，另一个是家长和其他教育力量的配合。在维持的过程中，教育者要获得学生的好感。

---

① ［德］赫尔巴特：《普通教育学·教育学讲授纲要》，李其龙译，268 页，北京，人民教育出版社，1989。

其次，训育具有决定的作用。它可以引起学生做出某种选择，如忍受什么、占有什么、做出什么决定等。这时，教育者要注意不能代替学生做出选择。

最后，训育具有调节的作用。当性格的主观部分开始显示的时候，学生的思想便获得了持续性和保持的能力，教育者就可开始进行调节了。调节实际上是一种说服的办法。它要求教育者用生动的语言对学生讲话，引导学生。

这种训育是通过间接的和直接的方式产生作用的。训育的间接方式是帮助教学，使教学成为可能，并通过教学影响未来成人性格的形成。因为它能为深入人的思想、兴趣和欲望的教学开辟道路，所以，赫尔巴特比较重视这种方式。训育的直接方式是通过一定的活动，直接产生具有较强目的的意志行动。

(二)训育的方法

除了与管理和教学相配合外，赫尔巴特还提出了一些训育的方法。

第一，陶冶。训育与管理不同，其最大特点是陶冶性。管理则通过压制、强迫和惩罚等方法使学生服从外来的约束，它是一种急促而强烈的力量。"训育的调子完全不同，不是短促而尖锐的，而是延续的、不断的、慢慢地深入人心的和渐渐停止的。因为训育要使人感觉到是一种陶冶。虽然这种印象不是这种陶冶力量的实质，但是它不能掩饰陶冶的意图。"①

第二，感染。教育者必须在儿童周围增强具有充分影响力的自然而然的感情气氛，用各种行为和思维方式的结果来感染他们。其中，教师的人格感染是一个重要方面。教师与学生生活在一起，其形象对学生具有权威性。因此，通过教师的人格感化学生，是训育的一种重要手段。赫尔巴特说："训育艺术原不过是人们交际艺术的一种变种，因此，社交中的随机应变艺术将是

---

① 《赫尔巴特文集3》教育学卷一，李其龙、郭官义等译，150页，杭州，浙江教育出版社，2002。

教育者的一种出色才能。这种变种的实质在这里取决于教育者保持对儿童的优势，使儿童感到一种教育的力量，甚至在对他们压制的时候，这种力量还存在。"①

　　第三，赞许和责备。教师应该对儿童的行为给予必要的赞许和责备。赫尔巴特说："通过应得的赞许给儿童以快乐，这是训育的出色的艺术。这种艺术很难能教给谁，但是真心热爱这种艺术的人是比较容易得到它的。""同样也有一种不愉快的艺术，即给儿童的心灵造成一定的创伤。我们不可蔑视这种艺术。当儿童不听简单的训话时，它常常是不可缺少的。"②为了提高效率，教育者要善于把握运用的尺度。在应用赞许时要使学生感到失去赞许的危险，在内心感到受责备的压力。在单纯使用责备时，教育者始终要用温和的感情来控制它。

　　赫尔巴特系统论述了道德、影响儿童道德发展的因素和道德培养的方法。他的道德教育理论中进步的一面和落后的一面是夹杂在一起的。例如，他从心理学角度做的道德分析涵盖了道德的基本要素，这些道德要素至今仍是人们分析道德必须考虑的问题。但是，由于赫尔巴特政治态度的保守性，他在分析道德时回避了对现实社会的态度，因此，在他这里，许多尖锐的社会政治问题成了温和、抽象的道德观念问题。

第七节　历史地位与影响

　　教育史学界对赫尔巴特教育思想的评价存在着分歧。苏联教育史学家康

---

　　① 《赫尔巴特文集 3》教育学卷一，李其龙、郭官义等译，151 页，杭州，浙江教育出版社，2002。

　　② 《赫尔巴特文集 3》教育学卷一，李其龙、郭官义等译，152 页，杭州，浙江教育出版社，2002。

斯坦丁诺夫认为，赫尔巴特在哲学、政治学、心理学、教育学等一切领域内都是反动的。苏联另一位教育史学家麦丁斯基则认为，赫尔巴特是"试图把教育学当作科学规律建立起来的第一个教育理论家"。美国教育史学家古德①曾说，赫尔巴特是教育学新体系的建筑师。受苏联学者观点的影响，我国有的学者一度把赫尔巴特看作反动教育家，对他的哲学、政治观点和教育思想进行了彻底的批判。改革开放以后，我国对赫尔巴特的看法有所改变。许多学者认为，赫尔巴特在政治和德育上是保守的，在哲学上是唯心的，但是在教育理论上有一些可取之处。

在评价赫尔巴特思想时，首先，不能脱离当时的历史背景。无论是政治、哲学思想，还是教育思想都是如此。但是，也不能完全仅仅从当时的现状来分析某个教育家的教育思想。对一个教育家来说，其教育思想不一定完全折射出当时的现实需要。其思想可能是超前的，也可能是落后的。在反动势力占统治地位的时候，会出现进步的或反映教育工作本身规律的教育家，即使是反动政府机构内的教育官员或教育工作者，其教育思想也不一定都是反动的。因此，我们不能因为赫尔巴特曾担任普鲁士反动政府统治下的大学教授等职务就贸然断定他政治上是反动的。列宁在评价与赫尔巴特同时代的德国哲学家黑格尔时曾经指出："黑格尔本人虽然崇拜普鲁士专制国家，并担任柏林大学教授来为这个国家服务，但是黑格尔的学说是革命的。"②这个判断在评价赫尔巴特思想时也值得参考。

其次，在分析教育家的教育思想时，既不能脱离他的政治和哲学思想，也不能简单化地从哲学上的唯物与唯心或政治上的进步与反动来推断他的教育思想的进步与落后。诚然，一个教育家对教育的认识与其哲学和政治观存

---

① 古德(H.G.Good)，曾在美国俄亥俄州立大学任教，著有《美国教育史》(A History of American Education，1956)等著作。

② 《列宁选集》第 1 卷，88 页，北京，人民出版社，1972。

在着联系。从整体上看，赫尔巴特的政治态度趋于保守，他的哲学思想主要是唯心论，因而在他的教育理论中，不免打上这些烙印。

但是，教育现象有它本身的规律性和相对独立性。教育家对教育问题的认识一般也有其相对独立性。哲学上是唯物的、政治上是进步的思想家不一定就能得出正确的教育认识。哲学上是唯心的、政治上是保守的思想家不一定不能在某些教育问题上得出正确的观点。认识教育真理，揭示教育规律，并非天然地完全属于唯物主义者，唯心论者也可能揭示一些教育规律。反映教育规律的认识，也有可能不受政治或哲学观的限制。赫尔巴特一生从事教育实践，并在哥尼斯堡大学创立教育研究所，进行师资培训实验。这些感性经验奠定了他的教育学的重要基础。

最后，评价一个教育家的主要标准是其教育理论或实践在教育发展史上所处的地位和所起的作用。某个教育家的教育思想是其对教育问题进行个人思索的结果，也是一定历史时期或教育发展史上集体智慧的结晶。因此，评价某种教育学说，应该分析它的科学性以及为教育思想的进步提供了多少有价值的东西，它在教育实践上起了什么作用。赫尔巴特一生努力创建科学教育学体系。他的教育理论在教育史上产生过重大影响，推动了教育理论的发展。他的教育思想中有许多合理的成分，其中包含一些反映教育过程的规律性认识。

赫尔巴特的教育思想在世界教育发展史上起过重要的促进作用，特别明显地表现在以下几个方面。

第一，赫尔巴特努力把教育学建立在心理学的基础上，试图使教育学成为一门科学。在接受前人的教育经验以及根据自己的实践经验的基础上，他确立了教育心理学化的发展方向，并着手构建他的心理学体系。他的管理论、教学论、德育论莫不以心理学为依据。

尽管赫尔巴特并没有建立起心理学化的教育科学，但是，他的心理学思想促进了心理学向科学化的方向发展。他的教育心理学化的尝试在教育思想发展史上具有承前启后的作用，反映了教育学发展的必然趋势。

第二，赫尔巴特的教育理论丰富了近代西方教育学的理论体系，创立了世界教育史上的传统教育学派。他的教育理论试图以哲学和心理学为双翼，具有比较严密的逻辑性。他对教育目的、儿童管理、道德教育、教学理论的论述具有不少进步或合理的观点。他把管理、教学、德育作为学校教育的三个范畴加以系统论述；明确地提出并论述了教育性教学的原则；把教学过程划分为四个阶段，在教学中根据学生的心理特性分析教学过程的诸因素；强调新旧知识的联系；把课程与学生的兴趣结合起来；强调综合运用各种教学方法；等等。这是人类教育遗产中一个重要的组成部分。尤其是他的教学理论的某些部分，经过教育实践证明，反映了教育过程中的内部规律，对教育活动有一定的指导作用，至今仍有可资借鉴之处。

总之，赫尔巴特的教育理论体系为整个教育科学的发展做出了重要贡献。因此，赫尔巴特被一些西方学者誉为"科学教育学的奠基人"[1]。然而，赫尔巴特并没有真正建立起"科学的教育学"。他的教育思想中存在着一些明显的弱点，也有一些自相矛盾之处。究其原因，从主观上讲，或许是因为他缺乏科学的世界观和方法论；从客观上看，在教育科学领域中跋涉犹如在浩瀚的海洋中航行，迷失方向是不足为奇的。从赫尔巴特的教育学体系本身来看，它深刻地体现着德国资产阶级害怕人民革命的软弱性，并充满着思辨和神秘的色彩。

从教育历史来看，赫尔巴特的教育思想曾对世界上很多国家的学校教育产生过很大的影响。但是，客观地说，赫尔巴特的教育理论在当时并没有得到广泛应用。赫尔巴特去世后，他的信徒继承和发展了他的思想，形成了赫

---

① [摩洛哥]扎古尔·摩西:《世界著名教育思想家》第2卷，梅祖培、龙治芳等译，183页，北京，中国对外翻译出版公司，1995。

尔巴特学派。他们积极传播赫尔巴特的教育理论，并把他的思想运用到实际工作中去，对后世产生深远的影响。19 世纪后半期至 20 世纪初，赫尔巴特对欧美的教育理论与实践的影响都很大，对古典中学、文科中学的影响尤为显著。赫尔巴特《普通教育学》一书的法文版于 1895 年在法国巴黎问世，英文版于 1898 年在英国伦敦和美国波士顿问世。20 世纪初又出版了赫尔巴特《教育学讲授纲要》一书的英文版，美国康奈尔大学教育科学与艺术学院教授查尔斯·德加谟在该英文版中写了大量的评注，以帮助读者加深对原著的理解。在 20 世纪 40 年代问世的苏联教育家凯洛夫的教育学中，也可找到赫尔巴特教育思想体系的痕迹。

20 世纪初，赫尔巴特的教育思想传入我国。当时清政府正在废科举、兴学堂。赫尔巴特教育思想传入对我国封建教育改革产生了一定的推动作用，特别是对我国教育工作者较快地适应班级教学秩序起过积极的作用。20 世纪 20 年代后，由于杜威实用主义教育理论的冲击，赫尔巴特教育思想的影响削弱。"1950 年以后，德国和一些毗邻国家对赫尔巴特的重视又出现了新的回升。"[1]在新中国，赫尔巴特的教育思想在理论上一度受到过非议和否定，但在实践上他的教学思想通过凯洛夫教育学以间接的方式对中小学教学活动产生了广泛的影响。特别是他的形式教学阶段理论不仅深入影响着我国的教育理论，而且在教育实践中占据主导地位。时至当代，赫尔巴特教育思想的影响仍然存在。例如，德国著名教育学家沃尔夫冈·布列钦卡在他 1978 年出版的《教育知识的哲学》一书中就指出，赫尔巴特的教育观点在德国"仍然有影响力"[2]。他在其另一部著作《教育科学的基本概念：分析、批判和建议》的中译本序言中也说，该书是"立足于启蒙时期发展起来并对许多欧洲国家产生深远

---

① [摩洛哥]扎古尔·摩西：《世界著名教育思想家》第 2 卷，梅祖培、龙治芳等译，194 页，北京，中国对外翻译出版公司，1995。

② [德]沃尔夫冈·布列钦卡：《教育知识的哲学》，杨明全、宋时春译，170 页，上海，华东师范大学出版社，2006。

影响的德国教育学"①，他这里所说的"德国教育学"，主要就是指赫尔巴特的教育学。刘利平博士在《赫尔巴特关于教育理论与实践关系问题的阐释》一文中说："今天当我们在大力提倡理论创新和更新教育理念时，不妨读一下赫尔巴特的著作，可以防止我们在谈论教育问题时可能产生的片面性。"②因此，正确评价赫尔巴特的教育思想，不仅具有理论价值，而且有重要的现实意义。

---

① [德]沃尔夫冈·布列钦卡：《教育科学的基本概念：分析、批判和建议》，胡劲松译，中译本序言1，上海，华东师范大学出版社，2001。

② 刘利平：《赫尔巴特关于教育理论与实践关系问题的阐释》，载《教育史研究》，2017(2)。

第五章

赫尔巴特学派的教育思想

在 19 世纪 70 年代后兴起的赫尔巴特学派运动中，赫尔巴特学派大力宣传和推广德国教育家赫尔巴特的教育思想。其主要代表人物是德国的齐勒尔（T. Ziller，1817—1882）、斯托伊（K. V. Stoy，1815—1885）和莱因（W. Rein，1847—1929），以及美国的德加谟和麦克默里兄弟（C. A. McMurry，F. M. McMurry）等人。他们研究赫尔巴特的教育著作，信奉赫尔巴特的教育学说，大力宣传赫尔巴特的教育思想；与此同时，他们对赫尔巴特的教育思想做了某些修正，并在一些方面提出了自己的见解。赫尔巴特学派的教育思想不仅推动了赫尔巴特教育思想在世界范围的广泛传播，而且丰富和发展了赫尔巴特的教育思想，推动了教育科学的科学化、现代化进程，对世界教育的改革与发展产生了重大影响。

第一节　赫尔巴特学派的形成和发展

一、赫尔巴特学派形成的背景

赫尔巴特是德国哲学家、心理学家、教育家。他强调把教育学建立在伦理学和心理学的基础上，使教育学摆脱了依附于哲学的从属地位，真正成为一门独立的学科，对教育学的科学化做出了极其重要的贡献。

然而，赫尔巴特的功绩在他生前及死后的20年里，并没有在德国引起足够的重视。他生前曾嗟叹道："我那可怜的教育学没能喊出它的声音来。"①赫尔巴特的教育思想未能在19世纪上半期广泛传播，一些教育家认为，除当时德国政府趋于保守，对他的理论不感兴趣、不重视，许多哲学家、思想家正全神贯注于费希特和黑格尔的理论成果而无暇倾听教育界的呼声外，赫尔巴特教育理论本身的深奥、庞杂以及概念表述上的晦涩，使一般教师难以理解，在教育实践中不容易应用也是重要的原因。

欧洲资产阶级革命胜利极大地推动了生产力的迅猛发展，机器大工业生产的推广迫切要求教育部门培养大批有文化、懂技术的劳动者，这就促进了欧洲各国中小学教育的发展。要提高培养的人才的质量，关键在于提高中小学教师的素质。如何在较短的时间内对中小学教师进行必要的培训，使他们掌握必要的教育教学方面的技能和技巧，成为当时各国教育实践中亟待解决的问题，迫切需要一种新的教育理论来指导。

当时，不少教育家发现，赫尔巴特教育学说具有以下几个突出优点。

①赫尔巴特的教育理论基础坚实。赫尔巴特强调把教育学建立在哲学和心理学的基础上，其中哲学决定教育的目的，心理学决定教育的内容和方法。这样，教育学就具有特定目的以及研究内容和方法，成为一门较完整的学科。

②赫尔巴特创立的教学阶段理论简单明了，便于普通教师掌握，也容易在教学中操作，有利于提高教学质量。

③赫尔巴特提出的一整套管理儿童的方法，有利于学校加强对儿童的管理，有利于儿童品德的培养。

---

① ［美］S.E. 佛罗斯特：《西方教育的历史和哲学基础》，吴元训等译，461页，北京，华夏出版社，1987。

正是在这样特定的时代背景下，从 19 世纪 70 年代起，德国、美国等国家的许多教育家纷纷出版和翻译介绍赫尔巴特的著作，宣传和推广他的教育主张，形成了声势浩大的赫尔巴特学派运动。

二、赫尔巴特学派的形成

在赫尔巴特 1841 年去世后的 20 年里，他的教育学说很少被人注意。但赫尔巴特生前在大学里从事教育理论研究和教学长达 40 年，出版有关教育理论方面的著作甚丰，长期主持哲学讲座，经常举行有关教育问题的演讲，直接或间接地接受赫尔巴特学说影响的学生很多。他们通过自己的言论、刊物文章介绍赫尔巴特的教育学说，并且在实践中推广、运用他的教育主张，很快在德国形成了声势浩大的赫尔巴特学派运动。

赫尔巴特学派运动，可以说是在 1865 年德国教育家齐勒尔的重要学术著作《教育性教学原理的基础》（Foundation of the Doctrine of Educational Instruction）出版后才开始的。齐勒尔在莱比锡大学旁听过赫尔巴特的教育学课，认真地研读过赫尔巴特的《普通教育学》和其他教育学著作，系统地接受了赫尔巴特的教育学说并在实践中不断完善它。他经过多年探索于 1865 年出版了《教育性教学原理的基础》一书。在该书中，他用通俗简洁的语言系统地介绍了赫尔巴特的教育理论，并说明如何应用它来解决教育教学工作中的实际问题。该书拓宽了人们的眼界，激发了人们对被遗忘的赫尔巴特学说的兴趣，许多教育工作者争先恐后地翻译、出版赫尔巴特的著作，介绍他的理论，使赫尔巴特的教育学说开始在德国和欧洲其他各国广泛传播起来。

面对信奉赫尔巴特教育学说的人数不断增多、研究赫尔巴特教育学说的著作不断增加的形势，为了将赫尔巴特学派运动引向深入，齐勒尔等人倡导成立了德国的科学教育学研究会（Association for the Scientific Study of Education），由齐勒尔担任会长。这个学会在齐勒尔、斯托伊等人的领导下，广泛开展了"文化阶段复演说""核心课程""教育性教学""教学形式阶段说"等问题的讨论，促成了介绍赫尔巴特学说的年鉴的编纂出版，并指导德国各州建立研究赫尔巴特学说的分会。齐勒尔等人领导的德国科学教育学研究会的活动，对赫尔巴特学说在整个德国的传播发挥了极其重要的作用。

三、赫尔巴特学派的发展

使赫尔巴特教育学说的影响开始跨出德国而遍及欧洲、美洲及亚洲各国的是齐勒尔的学生、德国教育家莱因。莱因于1885年正式接替斯托伊在耶拿大学主持教育学讲座，并举办教育学研究班，兼任附属实验学校的校长，创办发行《耶拿大学教育学研究班通报》等教育刊物，使耶拿大学成为当时德国赫尔巴特教育思想的研究中心和各国教育理论的发源地。莱因通过该教育学研究班在世界上传播了赫尔巴特的教育学说，并培养了许多赫尔巴特主义者。他的学生除了来自欧洲国家之外，还包括日本、澳大利亚、智利、南非、俄国、美国、墨西哥等国家的教育学者。1886—1911年，莱因创立的耶拿大学教育学研究班共办了50期，培养了2 000多名研究生。他们中许多人学习结束后回国在本国教育部门任职，成为各自国家赫尔巴特学派运动的鼓吹者和领导者，用赫尔巴特学派的教育理论来指导本国的教育改革。

19世纪末20世纪初，赫尔巴特学派运动的中心由德国转向美国。这一时期的美国已成为世界头号工业强国，生产力迅猛发展对培养人才的教育部门提出了新的要求。特别是迅速发展的公立学校运动要求提高师资训练的质量、改进教师的教学方法、编写出具有美国特色的中小学教材，上述方面都迫切需要教育理论的指导，这就促使美国教育理论界向德国赫尔巴特学派学习并把它与美国当时的社会实际相结合，形成了美国的赫尔巴特学派。德加谟等人从德国耶拿大学的教育学研究班给美国带回了德国赫尔巴特学派的教育理论，并把赫尔巴特的教育学说传递给他们所培训的教师。德加谟1889年出版的《方法的基础》、1895 年出版的《赫尔巴特和赫尔巴特主义者》（Herbart and Herbartians）及查尔斯·A. 麦克默里 1892 年出版的《一般方法要素》成为当时美国各州师范院校学生的教科书，在美国教育界产生了极大影响，推动了赫尔巴特学派教育理论在美国的广泛传播，使信奉赫尔巴特教育学说的人数不断增加。

为了把美国的赫尔巴特学派运动引向深入，德加谟等人在 1892 年建立了美国的赫尔巴特俱乐部。1895 年，该俱乐部扩大成为"全国赫尔巴特教育科学研究会"，德加谟任第一任会长和学会年鉴编辑，查尔斯·A. 麦克默里任秘书。美国教育家杜威（John Dewey）当时也是该研究会的成员。该研究会在德加谟等人的倡导下，大量翻译、出版赫尔巴特和赫尔巴特学派的教育著作，举办赫尔巴特教育理论研讨会，使赫尔巴特学派的教育理论在美国备受推崇。美国教育委员会在 1894—1895 年的年度报告中指出："美国的赫尔巴特学派教育学的信徒要比在德国国内更多。"①

在杜威等人的倡导下，"全国赫尔巴特教育科学研究会"于 1902 年更名为"全国教育科学研究会"。此后，以赫尔巴特学派为主题的教育文献，数量显著减少，这表明赫尔巴特学派运动已趋于衰落。但直到第一次世界大战，赫尔巴特学派的思想观点在美国教育界特别是在师范院校的教科书中依然占有绝对优势，居于支配地位。就是到了 20 世纪 20 年代，杜威的实用主义教育理论在美国教育界取代赫尔巴特学派的领导地位之后，原来信奉赫尔巴特学派学说的人并没有彻底抛弃赫尔巴特学派的观点。他们保留了其中积极的因素，并根据新的需要不断发展它，使它在教育实践中继续发挥作用。许多人认为，即使在今天，"在美国思想界和课堂实践中，赫尔巴特学说仍然是一个

---

① ［澳］康内尔：《二十世纪世界教育史》，张法琨等译，118 页，北京，人民教育出版社，1990。

重要的因素"①。

在日本明治维新20年以后，赫尔巴特教育学说在日本大为盛行。赫尔巴特的教育学说，特别是他的道德教育理论，与大和儒学相一致，且具有近代哲学的新意，因而颇受日本当局的欢迎。日本学者争先恐后地翻译、出版赫尔巴特和赫尔巴特学派的教育著作，并根据赫尔巴特学派的观点编写日本的教育学著作。当时，日本的教师们对赫尔巴特的教学论，特别是赫尔巴特学派的五段教学法非常感兴趣。他们普遍认为，赫尔巴特学派的五段教学法，注意学生的心理活动，注重培养学生的学习兴趣，把学生的思维能力和运用知识解决实际问题的能力放在极为重要的地位，比起传统的呆读死记的教学方法生动活泼得多，也便于教师按照规定的程序操作运用，有利于提高学校教育教学的效率和质量。赫尔巴特学派的五段教学法在日本广泛而持久地推广应用，对当时日本中小学教育的发展和教育质量的提高起了很大作用。

20世纪初期，赫尔巴特学派的教育思想转道日本传入我国，对当时我国教育理论的发展尤其是对教学论的影响最大。赫尔巴特及赫尔巴特学派的教学论，强调以心理学为基础，以多方面兴趣为依据选择教学内容。所阐述的形式阶段论以及由形式阶段论创立的五段教学法，其最大特点是程序性、可操作性强。它能消除教师课堂讲授中的混乱现象，使经验不多的教师迅速掌握授课技巧。这正好适应了我国在从传统的封建社会向近代资本主义社会转型时期学校师资缺乏、教师素质普遍低下的实际情况，因而为广大教育工作者所欢迎，很快在我国各地广泛传播开来，对我国中小学教育和师范教育的发展产生了重大影响。

四、赫尔巴特学派运动的历史意义

19世纪末20世纪初，赫尔巴特主义是现代教育中的统治力量，赫尔巴特

---

① [澳]康内尔：《二十世纪世界教育史》，张法琨等译，129页，北京，人民教育出版社，1990。

学派的教育理论和教育实践对世界各国的教育改革都产生了极其广泛而深刻的影响。具体来讲，赫尔巴特学派运动的历史意义主要表现在以下几个方面。

①它促进了教育科学知识在各国的广泛传播和普及。赫尔巴特学派在德国、美国等国广泛建立推广赫尔巴特教育学说的教育学研究会，大量翻译、出版赫尔巴特的教育著作，著书立说，发行刊物，介绍赫尔巴特学派的观点。据莱因在其《教育百科全书》（1895）中的统计，1860—1895 年，仅在德国和瑞士就出版了有关赫尔巴特教育学说的论著 2 234 部，同时有十种教育刊物先后创办，致力于宣传赫尔巴特的学说。这就使原来鲜为人知的赫尔巴特教育学说在世界各国广为传播。赫尔巴特教育理论研究与推广热潮，席卷了世界各国。"不仅如此……赫尔巴特的术语，例如，'兴趣''统觉''相关''教学形式阶段'……一直挂在每个教师的嘴边。"①

起初，人们确实把赫尔巴特及赫尔巴特学派的教育学说当作科学的教育理论，但通过教育实践检验发现，这些教育学说确实有许多值得推敲的地方，还有待进一步完善。各国教育学者对赫尔巴特及赫尔巴特学派的教育理论从各方面进行研讨，对教育科学的认识不断加深。在赫尔巴特学派的基础上，实用主义教育学、教育心理学、教育评价学等新兴学科不断涌现，教育科学体系终于在 20 世纪初期开始建立起来。

②它促进了各国师范教育的迅猛发展，提高了教师的素质，促进了中小学教学质量的提高。资产阶级革命胜利和产业革命兴起，以及国家主义盛行，使得发展教育尤其是师范教育对提高欧美国家国民素质尤为重要。但 19 世纪 60 年代以前，欧美各国教育发展缓慢，师范教育极为落后，教师地位低下，素质普遍很低。19 世纪下半期兴起的赫尔巴特学派运动，大力提倡发展教育科学，广泛创立师范学校，招收大批有志从教的青年入学，向他们传授赫尔巴特学派的教育理论，使他们在短期内掌握了教育教学的步骤和技巧，提高

---

① F. Eless, Modern Education Development, New York, Garland Press, 1974, p.786.

了欧美国家乃至世界各国教师的素质，对提高学校教育质量发挥了极为重要的作用。

但是，在赫尔巴特学派运动的发展过程中，也存在着许多弊端。这主要表现在以下方面。

①形式主义和教条主义严重。赫尔巴特学派的创始人及其门徒，在把赫尔巴特学派的五段教学法从德国向世界各国广泛传播时，武断地认为这种模式对任何学科都普遍适用，要求教师严格按照模式规定的要求进行教学。其结果导致了教学过程中的形式主义和教条主义泛滥。

②赫尔巴特学派虽然提出教学中要重视学生的兴趣，但重点却在于让教师把现成的知识灌输给学生，要求学生围绕着教师转，对学生积极性的重视不够，不利于学生能力的培养。正如杜威所指出的："这种哲学在关于教师在教导学生的责任方面是雄辩的，而在学生的特权方面却几乎是缄默的。……简言之，除了教育的本质——寻求机会进行有效训练的生机勃勃的活力这一点外，一切与教育有关的事实都考虑到了。"[1]

因此，我们既要看到席卷全球的赫尔巴特学派运动给世界教育带来的巨大的积极影响，又要看到它的不足。

第二节　德国赫尔巴特学派的教育思想

一、齐勒尔的教育思想

(一)生平和教育活动

齐勒尔是19世纪德国教育家、德国早期赫尔巴特学派的主要代表人物。

---

① John Dewey, Democracy and Education, New York, Foreign Language Teaching and Research Press, 1967, pp.71-72.

他于 1837 年考入莱比锡大学，上学期间受到了赫尔巴特学说的影响。大学毕业后，齐勒尔曾任中学教师，因竭力宣传赫尔巴特的学说而声名鹊起，于 1853 年受聘到莱比锡大学任教，主讲赫尔巴特的教育理论。1862 年，他仿效赫尔巴特在该校创办教育研究所和实习学校。1869 年，他发起并领导了德国科学教育学研究会，使莱比锡大学成为当时德国赫尔巴特学派的活动中心之一。齐勒尔的主要著作有《普通教育学概论》(1856)、《儿童的管理》(1857)、《教育性教学原理的基础》(1865)、《普通教育学讲演集》(1883)等。

齐勒尔于 1882 年去世，享年 65 岁。

(二)教育思想的主要内容

齐勒尔是位富有创新意识的教育家。他在献身于弘扬赫尔巴特教育学说的同时，发展和修正了赫尔巴特的某些重要观点，形成了自己的教育思想体系。

1. 论教育目的

同赫尔巴特一样，齐勒尔认为，教育的终极目的在于形成学生良好的道德品质。但他又强调，品德的形成必须建立在以传授知识为主的教学过程的基础上。齐勒尔说，为了实现培养学生道德品质的目的，掌握知识技能的过程，也就是教学过程，必须同时成为教育过程，即帮助学生形成良好的个性，成为"善良的人"，也就是忠于普鲁士君主制度的人。他强调学校的全部工作都要围绕培养学生的道德品质，课程的设置要科学，教学方法要恰当，对学生的管理要严格如一，使学校真正成为陶冶学生品德的阵地。

2. 论课程编制

在继承赫尔巴特观点的基础上，齐勒尔提出课程编制除应注意学生兴趣外，还要以"文化史阶段论"为纵线，以"中心统合法"为横线来选择教学科目和教学内容。

在齐勒尔看来，德行陶冶和宗教陶冶的本质是一样的，但德行陶冶仅靠宗教教义的教授是难以完成的，必须借助对多种多样的学科内容的研究学习。也就是说，它只有凭借以培养品德的终极目标为中心，被划分为不同领域、相互关联、以不同方式起作用的课程，才能统一学习者的思想意识，以保证儿童良好人格的形成。但齐勒尔认为，在众多学科中，有些学科在教学中必然居于中心地位。这些中心学科必须是能够陶冶学生情操的，它们同意志的形成直接结合，能唤起学生的兴趣，成为他们意志行动的源泉。因此，他主张，将历史、文学、宗教作为学校课程设置的核心，并在这些核心课程周围配以自然科学、数学、地理、体操、技能、唱歌、劳作等，把它们统合起来。这就是齐勒尔首创的"中心统合课程论"。

齐勒尔根据赫尔巴特关于儿童学习的材料应与儿童发展阶段相联系的观点，创立了文化史阶段论。他认为，儿童是教育的对象，儿童心理发展是有一定顺序的，儿童心理发展的顺序是与人类文化发展的顺序相一致的。因此，根据人类文化发展顺序排列教材，既使儿童容易理解，也容易调动他们的学习兴趣，方便他们的学习，进而形成他们的个性。

根据文化史阶段论，齐勒尔为德国的国民学校提出了"核心学科"——历史和文学的教材排列方案。①

第一学年：童话。

第二学年：鲁滨孙漂流记。

第三学年：长老史，杜林根之歌。

第四学年：士师史，尼伯龙根之歌。

第五学年：国王史，德意志王国创立。

第六学年：耶稣传，宗教改革史。

第七学年：使徒行传，德国自由战争。

第八学年：路德教义问答书，新德意志帝国的建立。

---

① [日]佐藤正夫：《教学论原理》，钟启泉译，32 页，北京，人民教育出版社，1996。

齐勒尔重视历史、文学，强调以它们为中心把自然科学、音乐、地理课程联系起来，根据人类文化发展顺序来排列教材内容。这既满足了当时德国统治者强化道德教育的需要，也为改革以宗教教义为核心的传统德国中小学课程设置提供了新的思路，为科学课程论的创立做出了重要的贡献。

3. 论五段教学法

赫尔巴特试图使教学的步骤和人们思维的步骤一致起来，提出了教学过程中的四个阶段，即明了、联想、系统和方法，并认为教师运用这四个步骤进行教学是可行的，它们在各科教学中是普遍适用的。齐勒尔对赫尔巴特的教学阶段理论倍加赞赏，但他在实践中认识到赫尔巴特对这"四段教学法"论述得不够确切，也不容易在教学中普遍推广。经过长期研究，他提出把赫尔巴特四段教学法中的"明了"改为"分析"和"综合"，并对各个阶段的任务和运用要求进行了详细论述，形成了他的"五段教学法"。

第一阶段：分析，即教师在上课前要引导学生对所学新教材进行必要的分析，引导学生做好上课的准备。也就是说，教师要通过运用直观教具或讲解的方法，对学生所学的新教材进行明确的提示，激发学生在新的情境下学好新教材的兴趣。

第二阶段：综合，即教师在前一阶段的基础上，引导学生通过思考活动把教师所讲的新教材进行必要的综合，把教师讲的新教材尽可能地吸收到原有观念体系中去。教师在这一阶段应主要运用讲解的方法进行教学。

第三阶段：联想，即教师要引导学生把所学的新观念与以前所学的观念进行比较，并开始融合到原有概念中去，但尚未出现最后的结果。齐勒尔认为，学生在掌握知识的过程中只有把新旧观念融合起来，才能使所学的知识对个性的形成产生影响。由于学生在这一时期的兴趣活动处于获得新知识（新观念）的期待阶段，因此，教师应当在教学中与学生进行无拘束的谈话，运用分析的教学方法。

第四阶段：系统，即教师要引导学生把所学的观念从具体事物中抽象出来，形成系统化的有条理的知识。齐勒尔认为，学生在联想阶段所形成的新旧观念之间的联系并不是十分有序的，很可能是杂乱无章的，所以，教师要引导学生对新旧观念的联想进行审思，使新旧观念之间的联想系统化，并能用准确的语言把所学的概念清晰地表达出来。由于学生此时的兴趣活动正处于探求的阶段，因此教师应该运用综合的方法进行教学，促使学生形成条理化的知识。

第五阶段：方法，即教师不仅要引导学生掌握系统的知识(观念)，还要引导学生运用知识、巩固知识，掌握运用知识解决实际问题的方法。齐勒尔认为，"仅仅掌握知识而不会运用，对于个人和社会都是毫无价值的""个人必须知道如何运用知识"①，因此不能让学生掌握一大堆死的知识，而要让学生通过习题、独立作业和按照教师的指示改正作业中的错误等"实际活动"，运用所学的知识解决实际问题，从而熟练地掌握运用知识的方法。

赫尔巴特指出，由"个别的明确清楚"，到"许多个别的联合"，再到"已联合的许多观念群的系统化"，最后"依照观念的系统化进行某种应用"，"这些阶段是迅速地一个接着一个的，它们是教学应遵循的心理顺序，必须依次仔细做到"。②齐勒尔对此表示同意。他认为，"分析""综合""联想""系统""方法"五段教学法的顺序也是依次进行的，不能随便更改。而且，他认为，五段教学法在中小学各科教学中是普遍适用的，因为这是在他所领导的实验学校中经过反复实验得出的结论。由于教学科目和教学内容不同，教学对象——学生也经常处于不断的变化之中，因此他强调教师应该根据教学科目和教学内容以及学生身心发展的实际，机动灵活地运用五段教学法进行教学，不能把五段教学法当作千古不变的教条去生搬硬套。

---

① C. De Garmo, Herbart and the Herbartians, New York, C. Scribner's sons, 1895, p.136.
② C. De Garmo, Herbart and the Herbartians, New York, C. Scribner's sons, 1895, p.137.

齐勒尔在长期的教学实验中认识到，要有效地实施五段教学法，还必须对各科的教学内容进行合理安排，即"各年级所设各门学科的教学内容应分成数个项目，这样分出来的每一项目，谓之教法单元"①。他认为，要把各门学科的内容分成若干教法单元，也就是把它们编成若干章节，而每个教法单元的内容最好是一节课恰好能完成的。齐勒尔倡导的"教法单元"对于有效地推广他提出的五段教学法，确保中小学课堂教学有条不紊地进行发挥了极其重要的作用。

齐勒尔积极宣传赫尔巴特的教育学说，在弘扬赫尔巴特教育学说的同时，创立了"文化史阶段论"和"中心统合法"课程论，创造性地为德国初等学校设立了以强调品德陶冶为目的、以历史和文学为核心的课程体系，在当时很受德国教育当局赏识，在德国各地初等学校被广泛应用。他通过研究创立的"五段教学法"是对赫尔巴特"四段教学法"的重大修正，使之更适合普通教师在中小学教学实践中广泛应用，并提高了教学质量。

总之，齐勒尔是早期德国赫尔巴特学派的主要创始人，对赫尔巴特学说在德国的广泛传播做出了卓越的贡献。德国赫尔巴特学派运动的兴起与赫尔巴特学说在德国各地的传播是和齐勒尔的长期忘我工作分不开的。

二、斯托伊的教育思想

(一)生平和教育活动

斯托伊是19世纪德国教育理论家和教育实践活动家，是早期德国赫尔巴特学派的主要代表人物之一。从梅林文法中学毕业后，他考入莱比锡大学研究神学，后因对赫尔巴特的教育学说感兴趣而改学哲学，对教育哲学颇有研究。1837年，斯托伊从莱比锡大学毕业后赴哥廷根大学学习，多次听过赫尔

---

① ［日］筑波大学教育学研究会：《现代教育学基础》，钟启泉译，264页，上海，上海教育出版社，1986。

巴特讲授的教育哲学课，后在赫尔巴特的指导下研究教育哲学、教育学和教学法。他曾在一所私立学校从事过几年的教育管理工作，积累了不少教育工作的实际经验。1843 年，斯托伊开始在耶拿大学、海德堡大学任教(其间曾担任一所师范学校的校长)，讲授哲学、教育学、心理学和教学法等课程。斯托伊是一位富有同情心的、善于鼓舞人的教师，他在耶拿大学 40 年的教学生涯中，广泛宣传赫尔巴特的教育学说。他和齐勒尔等人通过多方努力，组织并领导了德国的科学教育学研究会，会员遍及全德国。斯托伊还在德国科学教育学研究会的基础上建立了耶拿大学教育研究所，专门研究赫尔巴特的教育学说，经常举办赫尔巴特教育学说讲座，吸引了国内外许多学生来耶拿大学学习，促进了早期赫尔巴特学派的形成和赫尔巴特学说在德国及世界各国的广泛传播。斯托伊一生注重将赫尔巴特学说做理论上的阐述、补充和发挥。其主要著作有《教育学百科全书》(The Encyclopedia of Pedagogics)、《学校与生活》(School and Life)、《师范学校的组织与管理》(Organization and Management of the Normal School)、《祖国地理与语言教学》(Home Geography and Instruction in Language)等。

斯托伊于 1885 年去世，享年 70 岁。

(二)教育思想

斯托伊是一位极端保守的赫尔巴特主义者。他对赫尔巴特学派运动的贡献不在于他根据赫尔巴特学说提出了一些有创见的观点，而在于其对赫尔巴特学说中比较深奥晦涩的概念进行了解释，并用赫尔巴特的学说来解决中小学教育实践中存在的实际问题。

1. 论教育目的

斯托伊和齐勒尔一样，完全赞同赫尔巴特的教育目的论，认为学校教育的终极目的在于培养具有良好品德的普鲁士所需要的公民。他又指出，赫尔巴特主张通过教学培养学生多方面的兴趣，形成学生道德认识的基础的观点是极其正确的，因此，他也强调教学应具有教育性，主张通过教学对学生进行多方面的陶冶，以便完全实现预定的教育目的。

2. 论课程设置

从培养德国统治阶级所需要的公民出发，斯托伊极力赞赏赫尔巴特的根据学生的兴趣设置课程的理论：根据学生来自事物认知方面的兴趣，设置数学和其他自然科学；根据学生来自社会交际和人际关系方面的兴趣，设置历史、语言、文学、宗教等学科。他认为，赫尔巴特根据兴趣理论建立起来的课程体系内容广泛、门类多样、安排系统，有利于教师向学生传授系统的知识，能够切实提高教育质量。斯托伊虽然同意齐勒尔的"应把历史发展阶段作为呈现人类文化遗产科目的指导思想"，但他反对过分地强调历史、文学学科的重要性，认为这样做会破坏课程的完整性，不利于学生的品德得到多方面的陶冶。他完全不同意齐勒尔把《童话》和《鲁滨孙漂流记》分别作为小学一、二年级品德教育教材的做法，也极力反对齐勒尔的以历史、文学为核心设置课程的做法。在他看来，齐勒尔对课程设置的革新"是非常有害的，是对赫尔巴特学说的极大歪曲"。他说："齐勒尔的课程改革总体来讲是不好的，即使其中有好的成分也不是他最先发明的。"①

3. 论教学阶段

对于赫尔巴特的四段教学法，斯托伊并没有太多的阐述和创新。但他和他的学生在耶拿大学附属实验学校对赫尔巴特四段教学法在教学中如何应用做了大量的工作，强调应简化程序，使每一位普通中小学教师在教学中都能容易地应用。斯托伊认为，教学过程的四个阶段是赫尔巴特根据"统觉"理论揭示出来的教师讲授新教材、学生学习新知识应当遵循的心理顺序，这是经过实践检验证明了的规律。因此，他强调教师不论对于何种主题、主题范围大小如何，都必须按照四段教学法的规定一个阶段接着一个阶段地进行教学。

---

① C.De Garmo, Herbart and the Herbartians, New York, C.Scribner's sons, 1895, p.185.

在斯托伊看来，教师只有严格地按照这些程序进行教学，才能使学生在规定的时间内有效地掌握知识，同时也潜移默化地帮助他们形成良好的品性。

斯托伊积极投身于宣传赫尔巴特教育学说的运动，重视应用赫尔巴特学说解决教育实践中的实际问题，使耶拿大学成为当时德国赫尔巴特学派的中心之一，培养了一大批赫尔巴特主义者，为赫尔巴特学派教育思想在德国的广泛传播做出了重要贡献。

但是，斯托伊的思想是极端保守的。他不顾当时德国政治、经济形势的变化，一味坚持按赫尔巴特教育学说的原意指导教育工作，很少对赫尔巴特的教育学说进行变动，因而很多原来崇拜和信奉他教育学说的人后来脱离了他，去寻求更适合德国当时实际的赫尔巴特学派。斯托伊的学生莱因(也是齐勒尔的学生)是其中最著名的代表。

三、莱因的教育思想

(一)生平和教育活动

莱因是19世纪中后期德国教育家、德国赫尔巴特学派的代表人物之一。中学毕业后，他就读于莱比锡大学、海德堡大学、耶拿大学，先后研究过神学、哲学，后对教育学产生了浓厚的兴趣，致力于赫尔巴特教育学说的研究。他由于聪明过人、成果颇丰，因而在德国赫尔巴特学派运动中名声大振。莱因曾在德国一所师范学校任教师、校长。在他的倡导下，该师范学校致力于将赫尔巴特学说运用于教学改革中，取得了令人瞩目的成绩。他于1878年与他人合著出版的以赫尔巴特学说为依据的《国民学校的教学理论与实践》，成为当时很受德国师范学校欢迎的教科书，并为各国教育界广泛采用。在1885年斯托伊去世后，莱因被聘为耶拿大学教授，主持耶拿大学教育学讲座，讲授教育学、伦理学和教学法等课程，并领导耶拿大学教育研究所及其附设实习学校的工作，举办赫尔巴特学说研究班，吸引来自世界各国的学生前来学习。1886—1911 年，莱因先后培养了 2 000 多名国外学生。这些学生回国后，把赫尔巴特及赫尔巴特学派的教育学说推广和普及到各自的国家，形成了持续时间很长的、声势浩大的、遍及世界各地的赫尔巴特学派运动。莱因和他的同事们经过多年研究编写了八种教学参考书，详细阐述了如何解决一年级至八年级各科教学中的实际问题。他还创办了《耶拿大学教育学研究班通报》，使它成为当时德国及其他国家具有影响力的刊物之一。

莱因的主要著作有《教育学大纲》《普通教育学》《国民学校的教学理论与实践》《教育伦理学》《德意志学校教育》等。

莱因于 1929 年去世，享年 82 岁。

(二)教育思想

在继承了齐勒尔、斯托伊教育理论精华的基础上，莱因结合自己的教育实践形成了他的教育理论体系。

1. 论教育目的

莱因继承了齐勒尔、斯托伊的教育目的说，强调教育的最高目的是把每个学生培养成为统治阶级所需要的具有良好品德的公民。他认为，教育工作者的根本职责，并不在于向学生传授多少知识，使他们在学业上有多大成就，而在于"把学生培养成具备善良意志的人"[1]。在莱因看来，善良的意志是一个人值得他人尊敬、能为社会做出应有贡献的基本条件，具有这种条件的人才是成熟的人。因此，他指出："教育家应当这样教育他的学生，应当以这种理想人类的品格作为他未来的品格。"[2]他强调学校教育全部工作的重心应放在学生品德的陶冶上，通过学校教育的工作为社会培养出"诚心实意的、为别人着想的、严于律己的和有高度原则性的人，是一个集正直和热情于一身的

---

① ［澳］康内尔：《二十世纪世界教育史》，张法琨等译，107 页，北京，人民教育出版社，1990。
② ［澳］康内尔：《二十世纪世界教育史》，张法琨等译，107 页，北京，人民教育出版社，1990。

人"。①

在继承赫尔巴特以及齐勒尔和斯托伊的观点的基础上，莱因认为：学校培养具有善良意志的人的教育目的仅靠空洞的说教和严格的纪律约束是难以实现的；这样的任务只有通过教育家精心地编写具有时代气息的教材，教师通过选择恰当的教学内容和教学方法，在有目的、有计划的教学过程中才能完成。

2. 论教学内容和教材的编写

莱因认为，教学花费了教师和学生大量的精力及其在学校中的大部分时间，如果教育的目的在于培养学生善良的意志，那么教和学就必须以某种方式和意志的发展发生联系，教育必须通过教学这条途径来形成学生的"思想之环"，并通过这个过程培养学生善良的意志。

在莱因看来，知识是由适当方式安排的观念构成的，教学的任务就在于设法给学生提供系统的、科学化的观念，使其有效地吸收，并有效地融化到原有的知识体系中去。而使知识和情感、意志发生关系的催化剂就是兴趣。因此，莱因强调："教学的目的可以由此明确规定为：通过兴趣，培养思想之环，以便有可能使它变成意志力。"②

莱因指出，要借助兴趣使各种知识变成良好的意志，实现教学的教育性目的，关键在于有针对性地选择人类积累的科学文化知识，科学地编写富有时代气息的各科教材；同时，根据心理学原理和社会发展需要选择教学内容，合理地编写教材。他认为，编写教材应当遵循的基本原则有以下几点。

第一，选择的教材内容必须能唤起学生的兴趣。在莱因看来，兴趣就是那种使知识具有个人意义的感情体验，是推动学生认识的动力。教材内容只

---

① [澳]康内尔：《二十世纪世界教育史》，张法琨等译，107~108页，北京，人民教育出版社，1990。

② [澳]康内尔：《二十世纪世界教育史》，张法琨等译，109页，北京，人民教育出版社，1990。

有使学生产生浓厚的兴趣，才能使教学很好地适应学生的能力，才能使学生所学的新知识与原有的知识发生联系，从而让他们很好地理解和运用所学的新知识。

第二，教材内容应当与当前社会和本国人民历史文化发展阶段相联系。在莱因看来，学生道德品质应当在一系列有目的、有计划的活动中来培养，而这些活动可能是他现在或在未来社会活动中要遇到的。形成学生良好个性的最恰当的教材，也许是本国本民族文化的历史和文学，因而莱因认为，教学科目应围绕着本国本民族的历史和文学这个核心来设置。莱因继承和发展了齐勒尔的"文化史阶段论"，强调教材的编写"应当按照与在儿童身上可以看到的心理发展阶段相符合的文化分期的连续次序，从原始到现在来进行"。①

莱因认为，要按齐勒尔的"文化史阶段论"和"中心统合法"设计课程，教育工作者必须做好四个方面的工作：①准确地测定儿童心理发展的阶段，了解儿童每一个阶段的心理特点；②确定人类发展的各个历史文化阶段或民族发展的各个阶段，并详细弄清各个发展阶段的特点；③尽可能地使后者与前者保持时间上的一致和协调；④为了实现教学的教育性目的，努力使教师的教学集中到最有助于培养学生德行的某些学科上，这些学科应从历史和文学中寻找，它们应成为课程体系的核心，其他课程的编排应围绕着历史和文学这些核心学科来进行。

莱因和他的同事们参照齐勒尔根据人类文化史发展阶段论为德国国民学校设计的一至八年级的道德、历史课程，在长期探索研究的基础上，提出了完整系统的课程改进方案（表 5-1）。

---

① ［澳］康内尔：《二十世纪世界教育史》，张法琨等译，110 页，北京，人民教育出版社，1990。

表5-1 莱因关于德国国民学校一至八年级道德、历史的课程改进方案①

年级	教学内容	
	宗教系列	民族系列
一	童话	
二	鲁滨孙漂流记	
三	创始人和领袖	杜林根故事
四	上帝和国王	尼伯龙根故事
五	救世主的生活	德国的基督教化
六	救世主的生活	皇帝、皇帝时期的改革
七	保罗	古代世俗史
八	路德教义问答	新德意志帝国的创立

莱因认为，德国国民学校的课程设置，要以陶冶情操和培养品德学科群（主要是历史和文学）为核心来系统编排。他把文化科学分为自然科学和社会科学两类，并依据这种分类为德国国民学校设计课程体系（图5-1）。②

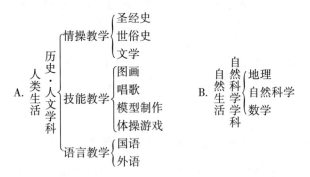

图5-1 德国国民学校课程体系

---

① Dorothy McMurry, Herbartian Contributions to History Instruction in American Elementary Schools, New York, Bureau of Publications, 1946.

② 钟启泉：《现代课程论》，89页，上海，上海教育出版社，1989。

在莱因看来，只有自然科学科目和社会科学科目相结合，才能有效地发挥其教育性的作用。以一年级的中心统合课程为例：由12篇格林童话组成的情操教学科目要发挥效用，就需要自然科学科目的配合；自然科学科目要尽量地从童话中选取恰当的内容，同时要尽可能地从儿童的学校生活与个人经验中补充自然科学的教材，并且这些教材要有科学性和教育性。莱因还认为：在绘画中，也要以能配合情感教学的内容为题材；唱歌是表达这种教育性教学和能在学生学校生活中激起激情的重要科目；算术、国语也应同情感教学和自然科学科目的内容相联系，并相互融合。

莱因的课程论旨在培养具有"善良的道德意志"的、德意志统治阶级所需要的忠实臣民，这是同当时德国政府的反动教育政策相适应的，具有浓厚的保守性和宗教性。同时，这种课程论将自然科学从属于历史和文学（主要是德国史和德国文学），忽视了自然科学科目本身的重要价值和系统性，对现代科学技术在社会发展和经济生活中的重大作用估计不足。这正是莱因的课程论的致命缺陷，它长期受到反对赫尔巴特学派的人的抨击。

3. 论五段教学法及其应用

莱因认为，无论是赫尔巴特的四段教学法，还是经齐勒尔修正过的五段教学法，在理论论证上都显得抽象烦琐，难以被一般教师所理解，也不易被一般教师在教学实践中轻松地运用。他和他的同事们在反复研究赫尔巴特和齐勒尔教学阶段理论的基础上，经过长期实验，创立了自己的"五段教学法"，即预备、提示、比较、概括和应用。

第一阶段：预备，即教师将学生置于一种接受知识的课堂教学的情境中。在上新课之前，教师引导学生复习或回忆已学过的与新课有关的概念，真正地把已学过的概念弄清楚，激发在新的情境下学习新知识的强烈欲望。

第二阶段：提示，即教师向学生揭示新教材或新思想。教师在这一阶段要根据学科内容的具体特点，把本节课所要讲的内容向学生简要地展示出来，以便学生明确本节课的具体任务，在教师的指导下积极思考，寻求完成任务的最佳途径。

第三阶段：比较，即教师引导学生把所学的新概念与以前学过的材料联系起来。莱因指出，让学生单纯学习一些抽象的概念而不和以前所学的知识相联系，效果不会好，也很难对学生个性的形成产生任何影响。由于这一阶段学生的兴趣活动处于获取新知识(新概念)的期待阶段，因此教师在教学中应当与学生进行无拘束的谈话，使他们把所学的新知识和原有的知识联系起来。

第四阶段：概括，即教师引导学生把所学的新知识从具体的事物中抽象、概括出来，促使他们形成系统化的、概括性的理性知识。莱因指出，学生在比较阶段所形成的新旧知识之间的联系并不是有一定次序的，通常情况下是杂乱无章的。因此，教师要引导学生对新旧观念之间的异同进行比较，对新旧观念之间的联系进行思考，并能用准确的语言把所学的知识简要地概括出来。此时学生的兴趣活动处于探求的阶段，教师应该运用综合的方法进行教学，促使学生形成条理化的、概括性的知识。

第五阶段：应用，即教师引导学生把所学的新知识、新思想付诸实际或检验这些新知识、新思想的正确性。莱因非常赞成齐勒尔的观点："仅仅掌握知识而不会运用，对于个人和社会都是毫无价值的""个人必须知道如何运用知识"。[1] 他也特别反对仅仅让学生掌握一堆死的知识，极力主张让学生通过习题、独立作业和在教师指导下改正作业中的错误等实际活动，通过动手动脑，运用所学知识解决与课堂教学有关的实际问题，巩固所学知识，在应用知识的过程中熟练地掌握运用知识的方法。

莱因认为，他的五段教学法在中小学各科教学中是普遍适用的，"特别是

---

① C. De Garmo, Herbart and the Herbartians, New York, C. Scribner's sons, 1895, p.136.

在形成学生概念方面，运用推理方法进行教学时尤为有效"①，因为这是在耶拿大学附设的实习学校及德国许多学校经过反复实验得出的结论。但他也认为，在教学过程中教学科目和教学内容存在差异性，教学的对象——学生也处于经常的变化之中，因此，教师应当根据教学科目和教学内容以及学生身心发展的特点，灵活地运用他的五段教学法。他反对不顾实际情况把五段教学法当作医治百病的灵丹妙药到处套用，因为这样做只能导致教学质量下降。

莱因创立的"五段教学法"为 19 世纪后期到 20 世纪初的赫尔巴特学派提供了一个简化的教学模式，它既是系统的，又是实用的，能为教师所理解和接受，且便于操作。它适应了 19 世纪末期世界各国广设学校，普及初等教育，但教师素质普遍不高的实际情况。一般教师运用他创立的"五段教学法"进行教学，能够保证教学质量。因而它受到了各国中小学教师的普遍欢迎，很快在德国及世界各国学校中广泛地传播开来，极大地影响了许多国家教学改革的发展。

莱因创立的"五段教学法"被广泛地用来在师范院校培训教师，而且至今依然在世界各国学校教学中被教师们广泛采用。虽然许多人并不知道莱因，也不知道"五段教学法"的由来，但莱因创立的"五段教学法"思想已深深扎根于教师们的脑海中。

莱因作为德国赫尔巴特学派的主要代表，在继承赫尔巴特、齐勒尔等人教育理论精华的基础上，在教学内容等方面提出了自己独特的见解，丰富和发展了赫尔巴特学派的教育理论。尤其可贵的是，莱因在耶拿大学附设实习学校经过长期的探究和实验，对赫尔巴特的"四段教学法"和齐勒尔的"五段教学法"进行大胆的改进，形成了他自己简明实用的"五段教学法"，使其在世界各国中小学广泛传播，对提高世界各国中小学的教学质量起了重要的作用。

---

① Herbert H. Frister, Principles of Teaching in Secondary Education, Elementary School Journal, 1921(10), p.423.

莱因在主持耶拿大学教育研究所工作期间，创办赫尔巴特学说研究班，吸引了大量国外学生前来学习，他们回国后宣扬赫尔巴特学说，使信奉赫尔巴特和赫尔巴特学派教育理论的人数大增。总之，德国赫尔巴特学派形成和发展，并在 19 世纪末 20 世纪初形成声势浩大的、持续时间很长的赫尔巴特学派运动，这一切都是和莱因的活动分不开的。

第六章

福禄培尔的教育活动与思想

在瑞士教育家裴斯泰洛齐的教育理论和方法的影响下，19世纪德国学前教育家福禄培尔在教育实践的基础上，提出教育顺应自然以及适应儿童身心发展等主张。他创立了世界上第一所幼儿园，并试图构建以"恩物"、游戏和作业为框架的幼儿园教育理论体系，在西方教育史上被誉为"幼儿教育之父"。福禄培尔的教育思想对欧美国家以及世界上其他国家的学前教育发展产生了推动作用。19世纪后半期，欧美国家兴起了"福禄培尔运动"。"幼儿园"这一学前教育模式一直沿用至今，并对20世纪"现代教育理论"有一定的影响。

第一节 教育实践活动与教育思想的理论基础

一、生平与教育实践活动

福禄培尔是19世纪德国学前教育家，近代学前教育理论的创始人。1782年4月21日，福禄培尔出生于德国中部图林根地区的奥伯魏斯巴赫村。他的父亲是乡村牧师，因此，他从小深受宗教思想的影响。福禄培尔在家中排行第六，不到1岁时母亲病逝，也因此失去了母爱。到了上学的年纪，福禄培尔在当地国民学校入学。11 岁时寄居在舅舅家，转到施塔提尔姆的国民学校读书。1797 年，年仅 15 岁的福禄培尔从国民学校毕业后给一位林务员当学徒。学徒生涯虽然没有能够使他从事林务员这一职业，但使他对植物学和数学产生了兴趣。

1799 年，福禄培尔进入耶拿大学学习自然科学和数学。当时，在该校任教的费希特和谢林对他的哲学思想产生了重要影响。一年后，福禄培尔因无力缴纳学费而辍学。此后，他做过见习林务员、土地测量员和农场秘书等工作。

1805 年 6 月，福禄培尔到法兰克福准备攻读建筑学时，偶遇法兰克福模范学校校长安东·格吕纳。福禄培尔应邀去该校任教。从此，福禄培尔开始了教师生涯。之后，他在写给哥哥克里斯托弗的信中说："我必须十分真实地告诉你，我感到我的职业非常适合于我……。好像我长期以来就是一名教师，我天生就适合从事这种职业。对我来说，似乎我从来就不想在学校环境以外的其他环境中生活似的。"①

在这所学校，他开始研究裴斯泰洛齐的教育思想。这一年，他在冯·霍尔茨豪森男爵夫人的资助下，前往瑞士伊弗东学院，拜访裴斯泰洛齐。在伊弗东学院为期 14 天的访问中，福禄培尔对裴斯泰洛齐的教学方法提高了感性认识。

1806—1811 年，福禄培尔在冯·霍尔茨豪森男爵家任家庭教师。其间，1808—1810 年，福禄培尔带领三名学生在伊弗东学院学习。在与裴斯泰洛齐两年的朝夕相处中，他对裴斯泰洛齐的教育思想有了深入的了解。裴斯泰洛齐对教育事业和儿童的热爱深深地感染着福禄培尔。福禄培尔曾说，在伊弗

---

① [摩洛哥]扎古尔·摩西：《世界著名教育思想家》第 2 卷，梅祖培、龙治芳等译，39 页，北京，中国对外翻译出版公司，1995。

东学院的两年时间是他一生中"决定性"的时期。① 在裴斯泰洛齐要素教育和教育适应自然思想的启发下，福禄培尔着重研究了学前教育问题。

1811—1812 年，福禄培尔在哥廷根大学学习。1812—1813 年，他到柏林大学深造。他着重学习了哲学、人类学、伦理学、语言学、历史、地理、矿物学等学科。这些知识为他形成自己的教育思想奠定了理论基础。例如，当时自然哲学的球体法则认为，圆球是自然的原始形态，也是一切生命统一体的象征以及外部世界和内部世界的自然规律。后来，他把这一观点运用到"恩物"之中。

在柏林大学读书期间，在费希特和施莱尔马赫等爱国学者的影响下，福禄培尔参加了反对拿破仑的战争，加入了志愿军，直至 1814 年 6 月复员。在这种背景下，他形成了资产阶级民主主义和民族主义的教育思想。复员后，福禄培尔回到柏林，在一个矿物博物馆里获得了一份当助手的工作，在那里工作了两年。

1816 年，福禄培尔在施塔提尔姆的格利斯海姆创办了"德国普通教养院"。1817 年，该校迁往鲁道尔施塔特的卡伊尔霍。在这所学校里，福禄培尔推行裴斯泰洛齐的教育思想，重视儿童的自由发展和自我活动。起初该学校的规模很小，到 1826 年时，学生人数超过了 50 人。② 在实践基础上，他开始撰写一系列教育论文，并创办了《教育家庭》周刊。

福禄培尔创办卡伊尔霍学校的时候，正值施泰因—哈登贝格改革时期。费希特和洪堡等人提出的教育改革的主张得到许多政治上要求进步的人士的欢迎。但是，反动势力对此深恶痛绝。因此，福禄培尔在学校中重视培养儿童自由和民主精神的做法得到进步力量的支持，但遭到反对势力的攻击。19

---

① ［法］加布里埃尔·孔佩雷：《教育学史》，张瑜、王强译，339 页，济南，山东教育出版社，2013。

② ［法］加布里埃尔·孔佩雷：《教育学史》，张瑜、王强译，341 页，济南，山东教育出版社，2013。

世纪20年代以后，反动势力对卡伊尔霍学校实行压制和迫害。但是，福禄培尔仍然坚持自己的立场，不为打击所屈服。1826年，他出版了以卡伊尔霍学校教育工作为基础的《人的教育》(Die Menschenerziehung)一书。在这本书中，他阐明了自己的教育思想。

由于多种原因，卡伊尔霍学校于1829年被迫关闭。1831年，福禄培尔流亡到瑞士。在瑞士，他努力创办以裴斯泰洛齐思想为指导的新学校。在卢塞恩邦政府的支持下，他在瓦赫滕泽建立了新学校。1833年，该校迁往维利绍。1834—1835年，受伯尔尼州委托，福禄培尔到布格多夫接替裴斯泰洛齐担任一所孤儿院的院长和附属小学的校长，并开设一些教师进修和培训课程。这段经历使他进一步认识到家庭教育的重要性，也为他此后从事幼儿教育提供了经验。在瑞士办学期间，他一直受到教会中反动势力的敌视和攻击。

1836年5月，福禄培尔带着自己生病的妻子返回德国图林根，开始设计他心目中符合儿童认识规律的游戏材料。1837年，他在图林吉亚的巴德·勃兰根堡创办了一个"发展幼儿活动本能和自发活动的机构"，招收工人和手工业者的孩子入学。在这里，他把自己设计的幼儿游戏的材料——"恩物"拿到"游戏小组"中实验。1839年，他在德累斯登建立了一个儿童教育机构，并创办了第一个儿童指导员训练班。1840年，他把设立在勃兰根堡的幼儿教育机构命名为"德国幼儿园"，把"游戏指导员"改称为"幼儿园教师"。"幼儿园"一词蕴含着福禄培尔的自然教育思想。他把幼儿园比作花园，把幼儿比作花草树木，把幼儿园教师比作园丁，把幼儿教育过程比作培植花草树木的过程。他希望幼儿能够像花草树木一样在自然环境中生长。

1843年，福禄培尔在总结幼儿教育经验的基础上，出版了幼儿教育专著《慈母曲及唱歌游戏集》(Mother Play and Nursery Songs)。1844年，幼儿园由勃兰根堡迁往马林塔尔城堡。在这里，他工作到生命的最后一刻。

为了推广幼儿园，福禄培尔到许多地方讲过学，宣传他的幼儿教育思想。

他的努力获得了一些热爱幼儿教育的人士和资产阶级民主主义教育家的支持。幼儿园在德国许多城市纷纷建立起来。1848—1849 年，德国资产阶级革命时期，福禄培尔的幼儿园教育运动在德国达到高潮。为了满足幼儿园发展的需要，他在马林塔尔培养了一批幼儿园教师。

1848 年革命失败后，复辟势力大肆镇压一切进步活动。福禄培尔的幼儿园运动也不能幸免。1851 年 8 月，普鲁士教育部部长冯·劳默尔以幼儿园在宗教和政治上有破坏作用为理由颁布了对幼儿园的禁令，并禁止福禄培尔在普鲁士从事教育活动。这一事件对他无疑是个沉重的打击。1852 年 6 月 2 日，福禄培尔去世。福禄培尔逝世后，许多进步人士和关心幼儿园运动的人为恢复幼儿园而努力。1860 年，普鲁士政府不得不取消了对幼儿园的禁令。1861 年，他生前的好友替他出版了幼儿教育著作《幼儿园教育学》（Pedagogics of Kindergarten）。他的一些教育著作被译成多种文字在许多国家流传。

二、哲学观

在哲学观上，福禄培尔一方面深受德国古典唯心主义，尤其是费希特、谢林等哲学家的影响；另一方面，在家风熏陶及德国宗教传统的影响下带有浓厚的宗教色彩。

福禄培尔曾是谢林的学生，深受谢林思想影响。谢林的哲学分两个阶段：1806 年以前主要是"同一哲学"，1806 年以后主要是神学。谢林认为，宇宙万物的本源是客观存在的"绝对同一"，即神。万物（包括人及其理智）是神的表现形式。世界精神是同一的，它的发展是一个由低级向高级发展的"自乘"过程，即承认发展过程中的矛盾、对立，发展由对立的统一结束，并由一个"同一"走向高一级的"同一"。福禄培尔直接吸收了这一观点。

福禄培尔认为，上帝是一切事物的来源。他说："有一条永恒的法则在一切事物中存在着、作用着、主宰着。……这条支配一切的法则必然以一个万能的、不言而喻的、富有生命的、自觉的、因而是永恒的统一体为基础。"①他所说的"统一体"就是上帝。"一切事物都来自上帝的精神,来自上帝,并唯独取决于上帝的精神,取决于上帝;一切事物的唯一本源在于上帝。"②他还试图把上帝与球体法则糅合起来,认为在自然象征物中,圆球是上帝的象征物。

福禄培尔还认为,整个世界是多样性的统一,从自然的多样性中可以推断出其本源,即上帝的统一性,也可以从上帝的统一性中推断出自然的多样性。其中,统一性是多样性的来源。因此,一切事物和人的本质都可以从外部表现加以认识。教育和教学就是从事物和人的外部表现来认识其内部本质,从有限中认识无限,从暂时中认识永恒。人的认识过程就是其发展过程,它表现为矛盾的调和。其中最主要的是人性与神性、精神与肉体的调和,而调和的基础和终极都是神性。

显然,福禄培尔的认识论是建立在客观唯心主义世界观基础上的。他指出:"对这条永恒法则的认识和自觉掌握,关于它的本源、它的本质、它的整体和联系以及它的作用的活力的观点,关于生活和生活整体的知识就是科学,就是生命科学。"③由此出发,福禄培尔分析了教育研究的范围和任务。他说:"研究这种自觉的、具有思想和理智的生物如何通过本身以及在自身中表现和实践这条法则的科学,便是教育科学。从对这条永恒法则的认识和洞察中得出的、借以指导具有思想和理智的生物去理解其天职和实现其使命的规范便是教育理论。把这种认识、观点和知识主动运用于直接发展和训练有理智的生物以实现其命运,便是教育艺术。"④可见,福禄培尔的教育学是建立在统一的法则的基础上的,或者说,他的教育学的根源在哲学。

---

① [德]福禄培尔:《人的教育》,孙祖复译,1页,北京,人民教育出版社,1991。
② [德]福禄培尔:《人的教育》,孙祖复译,1页,北京,人民教育出版社,1991。
③ [德]福禄培尔:《人的教育》,孙祖复译,2页,北京,人民教育出版社,1991。
④ [德]福禄培尔:《人的教育》,孙祖复译,2页,北京,人民教育出版社,1991。

在他的心目中，教育是实现宗教目的的手段。他认为，教育应当以它的整体，即通过教育、教学和训练，使人和自然来自上帝和受上帝制约的道理以及人和自然一定存在于上帝的道理变为人的觉悟，并使这种觉悟在人的生活中发生作用。教育应当并必须引导人了解自己和关于自己的一切，使人认识自身和人类，认识上帝和自然，由此实现纯洁、神圣的生活。

第二节　教育顺应自然

福禄培尔的教育顺应自然思想的来源是多方面的。他从小就对大自然有浓厚的兴趣。在哲学思想上，他把自然看成上帝的表现。他接触了卢梭、裴斯泰洛齐等教育家的教育思想后，又吸收并发展了他们的教育遵循自然的思想，把教育顺应自然作为主要的教育原则。

一、顺应与干预

福禄培尔所谓"自然"主要包括两层含义：一方面是指大自然；另一方面是指儿童的天性，即生理和心理特点。在论述教育顺应自然时，自然主要指后者。

福禄培尔的教育顺应自然思想是建立在性善论的基础上的。他从永恒与暂时、无限与有限、神性与人性统一的角度批判性无善恶论与性恶论。他认为，一方面，上帝愿意在有限中表现自己；另一方面，人只能通过有限的和暂时的东西实现自己的目的。显然，在尘世生活中，人性与神性有相互统一的一面。因此，把人的本质看成既不善，也不恶，或者把人本身和人的本质看成恶的观点是错误的。持这种观点者否定了人们认识上帝的手段和途径，否定了人世间上帝的存在。福禄培尔明确指出："人的本质本身肯定是善的，并且人本身有良好的品质和追求。"①

另外，福禄培尔用自然类比法说明教育必须遵循自然。他指出，在对待自然物方面，人们的做法常常是正确的。人们知道给幼小的植物和动物提供合适的环境，避免用暴力干扰它们，以便它们能够按照其内部规律完美地发育和健康地成长。但是，在对待人的问题上，人们却会走上完全错误的道路。尽管人与自然界的生物都遵循同样的自然法则，但是，人们在教育学生时却采取了相反的态度。他们把年幼的人当成一块蜡或一团泥，觉得可以任意把它捏成一样什么东西。为此，他呼吁，教育者要遵循儿童的自然本性。福禄培尔说："为进一步接受大自然的教训，葡萄藤应当被修剪。但修剪本身不会给葡萄藤带来葡萄，相反地，不管出自多么良好的意图，如果园丁在工作中不是十分耐心地、小心地顺应植物本性的话，葡萄藤可能由于修剪而被彻底毁灭，至少它的肥力和结果能力被破坏。"②

因此，福禄培尔把教育顺应自然作为儿童教育的基点和中心。教育顺应自然的思想贯穿了他的教育思想的始终。他说："教育、教学和训练，其最初的基本标志必然是容忍的、顺应的(仅仅是保护性的、防御性的)，而不是指示性的、绝对的、干预性的。……注重顺应的真理和该真理在教育中的运用，不管可能有人说些什么反对的话，不管该真理可能遭到如何猛烈的攻击，它终将在年轻一代中证明自己的明确性和真理性，得到年轻一代的信赖和运用。"③

以上所述反映出两方面的特点：一方面，福禄培尔的人性论反映了当时德国资产阶级积极向传统宗教性恶论挑战，从而要求对与之相适应的传统教育方式实行变革；另一方面，卢梭、裴斯泰洛齐等的性善论对福禄培尔产生

---

① [德]福禄培尔：《人的教育》，孙祖复译，77页，北京，人民教育出版社，1991。
② [德]福禄培尔：《人的教育》，孙祖复译，6页，北京，人民教育出版社，1991。
③ [德]福禄培尔：《人的教育》，孙祖复译，4~5页，北京，人民教育出版社，1991。

了深刻的影响。

福禄培尔对教育中违背自然、对儿童妄加干预的现象表示强烈的不满。他指出，这种错误的做法往往出自以下三种思想。第一种是性恶论。持这种观点的教育者把孩子看成邪恶的、诡计多端的、阴险的小魔鬼。第二种是教育者对儿童身心发展的自然状态缺乏正确的认识。儿童渴望认识自然界的事物，渴望认识人类和上帝。但是，这种渴望在早期被耽误了，甚至儿童通过自己来培养这种渴望的努力也过早地受到了干扰。第三种是教育者对儿童的行为缺乏正确的思考，所下的结论过于性急、草率。福禄培尔认为，儿童是按照生命的冲动行事的，带有盲目性。许多在大人看来是错误的事，儿童并非有意而为之，也没有考虑到由此引起的不良后果。例如：一个十分善良且喜爱鸽子的孩子兴致勃勃地把射击的目标对准屋顶的鸽子，他并没有考虑到如果击中目标将会杀死一个生命、拆散一个"家庭"。

这些教育者就这样抱着错误的观念去折磨、驯服儿童。遗憾的是，儿童确实被他们驯服、变坏了。对此，福禄培尔愤然指出，使人变坏的大多是成年人，甚至是教育者自己。人对儿童犯的罪过远远多于对上帝犯的罪过。"人身上的缺点的一切表现，归根结底，根据在于他的善良的品行和良好的追求遭到了压制或扭曲，被误解或往错误方向引导，因此，克服和消除一切缺点、恶习和不良现象的唯一切实的方法在于努力寻找和发现人的本来就有的善良的源泉，即人的本质方面(而缺点产生的原因，正是由于人的这个本质方面受到了压制、干扰或错误引导)，然后加以培养、保护、树立起来，加以正确引导。"①

但是，福禄培尔并没有绝对否认强制性、干预性的教育。在福禄培尔看来，教学开始于儿童的自发活动和本能兴趣，终止于儿童通过教学对知识的创造性运用。教育并不意味着要设法消除儿童的自然性向，也不意味着任其

---

① ［德］福禄培尔：《人的教育》，孙祖复译，79页，北京，人民教育出版社，1991。

发展，教育在于使儿童的自然性向得到自由发展，并通过直接有效的手段帮助儿童达到所期望的目标。

二、儿童身心发展的连续性和阶段性

福禄培尔批判静止地看待儿童的观点。他认为，儿童的身体和心理发展是一个连续不断的过程。这种发展是彼此相互过渡、不间断前进的。他说："人和人身上的人性应当被看作外表的现象，不能看作一种已经充分发展的、完全形成的，一种已固定、静止的东西，而应当看作一种经久不断地成长着、发展着的，永远是活生生的东西，永远朝着以无限性和永恒性为基础的目标，从发展和训练的一个阶段向另一个阶段前进的东西。"①

以前，许多教育家在提倡教育适应自然时，给人的发展过程画出明显的界限，并把各个阶段截然分割开来。福禄培尔批判了这种现象。他指出，每一个后继的阶段都以先行的阶段为发展的基础。在教育过程中，教育者完全忽视被教育者持续不断的进步以及各个阶段之间的联系必将给教育者带来几乎不可克服的困难，并会给人类的发展和进步带来巨大的不幸、阻碍和干扰。为此，福禄培尔反对教学中跳跃性的发展，反对脱离儿童的发展阶段给儿童规定训练目标。他说："幼儿、少年，总之人，除了在某一发展阶段上完全地实现各该阶段提出的要求，不应当有另外的奋斗目标。于是，每一个后继的阶段，会像新的幼芽一样，从一个健全的芽苞里萌发出来，而他也将在每一个后继的阶段上，在同样的努力下，直到该阶段完满结束，实现该阶段提出的要求，因为只有每一个先行的发展阶段上的人的充分发展，才能推动和引起每一个后继阶段上的充分和完满的发展。"②

然而，肯定儿童发展的连续性并不意味着否定其阶段性。福禄培尔说，

---

① ［德］福禄培尔：《人的教育》，孙祖复译，12页，北京，人民教育出版社，1991。
② ［德］福禄培尔：《人的教育》，孙祖复译，21页，北京，人民教育出版社，1991。

如果注意到通常的言谈和实际生活，就会觉得幼儿和少年表现得截然不同。

福禄培尔认为，不能仅仅根据年龄来划分教育阶段。在划分教育阶段时，还要考虑其智力、情感和身体等因素，也就是说，应该根据学生身体和心理发展的实际水平划分教育时期。从这个角度而言，一个人未必由于到达少年期即成为少年，到达青年期而成为青年；他只有在智力、情感和身体等方面符合少年、青年时期的要求时，才算到达相应的时期。

三、教育分期

根据人的身心发展特点，福禄培尔把受教育者划分为婴儿、幼儿、少年、青年。他特别论述了前三个时期儿童身心发展的特点及教育任务。

(一)婴儿期

福禄培尔认为，婴儿期的心理特点是"吸收"，即"自发的内化"。在这一时期，婴儿借助感官认识外部事物，完成变外部为内部的过程。

人是靠感觉器官认识外界事物的，因此，这一时期的首要任务是发展婴儿的感官。福禄培尔认为，婴儿先有听觉，后有视觉。然后，通过这两种感觉感知事物。因此，在感官发展上，应该首先发展听觉器官，后发展视觉器官。为了锻炼婴儿的感官，他提出了一些建议，如主张在婴儿的视线内挂一只晃动着的、关着一只活跃的小鸟的鸟笼。

随着感觉的发展，婴儿同时发展对身体和四肢的运用。为了躯体的发展，婴儿不能过久地独自待在床上和摇篮里，卧床、枕头不应当过于柔软。

(二)幼儿期

当感官、身体和四肢活动开始自动地向外表现内在本质时，它标志着婴儿期已经结束，人进入了幼儿期。福禄培尔指出，"Kind"一词本身就意味着"通过自己的力量自发表现内在本质"。

福禄培尔认为，到了幼儿期，真正的人的教育开始了。这时，教育的主要任务从对身体的保育转向对智力的培育和保护。虽然人的不同发展阶段的重要性无法确定，但是在这一阶段，由于同周围的人和外界事物的最初联系和结合得到发展，因此，这是理解和掌握人和事物内在本质的出发点。幼儿期的教育对正在发展中的人来说是至关重要的。他引用别人的话说：从婴儿到开始说话的儿童所取得的进步要大于从学童到牛顿所取得的进步。

福禄培尔批评了当时忽视幼儿教育的现象："由于我们自作聪明而忽视了整个人类发展的这一自然的和神圣的起点，我们由于看不到人类发展的起点和终点，以致也看不到人类发展的正确方向，因而感到手足无措。"①而那些所谓有教养的家长很少知道，儿童有朝一日将要表现出来的一切素质已经在他的身上存在了，并且，这些素质只能从儿童内部加以发展。所以，他指出，脱离这一阶段的教育无异于企图建立空中楼阁。

(三)少年期

福禄培尔认为，少年期主要是使外部的东西成为内部的东西的时期。这一时期的教学任务主要是让儿童懂得事物的特殊关系，以便他们以后能够了解其内在统一性。能引导儿童认识和把握事物及其本质的最佳场所是学校，因此，随着少年期的开始，学校生活就开始了。

这一时期的教育应该根据其年龄阶段开展。在《作为发展的教育》一书中，福禄培尔说，"教育、教学、训练和学校通常应从人类的生活之中寻求借以决定他们的要求和管理的依据。若这些依据来自对儿童来说是较远的未来的某个阶段，那么就无法吸引儿童、唤起儿童、发展儿童。儿童应当做些什么、学些什么必须依据使儿童的行为与他的性向、内在愿望相一致"②的原则。学校中所有的教学方面科目都要体现这一原则。福禄培尔指出，我们在有关读、

---

① [德]福禄培尔：《人的教育》，孙祖复译，39~40页，北京，人民教育出版社，1991。

② Paul Monroe, A Text-book in the History of Education, New York, The Macmillan Company, 1919, p.640.

写、算等的学科的教学方面还很薄弱，因为这些学科的教学都是从抽象概念开始的，它不符合儿童的心理特点。因此，这种教学在生活中很少产生持久的效果。

四、本能说

福禄培尔认为，儿童生来就有发展的可能性，即本能。他把人的本能划分成活动的本能、认识的本能、艺术的本能、宗教的本能。教育者必须充分认识并遵循这些本能。

福禄培尔认为，活动的冲动是儿童的内部需要，它在不同的教育阶段有不同的表现形式。在幼儿阶段，儿童主要是模仿父母等成年人的生活、工作和劳动。这时，幼儿只是为了活动而做。到了少年期，儿童是为了创造物而活动，或者说为了成果而活动。少年的整个外部生活都可以归结为这种塑造的冲动。因此，教育者应该及早在儿童身上培养活动的本能，特别是在少年期培养他们塑造的冲动，为此，即使做出一些牺牲也在所不惜。

福禄培尔还认为，仅有外部活动并不能满足儿童心灵的内部需要。认识的本能成为发展的重要驱动力。儿童，特别是少年，还渴望了解自然及人本身。正是这种认识世界和自然的渴望，把儿童一次次引向花卉、古旧的断墙残壁和崩塌的殿堂。儿童也希望通过清澈、纯净的水认识自己的精神本质。儿童试图了解事物的过去以及它们存在的根源和起因。对于自己不能理解的东西，儿童希望成年人能够告诉他一切。

艺术的本能在不同阶段表现的特征不同。在福禄培尔看来，通过雕塑、绘画把自己内心世界展现出来的欲求在幼儿阶段就已经表现出来了，在少年期表现得特别明显。"由此而明确地、无可怀疑地证明，艺术与艺术心系人类共同所有，是人类共同的素质。"①

---

① ［德］福禄培尔：《人的教育》，孙祖复译，171 页，北京，人民教育出版社，1991。

福禄培尔把人对上帝的信仰看成与生俱来的。他认为，少年初期的人有一种朦胧的预感：精神的自我决定于、来源于、依赖于一个崇高的和至高无上的存在和本质，这个存在和本质也决定着一切事物的存在，即预感到上帝。

第三节 学前教育理论

一、家庭教育

(一)家庭教育的任务

受夸美纽斯、裴斯泰洛齐等的影响，福禄培尔非常重视家庭教育。他认为，在任何教育阶段，甚至人的一生，家庭生活都是非常重要的。儿童是在家庭中长大的，家庭生活是他生活的楷模。在家庭里，儿童看到父母及其他成员在生活中进行创造、工作和劳动后，也尝试着去表现他看到的一切。他希望通过这种尝试来显示自己的力量并得到成人的认可。尤其是在幼儿期，幼儿对家庭、父母及家庭中其他成员的依赖特别强。而正是这一阶段的教育奠定了人的发展的基础。因此，父母作为监护人应感到并认识到自己对儿童和对人类的责任。

就家庭教育的任务来讲，福禄培尔说："在家庭范围内，父母抚育子女的内容和目的就是唤醒、发展和激发孩子的全部力量和全部素质，培养人的四肢和一切器官的能力，满足他的素质和力量的要求。"[1]可见，家庭教育涉及儿童的身体和精神发展。他特别详细地论述了以下三方面的问题。

第一，饮食适度、简单。福禄培尔批评了父母给儿童过多、过细饮食的做法，认为这样做只能损害儿童的身体，使儿童不能摆脱十分低级的食欲，并养成怠惰、懒散、迟钝等不良品性。他指出，饮食的唯一目的是促进体力

---

① [德]福禄培尔:《人的教育》，孙祖复译，37页，北京，人民教育出版社，1991。

和智力活动。因此,饮食始终只能是养料,它不应多也不应少。饮食的口味和精美程度不是目的,它们只是由追求良好的、清洁的和有益于健康的营养品这个目的所决定的手段。

第二,衣着宽松、完整。为了使幼儿在智力和身体上不受限制地活动和游戏、发育和发展,他的衣服不应使其受到束缚、压迫和禁锢。福禄培尔认为,不能穿割破和撕坏的衣服。另外,幼儿不能过早注意衣服的颜色、式样,否则,他只是一个布娃娃或木偶,而不是一个真正的人。

第三,学会观察和思考。幼儿不仅在身体上不应受到束缚,而且在精神上也不能受到束缚。福禄培尔认为,既然儿童有理解力、理智和语言能力,父母就应该满足儿童认识世界的需要。他曾经引用一位父亲的话来表达自己的观点:"及早地引导孩子学会思考,我认为这是儿童教育的第一和首要的任务。"[1]因此,父母应该及早引导孩子观察和认识自身以外的对象,让他们学会对外界对象和自己进行思考。为了帮助儿童认识世界,应该对他们开展语言、数学、绘画等教学。

(二)家庭与学校的关系

福禄培尔认为,儿童入学以后,便成了学生。这时,教师是主要的教育者,学校是主要的教学场所。和社会一样,学校是一个统一体,儿童通过参与学校的生活,塑造自己的人格并完善个性。他指出,学校就是小型社会。教育是生活的一个阶段,不是生活的准备,而是生活的缩影。从这里可以看出,杜威"学校即社会"的观点深受福禄培尔的影响。胡兹曾经说过:福禄培尔的幼儿园和学校是一个小型的社会,在这里大家共同承担责任,尊重个人权利,同情友爱,共同协作。因此,共同协作是学校教育的原则。

为了使学生健康发展,学校必须与家庭保持联系。福禄培尔说:"学校与生活一致,家庭生活与学校生活一致,这是这一时期里应当引导我们达到完

---

[1] [德]福禄培尔:《人的教育》,孙祖复译,57 页,北京,人民教育出版社,1991。

善境界的完善的人的发展和人的教育之首要的、绝对不可缺少的要求。"①

儿童入学以后,家庭应该如何与学校保持联系?福禄培尔认为,相统一的家庭与学校生活的内容有三类,第一类是关于比较宁静的内部生活的内容,第二类是关于比较能够接受外部事物的、内部发生作用的生活的内容,第三类是比较外向的、外部进行塑造的生活的内容。这三类内容可以具体划分成以下几项任务。

①宗教意识的唤起、培育、加强。

②掌握宗教格言,特别是关于自然和人的、关于两者与上帝的关系的,也就是祈祷用的宗教格言。

③身体锻炼。

④由近及远地对自然和外部世界进行观察和研究,获得关于周围环境的知识。

⑤关于自然和生活的短诗。

⑥语言和说话练习。

⑦从简单到复杂的手工练习。

⑧在平面上画线条的练习。

⑨辨别颜色及其相互关系。

⑩游戏。

⑪联系实际生活讲述故事、传说、寓言、童话等。

二、学前教育的任务

福禄培尔认为,儿童的生活应当是儿童的世界,不能用成人的生活或成人的世界来代替它。因此教育不是未来生活的预备,教育的意义来自教育过

---

① [德]福禄培尔:《人的教育》,孙祖复译,173页,北京,人民教育出版社,1991。

程。他说，教育的目的是发展，教育过程也是发展。如果儿童的能力、个性与社会环境达到了完全的统一，那么，目前的发展就得到了保证，将来的发展就有了基础。这样，无论是对儿童还是对成人都实现了教育的目的。教育是永无止境的，所谓终结也是过程。从这里可以看出，杜威对教育的界说和教育目的论都受到了福禄培尔的影响。

由于幼儿期在人的一生发展中具有重要作用，福禄培尔极力倡导重视学前教育。他认为，以前学前教育的任务主要由家庭承担。家庭尤其是母亲在学前教育中起很大的作用，但许多母亲教不好自己的子女，这是由于她们一方面没有充分的时间教育子女，另一方面没有受过良好的教育和训练。为了开展好学前教育，福禄培尔主张成立一种既不同于家庭，也不同于学校的学前教育机构——"幼儿园"（Kindergarten）。

以前的学校都以知识的学习、消化、吸收为教学的终极目的。福禄培尔认为，幼儿与学龄儿童的身心发展特点不同，幼儿园的主要目标不在于儿童能从中学得多少知识，而在于帮助儿童实现身心发展。在幼儿园中，知识的学习、消化、吸收都处于预备的、从属的阶段。知识的获取是从属任务，传授知识仅仅是幼儿园实现其目标的手段而已，儿童身心发展才是首要使命。

幼儿园的教学活动应遵循儿童的天赋、兴趣和性情。其教学应完全以自我活动为基础，并以表达在活动过程中所获的知识或观点为顶点。

根据他的设想，幼儿园有以下几项任务。

①作为幼儿教育机构。福禄培尔认为，当时普通教育比较注重儿童智力和直觉的发展，忽视了其他方面能力的培养。他继承了卢梭的教育思想，认为要使儿童的能力与知识同样得到充分的发展，使得知与行、理论与实践、能力与意志品格的发展统一协调。1843 年，福禄培尔在关于德国幼儿园的报告中指出，幼儿园的任务是促进幼儿的身体发育和精神上各种性能的发展，养成良好的生活习惯。具体为：促进幼儿身体发育；发展幼儿的感觉器官，

扩大幼儿对周围事物的认识；发展幼儿的语言和活动能力；认识成年人和自然界；使幼儿养成集体生活的习惯和一定的品德；在游戏、快乐和天真纯朴中做好求学的准备。

②作为幼儿师资培训机构。为其他幼儿教育机构训练幼儿教育工作者。

③作为幼儿教育宣传机构。创办《星期新闻》和《福禄培尔周刊》，发表幼儿教育论文，推广幼儿教育经验，介绍游戏方法。

④作为幼儿教育研究机构。

三、恩物与作业

"恩物"（Gifts）是福禄培尔为儿童精心设计的游戏材料，即玩具。他之所以把这些游戏材料命名为恩物，源于其宗教思想。在他看来，世界上的万事万物都是上帝创造的，自然界是上帝给人的礼物。他创设的恩物是对大自然的模仿，儿童可以通过这些恩物认识自然，进而认识上帝。因此，这些恩物是上帝恩赐给儿童的礼物。

福禄培尔设计恩物受到裴斯泰洛齐的"形式教学法"的影响。恩物主要有六种，每一种恩物都有其象征意义和不同的教育作用。

第一种是分别用红、绿、蓝、黄、紫、橙六种颜色的羊毛结扎而成的小球。每个小球直径四厘米，小球通过一根线连接。他认为这种恩物对儿童认识世界具有重要的作用。首先，根据球体法则，球是最初和最终的自然形式，是上帝的象征物。儿童可以通过认识球来理解"统一""无限"等。其次，幼儿可以通过球来认识一些抽象的概念。例如，教师通过球的运动来发展儿童上、下、左、右、前、后等方位知觉，也可以使其认识"运动"等概念。最后，幼儿可以借此锻炼视觉和触觉。

第二种是木制的球体、立方体和圆柱体。立方体和圆柱体上有穿孔，并附有木棒和细绳。幼儿可以通过这种恩物认识各种事物的形状、性质和相互关系，发展创造力和想象力。福禄培尔认为，三种物体的不同形状代表了不同事物的多样性。球体代表事物的运动性；立方体代表事物的稳定性；圆柱体代表事物既有运动的一面，又有稳定的一面。同时，这三种物体又有相同的特性，这种相似性意味着不同事物之间具有统一性。圆柱体是球体和立方体的混合，这种混合决定了这三者之间存在一些共同性。例如，圆柱体的平面与立方体的平面相一致，圆柱体的曲面和球体的曲面相一致，等等。

第三种是由 8 个小立方体组成的木制立方体。幼儿可以用小立方体组合成许多事物的形状，如椅子、梯子等。在组合的过程中，幼儿还可以理解部分与整体的关系，事物的整体可以划分为各个部分，部分事物可以组合为一个统一的整体。

第四种是由 8 个小长方体组成的木制立方体。

第五种是由 27 个等值小立方体组成的木制立方体。其中 3 个小立方体分别二等分为 6 个三棱柱，3 个小立方体分别四等分为 12 个小三棱柱。它们可为幼儿未来学习数学和几何打基础。

第六种是由 27 个小长方体组成的木制立方体。其中有一些小长方体可以分成平板、斜角等。这种恩物的作用与前者相似。

不同种类的恩物适应不同年龄阶段的幼儿。第一、第二种恩物供三岁以前的幼儿游戏，第三、第四、第五、第六种恩物供三至七岁幼儿游戏。第四、第五、第六种恩物的含义与第三种恩物相似，但成分更复杂，可以构成多种多样的物体。

另外，福禄培尔还设计了一些双面彩色板、彩色纸、小棒、金属环等作为幼儿建筑游戏的补充。

"作业"（Occupation）是为幼儿设计的各种游戏活动。与游戏一样，积极有益的作业源于自动的原则。在福禄培尔看来，作业具有道德、精神和宗教等多方面的价值。积极有益的手工劳动除了有助于训练感觉、发展技能、锻炼体格、学成手艺之外，还有更深层次的意义，即展现人的内心思想、发展幼儿的智力、帮助幼儿表达其内心世界。作业的重要性也在于它遵循了"教育要表现人的内心生活的能力"的原则。福禄培尔说，我们勤劳工作，劳动使我们展现了内心世界，体现了精神，形成了思想，把不可见的内部世界展现在可见的外部世界之中。因此，作业应该贯穿教育过程的始终。

这种展现内心世界的过程也是发展幼儿的创造能力、培养幼儿的行为习惯和个性的过程，同时，它具有神圣的甚至玄奥的意义。福禄培尔说，所有的劳动都应成为自由的活动，都应成为发展智力的活动，而其实现的先决条件是这些活动所应遵循的规则能被认可，能被自觉地运用。因为迄今为止，这一方面还很欠缺。对幼儿而言，实物教学可以帮助他们逐渐恢复知觉，并引导他们养成性格，由此人类劳动才能转化为自由活动。

福禄培尔认为，恩物与作业既是相互联系，又是相互区别的。一方面，恩物和作业是相互连接的幼儿游戏活动的两种形式，是幼儿认识自然、社会，满足其内心冲动的必要手段。另一方面，作业与恩物相比具有一些明显的区别，表现在：①从幼儿活动次序来看，恩物在先，作业在后。恩物为作业的开展提供基础，作业是幼儿利用恩物进行游戏后的更高发展阶段。②从活动的材料看，恩物的材料是固定的，作业的材料是可以改变的。幼儿可以利用恩物组合成许多不同形状的物体，但是，恩物本身的形状不可改变。作业可以改变活动材料的形状。例如，幼儿在用纸、沙、泥、木等制作某一物体时，可以根据制造物的需要随时改变材料的大小、形状。③从性质来看，恩物是活动的材料。作业既包括活动，也包括开展活动的材料，如穿珠子和稻草、绘画、玩豌豆、折纸等。④从儿童的内心需要来看，恩物主要反映模仿的本能，作业主要反映创造的本能。

福禄培尔的恩物和作业体现了他的哲学思想和教育观念。应该看到，福禄培尔首开为幼儿精心设计认识自然和社会的材料之风，提出学前儿童必须借助一定的载体认识外部世界。同时他认识到幼儿的活动材料应该具有思想内涵。值得重视的是，福禄培尔设计的恩物和作业本身不乏可取之处：①恩物和作业的设计在有的方面符合幼儿的认识规律。例如，从简单到复杂、从具体到抽象地循序渐进。②恩物和作业的设计注意到多感官参与，发展幼儿的多种感官及其能力。例如，恩物有不同的形状、颜色、材料等，并配以各种活动方式，使幼儿视、听、说、做统一起来。③恩物和作业不无辩证法思想。例如，他试图通过恩物和作业使幼儿理解统一性与多样性，部分与整体的关系，运动和发展的观念，等等。

然而，不可否认，福禄培尔的恩物和作业存在着一些缺陷，特别是它们的象征主义、形式主义、神秘主义，从 19 世纪下半期以来一直受到人们的批判。

乌申斯基曾对福禄培尔教育理论中存在的形式主义、过于严格的系统性、矫揉造作、幼儿在游戏和作业中的独立性遭到限制、说教和过分的伤感情调等进行过批判。他在参观了福禄培尔式的幼儿园后讽刺说：幼儿们没精打采地踏着步伐，打着哈欠，流着眼泪，口里唱着福禄培尔认为欢快的歌曲，完全是一副可怜的样子。

福禄培尔认为，每一位幼儿都努力使自己与外部世界保持联系。教师可以通过提供各种实物和特定的活动使幼儿认识外部世界。因此，他的恩物具有象征的意义。在福禄培尔看来，一件看似简单的东西在幼儿的眼里往往会充满生气和感情色彩，幼儿对此往往充满想象，把它当成自然中的替代物。例如，把一根棍子当成马，一块砖当成火车等。他认为，这种充满象征性的想象对幼儿认识自然，培养想象力十分重要。不能否认，适当的象征物在一定的场合、一定的范围内有助于幼儿想象力的培养。因此，幼儿游戏中的象征性得到了皮亚杰(Jean Piaget)等当代儿童心理学家的肯定。但是这种象征主义曾遭到不少批评。当然，应该看到，幼儿教育中应用过多的象征物必然影响他们对客观世界本身的观察，从而产生一些错误的认识。因此，应该尽量安排幼儿观察事物本身。

福禄培尔把幼儿游戏的材料称为上帝的恩赐物，把幼儿的各种游戏活动的最终目的归于认识永恒、无限，即上帝。这种过于浓厚的神秘主义思想与科学精神是不符的，也不利于幼儿认识事物的本质。

福禄培尔认为，幼儿表达内心世界的方式主要有三种：第一种是手势，第二种是唱歌，第三种是语言。幼儿通过这些方式来表达他的情感和思想。为此，福禄培尔投入了毕生的精力，编制了各种各样的游戏、作业、故事等，为教师设计了各种材料以引导幼儿的兴趣和活动。

福禄培尔把一系列的恩物和作业循序渐进地融入了幼儿园的教学手段中。他指出，当幼儿熟悉了某种恩物或某项活动的特性后，教师就应向幼儿介绍新的恩物或新的活动。而这种新的恩物和活动应基于那些旧的恩物和活动。它们既能给幼儿留下新的印象，又能帮助幼儿记忆旧的事物。福禄培尔把游戏活动称为作业，而将游戏活动的材料称为恩物。与恩物相比，他更加强调游戏活动。

四、游戏

福禄培尔论述了游戏在儿童早期教育阶段的作用。他认为，首先，通过游戏，教育者能培养幼儿的想象力。其次，通过游戏，教育者能为幼儿做出一些生活的解释。最后，通过游戏，教育者能帮助幼儿体验现实世界的各种社会关系，培养幼儿的独立意识、互助意识、创造才能和主动精神，使之发展成为构成社会的独立的个体。可见，游戏具有重要的智力价值和道德价值。

福禄培尔把游戏作为幼儿教育的主要活动内容。他说："游戏是儿童发展的、这一时期人的发展的最高阶段，因为它是内在本质的自发表现，是内在本质出于其本身的必要性和需要的向外表现，'游戏'一词本身就说明了这一点。游戏是人在这一阶段上最纯洁的精神产物，同时是人的整个生活、人和一切事物内部隐藏着的自然生活的样品和复制品。所以游戏给人以欢乐、自由、满足，内部和外部的平静，同周围世界的和平相处。一切善的根源在于它、来自它、产生于它。一个能干地、自发地、平心静气地、坚忍不拔地、直到身体疲劳为止坚持游戏的儿童，也必然成为一个能干的、平心静气的、坚忍不拔的、能够以自我牺牲来增进别人和自己幸福的人。"①"这一年龄阶段的各种游戏是整个未来生活的胚芽，因为整个人的最纯洁的素质和最内在的思想就是在游戏中得到发展和表现的。人的整个未来生活，直到他将要重新离开人间的时刻，其根源全在于这一生命阶段。"②

在他心目中，游戏有以下几个特点：①它是最适合儿童天性的活动，是儿童快乐的源泉。②它是幼儿认识自然和社会的主要手段。③它不仅可以发展儿童的认识能力和创造性，而且可以培养儿童的合群精神和各种公民道德品质。④它是儿童未来生活的萌芽和缩影。

福禄培尔并未停留在从理论上阐述游戏的教育价值上，他通过幼儿园实际教学活动，使他的有关游戏教育价值的理论在实践中得以应用。他把游戏分成两种：第一种是运动游戏。它伴随着唱歌进行，并建立在幼儿对自然和周围观察到的各种动作的模仿的基础上，旨在发展人的四肢和感官。第二种是精神游戏，它是与发展人的认识能力和精神品德有关的游戏。

他还为幼儿编写了一些在游戏过程中吟唱的歌曲，让幼儿边玩边唱。他把在游戏中又唱又跳叫作唱游，主张幼儿教育应该以唱游为主。

在福禄培尔眼里，游戏和恩物是一体的，游戏是对恩物的运用。因此，恩物的特点制约着游戏的开展，恩物所包含的精华和糟粕都要在游戏中体现出来。但是，恩物和游戏在实际教学中并不总是一致的。福禄培尔的学前教

---

① ［德］福禄培尔：《人的教育》，孙祖复译，33 页，北京，人民教育出版社，1991。
② ［德］福禄培尔：《人的教育》，孙祖复译，34 页，北京，人民教育出版社，1991。

育思想遭到人们的抨击，除了其思想本身存在欠缺外，还有一个重要原因是他的设想在实际操作运用中会有困难。特别是他的方法到了教育水平不高的教师手里时，他所提倡的自动性就荡然无存了。1861 年 4 月 5 日，俄国作家、教育家列夫·托尔斯泰在参观了威玛城根据福禄培尔的教育体系设立的幼儿园后，批评道："在 Kindergarten(幼儿园)。几何图形的绘画和编织的东西没意思。儿童发展的规律你是捉摸不到的。他们教起来滚瓜烂熟，全是按他们的方式，可是他们的方式，你可不懂。他画棍子，可是对于圆只有模糊的概念。在全是生疏的东西的时候，是不能养成连贯性的。"[1]

福禄培尔对游戏的认识存在着唯心主义的一面。例如，他认为游戏是幼儿本能的表现，是"由内心的需要和冲动而来的内部表现"。他的一些游戏的内容，带有许多抽象的性质，所选择的有些动作没有估计到幼儿的能力，以致幼儿只能做一些机械的模仿。他重视游戏的道德教育意义，力图把教室变成社会的缩影。例如，开展一些与鞋匠、木匠、铁匠和农夫之类的人有关的游戏，以培养幼儿服从、温顺、忍耐、节制、稳健等品质。特别应该指出，他试图通过游戏把幼儿培养成具有宗教信仰的人。

第四节　初等教育理论

福禄培尔认为，少年应该进入学校接受教育。但是他对传统的学校及教学表示不满。在福禄培尔看来，学校既不能被理解为校舍和学校的经营，也不是向学生传授关于事物表面现象的知识的机构。

那么，什么是真正的学校呢？福禄培尔指出，首先，学校的本质在于使学生理解一切事物的内部关系，是儿童培养个性、塑造人格、发展创造力和

---

① 巍克山：《托尔斯泰论教育》，陆庚译，21 页，上海，正风出版社，1955。

实践能力的机构。他说，学校应是这样一个场所：儿童应在这儿学习有关生活的重要知识、真理等。教学是达到这一目的的手段和途径。

其次，教育者不是传统意义上的教师。福禄培尔认为，学校教师（Schullehrer）和学校教员（Schulmeister）是不一样的。教员至少应该能够指出大多数事物的统一性，他的任务是向他人指出并使之理解事物的内在的、精神的本质。而学校教师只是使学生认识一些事物，并不能指出事物之间的统一性。福禄培尔指出："因为这一点目前常常被忘记和被忽视，所以目前学校教师有那么多，而学校教员却那么少，有那么多的教学机构，而真正的学校却非常之少。"①

最后，真正的学校应该致力于使学生认识到事物和他自己的本质和内部生活，理解各项事物彼此之间的内部关系、与人及上帝的关系。学校的教学内容与学校的任务应该保持一致。学生要感知的是事物、自己和上帝的精神本质。因此，学校和教学应当"引导儿童去掌握三方面的、但本身是统一不可分的知识：关于他处于各种关系中的自身的知识和关于整个人类就其本质及各种关系而言的知识，关于上帝（人的本质及其他一切事物的本质的永恒的制约者、永恒的本源）的知识，关于来源于永恒精神和受永恒精神制约的自然和外部世界的知识"②。教学科目上体现为语言、宗教和自然。另外，为了儿童身心的健全发展，必须对他们开展身体训练和劳动教育。

一、宗教教学

福禄培尔首先论述了什么是宗教。他认为，关于把感知的精神自我与上帝根本统一的预感提高为明确的意识，使人的精神与上帝保持一致，以及在与上帝的这种一致中坚定不移地持续生活下去的努力，就是宗教。尽管宗教

① ［德］福禄培尔：《人的教育》，孙祖复译，89 页，北京，人民教育出版社，1991。
② ［德］福禄培尔：《人的教育》，孙祖复译，92 页，北京，人民教育出版社，1991。

包含在人的本质之中，与人是完全和谐统一的，但是，人除了作为精神存在以外，同时作为肉体的东西存在。这种分离使得人们要完全认识和理解宗教的本质是不易做到的。

为此，学校须进行宗教教学。宗教教学要富有成效，必须以宗教信仰为前提。在宗教教学的方法上，福禄培尔特别强调以下几个方面。

第一，通过认识人的本质、人性和生活来洞察上帝的本质。福禄培尔认为，当时宗教教学中的一种错误的做法是："我们想做上帝的儿女和成为上帝的儿女，却还不是自己父亲的儿女，自己双亲的儿女。上帝应当是我们的父亲，而我们却长期以来还不是自己孩子的父亲。"[①]他主张，透彻理解真正的父子关系、双亲与子女的关系是认识、洞察和预感上帝与人的关系的唯一的关键。人们只有在生活中完全认识自己的本质和人性，才能认识上帝和耶稣。

第二，强调精神幸福，反对外部刺激。福禄培尔认为，在宗教教育和宗教课上，强调关于善良的业绩和行动，如今生得不到报答须等来世的说法，有不小的危害性。他指出，这种做法表明对人的本质认识不足和对人的尊严缺乏尊重。任何外部刺激只能促使人性堕落。一个真正的人在忠实地生活和工作时不需要任何外部的报偿，也不应该有这种要求。他应该有更高的追求。正如耶稣所说的，我按照天父的意志去做，这就是我的食粮，这种意识将会维持我的生命，使我的生命升华，使我的生命达到快乐。

第三，提倡艰苦磨炼。福禄培尔认为，只有生活在外部的压迫，外部的痛苦和困难，外部的忧虑和操心，外部的贫困、灾难和欠缺之中，才能使人的精神获得解放。人的发展过程恰如一棵树的成长：馥郁的花朵必然脱落，以让位于最初尚不显眼的、酸而苦涩的果实。美味可口的、绯红的、诱人的果实必然会掉下并腐烂，以便从中萌生出富有生气的新的树木。因此，"爱子越深，鞭子的管教越严"，为了获得内部的东西而舍弃外部的东西是达到最高

---

① [德]福禄培尔：《人的教育》，孙祖复译，97页，北京，人民教育出版社，1991。

发展的必然条件。

第四，善选宗教格言。福禄培尔主张让幼儿和少年记住能触及其内心的、能被他理解的简单的宗教格言。

显然，在福禄培尔的宗教观中，现世的人生是他注意的重点，这个重点隐藏在他的神秘主义的外衣之下。

二、自然和数学教学

福禄培尔非常重视自然教学。他之所以看重自然教学，是因为，一方面，认识自然与认识上帝是一致的。福禄培尔说，只有基督的信徒，才有可能真正理解和认识自然。因为一切存在的事物，只有通过扎根于其中的实在（即上帝），才有其存在的理由，才能维持。因此，"人，特别是少年期的人，就应当在内心熟悉自然，不是按照自然的个别细节和表现形式，而是按照在自然中活着的并支配着自然的上帝精神，去熟悉自然"①。另一方面，人与自然的发展规律一致。福禄培尔认为，人与自然处于同一和永恒的、一致的存在中，人和自然的发展遵循同样的规律，只不过处于不同的发展阶段而已。儿童通过自己心灵的眼睛能够看到、感觉到和想象到周围自然的内在的东西。

他的自然教学包含了人所处的自然环境及解释这些现象的有关学科。其中，他特别重视自然、物理学、数学等方面的教学。

（一）自然

福禄培尔认为，物质世界与精神世界有众多的相似之处。儿童通过对自然的研究，不仅能获得有关自然的简单常识，激发对自然的兴趣，为参加各种活动提供机会，而且更为重要的是能获得道德进步、宗教感化及心灵的领悟。因此，自然研究应成为基础教学不可或缺的组成部分。福禄培尔不仅强调自然研究的作用，而且对自然研究的概念做出了新的界定。他认为，自然

---

① ［德］福禄培尔：《人的教育》，孙祖复译，110 页，北京，人民教育出版社，1991。

研究不能单纯进行自然分析和研究，而应研究植物和动物的发展及其各器官系统的功能。

儿童应该如何认识自然？福禄培尔认为，教师的任务不仅是传授已经掌握的知识，而且要启发儿童去获得新的知识。自然教学不是教给儿童事物的名称和教师自己设想的观点和意见，而是引导儿童自己去观察事物，认识事物本身表现的性质。

(二)物理学

福禄培尔认为，事物作为一个整体由力和物质构成。一方面，力和物质各有作用。事物的多样性及其形式归根结底在于力的本质。力是一切事物和自然界一切现象的最终原因。物质是事物的必要形式和结构。一切尘世的和自然的形体和形式都由物质构成。另一方面，力和物质是不可分割的。物质的根源在于其内部本来存在的力的球体状态的趋势，是从一点自发地向各方同等地发展和表现的力的本来的趋势。

(三)数学

福禄培尔非常重视数学。他认为数学与球体法则、宗教和现实生活是一致的，因此，数千年以来，甚至几乎从人类产生开始，数学就获得了崇高的地位。"人的教育如果没有数学，或至少没有透彻的数的知识……便是站不住脚的、拼凑起来的、不完全的劣作，并给人类所赋以使命和天职的培育和发展人的工作设置不可逾越的障碍。"①

福禄培尔认为，少年期主要是进行数的常识学习，要注意数的法则、理解和洞察数的关系。在教学中，教师应该使学生预感到，新的教学对象是以先前的对象为基础的以及如何以先前的对象为基础，并感觉到该对象乃是人类精神的需要。为此，他设计了一些适合少年的数学教学方法。

---

① [德]福禄培尔:《人的教育》，孙祖复译，149页，北京，人民教育出版社，1991。

三、语言与艺术教学

福禄培尔认为，宗教、自然和语言是人类生活，也是少年儿童生活的三根支柱。尽管这三者性质各异，却具有同一使命：使最内部的、最内在的东西外化。因此，它们是不可分割的统一体。

其一，语言和自然是相互联系的。语言是对人的内外世界的描摹，它表现生命本身和作为一个整体的生命。从整体上说的人和作为自然现象的人，也完全地包含着自然的本质。所以，人们运用语言表现人的本质必然也表现着自然的本质。

其二，语言和宗教是一体的。自然和人具有同一个存在的基础和本源，即上帝。因此，正如语言是人和自然的表现，因而也是上帝精神的表现一样，关于自然和人的知识来源于语言，因而上帝的启示也来源于语言。

这种性质决定了这三方面的知识是相互依赖的。其中任何单方面的、割裂的发展必然会造成片面性，破坏人的本质的统一性。因此，"人的教育也必然地要求尊重和认识宗教、自然(包括数学)和语言三者之间内在的活生生的相互关系和相互的制约作用。没有对这三者内在统一的认识和承认，学校和我们自己将会在无穷地从自身中产生的纷繁多样现象中迷失方向，陷入无底深渊之中"①。

福禄培尔主张，语言教学应该进行以下三个方面的考察：首先，对语言感觉对象的考察；其次，把语言及其感觉对象结合起来，从外界过渡到内部世界的考察，即语言练习；最后，对语言本身的考察，即说话练习。

书写和阅读是以语言知识为前提的。福禄培尔指出，人只有通过写和读才会成为一个具有人格的人。对学会书写和阅读的追求，使少年儿童等受教育者成为真正的学生，使学校有可能成为真正意义上的学校。

福禄培尔认为，语言是按照理性的要求表现内部的东西。然而，对人来

---

① ［德］福禄培尔：《人的教育》，孙祖复译，151 页，北京，人民教育出版社，1991。

说，要充分表现他的全部本质，还须表现其直接感受到的东西，即表现人的内心生活，这种表现就是艺术。他把艺术划分为基督教的艺术和人类的艺术两种。基督教的艺术追求表现上帝，是最高的艺术。人类艺术的最高表现对象是人。

在福禄培尔看来，艺术是人的本能。因此，"唱歌、图画、绘画和雕塑必须通过广泛的、包罗一切的教育和人的陶冶而及早地得到重视，及早地被作为正规学校的正式教学对象来对待，而不是被当作一种偶然的、没有内容、没有意义的、可任意处置的游戏性的东西来对待"①。艺术教育并不是要使学生成为某一艺术部门或一切艺术部门的艺术家，而是要使每个人按照各自的本质充分地、全面地发展起来，使他能够从人的本质的全面性和全能性上去认识人，特别是要使每个人懂得观察和鉴赏真正的艺术作品。

四、身体训练和劳动教育

福禄培尔认为，身体训练和劳动教育既与身体发展有关，也与人的精神发展有关。

(一)身体训练

福禄培尔批评了当时幼儿和少年教育中忽视身体训练，甚至把身体和四肢看成一种负担的现象。他认为，没有良好的身体，教育便不能达到使人完善和圆满训练人的目的。他论述了身体训练的重要性。

首先，良好的身体来自训练。只有对身体进行全面训练，人们才能在生活和职业中保持强健活泼的身体、端庄的姿态和仪表。

其次，身体训练和精神训练相关联。福禄培尔说，如果我们给儿童提供一种由简单到复杂的、全面的、合乎规律的、与精神训练一致的身体训练，那么，儿童许多不良行为就可以避免。而且，唯有精神和身体的教养调和一

---

① [德]福禄培尔：《人的教育》，孙祖复译，171页，北京，人民教育出版社，1991。

致，真正的训育才有可能实现。因此，实行严格的与人的精神相关联的身体训练是每所学校的一项正当的教学内容。为此，教育者在必要时不惜采取训诫、处罚、严惩等各种手段。

最后，身体训练能促使少年儿童认识自己身体的内部结构。在身体训练的过程中，少年儿童可以特别生动地感受到相互联系的身体的各个部分。这种感受与人体构造图结合起来，利于他们了解身体的结构。而对人体构造的了解会引起他们对身体的重视与保护。

(二)劳动教育

福禄培尔认为，儿童应从早期养成劳动和做事的习惯。首先，福禄培尔从宗教观出发，认为人的精神生活是第一位的，是最重要的和永恒的。物质生活是第二位的。他指出，那种认为人从事劳动、工作、创造仅仅是为了维持他的身体、他的躯壳，仅仅是为了获得面包、房子和衣服的观点是错误的。"人进行创造，原来仅仅是为了使存在于他身上的精神的东西，上帝的本质，在他自身以外以一定的形式表现出来，这样他可以认识他自身的精神的、上帝赋予的本质，以及上帝的本质。他以这种方式获得的面包、房子、衣服是第二位的派生物，是不重要的附属品。"[①]

其次，人只有通过工作、劳动，才能实现其精神生活。福禄培尔把人与自然界的植物、动物相类比，认为人应该向它们学习。"始终按照地点和时间、职位和职业要求的方式，在其行动中和工作中，在形态上和材料上，从外部表现上帝给予他的本质，不管这些要学习的东西这时是何等渺小和不显眼或何等重大。于是他可以由于生活需要的满足而安居乐业。"[②]

福禄培尔认为，人的精神生活是内部要求，物质生活是外部要求，对正在成长的年青人来说，两者都是必不可少的。正如及早进行宗教教育之极其

---

① ［德］福禄培尔：《人的教育》，孙祖复译，22~23 页，北京，人民教育出版社，1991。
② ［德］福禄培尔：《人的教育》，孙祖复译，23 页，北京，人民教育出版社，1991。

重要一样，真正的关于实际生产劳动和勤劳的早期教育同样是十分重要的。他指出，劳动和宗教是永恒的上帝从无穷中创造的、同时存在的统一体。没有实际操作和没有劳动的宗教信仰将有陷入玄虚的梦想、虚无的狂热、空洞的幻想的危险；反之，没有宗教信仰的劳动和实际操作只会使人成为负重的牲口和机器。

最后，劳动是少年活动本能的一种表现形式。福禄培尔指出，少年由衷地乐意分担父母的工作。他愿意分担家务劳动，如搬运东西、掘地、劈柴等，借此显示自己的力量。如果少年的这种活动和塑造的冲动被父母长时间破坏，那么，他的内心中被激起的内在力量就得不到宣泄。他会由此而感到孤单，甚至这种内在力量反而成为少年的精神负担和压力。

福禄培尔批评说，当时学校和父母轻视真正劳动的活动，过多地从事形式过多的、无目的的和不确定的活动。他提出教育和教学活动必须把制止这种倾向作为自己最重要的任务，把真正的劳动课引进学校。"每个儿童，更进一步说，每个少年和青年，不管他们的地位和处境如何，应当每天至少有一或二小时用于生产一定的外部产品的真正的活动。"①

第五节　历史地位与影响

古希腊以来，西方有不少教育家论述了儿童早期教育问题。例如：柏拉图曾经详细论述过幼儿教育问题，夸美纽斯的《母育学校》(Mother School)(1633)专门探讨学前教育问题。近代意义上的幼儿教育机构在福禄培尔以前也有了。例如，1769年，法国慈善家奥伯尔林(J. F. Oberlin)创办了欧洲第一所幼儿学校。1800年后，英国空想社会主义者欧文创办了新拉纳克幼儿学校。

---

① ［德］福禄培尔：《人的教育》，孙祖复译，24页，北京，人民教育出版社，1991。

但是，在 19 世纪下半期，福禄培尔对欧美国家学前教育思想和实践的影响最为深远。

福禄培尔在世时，他的学前教育思想一度在德国得以广泛传播，德国各地也创办了一些学前教育机构。但是，幼儿园的发展不是一帆风顺的。由于反动势力的压制，福禄培尔学前教育运动受到了阻挠。福禄培尔去世后，他的学生及众多社会人士呼吁恢复福禄培尔幼儿园。随着反动势力的削弱，幼儿园很快在德国恢复和发展起来。

在福禄培尔思想的影响下，欧美各国也纷纷创办幼儿教育机构，"幼儿园成了福禄培尔的象征"①。例如，1854 年，福禄培尔幼儿园传到英国，称"幼儿学校"（infant school）。又如，美国的第一所英语幼儿园是由教育改革家和美国早期幼儿园运动的奠基人伊丽莎白·皮博迪（Elizabeth Peabody，1804—1894）和她的妹妹玛丽（Mary Tyler Peabody Mann）于 1860 年在波士顿建立的。但是，直到 1868 年，她们的幼儿园才真正能够体现福禄培尔教学思想的精神和目的（1867 年伊丽莎白·皮博迪曾专程去欧洲学习幼儿园理论）。很快，一大批私立幼儿园建立起来了。哈里斯（William Torrey Harris）和布洛（Susan Elizabeth Blow）也是福禄培尔幼儿园思想的信徒，在他们的领导下，幼儿园首次在密苏里州圣路易斯市成为公立学校的组成部分。从此，福禄培尔运动在美国得到了发展。每座城市，不论规模大小，几乎无一例外地将幼儿园作为其公立学校的组成部分。1877 年，伊丽莎白·皮博迪在密尔沃基成立了美国第一个福禄培尔联盟（American Froebel Union）。此后，美国各地纷纷成立福禄培尔协会。再如，1870 年的法国也出现了类似幼儿园的组织，称"母亲学校"或"母育学校"。直到 20 世纪初，福禄培尔的学前教育思想还在很多国家盛行。进步主义教育运动兴起以后，福禄培尔强调的儿童自我活动和教育的

---

① ［美］S.E. 佛罗斯特：《西方教育的历史和哲学基础》，吴元训等译，448 页，北京，华夏出版社，1987。

自动性原则被许多进步主义教育家，如杜威和蒙台梭利(Maria Montessori)等人所吸收。英美一些教育史学者甚至认为，福禄培尔的教育思想是杜威教育思想的直接来源。

福禄培尔的教育思想在新中国成立以前传入我国，直接或间接地对我国幼儿教育产生过影响。福禄培尔的教育理论并不限于学前教育，它的影响也是多方面的。

福禄培尔教育思想体系有着内在的矛盾和阶级局限性。福禄培尔的哲学思想和教育理论极其重视人的主观精神作用，强调儿童的主动性、自觉性和创造性，体现了德国古典哲学的某些积极特征。但是，福禄培尔的教育思想是以唯心主义哲学为理论基础的，带有浓厚的神秘主义色彩。这就构成了一些基本矛盾。例如，一方面重视人的主观能动作用；另一方面处处以"同一"法则，即神性支配一切说明一切，使人成为上帝的奴隶。一方面强调自然和人的发展，要求重视儿童连续不断的发展过程；另一方面在理论上，他的"发展"是以不变为基础的。一方面很重视通过游戏、作业、劳动等活动，发展儿童的主动性、自觉性和创造性；另一方面在游戏、作业上制定各种烦琐规则，抑制了儿童的主动精神。一方面重视劳动、作业，扩展儿童对周围生活的知识，反映了某些接触社会、联系实际的要求；另一方面恩物和作业的主体是以脱离实际为主要特征的，有关理论带有唯心主义、象征主义的性质。福禄培尔教育思想体系的这些矛盾，反映了当时德国小资产阶级渴望变革但又害怕革命的软弱性和妥协性。从这些矛盾的各个侧面来看，他的整个思想体系中存在着不少弱点。

应该看到福禄培尔的幼儿园之所以能够得到推广，一个根本原因是它符合资本主义经济发展的客观需要。随着大工业的发展，女工人数日益增多，建立学前教育机构，解决工人的后顾之忧既是一个社会现实问题，也是资本主义生产发展的需要。正是这种经济和社会发展的需要，才使得福禄培尔的思想得以传播。大约从 1945 年起，德国的福禄培尔运动出现了衰退。①

　　从福禄培尔的教育思想本身看，他的教育理论的主题是以教育顺应自然为核心的初等和学前教育理论。这种思想在外国教育思想史上具有承前启后的作用。一方面，在他的教育思想中，我们明显可以看到卢梭、裴斯泰洛齐等人的教育思想的痕迹。特别是卢梭对大自然的推崇，对自然教育的倡导，裴斯泰洛齐对儿童和家庭的重视等思想，都被福禄培尔吸取了。另一方面，福禄培尔是西方近代学前教育的代表人物，后世的学前教育思想深受他的影响。美国教育家孟禄（Paul Monroe）曾经说过："福禄培尔的教育哲学与近代教育思想的主要原则是符合的……当今的教育思想主要是赫尔巴特学派和福禄培尔学派的综合，后者则多与流行的哲学、心理学和科学思想相符合。"②这一评价在一定程度上反映了福禄培尔思想在西方教育家心目中的位置与影响。

　　在西方近代教育史上，如果说裴斯泰洛齐建立的是近代初等教育理论，那么，创建近代学前教育理论的任务由福禄培尔完成了。有的西方教育学者认为，福禄培尔首次创立了学前教育组织工作的体系、内容和方法，使学前教育学成为一个独立的学科。福禄培尔的幼儿园教育理论和实践，使他被誉为"幼儿教育之父"。

　　在福禄培尔关于幼儿园、恩物、作业、游戏等问题的论述中，有些部分符合儿童发展的一般特点或利于儿童发展，这些部分没有时代和时间的局限，直到今天仍然被人们肯定和运用。正如英国学者所说："以强调自由游戏和儿童自由为特征的福禄培尔主义不仅在 20 世纪初期占据统治地位，而且在今天依然如此。"③当然，他的学前教育思想中存在着一些缺陷，也受到了不少批

---

　　① ［摩洛哥］扎古尔·摩西：《世界著名教育思想家》第 2 卷，梅祖培、龙治芳等译，51 页，北京，中国对外翻译出版公司，1995。

　　② S.E.Frost：Historical and Philosophical Foundations of Western Education，New York，Merrill，1966，p.344.

　　③ ［英］罗伯特·R.拉斯克、詹姆斯·斯科特兰：《伟大教育家的学说》，朱镜人、单中惠译，240 页，济南，山东教育出版社，2013。

判，其中以俄国学者对他的抨击最为激烈。从福禄培尔思想产生的历史背景看，他的教育思想中的缺陷大致可以分为两类：第一类是特定的历史条件造成的。例如，前人关于幼儿教育缺乏系统、深入的研究，可借鉴的教育经验较少，与幼儿教育密切相关的心理学研究还处于摸索阶段等。在这样的背景下，对于福禄培尔思想中某些不科学或错误的观点我们不能苛求。第二类是落后于时代的观点。例如，他的思想带有浓重的神秘主义色彩。福禄培尔表现出来的对宗教的痴迷反映了当时德国资产阶级的软弱性。但是，当福禄培尔的思想传入美国后，这种神秘主义思想被削弱了，形成了新福禄培尔主义。

当然，福禄培尔对教育问题的研究和影响并不限于学前教育。他的初等教育思想与学前教育思想是一体的，是对裴斯泰洛齐初等教育思想的发展，在当时同样具有积极的意义。

第七章

幼儿园运动的发展

虽然在 1851 年普鲁士政府颁布"幼儿园禁令"后，幼儿园教育在德国的发展受到了极大的压制和摧毁，但是，通过福禄培尔的一些学生和忠实追随者，特别是比洛夫人(Baroness Bertha von Marenholtz-Bülow)的热情宣传，福禄培尔幼儿教育原理在欧洲其他国家以及美国和日本得到了迅速而广泛的传播，这些国家开办了福禄培尔幼儿园，兴起了幼儿园运动。正如德国杜伊斯堡大学教育学教授黑兰德(Helmut Heiland)所指出的：事实上，福禄培尔的教育方案受到世界的重视是由于比洛夫人所做的巨大努力。福禄培尔死后，她在西欧其他国家通过演讲和展览，宣传福禄培尔的幼儿教育方案。幼儿园的教育思想在 19 世纪后半期的福禄培尔运动中经历了深刻的变革。比洛夫人使它适应工业化时代的精神。[①]这充分表明，福禄培尔幼儿园作为一种符合社会发展需要的新的幼儿教育机构，受到了世界各国教育家和民众的普遍欢迎。此外，1854 年在英国伦敦举办的教育博览会，无疑对幼儿园的兴起起着极大的推动作用。欧洲其他国家的教育家甚至美国的教育家，正是通过这个教育博览会具体了解了福禄培尔幼儿园及其恩物、游戏和作业材料，激起了对福禄培尔

---

① [摩洛哥]扎古尔·摩西：《世界著名教育思想家》第 2 卷，梅祖培、龙治芳等译，50 页，北京，中国对外翻译出版公司，1995。

幼儿园的极大兴趣。当然，德国的一些福禄培尔主义者在他们移居的英国和美国首先开办幼儿园，对这些国家的幼儿园教育产生了重要的和示范性的影响。还有，在欧洲其他国家以及美国和日本出现了促进幼儿园教育的团体，如英国和俄国的福禄培尔协会、美国的幼儿园协会、日本的福禄培尔学会。尽管其名称不同，但它们都致力于福禄培尔幼儿园教育原理的传播、幼儿园的开办、幼儿园教育著作的撰写以及幼儿园教师的培训。1884 年 8 月，利用在英国伦敦举办国际博览会的机会，欧美国家的福禄培尔主义者还召开了幼儿园教育讨论会，参加者有比利时的布尔斯夫人、法国的迪南夫人等。

在 19 世纪中期兴起的幼儿园运动中，幼儿园教育在美国的传播和发展是最为突出的。美国幼儿园运动的一批先驱者对幼儿园在美国的迅速发展起了积极的倡导作用。特别是公立幼儿园开办，使得幼儿园第一次被纳入了公立学校教育系统，从而成为美国幼儿园教育运动的特色。正如美国伊利诺伊大学教授唐斯(Robert Downs)所指出的："这表明幼儿园在美国的影响超过了在其他国家的影响。"[1]

通过幼儿园运动，幼儿园教育在欧洲其他国家、美国和日本得到了不同程度的发展。"到 1877 年时，在福禄培尔去世 25 年之后，采用他的制度的一些教育机构在西欧和中欧的大多数国家里出现，同样也在加拿大、日本和美国出现。"[2]但是，这些国家的一些学者对在幼儿园教育中盲目地跟随福禄培尔的过程以及形式地和呆板地使用恩物的做法提出了批评。对幼儿园教育发展十分关注的美国教育家霍尔(G. Stantley Hall)和杜威也提到，在幼儿园教育中需要一些改革。

---

[1] Robert Downs, Friedrich Froebel, Boston, Twayne Publishers, 1978, p.93.

[2] [英]罗伯特·R. 拉斯克、詹姆斯·斯科特兰:《伟大教育家的学说》，朱镜人、单中惠译，239 页，济南，山东教育出版社，2013。

第一节　幼儿园在德国的复苏和发展

由于普鲁士政府 1851 年颁布了"幼儿园禁令"，因此，19 世纪整个 50 年代福禄培尔幼儿园事业在德国被迫陷于停止的状态。但是，德国各界人士为撤销"幼儿园禁令"所做的努力和斗争一直没有停止过。在这个努力和斗争的过程中，德国教育家第斯多惠和比洛夫人等起着重要而积极的作用。

1860 年，在福禄培尔去世 8 年后，"幼儿园禁令"终于被由自由主义内阁执政的普鲁士当局废除了。"幼儿园禁令"废除，无疑为 19 世纪 60 年代后幼儿园在德国的复苏和发展提供了极为有利的外部环境。1888 年，普鲁士国王弗里德里希三世还给福禄培尔夫人提供了一笔 3 000 马克的抚恤金。

一、促进福禄培尔幼儿园发展的团体的出现

为了复苏和发展幼儿园教育，德国各地在 19 世纪 60 年代后纷纷建立了旨在促进福禄培尔幼儿园设立与发展的团体。最早出现的团体是 1860 年建立的以比洛夫人为名誉会长的"柏林促进福禄培尔主义幼儿园妇女协会"，到 1864 年时已有会员 272 人。该协会开设了四所幼儿园和一个幼儿园教师培训所。1863 年，比洛夫人又在柏林建立了"家庭教育和民众教育协会"，旨在努力促进幼儿园及幼儿园教育培训所的设立，并依据福禄培尔思想改革幼儿教育。该协会建立的第二年，就有会员 410 人。到 1869 年时，它已开设幼儿园七所。1874 年，上述两个团体合并为"柏林福禄培尔协会"，成为 19 世纪 60 年代后促进幼儿园在德国复苏和发展的一个极其重要的团体。

在莱比锡，哥尔德休米特女士 1871 年建立了"莱比锡家庭教育和民众教育协会"，致力于开设民众幼儿园和幼儿园教师培训所。

19 世纪 60 年代初，在丘林根地区，以克莱和沙德尔为代表的一批教师在

"福禄培尔之友"的基础上成立了"丘林根地区福禄培尔协会"。1872 年，改称"福禄培尔协会总会"；1873 年，又改称"德国福禄培尔联合会"。许多幼儿园教师参加了这个团体。

在德累斯顿，1870 年移居到这个城市的比洛夫人于 1871 年 5 月建立了"教育协会总会"，旨在用福禄培尔教育原理进行全面的教育改革。该协会组织巡回教师团宣传福禄培尔幼儿园教育思想，同时在各地开展活动和召开集会。该协会还开办了"福禄培尔学院"，努力培训幼儿园教师。国外不少教育人士与该协会进行了联系。

二、各种幼儿园的开设

除 19 世纪 50 年代在德国个别地区已存在的家庭联合幼儿园外，自 19 世纪 60 年代起，德国又开设了私立幼儿园、民众幼儿园、工厂附属幼儿园、协会幼儿园和教会幼儿园等。

私立幼儿园主要招收中上层阶级的子女，幼儿入园费较高。

民众幼儿园，由地区幼儿园改组而来，主要招收低下层阶级的子女。其经费来自慈善捐助。幼儿入园费很低，幼儿园还提供免费入园的名额。德国最早的民众幼儿园是原属于地区幼儿园性质的"费希特幼儿园"。"柏林福禄培尔协会"成立后，就把发展民众幼儿园作为它的目标之一。

福禄培尔的侄女布莱曼和比洛夫人等积极宣传福禄培尔教育思想的人都主张发展民众幼儿园，使所有幼儿都能有机会入园接受教育。布莱曼还强调，民众幼儿园要尽可能模仿家庭，成为适合幼儿身心自然发展的场所，由满怀爱心的妇女担任教师。正因为如此，民众幼儿园在 19 世纪 60 年代后得到了比较迅速的发展。

19 世纪 60 年代后，德国开设了多种形式的幼儿园。一般而言，大多数幼儿园每天上午从 9 点到 12 点提供三小时的保育。其内容包括谈话、唱歌、搭积木、编织、折纸、排列筷子、刺纸、画图画、黏土细工、做体操、玩球类游戏和运动游戏、庭园作业、整理环境等。在某种意义上，它们基本上是依据福禄培尔幼儿园教育理论和方法对儿童进行教育的。

三、幼儿园教师培训课程的规定

在福禄培尔去世后，他的夫人为培训幼儿园教师而继续努力。从 1854 年起，福禄培尔夫人担任了汉堡的民众自由幼儿园主任职务，并培训幼儿园教师，一直到 1892 年。值得注意的是，在 19 世纪 60 年代后出现的那些促进福禄培尔幼儿园设立与发展的团体都很重视幼儿园教师的培养，开办了幼儿园教师培训所。例如，1863 年建立的柏林"家庭教育和民众教育协会"到 1870 年时已培训了 200 多名幼儿园教师。这在一定程度上推动了福禄培尔幼儿园在德国的发展。

更为重要的是，"德国福禄培尔联合会"在 1895 年对幼儿园教师培训课程做了统一的规定，以提高幼儿园教师教育的质量。幼儿园教师培训课程具体包括三部分：一是理论性学科，有教育理论、幼儿园理论、自然科学和人文科学。二是技术性学科，有运动游戏和体操、作业指导、缝纫训练、造型、剪纸、画图画、唱歌、音乐等。三是实际操作，有幼儿园中的各种作业、家务劳动及园艺劳动。[①]

四、福禄培尔幼儿园教育原理的传播

19 世纪 60 年代后，福禄培尔幼儿园教育原理在德国得到了传播。应该说，由福禄培尔幼儿园教育的忠实支持者兰格（Wichard Lange）汇编的《福禄培尔文集》（Froebel's Works）三卷本于 1861—1862 年在柏林出版对这种传播起了

---

① ［日］日本世界教育史研究会：《世界幼儿教育史》上册，刘翠荣、梁忠义、吴自强等译，274 页，长春，吉林人民出版社，1986。

较大的作用。但在这个过程中，也有一些人对福禄培尔幼儿园原理提出了批评。例如，古尔巴(J. Gurba)批评了福禄培尔的恩物和作业材料，认为福禄培尔幼儿园完全忽视了发展幼儿的独立性，让幼儿唱的歌曲是枯燥无味和单调的。

然而，通过比洛夫人、兰格和布莱曼等人的努力，福禄培尔幼儿园教育理论和方法在 19 世纪 60 年代后的德国占据了主导地位。作为福禄培尔生前朋友和同事的比洛夫人被人们看作福禄培尔幼儿园教育原理的代表人物。

此外，在福禄培尔幼儿园教育原理的传播中，值得注意的是福禄培尔的侄女布莱曼的努力。在 1848—1849 年曾直接受过福禄培尔指导的布莱曼，于 19 世纪 60 年代后在柏林致力于幼儿园的发展和福禄培尔幼儿园教育原理的传播。她开设的民众幼儿园规定了以下保育内容：一是个人的自由游戏、集体的自由游戏、由幼儿园教师指导的全体儿童参加的运动游戏，二是扫地、整理环境、帮助开饭和饭后的整理工作、修理家具和用具等物品，三是饲养小鸟、鱼、鸡和种植果树、蔬菜和花，四是折纸、编织、黏土细工等手工，五是积木和筷子排列等福禄培尔的恩物作业，六是画图画、唱歌和谈话。① 在保育内容上，比较有特色的是布莱曼有关"月主题"的设想和实践。她每个月确定一个主题，并把这个主题作为幼儿园教育的中心。其目的是，通过"月主题"的活动引导幼儿自己去观察和探索，并进行与之相关联的画图画、唱歌和谈话。布莱曼认为，在确定"月主题"时，要考虑到有关季节、幼儿的生活圈及其活动、有代表性的动物和植物以及事物之间的相互关系等。

在 19 世纪后半期，德国社会民主党的一些人士发表文章，主张以福禄培尔思想为基础发展幼儿园教育，要求幼儿园和民众教育相结合。这对幼儿园在德国的发展无疑是起促进作用的。

---

① ［日］日本世界教育史研究会：《世界幼儿教育史》上册，刘翠荣、梁忠义、吴自强等译，267～268 页，长春，吉林人民出版社，1986。

第二节　幼儿园运动在欧洲

由于地域的原因以及福禄培尔幼儿园教育原理的忠实拥护者比洛夫人等人的努力宣传，福禄培尔幼儿园在欧洲的一些国家得到了发展。就幼儿园在欧洲的发展来看，最突出的是英国。

一、幼儿园运动在英国

在 19 世纪空想社会主义者欧文（Robert Owen）1802 年创办的纽兰纳克幼儿学校的影响下，英国兴起了幼儿学校运动。在欧洲，福禄培尔幼儿园首先传到了英国。

（一）福禄培尔幼儿园的传入和发展

1848 年欧洲革命后，由于普鲁士政府 1851 年颁布"幼儿园禁令"，德国自由主义者约翰内斯·伦吉（Johannes Ronge）和他的夫人伯莎（Bertha Ronge）等人被迫流亡到英国。在德国时，1849 年伯莎就曾在汉堡受过福禄培尔的直接指导。她赞同福禄培尔幼儿园教育原理，并在德国各地积极推动幼儿园发展。1851 年移居英国伦敦后不久，伦吉夫妇在开展社会活动的同时，就在达华斯特克街 32 号他们自己的住宅里开办了一所幼儿园。这是英国第一所德语幼儿园。它开始时主要招收在伦敦居住的德国移民的子女，使用德语会话和教学。因此，伦吉夫妇开办的幼儿园最初几年并没有引起英国民众的注意。自 1854 年起，该幼儿园开始招收英国幼儿，于是会话和教学改用英语。伦吉夫妇遵循福禄培尔幼儿园的管理模式，要求父母和教师组成联谊会共同负责幼儿园的管理工作，每月召开一次会议。

1854 年，英国工艺协会在伦敦圣马丁会堂举办了教育博览会。福禄培尔的学生和热情支持者比洛夫人在教育博览会上展出了福禄培尔设计的恩物及其游戏和作业材料，并由汉堡幼儿园教师培训所所长霍夫曼（Heinrich Hoff-man）进行了实物演示和解说。这激起了英国民众对福禄培尔幼儿园的极大兴趣。美国教育家巴纳德（Henry Barnard）出席了这次教育博览会。正因为如此，有的教育学者认为，对于幼儿园运动在英国的发展来说，"最主要的是比洛夫人1854年到英国的访问"①。教育博览会结束后，比洛夫人离开了英国，但霍夫曼留在那里帮助培训幼儿园教师。后来，霍夫曼曾一度回到德国，但1857年又被英国的"本国及殖民地协会"（The Home and Colonial Society）聘请回来指导幼儿园教师培训工作。

利用教育博览会的机会，伯莎不仅公开宣传自己所开办的幼儿园，而且在教育博览会上做了演讲。她在演讲中说："玩具店摆满着各种各样的玩具，有娃娃、有动物以及房屋等等。这些东西是端端正正地做好的，儿童们只是看看，或照原型使用，或模仿他人所考虑好的加以使用，可是儿童们根据其本性之要求，是喜欢自己创造的，他在观看玩具时，为着表现自己的理想，如果未达到他的标准时，他就不管是娃娃也好，鼓也好，箱子也好，都要把它们打破。他对父母给他的创作材料，反复地发问：'我到底要做什么好'，一直追问到求得解答为止，他仍继续把它打碎。……但是父亲对于这个提问，只是回答'好好规规矩矩的，因为我很忙'，母亲也不知如何回答这个提问才好，一般都不予回答。于是，儿童自己环顾周围，或是摆弄高价物品，或是破坏高价家具和装饰品。因而父母总是发牢骚说他是'无法无天的淘气孩子'，只是用这种办法求其了事。这样做虽无不可，但是由此儿童之热情遭到挫伤，必然会挫伤儿童的创造力。"②伯莎的演讲在当时引起了巨大的反响，许多英国民众纷纷前往伦吉夫妇的幼儿园参观。英国枢密院教育委员会的官员在提

---

① Robert Downs, Friedrich Froebel, Boston, Twayne Publishers, 1978, p.89.

② ［日］日本世界教育史研究会：《世界幼儿教育史》上册，刘翠荣、梁忠义、吴自强等译，281～282页，长春，吉林人民出版社，1986。

交给枢密院的报告中赞扬了福禄培尔幼儿园，并指出福禄培尔幼儿园传入英国无疑为英国幼儿开创了一个新纪元。为了回答英国民众关于幼儿园教育的一些问题，伦吉夫妇还于1855年编著出版了《英语幼儿园入门手册》，具体介绍了福禄培尔的理论和方法，并附有趣味游戏、体育练习以及伴奏的音乐。这本书出版后在英国受到了广泛欢迎。在该书第二版序言中，伦吉夫妇这样写道："这本书的初版确实是以前所未有的速度销售一空。从这一点看，这个幼儿园制度将会以惊人的速度扩展，这样估计，当不会有什么错误。"[①]这表明，英国民众在幼儿教育方面的兴趣已由幼儿学校移到福禄培尔幼儿园。福禄培尔幼儿园不仅在伦敦，而且在曼彻斯特、利兹及其他地区得到了迅速发展。英国兴起了幼儿园运动。英国福禄培尔主义者自己开办的第一所幼儿园是1854年由普雷托里乌斯(Praetorius)小姐在汉普斯特德开办的。[②] 马瑟(William Mather)1873年在曼彻斯特开办了第一所免费幼儿园。

当时，英国《泰晤士报》等一些主要报刊上刊登了不少关于幼儿园教育的文章，还对《英语幼儿园入门手册》这本书进行了介绍。英国知名作家狄更斯(Charles Dickens)不仅与比洛夫人见过面，而且访问了伦吉夫妇的幼儿园。他主编的刊物《家庭生活》还发表了一些文章高度赞扬福禄培尔幼儿园，具体介绍福禄培尔的教育理论和方法，并建议想详细了解幼儿园教育方法的人去读《英语幼儿园入门手册》这本书。狄更斯作为英国一位享有盛誉的作家，主编的杂志无疑对福禄培尔幼儿园教育原理在英国的传播产生了重要影响。狄更斯本人也被看作福禄培尔幼儿园的一个伟大的拥护者。

由于1861年英国颁布了修订的教育法规，实际上以读、写、算成绩决定国库补助的政策，福禄培尔幼儿园19世纪60年代在英国处于低潮，但到70

① ［日］日本世界教育史研究会：《世界幼儿教育史》上册，刘翠荣、梁忠义、吴自强等译，285页，长春，吉林人民出版社，1986。

② Emile Michaels, Autobiography of Friedrich Froebel, New York, C.W.Bardeen Publisher, 1915, p.143.

年代又得到了发展。1870 年颁布的《初等教育法》虽未直接涉及学前教育方面，但其自由主义的教育理念无疑是有助于幼儿园教育发展的。因此，伦吉夫妇的《英语幼儿园入门手册》一书在 70 年代后几乎每年都重版，到 1877 年时已出到第十版。《英语幼儿园入门手册》的封面和封底有关福禄培尔幼儿园教育原理以及恩物、游戏和作业材料的介绍一览表竟达 76 项，由此可见福禄培尔幼儿园教育在英国的发展状况。

因为英国缺乏有关幼儿园教育的文献，所以美国幼儿园运动先驱者的一些著作也在英国得到了发行。其中有巴纳德的《幼儿园与儿童文化论文集》（Kindergarten and Child Culture Papers）、玛丽·曼翻译的比洛夫人撰著的《回忆弗雷德里希·福禄培尔》（Reminiscences of Friedrich Froebel）以及皮博迪主办的《幼儿园教师》（The Kindergarten Teacher）杂志等。

(二)福禄培尔协会的建立

为了推动幼儿园教育在英国的发展，英国的一些城市建立了福禄培尔协会。最早的是 1873 年在曼彻斯特建立的"曼彻斯特福禄培尔协会"（The Froebel Society of Manchester）。第二年，伦敦建立了"伦敦福禄培尔协会"（The Froebel Society of London）。这些协会具有两方面的目的，一是促进福禄培尔幼儿园教育原理和制度的传播，二是培养并提供理解幼儿园教育理论和方法的合格的幼儿园教师。

伦敦福禄培尔协会第一任会长是夏雷弗。他曾在《教育杂志》上发表了一些关于幼儿园教育的文章，并撰写了一些著作，其中有《幼儿园原理》（Principles of the Kindergarten）（1876）、《福禄培尔生平概略》（Sketch of Froebel's Life）（1877）和《家庭幼儿园》（The Kindergarten at Home）（1882）等。在夏雷弗的领导下，伦敦福禄培尔协会从 1876 年起开展了幼儿园教师资格考试，由预备考试和正式考试两部分组成。预备考试科目有阅读、书写、文法、计算、地理、历史、英语文献等，正式考试科目有教育理论和教育历史、福禄培尔著作、体育、故事、诗歌、唱歌、几何学、生理学、卫生学、物理学、动物学、植物学、地质学、幼儿园作业、实习等。后来，英国其他城市的福禄培尔协会也开展了相似的幼儿园教师资格考试。此外，伦敦福禄培尔协会还不断与政府联系，希望政府关注并资助幼儿园教育的发展。这种努力使得英国政府在有关幼儿教育的文件中强调重视幼儿的自发活动，促进幼儿各种能力的协调发展，并重视福禄培尔的恩物在幼儿智力开发上的价值。

在幼儿园运动中，英国一些教育团体开始关注幼儿园教师的培训工作。1874 年 4 月，"英国和海外学校协会"（The British and Foreign School Society）在斯托克威尔建立了幼儿园教师培训学院，聘请曾是米登多夫和福禄培尔夫人的学生的希尔沃特小姐担任院长。

随着幼儿园教育在英国的发展，曼彻斯特福禄培尔协会首先提出联合开展幼儿园教师资格考试，并得到了其他城市福禄培尔协会的响应。于是，1887 年成立了实施共同的幼儿园教师资格考试的筹备委员会，并于第二年开始运作。由于幼儿园教师资格考试很严格，因此，幼儿园运动在英国的发展并不是很快。1893 年，这个共同的幼儿园教师资格考试委员会成为"全国福禄培尔联合会"（The National Froebel Union），在英国的幼儿园运动中发挥其作用。

二、幼儿园运动在法国

幼儿教育在法国有着悠久的历史。早在 1769 年，法国慈善家、教育家奥柏尔林就在施泰因塔尔地区基于游戏和儿童乐趣创办了一所幼儿学校。这是欧洲第一所幼儿学校。奥柏尔林幼儿学校的实践和理论唤起了社会公众对幼儿教育的兴趣。因此，在 19 世纪前半期，法国曾出现托儿所运动。

1855 年，比洛大人离开英国后就来到了法国，并在那里生活了三年时间。在这三年里，她做演讲 100 多次，热情宣传和系统介绍福禄培尔幼儿园教育原理。正是通过比洛夫人的宣传和介绍,法国民众才得以了解福禄培尔幼儿园的教育理论和方法。在托儿所中央委员会的同意下,法国开始引入福禄培尔幼儿园的方法,并向师范学校学生讲授福禄培尔的教育理论和方法。"国际托儿所保姆培训学校附属托儿所"被指定为实验基地,经过三个月的实验,取得了令人满意的结果。为了推动幼儿园教育在法国的发展,法国教育部出版了许多有关幼儿园的指导书籍,一些有关的刊物,诸如《母亲的科学》等也得到了发行。

随着福禄培尔幼儿园教育原理的传播,法国建立了少量幼儿园,但它们都是为上层家庭子女所设立的。就法国幼儿园运动来说,其主要成果包括两方面:其一,以福禄培尔幼儿园教育原理为指导开展了幼儿教育师资的培训工作;其二,福禄培尔幼儿园教育理论和方法对幼儿教育有所渗透。例如,有关托儿所的规定要求把福禄培尔的恩物当作教具,要求种着花卉树木的庭院供幼儿娱乐、游戏和户外运动使用。

显然,福禄培尔幼儿园教育原理不仅对 19 世纪后半期法国幼儿教育的内容和方法产生了影响,而且法国托幼教育机构也吸收了福禄培尔幼儿园的特点。但是,也许是因为在普法战争(1870—1871 年)中失败,法国人并没有采用福禄培尔幼儿园的名称。1881 年 8 月 2 日,法国政府颁布政令将所有托幼教育机构统一称为"母育学校",其名称一直沿用到现在。作为托幼教育机构改革方案起草委员会负责人的法国教育家凯果玛拒绝了福禄培尔幼儿园的模式,并认为福禄培尔幼儿园是依附于缺乏独创性的使用恩物的程序的。因此,在 19 世纪末法国的文献资料里都不提及福禄培尔的名字。

三、幼儿园运动在俄国

19 世纪,俄国是欧洲经济和文化最落后的国家,因此,其幼儿园教育的发展比欧洲其他国家缓慢。尽管如此,幼儿园运动还是影响到了俄国。

1860 年，圣彼得堡开办了俄国第一所幼儿园。此后，一些大城市也开办了幼儿园。在这些幼儿园中，比较著名的是西蒙诺维奇 1866 年在圣彼得堡开办的幼儿园和萨洛维叶娃 1869 年在莫斯科开办的幼儿园——初等学校。前者在采用福禄培尔幼儿园教育方法的同时，对幼儿园大班儿童的教学活动进行了改进，开展游戏和作业等方面的活动。后者对幼儿园和初等学校的衔接关系进行了实验，加强了幼儿园教师和初等学校教师之间的合作。这些幼儿园都是私人开办的，收费高昂，其教育对象主要是上层家庭的子女。据统计，1896 年，俄国有幼儿园 66 所，到 1903 年增加为 84 所。[1] 其幼儿园教育发展速度之缓慢，是无法与欧洲其他国家以及美国和日本相比的。

值得注意的是，1866 年，圣彼得堡"廉价住宅协会"这个慈善机构开办了一所幼儿园，招收劳动人民家庭的子女。这所幼儿园按照福禄培尔的方法进行游戏和作业活动。但是，由于经费上的困难，它仅仅存在了几年时间。

随着幼儿园在俄国的建立，福禄培尔幼儿园教育原理也在俄国得到了传播，其兴盛时期是 19 世纪六七十年代。1869 年，俄国最早的幼儿教育月刊《幼儿园》在圣彼得堡发行，它刊载了许多介绍福禄培尔幼儿园教育原理和方法的文章。1871 年，圣彼得堡又发行了专门宣传福禄培尔幼儿园教育制度的《家庭和学校》杂志。

为了对福禄培尔幼儿园教育理论和方法进行研究，19 世纪 70 年代，在圣彼得堡、基辅、第比利斯、敖德萨、哈尔科夫等城市还建立了福禄培尔协会。这些协会开办幼儿园并发行幼儿园教育杂志。圣彼得堡福禄培尔协会 1871 年开设了"福禄培尔学院"，这是俄国最早的培训幼儿园教师的私立教育机构，学制起初为一年，从 1907 年起改为三年。在十月革命后，它改名为"学前教育大学"。1908 年基辅福禄培尔协会也开设了培养幼儿园教师的"福禄培尔女子师范专科学校"，是当时俄国规模最大的学前教育师范学校，学制三年。应

---

① 单中惠、刘传德：《外国幼儿教育史》，85 页，上海，上海教育出版社，1997。

该看到，对幼儿园教育在俄国的发展来说，这些福禄培尔协会所开展的活动起了一定的作用。

对于福禄培尔幼儿园教育的理论和方法，特别是游戏理论，乌申斯基和托尔斯泰是给予肯定的。但是，他们在参观西欧国家的福禄培尔幼儿园后都对它的宗教色彩及某些形式主义现象提出了尖锐的批评。托尔斯泰指出，让4岁的小孩听到哨声一响就要绕着长凳做演习，在命令之下举起手来，并以震耳的怪嗓子唱起对上帝和自己恩人的赞美诗，是不利于幼儿发展的。[①] 乌申斯基认为，如果福禄培尔的游戏和作业落到教育水平不高的幼儿园教师手中，那么它们就会变成对幼儿无益的折磨。

第三节　幼儿园运动在美国

通过19世纪美国教育家巴纳德、哈里斯、皮博迪、布洛以及一些福禄培尔学生的宣传和努力，福禄培尔幼儿园传入了美国，同时他的幼儿园教育原理和方法也在美国得到了传播。美国当代教育史学家克雷明(Lawrence A. Cremin)这样指出，对幼儿学习的兴趣兴起于19世纪70年代末，福禄培尔的畅销原著在幼儿园运动之前传入美国，激起了人们对"自然的"发展的关注，尤其是在创造性游戏方面。[②] 幼儿园运动在美国的发展得到了全国教育协会(National Education Association)的支持。更为重要的是，一些直接受过福禄培尔教育方法训练的德国学生来到了美国，开办幼儿园并阐释福禄培尔幼儿园教育原理。此外，1876年费城国际博览会展出的有关幼儿园教育的展品，受

---

① 潘后杰、徐学莹：《外国幼儿教育简史》，165页，成都，四川民族出版社，1997。

② ［美］克雷明：《美国教育史(3)：城市化时期的历程(1876—1980)》，朱旭东、王保星、张驰等译，308页，北京，北京师范大学出版社，2002。

到了广大观众的好评和欢迎。这一切极大地激起了美国民众对幼儿园运动的兴趣。美国教育家杜威在他的《民主主义与教育》一书中就指出："福禄培尔认识到儿童天赋能力的重要意义，他对儿童的充满爱的关怀以及他在引导其他人去研究儿童方面所起的作用，也许是近代教育理论中使生长的概念得到广泛传布的一种最有效的力量。"①此外，被誉为"进步教育之父"的美国教育家帕克（Francis W. Parker）在考察欧洲教育时了解了福禄培尔的幼儿园教育思想，因此在他后来担任马萨诸塞州的昆西学校督学和芝加哥库克县师范学校校长期间，也帮助推动了 19 世纪 80—90 年代幼儿园运动的开展。所以，在 1890—1920 年的 30 年里，进步主义者不断强调福禄培尔幼儿园计划。正是在这样的背景下，福禄培尔幼儿园在美国牢固地确立了其地位。

一、私立幼儿园的开办

美国第一所幼儿园是由德国移民舒尔茨夫人于 1856 年在威斯康星州沃特敦她自己的住宅中开办的。这是一所使用德语会话和教学的私立幼儿园，主要为德国移民的子女提供教育，指导幼儿利用恩物进行游戏和作业。

早在 1849 年，年仅 16 岁的玛格丽特曾与兄弟姐妹在德国汉堡听过福禄培尔关于幼儿园教育的演讲，并对福禄培尔的幼儿园教育计划产生了极大的兴趣。1852 年，她跟随一个年青的德国自由主义者卡尔·舒尔茨（Carl Schurz）来到美国，并成了他的妻子。他们在费城住了一段时间后，就搬到了威斯康星州的沃特敦。为了教育自己的孩子，舒尔茨夫人利用自己家的客厅，把他们的两个女儿和堂兄弟的四个孩子集合在一起，采用福禄培尔的方法对他们进行教育。这就是美国第一所幼儿园。后来，其他亲戚和朋友也把孩子送来，这所幼儿园就搬到了市中心的一个空闲的店铺里。尽管是美国教育史

---

① John Dewey, Democracy and Education, New York, The Macmillan Company, 1916, p.67.

上第一所幼儿园，但由于舒尔茨夫人在沃特敦住的时间很短，其影响并不是很大。

此后，曾是福禄培尔学生和合作者的弗兰肯伯格于1859年在俄亥俄州的哥伦布开办了一所幼儿园。后来，她又在俄亥俄州的赞斯维尔和宾夕法尼亚州的杰曼敦开办幼儿园。早在1836年，弗兰肯伯格就曾在哥伦布开办了一所规模很小的幼儿学校。1840年，她回到德国，在福禄培尔的指导下进行幼儿园教育工作。由于弗兰肯伯格是一位专业的幼儿教师，因此，她开办的幼儿园实际上对幼儿园教育思想在美国的传播产生了很大的影响。

据统计，在19世纪六七十年代，使用德语会话和教学的幼儿园在美国有10所左右。其中比较著名的有1861年杜艾在新泽西州的纽瓦克开办的幼儿园、1865年海尔曼在肯塔基州的路易斯维尔开办的幼儿园等。

在舒尔茨夫人和弗兰肯伯格等人开办的幼儿园的影响下，一些在德国受过霍夫曼斯特关于福禄培尔理论和方法训练的美国教育家开办了使用英语会话和教学的幼儿园，积极推动幼儿园在美国的发展。于是，美国兴起了幼儿园运动。

1860年，皮博迪在波士顿最早开办了一所使用英语会话和教学的幼儿园。更为重要的是，她于1868年在波士顿的幼儿园中附设了美国第一所幼儿园教师培训所，聘请比洛夫人的学生克里格夫人和她的女儿阿尔玛·克里格担任教师，讲授福禄培尔幼儿园教育原理。

在皮博迪的影响下，使用英语会话和教学的幼儿园在美国各地开办起来。例如：1864年，艾伦在马萨诸塞州的西牛顿开办了幼儿园。1870年，波洛克夫人在华盛顿的一所师范学校中增设了幼儿园。1872年，纽约市格雷默西公园女子学校校长海恩斯在她的学校中开办了幼儿园，聘请福禄培尔遗孀莱文的学生贝尔特担任教师。1873年，塞姆勒在旧金山开办了幼儿园。1876年，马威德尔在洛杉矶开办了幼儿园。其中值得注意的是，海恩斯在纽约的幼儿园中附设了幼儿园教师培训所。

皮博迪和海恩斯所设立的幼儿园教师培训所，运用福禄培尔的理论和方法培训了许多幼儿园教师，进一步推动了幼儿园运动在美国的发展。

在私人开办幼儿园的同时，一些慈善机构和宗教团体也开始关注幼儿园的发展。慈善机构把开办幼儿园作为其救济政策的一个方面，希望幼儿教育成为促进社会改良和贫民生活改善的一个手段。1870 年，纽约出现了第一所由慈善机构开办的幼儿园，由阿德勒负责。后来，波士顿出现了慈善幼儿园。1893 年，芝加哥也出现了慈善幼儿园。宗教团体把开办幼儿园作为教区内的一项事业，希望使幼儿园成为进行宗教教育的一个场所。1877 年，俄亥俄州托雷多市的托里尼特教会开办了第一所由宗教团体开办的幼儿园，由牛顿负责。1878 年和 1880 年，纽约和旧金山也分别出现了教会幼儿园。到 1912 年，教会幼儿园在美国已有 102 所。后来，教会幼儿园由于公立幼儿园的兴起而呈现下降的趋势。

在幼儿园教育原理传入美国的同时，福禄培尔的恩物和作业材料也迅速在美国受到重视。早在 1871 年，马萨诸塞州斯普林菲尔德的一位玩具制造商布拉德利就开始生产福禄培尔的恩物和作业材料。一些出版公司在出版的关于幼儿园教育的书籍尾页上，详细介绍恩物和作业材料的用法。

二、公立幼儿园的兴起

随着社会进步和经济发展，美国一些社会人士和教育工作者希望使幼儿园教育与公共教育制度联系起来，建立公立幼儿园，并使之成为适应社会生活的一种教育机构。

虽然皮博迪提出了建立公立幼儿园的要求，但是，公立幼儿园在美国的兴起是由于密苏里州圣路易斯市的哈里斯和布洛两人的努力。当时担任圣路易斯市教育局局长的哈里斯向地方教育委员会提议，把幼儿园作为公立学校教育制度的一个组成部分，并聘任布洛管理幼儿园和幼儿园教师培训工作。1873 年夏天，美国第一所公立幼儿园在圣路易斯市德斯皮斯学校中开办，并成为公立学校的一部分，招收 20 名幼儿。到 1880 年，圣路易斯市已有公立幼儿园 52 所，入园幼儿约 8 000 人。

圣路易斯市公立幼儿园的开办，在美国产生了普遍的影响。来自全国各地的访问者络绎不绝，各地进行了仿效。这促进了公立幼儿园在美国的兴起和发展，并使其纳入了公立学校教育系统。据统计，到 19 世纪末，全国 10 个主要城市开办了公立幼儿园，189 个地区的公立学校附设了幼儿园。[①]

在公立幼儿园兴起和发展的过程中，全国教育协会起着积极的作用。早在 1872 年，曾是福禄培尔《人的教育》(Education of Man) 一书英文本翻译者的海尔曼就在全国教育协会的年度大会上提倡福禄培尔的教育原理，建议采用幼儿园教育计划。对于海尔曼的建议，全国教育协会同年任命了一个调查委员会。其成员除海尔曼外，还有哈里斯、杜艾、克劳斯、迪金森、贝克和汉考克。他们对福禄培尔幼儿园的理论和方法都很熟悉。1873 年，这个调查委员会提交了一份报告，即《七人委员会报告》(The Report of the Committee of Seven)，强调应该鼓励发展幼儿园教育，并要求幼儿园与公立学校制度联系起来。尽管调查委员会中有个别人主张不要盲目接受福禄培尔的教育理论和方法，并要求对福禄培尔幼儿园计划进行改进，但其提交的那份报告的主要观点是要以福禄培尔的模式在美国发展幼儿园。1884 年，全国教育协会成立了幼儿园部，负责阐释福禄培尔幼儿园教育原理的应用、讨论幼儿园教师的培训以及宣传幼儿园教育对所有幼儿的意义和作用。同年，全国教育协会的年度大会通过了一份决议，支持幼儿园与公立学校制度联系和合作的要求。

通过全国教育协会的倡导和一些教育家的努力，公立幼儿园在美国各州

---

① [日]日本世界教育史研究会：《世界幼儿教育史》上册，刘翠荣、梁忠义、吴自强等译，306~308 页，长春，吉林人民出版社，1986。

得到了迅速发展。据统计，1892年，美国有幼儿园1 311所，其中公立幼儿园仅459所；到1901年，在总共5 107所幼儿园中，私立幼儿园2 111所，公立幼儿园已有2 996所，在数量上超过了私立幼儿园。① 1899—1900年，美国入园幼儿是225 394人，其中公立幼儿园入园幼儿131 657人，私立幼儿园入园幼儿为93 737人；1909—1910年，在入园幼儿346 189人中，公立幼儿园入园幼儿增加到293 970人，私立幼儿园入园幼儿减少为52 219人。② 根据美国教育史学家克伯莱的《美国公共教育》(Public Education in the United States)一书的资料，到1919年，在美国的各个城市大约有9 000所公立幼儿园和1 500所私立幼儿园。③

三、幼儿园协会的建立

随着幼儿园在美国迅速发展，旨在推广幼儿园教育的幼儿园协会自1870年起在全国各地建立起来了。1870年美国第一个幼儿园协会在密尔沃基建立。此后，全国各地纷纷建立了幼儿园协会。例如，旧金山公立幼儿园协会(1878)、新泽西幼儿园协会(1879)、辛辛那提免费幼儿园协会(1879)、旧金山金门桥幼儿园协会(1880)、芝加哥幼儿园协会(1880)、费城初等学校附属幼儿园协会(1881)等。从美国幼儿园运动的历史来看，1880—1890年，正是幼儿园协会在美国迅速建立的时期。据统计，到1897年，美国已有400多个名称不一的幼儿园协会。④

① ［日］日本世界教育史研究会：《世界幼儿教育史》上册，刘翠荣、梁忠义、吴自强等译，91页，长春，吉林人民出版社，1986。

② ［日］日本世界教育史研究会：《世界幼儿教育史》上册，刘翠荣、梁忠义、吴自强等译，302页，长春，吉林人民出版社，1986。

③ ［美］克伯莱：《美国公共教育：关于美国教育史的研究和阐释》，陈露茜译，256页，合肥，安徽教育出版社，2012。

④ Evelyn Weber, The Kindergarten, New York, Teachers College Press, Columbia University, 1969, p.40.

　　特别应该指出的是，到 1890 年，美国各大城市几乎都建立了免费幼儿园协会，为贫民区儿童提供免费的幼儿园教育。其中，俄亥俄州辛辛那提免费幼儿园协会就是一个突出的例子。这个免费幼儿园协会建立于 1879 年 12 月，由塔夫脱夫人担任主席。由于该州法律规定不能对六岁以下幼儿的教育提供资助，这个协会努力争取私人赞助以给贫苦家庭幼儿提供免费的幼儿园教育。1880 年 3 月，这个协会开办了一所免费幼儿园，由布洛的一个学生担任园长。该协会后来又在城市的不同地区开设免费幼儿园。为了培养幼儿园教师，这个协会又开办了一所师范学校，免费为学生提供一些幼儿园教育课程。1905 年，辛辛那提免费幼儿园协会开办的那些免费幼儿园成为该市公立学校制度中的一部分，那所师范学校已附属于辛辛那提大学。辛辛那提免费幼儿园协会的活动曾给哈里斯留下了深刻的印象。

　　为了联合幼儿园教师来推动幼儿园在美国的发展，早在 1878 年，皮博迪就成立了"美国福禄培尔联合会"（American Froebel Union）。1882 年，它又重组为"北美福禄培尔协会"（Froebel Institute of North America），由皮博迪担任名誉主席，海尔曼担任主席。当时，这个协会在实际上已成为美国幼儿园运动中心。1885 年，在全国教育协会在萨拉托加温泉召开的年度大会上，北美福禄培尔协会与全国教育协会的幼儿园部正式合并。

　　后来，费城的斯图尔特又打算成立一个新的协会，加强对幼儿园事业感兴趣的人士之间的合作，提升幼儿园在教育过程中的地位。1892 年 7 月，"国际幼儿园协会"（International Kindergarten Association）在全国教育协会第 32 届年会上成立，由斯图尔特担任主席。该协会的宗旨是，汇集、统计全世界有关幼儿园运动的资料，加强幼儿园之间的合作，推动幼儿园的发展，促进幼儿园教师的培训。但是，其直接的目的是为 1893 年芝加哥博览会提供有关幼儿园的展品。此后几年，国际幼儿园协会得到了进一步发展，每年召开一次全国大会。1900 年，这个协会已有 36 个分会，6 225 个会员；到 1918 年，它已成为世界上第三大教育团体，有 132 个分会，18 000 个会员。①

由于很多人认为 2~8 岁的儿童具有共同的需要，因此，他们希望促进托儿所、幼儿园和小学之间的合作。在这种背景下，1930 年国际幼儿园协会与全国初等教育委员会（National Council of Primary Education）合并成"儿童教育协会"（Association for Childhood Education）②。该协会的刊物《儿童教育》经常刊载阐释幼儿园教育理论的文章。

为了宣传幼儿园教育思想，在 19 世纪末 20 世纪初，美国一些教育学者还撰著、出版了一些关于福禄培尔及其幼儿园理论和方法的著作。其中有鲍恩的《福禄培尔与自我活动的教育》（Froebel and Education through Self-Activity）（1897）、汉施曼的《幼儿园制度的兴起和发展》（The Kindergarten：Its Origin and Development）（1897）、施奈德的《幼儿园创立者弗雷德里希·福禄培尔的一生》（The Life of Friedrich Froebel，Founder of the Kindergarten）等。甚至杜威和克伯屈（William H. Kilpatrick）这些在当时美国具有重要影响的教育家，也对福禄培尔幼儿园教育思想进行了评论。杜威在 1900 年 6 月的《初等学校纪事》（School Record）上发表了题为《福禄培尔教育原理》（Froebel's Educational Principles）的文章，后来他在一些论著中又对福禄培尔幼儿园教育理论和实践做了肯定和赞扬的评论。例如，在《明日之学校》（Schools of Tomorrow）一书中，杜威就明确指出："而如所周知，福禄培尔为年龄太小不能上通常的初等学校的儿童创建了一种新型的学校，即幼儿园。"③1916 年克伯屈出版了一本小册子，题为《对福禄培尔幼儿园原理的批判性检验》（Froebel's Kindergarten Principles Critically Examined）。

---

① Evelyn Weber, The Kindergarten, New York, Teachers College Press, Columbia University, 1969, p.67.

② "儿童教育协会"后来改名为"国际幼儿教育协会"（International Association for Childhood Education）。

③ [美]杜威：《学校与社会·明日之学校》，赵祥麟等译，255 页，北京，人民教育出版社，1994。

四、美国幼儿园运动的先驱者

美国的幼儿园运动中，涌现出了许多先驱者。正是由于这些先驱者的努力宣传和实践，幼儿园运动在美国得到了迅速发展。被誉为"美国幼儿园之父"[①]的19世纪美国教育家巴纳德最早倡导"幼儿园"教育模式，哈里斯、皮博迪和布洛阐释与扩展了福禄培尔幼儿园教育原理。

(一)巴纳德

巴纳德是19世纪美国公立学校运动的一位领导人。在1835年去欧洲旅行期间，他对瑞士教育家裴斯泰洛齐和德国教育家福禄培尔的教育理论产生了兴趣。1836年回国后，他便放弃律师职业，开始从事教育行政工作，曾担任过康涅狄格州和罗得岛州的教育行政领导人。1855—1882年，巴纳德主编了百科全书式的《美国教育杂志》32卷。1867—1870年，他担任美国联邦教育部第一任教育长官。

在美国教育文献中最早介绍福禄培尔幼儿园教育原理的就是巴纳德。1854年，英国伦敦举办了一次教育博览会，展出了教育设施和教具，其中包括福禄培尔的恩物以及游戏和作业材料。巴纳德抱着极大的热情出席了这次教育博览会，特别对福禄培尔的幼儿园教育理论和方法留下了深刻的印象。同时，他还参观了伦吉夫妇在伦敦开办的幼儿园。回国后，巴纳德就在自己主编的《美国教育杂志》上发表介绍福禄培尔幼儿园的文章，题为《福禄培尔的幼儿园制度》(Froebel's System of Kindergarten)。这是美国最早的一篇关于幼儿园教育的文献。《美国教育杂志》后来又刊载了不少关于福禄培尔幼儿园的文章。[②] 此外，巴纳德在他的公共演讲和州教育委员会年度报告中，也积极宣传福禄培尔幼儿园教育的意义和作用。他强调，幼儿园"是世界上有关幼儿发展

---

① Evelyn Weber, The Kindergarten, New York, Teachers College Press, Columbia University, 1969, p.24.

② 巴纳德1881年曾把《美国教育杂志》上刊载的关于福禄培尔幼儿园教育的文章汇编成集出版，书名为《福禄培尔幼儿园文集》(Papers on Froebel's Kindergarten)。

的最有独创性的、最有吸引力的和最富有哲理性的形式"①。

在担任美国联邦教育部第一任教育长官后，巴纳德继续努力传播福禄培尔幼儿园计划，强调幼儿园教育的重要性。在 1868 年给美国国会的报告中，他曾这样写道："因为人类最重要的形成时期先于儿童现在进入的公立学校时期，所以有必要作好正式的安排。……我知道，对于这些目的来说，没有什么机构如福禄培尔的幼儿园那样富有哲理性和有吸引力。"②

为了传播福禄培尔幼儿园教育原理，巴纳德 1890 年还编辑了第一本在美国出版的有关幼儿园教育的文献——《幼儿园与儿童文化论文集》(Kindergarten and Child Culture Papers)。该书既收入了由兰格和比洛夫人翻译的有关福禄培尔与他的幼儿园教育的文章，又收入了哈里斯、皮博迪、布洛、贝尔特和波洛克的文章。

对于巴纳德在美国幼儿园运动中的影响，有的美国教育学者这样指出：巴纳德的努力"进一步推动了幼儿园运动在美国的发展，从而使得在美国教育阶梯的更低的部分增加了一个梯级"③。

(二)皮博迪

作为美国幼儿园运动的先驱者，皮博迪把她的一生献给了美国幼儿园事业，以至有的教育学者这样认为，在欧洲幼儿园运动中有比洛夫人，在美国幼儿园运动中有皮博迪小姐。④

从 1840 年起，皮博迪在波士顿开设书店，有机会与许多有识之士相识。受到她的妹夫、美国"公立学校之父"贺拉斯·曼(Horace Mann)的影响，皮博

---

① Henry Barnard, Kindergarten and Child Culture Papers, Hartford, Office of Barnard's American Journal of Education, 1890, p.3.

② Evelyn Weber, The Kindergarten, New York, Teachers College Press, Columbia University, 1969, p.24.

③ Richard E.Theersfield, Henry Barnard's American Journal of Education, Baltimore, John Hopkins Press, 1945, p.334.

④ Robert Downs, Friedrich Froebel, Boston, Twayne Publishers, 1978, p.94.

迪开始热心于幼儿园教育事业，并对新的教育方法感兴趣。巴纳德在《美国教育杂志》上发表的那篇文章，激起了她对福禄培尔幼儿园的兴趣。1859年，皮博迪与访问波士顿的舒尔茨夫人不期而遇，因而在进一步了解福禄培尔幼儿园教育原理的同时也得到了详细的指导。她读过福禄培尔的《人的教育》一书，受到了很大的启迪。第二年，即1860年，皮博迪就在波士顿平斯克尼街她自己的住宅中开办了一所幼儿园。她还把姐姐玛丽·曼请来担任助手。她们姐妹俩同年还合作撰著了《幼儿的道德文化与幼儿园指导》(Moral Culture of Infancy and Kindergarten Guide)。

为了深入学习福禄培尔的幼儿园理论和方法，皮博迪于1867年去德国汉堡，得到了福禄培尔遗孀莱文的直接指导。在柏林时，她还参加了比洛夫人主持的幼儿园研讨班，熟悉了音乐、唱歌和游戏等教育活动。回国后一年，皮博迪就开办了幼儿园教师培训所。她不仅修改了《幼儿的道德文化与幼儿园指导》一书，而且撰写了《幼儿师范学校讲演集》(Lectures in the Training Schools for Kindergartners)(1886)。

此外，皮博迪通过自己的演讲和文章以及定期发行《幼儿园教师杂志》，积极宣传福禄培尔幼儿园教育原理，要求幼儿园教师的工作环境充满活力。她接受福禄培尔幼儿园计划的象征主义，认为恩物、游戏和作业是最适合于幼儿的，要求严格按福禄培尔的方法去教育幼儿。她强调道德教育在幼儿园中的重要性，主张幼儿园教育是应用于所有幼儿的促进人类发展的方法。皮博迪在美国被看作福禄培尔幼儿园计划的热心倡导者。

(三)哈里斯

哈里斯是美国公立学校制度的倡导者。大学肄业后，他曾在密苏里州的圣路易斯市担任家庭教师和文法学校校长。1868年，哈里斯担任圣路易斯市教育局副局长，第二年升任教育局局长。哈里斯担任教育局局长的时间达12年之久。在哈里斯的领导下，圣路易斯市的公共教育得到了迅速发展。

在任教育局局长期间，哈里斯十分重视幼儿教育，并主张把幼儿园与公立学校制度联系起来。由于哈里斯的倡导，1873 年圣路易斯市开办了美国第一所公立幼儿园，从而在美国第一次把幼儿园列为公立学校系统的一个组成部分。因此，圣路易斯市成为当时美国公立幼儿园教育的中心，其影响遍及全国，推动了公立幼儿园在各地的建立。1889—1906 年，哈里斯还担任了美国联邦教育署署长，成为美国公共教育的权威人士。

哈里斯认为，每个人都应该通过教育而成为一个天性得到发展的人，既有正确的习惯，又有卓越的智力。在他看来，福禄培尔幼儿园是一个合适的幼儿教育机构。所以，无论是在担任圣路易斯市教育局局长时，还是在担任联邦教育署署长时，哈里斯都支持公立幼儿园的建立和发展。1879 年，他在美国福禄培尔协会的大会上做了题为《公立学校制度中的幼儿园》（"Kindergarten in the Public School System"）的演讲，明确指出："在这次关于福禄培尔'恩物'作为生活的准备的重要性的讨论中，我始终认为，幼儿园被纳入公立学校制度是有价值的。"①美国教育学者奥恩斯坦（Allan C. Ornstein）在《美国教育学基础》（An Introduction to the Foundations of Education）一书中指出："哈里斯认为，幼儿园是学校制度的第一个重要的阶段，因为它使儿童有所准备，以便适应小学的秩序和常规。"②

对于福禄培尔的自我活动原理，哈里斯是表示赞同的。他支持使用福禄培尔的恩物、游戏和作业，并把它们看作"为了通过自我活动教育幼儿而发明的最好的手段"③。在他看来，3~7 岁幼儿的幼儿园时期是福禄培尔的恩物、游戏和作业的理想时间。对于手工训练来说，福禄培尔的恩物和作业是理想

---

① Henry Barnard, Kindergarten and Child Culture Papers, Hartford, Office of Barnard's American Journal of Education, 1890, p.633.

② [美]奥恩斯坦：《美国教育学基础》，刘付忱等译，45 页，北京，人民教育出版社，1984。

③ Henry Barnard, Kindergarten and Child Culture Papers, Hartford, Office of Barnard's American Journal of Education, 1890, p.630.

的材料。哈里斯认为，社会将通过对幼儿提供理性的幼儿园教育而得到好处。

对于哈里斯在美国幼儿园运动中的地位，有的美国教育学者指出：在幼儿园对社会发展的作用方面，哈里斯是"一个先驱者"①。

（四）布洛

作为福禄培尔幼儿园教育的积极传播者，布洛被人们誉为美国公立学校的"幼儿园之母"②。

1872年，在纽约的海恩斯设立的幼儿园教师培训所里，布洛向福禄培尔遗孀莱文的学生贝尔特学习福禄培尔幼儿园教育理论和方法。第二年夏天，她应聘在密苏里州圣路易斯市管理刚开办的公立幼儿园，获得了很大的成功。1877年，布洛又赴德国跟随比洛夫人学习，并对德国的一些幼儿园进行了访问。

布洛认为，游戏是幼儿园教育过程的一部分，通过对福禄培尔的游戏材料的模仿和使用，幼儿的有创造性的自我活动得到了发展。在她看来，福禄培尔的实际工作和象征主义的源泉的关键就是部分与整体的概念，这是福禄培尔对幼儿教育理论最有独创性的贡献。

1894年，布洛撰著、出版了《象征性教育》（Symbolic Education）一书。她认为，自然的象征主义是福禄培尔幼儿园计划的一个重要方面。她支持象征主义在幼儿园教育中的广泛使用，因为象征性玩具对幼儿的智力发展来说是必要的。但是，由于真正的玩具具有不确定性，因此，应该允许幼儿的象征性转换。在她看来，游戏材料就是福禄培尔的恩物，每一种恩物都有很多种用法。

布洛很赞赏福禄培尔的《慈母曲及唱歌游戏集》一书，认为幼儿园教育可

---

① Merle Curti, The Social Ideas of American Educators, New Jersey, Littlefield, 1959, p.324.

② [日]日本世界教育史研究会：《世界幼儿教育史》上册，刘翠荣、梁忠义、吴自强等译，306页，长春，吉林人民出版社，1986。

以从中选择有用的材料。在她看来，福禄培尔正是在游戏和歌曲中获得了那些使所有种族和所有时代的幼儿感到欢乐的要素。

在圣路易斯市管理公立幼儿园的十年，是布洛积极传播和努力实践福禄培尔幼儿园教育原理的十年。后来有一段时间，布洛因健康原因无法继续她的幼儿园教育工作，但她在身体康复后又从事幼儿园教育撰著翻译工作和进行幼儿园实际指导。正因为如此，有的美国教育学者把布洛看作"福禄培尔幼儿园计划的提倡者。……她成了那些捍卫福禄培尔幼儿园计划的幼儿园教师的领袖"①。

第四节　幼儿园运动在亚洲

一、幼儿园运动在日本

日本明治维新时期，在"文明开化""求知识于世界"等理念的指导下，随着欧美教育思想涌入，福禄培尔幼儿园教育原理开始传入日本。正是通过美国幼儿园运动作为媒介，福禄培尔幼儿园开始在日本开办，并在日本全国范围内得到了较快发展，到 19 世纪末幼儿园运动在日本已初具规模。特别是日本制定和颁布了第一个幼儿园规程，使得日本的幼儿园教育走向制度化，为日本幼儿园的发展提供了法律上的保证。

（一）幼儿园的建立和发展

为了培养幼儿教师，日本明治政府决定开设以培养幼儿师资为目的的师范教育机构。于是，1874 年 3 月，东京女子师范学校在东京府神田区宫本街正式成立。这是日本第一个培养幼儿教师的教育机构。

---

① Evelyn Weber, The Kindergarten, New York, Teachers College Press, Columbia University, 1969, p.33.

随后，在当时的文部大辅田中不二麻吕的倡导下，1876 年 11 月建立了东京女子师范学校附属幼儿园。这是日本幼儿园运动的肇端。这所幼儿园是利用东京女子师范学校的一部分校舍建立起来的，以美国幼儿园为模式。作为一所文部省直属的国立幼儿园，该幼儿园在行政管理上设监事(相当于园长)一人、首席保姆一人、保姆两人和助手两人。当时担任东京女子师范学校摄理(相当于校长)的是中村正直。关信三担任附属幼儿园监事，首席保姆由德国人齐德曼担任。东京女子师范学校附属幼儿园刚开办时招收了 75 名幼儿，多为富裕家庭的子女。

曾赴欧美国家进行考察的文部大辅田中不二麻吕在给太政大臣三条实美的报告中，论及了东京女子师范学校附属幼儿园建立的原因。他这样写道："本来，海外诸国的幼儿园多以私立为主。尤其象美国那样，为富豪子弟投资建造的规模大、设备完善的幼儿园甚多。经过实际考察，我认为，建立幼儿园颇有益处。……我之所以积极筹建此'附园'目的有三：其一，为今后的幼儿园树立样板；其二，力图促进教育之发展；其三，为女子师范学校的学生提供实践园地……"①尽管当时有一些人对建立幼儿园的做法进行了抨击，但是，东京女子师范学校附属幼儿园的开办无疑推动了幼儿园在日本全国各地开办。1879 年，日本开办了大阪府立模范幼儿园和鹿儿岛女子师范学校附属幼儿园。1880 年，又开办了樱井女子学校附属幼儿园。

特别值得指出的是，东京女子师范学校附属幼儿园在开办后的第二年(1877 年)7 月就制定了规则，共 12 条，另附"保育科目"。其主要内容包括："第一条：幼儿园的办园主旨在于，招收学龄前幼儿，开发其天赋智力，启迪其心灵，促使身体健全发展，使之理解交际的情谊，养成善良的言行。第二条：男女幼儿的入园年龄限于 3 岁以上、6 岁以下。……第四条：幼儿园定员

---

① ［日］日本世界教育史研究会：《世界幼儿教育史》上册，刘翠荣、梁忠义、吴自强等译，314 页，长春，吉林人民出版社，1986。

为 150 名左右。……第九条：入园儿童须按年龄分班。一般情况下，5 岁以上的儿童为第一班；4 岁以上幼儿为第二班；3 岁以上儿童为第三班。第十条：保育时间，每日平均为 4 小时。……"①东京女子师范学校附属幼儿园设置的保育科目有物品科、美术科、知识科三方面。其包括的玩具和游戏多达 26 种，具体有五彩球、三角形、贝壳、连环锁、积木、筷子、环形游戏、剪纸、贴纸、针刺画、刺绣、木版画、编纸、折纸、木筷游戏、黏土游戏、木片组合、纸片组合、数数、常识、唱歌、会话、体操等。1884 年，东京女子师范学校附属幼儿园又修改了规则，分第一章总则(3 条)、第二章保育规则(7 条)。其中，总则第一条规定："本园是一所供女子师范学校的学生进行幼儿保育工作训练，并以出色的伦理道德给其他幼儿园作出榜样的场所。"保育规则第一条规定："保育课程包括：集合、修身、各种物件、积木、排板、排筷子、排环、豆细工、系珠、编纸、折纸、刺纸、缝纫、剪纸、绘画、数数、朗读、书写、唱歌、游戏。"第七条规定："保育要领：幼儿园系保育学龄前儿童的场所，以有益于家庭教育和打好学校教育的基础为目的。任务是，培养幼儿正确的道德涵养，促进身体发育，以及启迪智能。"②

东京女子师范学校附属幼儿园制定的规则，确实对日本其他幼儿园起了示范的作用。后来开办的幼儿园大多采用了东京女子师范学校附属幼儿园设置的保育科目。但从其规则的具体内容来看，其规则要求比较高，而且需要很多资金的投入。这在一定程度上限制了幼儿园在日本的发展速度。再加上当时日本民众还没有充分认识到幼儿园教育的重要性，以至于对开办幼儿园的兴趣不大。此外，尽管文部省(现为文部科学省)提倡建立幼儿园，但无力提供必要的经费补助。因此，直到 1881 年，日本全国开办的幼儿园仅有 7

---

① [日]日本世界教育史研究会：《世界幼儿教育史》上册，刘翠荣、梁忠义、吴自强等译，328～329 页，长春，吉林人民出版社，1986。

② [日]日本世界教育史研究会：《世界幼儿教育史》上册，刘翠荣、梁忠义、吴自强等译，339～341 页，长春，吉林人民出版社，1986。

所。正如文部省1880年所指出的："幼儿园保育的实施的兴建,已获得了可喜的开端。但唯独感到遗憾的是,幼儿园的设置只限于2、3个城镇,而多数地方尚未建立。况且,现有幼儿园的入园儿童多数是富豪人家儿童。"①

针对这种情况,为了加快幼儿园在日本的建立和发展,文部省1882年召开了各府县学务课长会议,提出了"关于幼儿园制的补充规定"。该补充规定要求:文部省所属幼儿园的一切费用完全由自己承担,各地方幼儿园也应如此;幼儿园规模不宜过大;在编制上从简;办园的方式可任意选择,但提倡在城乡地区设置简易幼儿园。这表明日本明治政府在建立幼儿园的方针上有了根本性的转变。为了给全国各地建立简易的幼儿园树立样板,东京女子师范学校附属幼儿园还按照新的办园方针,增设了一个分园。由于"关于幼儿园制的补充规定"的实施以及文部省1884年颁布的禁止学龄前儿童进入小学的通知,简易幼儿园在日本得到了迅速发展。据统计,1885年,幼儿园已由原来的二三个府县扩展到12个府县,幼儿园增加到30所,入园幼儿1 893人。到1902年时,幼儿园增加到263所(其中国立1所、公立183所、私立79所),入园幼儿增加到24 185人。② 当时这种简易幼儿园受到了日本民众特别是劳动家庭的欢迎,因为它的行政管理简单,设施比较简陋,经费开支节省,保育费便宜,实行不分年龄编班的半日制保育制度,既为幼儿提供了保育和游戏的场所,又适合于在农村或边远地区普及。但是,这种简易幼儿园并不是免费的慈善性幼儿教育机构。

在简易幼儿园得到发展的同时,一些社会人士依靠慈善机构的资助开办了慈善性质的幼儿园。例如:1893年,二宫若在横滨市开办的神奈川幼儿园;1900年,野口幽香和森岛峰在东京麦町区开办的二叶幼儿园,青木正在山形

---

① [日]日本世界教育史研究会:《世界幼儿教育史》上册,刘翠荣、梁忠义、吴自强等译,315页,长春,吉林人民出版社,1986。

② 单中惠、刘传德:《外国幼儿教育史》,94、96页,上海,上海教育出版社,1997。

县开办的青木保育所等。其中，影响较大的是二叶幼儿园。这所幼儿园的经费主要来自慈善音乐会的基金和赞助者的捐款。其园规第一条明确规定："本园以不追求虚荣豪华，因陋就简为宗旨，以招收年满3岁至就学前的无条件进其他幼儿园的幼儿为对象进行的保育为目的，以求解脱其父母教育子女上的烦劳，得以安心从事劳动。"①但是，这种慈善性质的幼儿园在日本的数量不多。到19世纪末时，仅10所左右。

此外，日本还出现了一些由教会开办的幼儿园。最早的教会幼儿园就是1886年由美国传教士波特在金泽市开办的北陆英和幼儿园。但是，教会幼儿园的发展速度并不快，到1896年时才增加为11所，在当时日本223所幼儿园中仅占5%左右。这种幼儿园主要是为中产阶级以上的家庭子女服务的。

（二）福禄培尔幼儿园教育原理的传播

就在日本开办第一所幼儿园时，福禄培尔幼儿园教育原理也开始在日本传播。尽管近藤真琴1875年在《博览会闻录别记——育儿之卷》上曾介绍过1873年在维也纳举办的世界博览会上所展出的福禄培尔幼儿园，但最早介绍福禄培尔幼儿园教育原理的是当时担任东京女子师范学校摄理的中村正直。1876年11月24日，他在《每日新闻》上发表了题为《福禄培尔幼儿园教育理论概要》的文章。这篇文章指出，如果把幼儿当作人类的幼苗，那么，就应该为幼儿建立游戏园，即"幼儿园"，为他们接受良好的教育和促进天性的自由发展提供便利的条件。其目的就是把三至七岁的幼儿组织起来进行游戏、发展天性、锻炼身体、学习劳动、熟悉自然界和人类社会，为进入小学做一些准备。在中村正直看来，幼儿园就是学校教育的预备事业。

当时担任东京女子师范学校附属幼儿园监事的关信三，也是日本明治维新时期积极宣传幼儿园教育的一位教育界人士。1876年，他译著了日本有关

---

① ［日］日本世界教育史研究会：《世界幼儿教育史》上册，刘翠荣、梁忠义、吴自强等译，322页，长春，吉林人民出版社，1986。

幼儿园教育的第一本重要著作:《幼儿园记》。他强调指出,幼儿园能使幼儿在教师的指导下发展智力和道德、成为完美的人。在该书的前言中,中村正直写道:"应该把幼儿组织起来,为其提供一个集体的环境,给予他们发挥自己自然才能和天赋的好机会。"①为了宣传福禄培尔的恩物及其用法,1879年,关信三还编写了《幼儿园二十游戏法》,以20种游戏方式对福禄培尔的恩物进行了图解。他在书中写道:"设计这20种恩物绝非偶然,而是福禄培尔先生卓著的理学上的学识和多年幼儿教育实际经验的结晶。在这每一种恩物游戏中,或多或少地都包含着某种意义。游戏的顺序也是按照自然的法则,由浅入深、循序渐进地排列的。如从最简单的圆球开始,最后到最复杂的粘土模型。而且,前一种恩物与后一种恩物总有一定的联系,以便使游戏能够自然地过渡,最终达到逐渐启迪幼儿心灵的目的。"②他还写道:"幼儿园可以利用每天的3—4小时,把这20种游戏逐一教给儿童。……如果有时儿童玩厌倦了,可暂时停下来,交替进行唱歌、表演和体操等,以便轻松一下,不致于有损游戏的兴致。"③这本书曾对日本幼儿园教育产生重要的影响,激起了幼儿园教师对福禄培尔恩物的兴趣,其提出的以恩物为主的20种游戏方式在幼儿园中被广泛应用。此外,关信三还翻译了很多介绍欧洲和美国幼儿园教育的资料。

关于幼儿游戏问题的著作,还有饭岛半小郎1885年撰著的《幼儿园入门》。他在书中强调,福禄培尔幼儿园教育原理的关键是使幼儿在集体游戏中加强对自然的热爱和体会集体游戏的乐趣,而集体游戏的关键是让幼儿到户外自由地游玩。

———————————

① [日]日本世界教育史研究会:《世界幼儿教育史》上册,刘翠荣、梁忠义、吴自强等译,326~327页,长春,吉林人民出版社,1986。

② [日]日本世界教育史研究会:《世界幼儿教育史》上册,刘翠荣、梁忠义、吴自强等译,337页,长春,吉林人民出版社,1986。

③ [日]日本世界教育史研究会:《世界幼儿教育史》上册,刘翠荣、梁忠义、吴自强等译,327页,长春,吉林人民出版社,1986。

对于当时日本幼儿园教育的实际状况，中村五六在 1893 年出版的《幼儿园摘要》一书中进行了论述。他对多数幼儿园把幼儿按智力发展程度编成若干班级的做法提出了批评，认为这样就不可能对每个幼儿都照顾得十分周到。他强调幼儿游戏的作用，认为通过游戏既可以发展幼儿身体的各种器官，又可以培养幼儿必要的习惯和与同伴交往的感情，但在游戏的同时应穿插进行一些简单而有益的劳动，以便训练幼儿双手的灵巧并使其掌握技能。他还强调幼儿园教育应该使幼儿智、德、体三方面得到发展。虽然在神户开办颂荣幼儿园的美国传教士安妮·豪曾将福禄培尔的《人的教育》一书引入日本，但确定无疑的是，正是日本教育学者所撰著或译著的那些文章和著作，推动了福禄培尔幼儿园教育原理的传播，扩大了福禄培尔主义对日本的影响，从而加快了福禄培尔幼儿园在日本的发展。

为了进一步研究和推广福禄培尔幼儿园教育原理并使其在日本幼儿园中付诸实践，19 世纪末日本各地成立了福禄培尔学会。其中影响最大的是，1896 年以东京女子师范学校附属幼儿园事务局为基础成立的东京福禄培尔学会①，由东京女子师范学校校长担任会长。1898 年，这个学会曾向文部大臣提交《关于幼儿园制度的建议书》。其中建议：应该为幼儿园制定教育令，以便使幼儿园在制度上有明确的法律规定；幼儿园的保育科目应该包括会话、唱歌、游戏、手工和模型练习五个方面。这份建议书为日本 1899 年《幼儿园保育及设备规程》的制定提供了一定的基础。

(三)幼儿园教育法令的颁布

随着福禄培尔幼儿园在日本的发展，日本教育界的一些人士希望能够制定有关幼儿园的规程，使幼儿园在学校教育系统中有明确的法律地位。在对东京福禄培尔学会提出的相关建议进行审议后，文部省于 1899 年 6 月颁布了《幼儿园保育及设备规程》，主要涉及幼儿园的保育目的、保育对象、保育内

---

① 1918 年改称"日本幼儿园协会"。

容、保育时间和设施设备等方面。这是日本教育史上第一部幼儿园法令。

《幼儿园保育及设备规程》共七条。①

第一条：幼儿园是为年满三岁至学龄前幼儿开设的保育场所。

第二条：保育时间(包括吃饭时间)，每日为五小时以内。

第三条：一名保姆可育40名以内的幼儿。

第四条：一所幼儿园可招收100名幼儿，个别情况可招收150名幼儿。

第五条：保育要领。

①对幼儿进行教育，是为了使他们的身心得到健全发展，养成良好习惯，以此辅助家庭教育。

②保育方法，应坚持以适应幼儿的身心发展、教授与其接受程度相应的事物为本职业的根本。

③要时常纠正幼儿的德行仪表。

④因幼儿的模仿能力极强，所以平时应使他们多接触嘉言懿行。

第六条：保育项目。

①游戏。包括自由游戏和集体游戏。自由游戏是让幼儿自己随意运动，集体游戏是开展集体唱歌等活动。以此来使幼儿心情愉快，促进其身体健康。

②唱歌。教授幼儿一些简单的歌曲，促进其听觉器官和呼吸器官发育，并达到使其心情舒畅和陶冶情操之目的。

③谈话。通过对儿童讲授既有益又有趣的故事、寓言以及介绍日常的天然景物和人物等，培养其道德修养和观察、注意的能力。兼做语言发音矫正练习。

④手工作业。利用幼儿园恩物，训练幼儿手、眼，以促进其智力发展。

第七条：幼儿园设备。

---

① [日]日本世界教育史研究会：《世界幼儿教育史》上册，刘翠荣、梁忠义、吴自强等译，319~321页，长春，吉林人民出版社，1986。

①每所幼儿园应在平房建筑的园舍中，设保育室、游戏室、保育员室及其他必需的房间。保育室的大小，须以平均四名幼儿占一坪（36 平方米）为标准。

②游戏场地，须以平均一名幼儿占一坪为标准。

③教学设备，除恩物、绘画用具、游戏用具等以外，还应包括乐器、黑板、课桌、椅子、时钟、温度计、取暖设备及其他所需设备。

④操场、饮用水以及门窗的采光标准等，均以小学的有关规定为准。

《幼儿园保育及设备规程》颁布，标志着日本幼儿园教育进入了一个新的历史时期。尽管此后修订过多次，但直至 1947 年制定的《学校教育法》中有关幼儿园保育及设施方面的规定仍沿用了《幼儿园保育及设备规程》中的相关条款。《幼儿园保育及设备规程》无疑为日本幼儿园教育的发展奠定了坚实的基础。

1900 年 8 月，文部省对 1886 年的《小学校令》进行修正，发布了《改正小学校令》，明确规定在小学里可附设幼儿园。此外，它对幼儿园的管理和教师任职要求等做了明确规定。例如：幼儿园可设园长；幼儿园保育者称为"保姆"，须为女性并具有寻常小学教员资格；公立幼儿园园长和保姆录用或解聘由府县知事批准，私立幼儿园由开办者呈报府县知事；等等。文部省颁布的这部法令，显然在幼儿园管理和教师任职要求等方面对《幼儿园保育及设备规程》做了必要的补充，从而有助于幼儿园教育的发展和教育质量的提高。据统计，到 1925 年时，日本的幼儿园已增加到 957 所，入园幼儿增加到83 221 人。①

为了使日本幼儿园教育健康发展，文部省还于 1926 年 4 月颁布了《幼儿园令》及《幼儿园令施行规则》。这些法令极大地提高了日本幼儿园教育的地位，使日本幼儿园进入了一个大发展时期。据统计，1935 年，日本的幼儿园

---

① 李永连：《日本学前教育》，24 页，北京，人民教育出版社，1991。

迅速增加到 1 890 所，入园幼儿增加到 143 609 人。①

二、幼儿园运动在中国

19 世纪 80 年代后，幼儿园开始传入我国。自 1840 年鸦片战争后，西方一批传教士开始在我国从事文化教育活动。在开设教堂的同时，他们也开办学校和医院，其中包括属于"慈幼"性质的幼稚园，幼儿教育机构②开始在近现代中国得到发展。1903 年 9 月，湖北幼稚园（后改称为"武昌蒙养院"）在湖北武昌开办，这是我国教育史上第一所幼儿园。1904 年《奏定蒙养院章程》颁布后，北京、湖南、天津、上海等地陆续出现了政府和私人开办的蒙养院。与武昌蒙养院一样，这些蒙养院基本上照搬日本幼稚园模式，教师由聘任的日本保姆担任，课程和教法也多参照日本的。我国幼儿园在 20 世纪的发展此处不再赘述。

---

① 李永连：《日本学前教育》，36 页，北京，人民教育出版社，1991。
② 幼儿园传入中国后，最初称为"蒙养院""蒙养园"；1922 年学制改革后统一称为"幼稚园"；新中国成立后改称为"幼儿园"。

第八章

第斯多惠的教育活动与思想

第斯多惠是 19 世纪德国资产阶级民主主义教育家。他为德国国民教育制度的发展进行了不懈的斗争，特别是在师范教育领域建立了不朽的功勋，被称为"德国师范教育之父"。

第一节 生平与教育活动

弗里德里希·阿道夫·威廉·第斯多惠于 1790 年 10 月 29 日出生在威斯特法伦州的工业小城西根市的一个法官家庭。他在西根市拉丁语学校接受保守的中等教育，当时就对中学枯燥的教学内容和死记硬背的教学方法表示不满。1808 年从拉丁语学校毕业后，第斯多惠进入赫尔朋大学。之后，他先后转入海德尔堡大学和杜宾根大学，学习数学、自然科学、历史和哲学。1811年大学毕业。1817 年完成博士论文《论世界末日》，获杜宾根大学哲学博士学位。第斯多惠的这篇博士论文主要论述关于数学和哲学方面的问题，但是由于论文题目的文字表达等，当时在社会上引起了"一场轩然大波"。[①]

---

① ［德］第斯多惠：《德国教师培养指南》，袁一安译，201 页，北京，人民教育出版社，1990。

　　大学毕业后，第斯多惠开始从事教育工作。起先他在孟汉姆城(他的哥哥在那里的文科中学任教)担任私人家庭教师。1812年，他担任霍尔姆谢城中学数学和物理教师。1813—1818年，在法兰克福模范学校任教。该校的许多教师是裴斯泰洛齐的学生或信徒，第斯多惠由此受到了裴斯泰洛齐教育思想的深刻影响，并开始了教育改革实验。

　　1818年，第斯多惠应聘担任厄贝费拉丁文学校副校长。该校校长是教育家维尔贝格，他在教学中采用德国教育家巴西多的直观教学法，使第斯多惠深受启发。维尔贝格对于国民学校的热情，使第斯多惠受到极大的激励。

　　1820年，第斯多惠担任新成立的莱茵省梅尔斯普鲁士国立师范学校校长，兼任教育学、数学和德语教师，并在附属小学任课。第斯多惠担任了12年的校长，其间他试图按照裴斯泰洛齐的教育原则指导学校工作。在他的努力下，梅尔斯普鲁士国立师范学校成为当时德国师范学校的楷模。由第斯多惠拟定的梅尔斯普鲁士国立师范学校工作计划，成为普鲁士其他师范学校的工作基础。与此同时，第斯多惠积累了丰富的师范教育经验。

　　1832年，第斯多惠转任柏林师范学校校长。在柏林师范学校，他创办了实验学校，并亲自在实验学校任教。1832年11月，第斯多惠在柏林建立了"教育学协会"，1840年他组织了"柏林初级教师协会"。他由于积极参加进步活动，坚决反对德国的等级学校教育制度，要求为一切儿童设立统一的国民学校，"坚决捍卫进步制度"[①]，1847年被普鲁士当局免去校长职务。他积极参加1848年革命，担任新成立的"全德教师联合会"主席。

　　1849年夏天，第斯多惠和幼儿教育家福禄培尔初次相遇。此后两人便常常见面，建立了友谊。第斯多惠还曾去观摩福禄培尔的课堂教学。后来，第斯多惠在一定程度上成了"福禄培尔思想的传播者"，"他赞同福禄培尔关于儿

童需求的看法以及女子是儿童的启蒙教师的思想"。① 1850 年秋天，第斯多惠致信福禄培尔，把《德国教师培养指南》第四版献给他。同年，第斯多惠被迫退休。

但是，第斯多惠并没有被反动势力吓倒。退休后，他仍然积极参加进步的社会活动和教育活动。1854 年 10 月，普鲁士政府颁布了反动的师范教育和国民教育法规。该法规加强教会对学校的影响，降低师范教育和国民教育水平，压制自由思想，规定学校的任务是培养忠实的教徒、驯服的臣民、未来的士兵和模范的父亲，在学校中渗透宗教主义、专制主义和沙文主义。对这种倒行逆施的反动政策，第斯多惠毅然撰文进行揭露和批判。1858 年，他被柏林教师选为普鲁士众议院议员后，又利用议员的身份与反动势力做斗争。他的活动得到社会进步人士的广泛支持，迫使政府对法规进行了修改。

1866 年 7 月 7 日，第斯多惠因患流行性霍乱而去世。

第斯多惠一生编写了大量的教育著作、论文、教科书和教学指导书。他的代表作是《德国教师培养指南》，在第斯多惠活着时共出了四版。全书分两编。第一编"普通编"由第斯多惠本人撰写，篇幅较长；第二编"特殊编"由第斯多惠和师范学校的教师合作撰写，篇幅相对较短。关于该书的宗旨，第斯多惠在第一版前言中明确指出："从广义上讲是培养和提高国民学校教师的素质。"②此外，为了宣传资产阶级民主主义的教育思想，他于 1827 年创办了《莱茵教育杂志》(又名《小学教育和教学的莱茵杂志》)，并担任主编，直到去世(他去世后，他的门徒继续出版该杂志，1903 年停刊)。为了宣传进步的教育思想，抨击反动思想，他于 1851 年又主持出版了《教育年鉴》(又名《教师与校友年鉴》)。通过以上这两本刊物，他一方面积极宣传新的教育理论，帮助

① [法]加布里埃尔·孔佩雷：《教育学史》，张瑜、于强译，350 页，济南，山东教育山版社，2013。
② [德]第斯多惠：《德国教师培养指南》，袁一安译，1 页，北京，人民教育出版社，1990。

教师提高教育理论素质；另一方面，揭露反动的教育制度，呼吁提高教师的经济和社会地位。由于他积极、勇敢地斗争，第斯多惠在世时就被尊称为"德国教师的教师"。

第二节　教育思想的理论基础

一、认识论

第斯多惠在《德国教师培养指南》第一版的前言中指出，该书"不是一部哲学书，不过其中含有哲学基本思想，包含经验心理学的基本观点"。[①] 第斯多惠认为，有三个因素影响着人的发展：天性、教育和自由自主。教育的一个重要任务是培养人的智力。这种智力发展与其本质和天性紧密相连。只有天资存在的地方才能发展能力，才有发展的可能性。因此，天性在人的发展中有重要意义。

在第斯多惠看来，天资是造物主安排给人的，是一个人本身能力和活动可能性的基础，是人们发展能力和力量的胚胎。天资本身不能得到，也不能丢掉，不能接受，也不能赠送。要给天资下一个完整的定义并不容易，但是，教育者能观察到经过发展的天资。人的天资既有相同性，也有差异性。一方面，每一个新生儿都具备人类的普遍的天资；另一方面，儿童不论是身体，还是智力方面都存在着明显的差异。

人的天资是随着时间连续不断地发展的。总体来说，每个人的天资发展过程或变化过程永远是从起点到终点，或者说是朝终点方向发展的。这个发展过程没有间隙或间断，跳跃或飞跃发展是不可想象的。但是，不是所有人的天资在同一时间以同样的方式发展。有些人的天资发展得比一般人早一些，

---

① ［德］第斯多惠：《德国教师培养指南》，袁一安译，2页，北京，人民教育出版社，1990。

这些人是高天资的，一般人是低天资的。针对个人而言，天资可以划分为几个方面，这些方面根据器官的特点相互影响。激发高天资会影响低天资，激发低天资也会影响高天资。由于理解力和理智活动都是以想象力或其他较低的智力活动为前提的，因此，活跃低天资是第一位的，是最必要的，培养、改变天资是最重要的，是目的。

第斯多惠认为，人的发展取决于天资和激发两个条件。天资为人的发展提供可能性，激发使这种可能性变为现实。两者是相互联系的。一方面，激发必须以天资为基础。如果激发不符合天资条件，就会出现两种可能：一是激发根本就不影响天资，二是发展走上违反自然规律的方向。另一方面，没有激发便没有发展，天资也就停止不前了。在他看来，教育理论就是激发理论，天资的培养就是有一定目的的激发。第斯多惠以一棵栎树的生长为例，说明天资与激发的关系。一个栎果根据其自身的特点只能长成一棵栎树，这是由栎树的发展规律决定的。但是，一个栎果或另一个栎果是否都会长成一棵栎树，这完全要依赖阳光、温度、土壤以及其他决定发育活力的外部条件。可见，不是整棵栎树都取决于栎果，只有胚胎才取决于栎果。对人的发展来说，天资相当于栎果，教育相当于外部条件。

就天资、教育与人的自由自主的关系来讲，其一，第斯多惠非常重视自主学习。他说："发展与培养不能给予人或传播给人。谁要享有发展与培养，必须用自己内部的活动和努力来获得。从外部只能受到激发。"[1]因此，"人必须主动掌握知识，占有知识"[2]。其二，教育要适时。"天资唤醒得越早越容易发展，唤醒得越晚越难变为力量。"[3]真正的教育必须力求符合自然规律，不能过早或过晚。

---

[1] ［德］第斯多惠：《德国教师培养指南》，袁一安译，78 页，北京，人民教育出版社，1990。
[2] ［德］第斯多惠：《德国教师培养指南》，袁一安译，78 页，北京，人民教育出版社，1990。
[3] ［德］第斯多惠：《德国教师培养指南》，袁一安译，81 页，北京，人民教育出版社，1990。

二、真理观

(一)对真理的态度

第斯多惠认为,人们应该正确对待真理。要做到这一点,必须符合以下两个条件:

①尊重真理。追求真理就要对真理推崇备至,从内心崇敬真理,以追求真理为乐,得到真理如获至宝,全心全意为真理服务。在第斯多惠看来,对于那些打着追求真理的幌子干着不可告人的勾当、把真理看成自己的奴仆的人,真理必将鄙弃他们。

②热爱真理。第斯多惠指出,只有真理才会美化人类、圣化人类,因此,真理在世界上占有绝对的统治地位。人们应该全心全意地、大公无私地热爱真理。热爱真理是一个心灵纯洁而高尚的人的可靠标志。

(二)真理必须经受检验

第斯多惠认为,追求真理应当以检验那些提供给我们的真理为前提,"真理经过检验才能消除谎言和妄想"①。他引用康德的话说:"人们有权对所有的主张、意见和受人尊敬的学说进行检验,在人们屈从之前,这样的尊敬才是坦率的,而不是虚伪的。"②在第斯多惠看来,那些消极的、假设的、未经检验的原理,就像死胎,在人的心灵中既缺乏活力,也没有生气。

第斯多惠还认为,检验真理的标准有两方面:一方面是感性认识,另一方面是已知的正确的原理。他反对把格言作为检验真理的标准的做法。他指出,"如果用这种错误的观点来判断真理,那么这种人肯定会放弃对真理的检验",不管这些格言是否可靠,把它们"通通看成是真理"。③

从理论上讲,第斯多惠主张真理必须经过检验的思想是符合唯物论的。

---

① [德]第斯多惠:《德国教师培养指南》,袁一安译,33页,北京,人民教育出版社,1990。
② [德]第斯多惠:《德国教师培养指南》,袁一安译,32页,北京,人民教育出版社,1990。
③ [德]第斯多惠:《德国教师培养指南》,袁一安译,35页,北京,人民教育出版社,1990。

从实际上看，在当时的历史条件下，坚持检验真理无疑是向当时的反动当局提出的挑战。这是他受到政治迫害的一个重要原因。

（三）真理是发展变化的

第斯多惠认为，真理本身不是绝对完善的，而是永远向前发展的。对人类来说，没有一种固定不变的真理。它随着人类社会的发展最终形成了一条永恒的长河。真理只能发展变化，不能持久不变。因此，真理也是相对的。在人的青春时期有符合青年需求的真理，在壮年时期又有符合壮年人的真理。他甚至明确地指出，基督教文明也是随着时代而改变的。

显然，第斯多惠的真理观吸收了费希特和康德等人的思想，是一种充满资产阶级革命精神的真理观。

第三节　论教育目的

第斯多惠首先从人生观的角度分析教育的目的。他认为，教育目的与人类的目的是一致的。人类思想史上，对人类的使命有三种不同的观点：第一种是宗教的观点。这种观点认为，人类的使命是相信上帝、爱上帝、敬畏上帝、虔诚。第二种是哲学的观点。这种观点认为，人类生活的目的，就是理性——道德和幸福——真理或幸福——真、善、美——人生。第三种是形式教育的观点。这种观点认为，人生的最终目的是完善教育，发挥人的天资、智力和主动性。这种观点把形式的观点与实质要素相结合，提出主动性为真、善、美服务，把它作为人类的使命。①

在这三种观点中，第斯多惠首先肯定了第三种观点。他指出，人类的奋斗目标就是实现真与善的伟大理想，真、善、美是人类最宝贵的财富。这是

---

① ［德］第斯多惠：《德国教师培养指南》，袁一安译，17 页，北京，人民教育出版社，1990。

全人类也是个人的最崇高的、永恒的理想。同时，他又吸收了前两种观点。他认为，宗教的思想与哲学的思想既有差别，又有相同之处。从尽善尽美的角度来看，两者是信仰和知识的统一，而最终宗教、哲学、教育的观点是一致的。他指出："人类自身要勇于担起这一重任，要用教育来解决这一生活的重任，而学校教育就是人的自我完善。"①

第斯多惠所说的"自我完善"包括人的主动性和为真、善、美服务。他认为，"人的固有本质就是人的自动性。一切人性、自由精神及其他特性都从这一主动性出发"，"都以主动性为核心力量"。因此，教育延伸的范围再广也"超不出这一主动性，超不出主动性所达到的程度"。② 培养主动性是教育的主观原理，教育最大的注意力应该放在发展学生的主动性上。但是，主动性就其本身而言是空洞的。它必须以真、善、美为客观原理。人的主动性包含知、情、意等方面，其中，"主动认识是针对真，主动感情是针对美，主动意志是针对善而言的"③。换言之，主动性是人的发展的主观基础，真、善、美是人的发展的客观方向。

从理论上说，自我完善意味着一个人的发展应该是和谐的。但是，第斯多惠指出，和谐发展是一个相对的概念。有些人希望通过和谐发展培养出一个完善的人、标准的人。他认为这是不现实的，因为这种标准人只是"作为教育人的最终目标和理想，但实际上不是所有的人都具备这种天资上的广泛性，因此我们认为标准人是可望而不可即，这只能是人类的理想而已"④。

那么，在教育中应如何体现和谐发展呢？第斯多惠认为，第一，和谐是针对全人类而不是个人而言的。"普遍的和谐在一个人的身上是找不到的，只

---

① [德]第斯多惠：《德国教师培养指南》，袁一安译，19 页，北京，人民教育出版社，1990。
② [德]第斯多惠：《德国教师培养指南》，袁一安译，21~22 页，北京，人民教育出版社，1990。
③ [德]第斯多惠：《德国教师培养指南》，袁一安译，22 页，北京，人民教育出版社，1990。
④ [德]第斯多惠：《德国教师培养指南》，袁一安译，82 页，北京，人民教育出版社，1990。

有在全人类中才能找到普遍的和谐。"①和谐培养的思想长期以来被人们片面理解和歪曲了。教师强求一律用同一标准来发展每个人的天性，其实，"每一个人和全人类相比都是片面的，而且都是片面地发展。……如果每一个人都能充分发挥自己的特长，成为一个完美的人，那么人类社会将形成一个和谐的、完整的统一体，就会形成一个有机的整体，在这一有机整体中人尽其才，物尽其用"②。第二，和谐是针对个体的身体和精神统一而言的。人是由身体和精神构成的完整的统一体。身体影响精神，精神影响身体，两者是相互依存的。和谐发展要求全面发展身体和精神，不能把两者割裂开来。

从上述观点出发，第斯多惠提出：教育的最高目标或最终目的就是激发学生的主动性，培养他们的独立性。③ 一切教育的首要任务就形式而言，"就是启发学生的主动性"④。

第四节 教学论

一、教育学、教学论与方法论

第斯多惠认为，从广义上讲，教育学是有关教育人的（有意识和有觉悟）活动规律的科学，它是根据教育规律和规则以及教育应用实践经验提炼出来的。但是，与其他学科相比，教育学还没有形成一个完整的学科体系，它只是一部"未完稿或试作"。⑤ 其原因是多方面的：

首先，教育学本身不是一门独立的学科，而是一门有依赖性的学科。教

---

① ［德］第斯多惠：《德国教师培养指南》，袁一安译，83 页，北京，人民教育出版社，1990。
② ［德］第斯多惠：《德国教师培养指南》，袁一安译，83 页，北京，人民教育出版社，1990。
③ ［德］第斯多惠：《德国教师培养指南》，袁一安译，85 页，北京，人民教育出版社，1990。
④ ［德］第斯多惠：《德国教师培养指南》，袁一安译，86 页，北京，人民教育出版社，1990。
⑤ ［德］第斯多惠：《德国教师培养指南》，袁一安译，63 页，北京，人民教育出版社，1990。

育学依赖哲学、人类学、心理学、宗教学等基础学科。人们在这些学科上意见的不一致必然会导致教育观的差异。

其次，教育学的大部分规律来自经验和生活本身。也就是说，教育学中的许多规律和原则都有时代性和民族性，人们"根本不可能提出一种适合每一地区和每一时代的教育学说"①，因此，不存在万能的教育学。

最后，"教育学是一门和人打交道的科学，而人又是生活在经常变化和不断运动的发展过程中"②，因此，教育学研究对象的特殊性决定了这门学科处于不断发展之中。

第斯多惠认为，教学论是关于全部课堂教学规律和规则的科学，是教育学的一个分支。它的主要任务"就是研究课堂教学以及培养学生智力的方法，是提出课堂教学对象的细则和课堂细则"③。而方法论"就是教学理论的应用部分"，它"根据不同的教学目的、内容、形式以及其他教学目标的细则，提出不同的具体的规律和规则"。④

二、影响教学的因素

第斯多惠认为，以下四种因素对教学活动产生影响：①所教的对象，学生——主体；②教学学科，教学内容和学习材料——客体；③学生所处的时间、地点等外部社会关系；④教师。⑤

在第斯多惠看来，这四种因素不是截然分割的，而是有机联系在一起的。教学的目的是培养人，"一切学习都是为了培养主体"⑥。因此，其他因素只

①　[德]第斯多惠：《德国教师培养指南》，袁一安译，65页，北京，人民教育出版社，1990。
②　[德]第斯多惠：《德国教师培养指南》，袁一安译，66页，北京，人民教育出版社，1990。
③　[德]第斯多惠：《德国教师培养指南》，袁一安译，69页，北京，人民教育出版社，1990。
④　[德]第斯多惠：《德国教师培养指南》，袁一安译，68~69页，北京，人民教育出版社，1990。
⑤　[德]第斯多惠：《德国教师培养指南》，袁一安译，94页，北京，人民教育出版社，1990。
⑥　[德]第斯多惠：《德国教师培养指南》，袁一安译，94页，北京，人民教育出版社，1990。

是达到这一目的的手段，教学应该围绕学生这个核心旋转。教师应该付出自己的全部心血和力量，将其作为教育学生的手段。教材同样也只是手段，学生不是为了教材而学习的，教材应该为学生的发展服务。因此，教学"不应当先考虑客体，而应当首先考虑主体"①。

三、形式教学与实质教学

对于教学应该以发展智力还是以传授知识为主的问题，文艺复兴以来，教育理论界一直有争论，实际教学过程中也有不同的做法。对此，第斯多惠指出："课堂教学往往会产生两种倾向：一种倾向是教师教学生熟悉某一种教材，教会学生一种知识或一种技能，使学生提高对教材的理解能力；另一种倾向是教师通过教学培养学生的实际能力。第一种情况是教师以实质教育为目的，后一种情况是教师以形式教育为目的。"②

第斯多惠认为，形式教育与实质教育是相辅相成的，人们不能把它们截然分开。一方面，学生要掌握知识必须依靠学习能力。教师如果给没有适当的能力的学生增加学习内容，学生就不可能消化这些知识。因此，学生越不成熟，"教师就越要在发展学生的智力上多下功夫"③。学生越成熟，学习能力越强，教师就可以增加学习的内容。另一方面，学生的智力发展离不开教材，教材是学生智力发展的血液。因此，所有的课堂教学都是以教材为基础的，学生必须熟悉教材，并学会其内容。如果达到了这一步，那么，教学既是形式的，也是实质的。显然，形式教育只有在实质教育中才能形成，实质教育只有在形式教育中才能产生。

然而，形式教育与实质教育相互依存并不意味着两者没有主次之分。第

---

① ［德］第斯多惠：《德国教师培养指南》，袁一安译，94页，北京，人民教育出版社，1990。
② ［德］第斯多惠：《德国教师培养指南》，袁一安译，128页，北京，人民教育出版社，1990。
③ ［德］第斯多惠：《德国教师培养指南》，袁一安译，128页，北京，人民教育出版社，1990。

斯多惠认为,相比之下,在教学中形式目的应该放在首位,是最后的目的。

四、教学原则

(一)遵循自然规律原则

第斯多惠认为,教学必须遵循自然或天性。他所说的"自然"和"天性"主要是指学生的心理特点。对教师来说,最重要的是先认识人的一般天性和特殊天性,然后才能有的放矢,因材施教。不相信人的天性便不可能有符合自然发展规律的好的教学法。违背儿童的天性,违反自然发展规律的教学法就是错误的,"应当坚决摒弃"①。

因此,遵循自然规律的教学原则"是我们追求的最崇高的理想","是对每一个教师的最高的要求",是一切课堂教学的最高原则。② 其他一切原则只能处于从属地位。

(二)遵循文化原则

第斯多惠认为,单个的人不是抽象的,不是生活在抽象的时间和抽象的地点的,而是生活在具体的时间以及具体的地点和环境中的。因此,"在教育时必须注意人在其中诞生和将来生活所在的地点和时间的条件。一句话,应该注意包罗万象的全部现代文化,特别是当地的特有的文化"③。在制定一切教育方案时,必须考虑时代和社会的风俗习惯,必须考虑时代的精神文明以及民族的民族性。④

第斯多惠主张,教育者的一个重要任务是应该把遵循自然和遵循文化协调起来。但是,两者有时会发生冲突,这时遵循文化应该让位于遵循自然,因为遵循自然是最高的原则。

---

① [德]第斯多惠:《德国教师培养指南》,袁一安译,95页,北京,人民教育出版社,1990。
② [德]第斯多惠:《德国教师培养指南》,袁一安译,160页,北京,人民教育出版社,1990。
③ [德]第斯多惠:《德国教师培养指南》,袁一安译,161页,北京,人民教育出版社,1990。
④ [德]第斯多惠:《德国教师培养指南》,袁一安译,162页,北京,人民教育出版社,1990。

(三)连续性与彻底性原则

第斯多惠认为，学生智力的发展是一个持续不断的过程，因此，教学必须遵守这一规律。但是，学生的发展是不平衡的，对一个学生来说是不间断的教学，对另一个学生来说可能是间断的。因此，教师必须有步骤地引导学生进入年龄和天性相符的主动性阶段，以便发展学生的主动性，使学生彻底认识事物的本质。

第斯多惠认为，彻底性并不意味着教师在课堂上翻来覆去地讲个没完没了，而是应当引导学生主动学习，使学生在学习中主动上升到下一个学习阶段。为此，他批判教学中满堂灌的现象，认为这种教学方法不利于培养学生的理解力、记忆力和兴趣。理想的教学是教师尽可能少教，只能教给学生最主要和最基本的知识。这样，教师就可以全面而彻底地施教，学生的学习也扎实而彻底。

在第斯多惠看来，教师要在教学中贯彻连续性和彻底性原则，就必须全面彻底地了解学生的每一个具体的观点和意见，不了解学生就不可能井井有条地教学。因此，学生的立场就是课堂教学的出发点。

(四)适应性原则

第斯多惠认为，教学适应学生的需要包括教学内容适应学生心理发展水平和将来社会生活两个方面的含义。为此，他建议：第一，教学要适应学生的心理承受能力。第斯多惠指出，有些教师把学生给教傻了，使学生变得呆头呆脑、目光短浅，有许多学校简直变成了愚昧促进机构，把学生弄得个个萎靡不振、暮气沉沉。这就是教师把难题和费解的知识强灌给学生的恶果。①因此，学生必须学习自己能够理解的知识，教师不要给学生讲授他们不能理解的知识。第二，学习有用的知识。针对当时学校传授的知识与学生将来的生活不一致的现象，第斯多惠主张，教师不应该讲授对学生未来不再有意义

---

① ［德］第斯多惠：《德国教师培养指南》，袁一安译，135页，北京，人民教育出版社，1990。

的知识，以免学生将来回首往事时为自己曾在学校中虚度光阴而后悔。

(五)直观教学原则

第斯多惠认为："人的智力发展是从观察外部世界开始的。"①客观事物给人以刺激，引起感觉，使人进行观察，然后对事物产生直接的想象，最后在直接想象的基础上形成新的概念。可见，人的一切认识的基础是感觉、感受。概念必须建立在直观的基础之上。学生的学习过程也是如此："所有青少年的明确的认识都是来自直观，产生于直观，无论是认识外部事物还是内部精神状态都是来自直观本身。"②

在第斯多惠看来，"直观教学原理的要求是：从直观出发，继续进展到思维，从个别到一般，从具体到抽象"③。并且，"这一教学原则适用于全部学科的课堂教学"④。

(六)循序渐进原则

第斯多惠认为，循序渐进是建立在遵循自然原则和直观教学原则的基础上的。它包含四个方面的内容：

①由近及远。一般来说，具体、直观的总是近的，抽象的总是远的。但是，人们不能绝对地、孤立地运用直观原则。有时精神生活看起来似乎离我们很遥远，但从另一个角度来说又离我们很近。⑤

②由简到繁。一般来说，教学应该是由简单到复杂的，便于学生学习与理解。

③由易到难。"通常简单也就是容易，复杂也就是困难。"⑥因此，由易到难总是与由简到繁联系在一起的。教学要从理解最简单的、容易感觉的部分

---

① ［德］斯多惠：《德国教师培养指南》，袁一安译，112页，北京，人民教育出版社，1990。
② ［德］第斯多惠：《德国教师培养指南》，袁一安译，113页，北京，人民教育出版社，1990。
③ ［德］第斯多惠：《德国教师培养指南》，袁一安译，113页，北京，人民教育出版社，1990。
④ ［德］第斯多惠：《德国教师培养指南》，袁一安译，113页，北京，人民教育出版社，1990。
⑤ ［德］第斯多惠：《德国教师培养指南》，袁一安译，117页，北京，人民教育出版社，1990。
⑥ ［德］第斯多惠：《德国教师培养指南》，袁一安译，117页，北京，人民教育出版社，1990。

开始，这是与人的思维过程一致的。

④由已知到未知。这一要求与上述要求是一致的，而且为其他要求之冠。学习一切事物都是从已知到未知，"并且用已知来作比较和综合，以便掌握未知，使未知转化为已知"①。在教学中遵循这一原则尤为重要。"已知的总是清楚的，而未知的总是模糊的"②，教学总是从清楚到模糊的。

（七）启发式原则

第斯多惠认为，教育的目的不在于学生获得了多少知识，而在于彻底掌握和运用所学到的知识发展学生的智力。要获得这种结果，必须采用启发式教学。

第斯多惠指出，启发式教学是最困难的，也是放之四海而皆准的。教师往往在课堂教学中并不急于给学生讲解知识，而是根据学生的具体情况提问，启发学生主动发现问题，自己去寻找答案，让学生在学习中产生新思想，获得新知识。

在第斯多惠看来，判断一种教学方法是说教还是启发式的不能仅仅从表面上看。说教和启发都有讲授和提问两种教学方式，因此，无论是用讲授方式讲解教材，还是用提问方式阐明教材，都只是表面现象。其关键在于教师是否激发了学生学习的主动性，学生是否进行独立思考、发现问题、研究问题。

五、学习方法

第斯多惠认为，学生只有掌握正确的学习方法，才能获得良好的效果。为此，他建议：

---

① ［德］第斯多惠：《德国教师培养指南》，袁一安译，119 页，北京，人民教育出版社，1990。
② ［德］第斯多惠：《德国教师培养指南》，袁一安译，120 页，北京，人民教育出版社，1990。

(一)精读

学生不能看到什么书就读，要有目的、有选择地读，而且，学习要扎扎实实。读一本书就要彻底领会和理解每一段、每一个概念、每一句话的含义。碰到不理解的地方，应该在模糊点上多下功夫，反复琢磨，反复研究，直到全面掌握。

(二)温故知新

温故知新的最大好处在于能够提高人们的思维能力。人们在不同时间内阅读同一作品，往往会产生完全不同的理解和体会。反复阅读有利于提高人们的理智、判断力以及思维的活动能力。

(三)勤做笔记

勤做笔记是一种严谨的读书态度。一方面，要勤做读书笔记。这样不仅可以应对不时之需，而且可以防止片面考虑问题、看书不动脑筋和粗心大意。另一方面，要做心得笔记。总结一下自己的学习心得，并把它记在笔记上，以供以后思索和交流。

(四)互相交流

为了真正培养智力，大家要经常举行思想交流聚会。在交流中要允许意见分歧，允许自由发表意见。这样，既能锻炼思维能力，也能锻炼表达能力。

第五节　论教师

一、教师的地位和作用

作为德国师范教育的先驱，第斯多惠十分重视教师的地位和作用。他认为：

第一，教师应当受到学生的尊重。"从教师的感情和奋斗的目标以及他们所代表的人来说都要求学生尊重教师。"①尊重教师与尊重儿童的自然天性不仅是不矛盾的，而且是相得益彰的。

第二，教师应当受到家长的尊重。"教师承担了最艰巨的神圣义务，用课堂教学来培养和教育儿童的灵魂、情感、智力和身体并且身体力行"，所以，家长不懂得尊重教师"便是最大的愚昧无知"。②

第三，教师应该受到同事的尊重。教师应该结成一个志同道合的群体，相互之间同心同德，共同为教育事业而献身。为此，大家要团结互助，取长补短，经常交流教学经验，共同提高教学水平。教师不能无视同事的权利和贬低同事等，否则，会影响同事之间的相互尊重。

第四，教师应当受到上级的尊重。教师要得到上级的尊重，首先必须尊重上级，改变粗暴的工作作风。

第五，教师应当受到社会的尊重。他认为，教师的工作关系到人类"未来的生活"，理应受到人们的尊重。

二、对教师的要求

（一）自我教育

第斯多惠认为，教师的重要使命是促使学生追求真、善、美，最大限度地发挥他们的天资和智力。认识到这一崇高的任务，教师就得首先加强自我修养。教师只有先受教育，才能在一定程度上教育别人。"凡是不能自我发展，自我培养和自我教育的人，同样也不能发展、培养和教育别人。"③因此，教师只有不断地进行自我教育、自我培养、自我完善，才能胜任自己的职业。他说：教师"必须在自己的工作岗位上努力促进真正的文化教育事业，进行终

---

① ［德］第斯多惠：《德国教师培养指南》，袁一安译，192~193 页，北京，人民教育出版社，1990。

② ［德］第斯多惠：《德国教师培养指南》，袁一安译，193 页，北京，人民教育出版社，1990。

③ ［德］第斯多惠：《德国教师培养指南》，袁一安译，23 页，北京，人民教育出版社，1990。

身自我教育，这对教师来说是一种义不容辞的神圣职责"①。关于自我教育，第斯多惠还说："除了学习各个教学领域里的教材，教师还要继续学习研究普通教育学、教材与教法的书籍。"②当然，对教师而言，最有用的知识还包括心理学和逻辑学的知识。

(二)教师要有崇高的责任感

第斯多惠认为，教师应恪尽职守。只有兢兢业业地教学、孜孜不倦地工作的人才能担任教师。针对当时教师工作任务重、待遇差的状况，他一方面呼吁提高教师的待遇，另一方面希望教师保持"安贫乐教"的美德。

(三)教师要有良好的素养和教学技能

第斯多惠认为，教师是负有上帝和国家使命的人，应该具有良好的素养。他说："你们要有日耳曼人的力量，莱辛的机敏，黑贝尔的感情，裴斯泰洛齐的热情，蒂利希的明智，萨尔茨曼的口才，苏格拉底的聪明和基督耶稣的爱。"③这种人才能承担起崇高的使命。教师还应该具有良好的教学技能，这样才能出色地完成教学任务。

第六节　历史影响

第斯多惠是"近代学校"的维护者和近代教育学的理论代表。他与其他教育思想家的努力和斗争对19世纪70年代后的德国国民教育复兴起了重要的作用。德国学者、教育史专家卡尔-海因茨·贡特尔(Karl-Heinz Gunther)说，

---

① [德]第斯多惠:《德国教师培养指南》，袁一安译，25页，北京，人民教育出版社，1990。
② [德]第斯多惠:《德国教师培养指南》，袁一安译，57页，北京，人民教育出版社，1990。
③ [德]第斯多惠:《德国教师培养指南》，袁一安译，9页，北京，人民教育出版社，1990。

第斯多惠"是真正的民众学校的伟大鼓舞者和倡导者之一"①。他同时还进一步指出，如果试图用一句话来概括第斯多惠的教育事业，我们可以说：第斯多惠与福禄培尔等人一样，同是"十九世纪德国伟大的资产阶级教育学家，他们的工作把资产阶级古典教育学引向了最高峰"②。

　　从教育思想的发展来说，第斯多惠的教育思想是人类教育思想史上的重要一环。他还努力把他的教育思想运用到小学教师的培训中去，大大推动了德国师范教育发展。

　　德意志民主共和国在 1949 年设立了"第斯多惠奖章"，用以表彰优秀教师。

　　"他的影响远远超越了当时德国的边界，这种影响甚至今天还能感受得到。"③

---

① ［摩洛哥］扎古尔·摩西：《世界著名教育思想家》第 1 卷，梅祖培、龙治芳等译，237 页，北京，中国对外翻译出版公司，1994。
② ［摩洛哥］扎古尔·摩西：《世界著名教育思想家》第 1 卷，梅祖培、龙治芳等译，237 页，北京，中国对外翻译出版公司，1994。
③ ［摩洛哥］扎古尔·摩西：《世界著名教育思想家》第 1 卷，梅祖培、龙治芳等译，237 页，北京，中国对外翻译出版公司，1994。

第九章

俄国教育的发展

19 世纪是俄国历史上的重要转折时期，是俄国封建制度由盛转衰和社会阶级矛盾异常尖锐的时期。19 世纪上半叶是俄国资本主义经济的形成阶段，这一时期贵族在农奴解放运动中体现出革命性，俄罗斯民族主要特点的形成过程已经完结。19 世纪 60 年代俄国现代化启动，是以沙皇政府实行的自上而下的农奴制改革为标志的，改革极大地促进了俄国资本主义的发展。1861 年，沙皇废除农奴制改革，在上层建筑领域也进行了一系列资产阶级性质的改革，其中包括关于地方自治机构的改革、司法改革、军事改革和财政改革等。农奴制陷落标志着俄国历史上新的资本主义时期的开始。资本主义极大地改变了人们的生活方式和精神面貌，促进了人民教育需求的增长。在赫尔岑和车尔尼雪夫斯基思想的影响下，民粹主义理论流派流传开来，并指导了一代革命者的行动。与当时的政治气氛相呼应，19 世纪中叶俄国掀起了公共教育运动，即由俄国进步知识分子发动的批判封建教育制度、推动国民教育改革与发展的社会运动。总体来说，19 世纪是俄国教育发展的黄金时代，俄国已经建立起相对完整的教育制度，初等教育、中等教育、高等教育、留学教育、家庭教育、职业技术教育与女子教育都得到了新的发展。不同阶段、不同类型、不同层次的教育相互联系、彼此连接，同时又功能分化，使得 19 世纪俄国的教育取得了比以往任何时期都要可圈可点的成就。但是，在沙皇政府两面性改革政策的影响下，这一时期俄国教育又呈现出"前进三步后退两步"复杂曲折的发展态势。

第一节　初等教育的发展

一、19 世纪上半叶初等教育的缓慢发展

整个 18 世纪，俄国初等教育非常落后。18 世纪末，俄国半数以上的县城没有小学。俄国在国民教育领域的第一部立法即 1786 年的《国民学校章程》(Устав народных училищ)尽管决定设立国民学校，但没有涉及政府发展国民学校的物质保障问题，因而，当时俄国国民学校经费的主要来源为自愿捐赠和社会救济所的指定基金，政府并未提供物质支持。在《国民学校章程》颁布的 1786 年，俄国设立了国民学校 165 所，在校学生 11 088 人。1800 年，俄国人口总数为 3 900 万，国民学校增加至 315 所，在校学生增加至 35 915 人。[1]到 18 世纪末，俄国识字人口的比例非常低。根据 1797 年的数据，城市为9.2%，农村为 2.7%。[2] 在 19 世纪初，那些能够写出自己的签名的人被认为是有文化的。相对于欧洲其他国家，这个标准是非常落后的。

19 世纪上半叶，俄国政府并没有表示出发展初等教育的意愿，初等教育发展仍然非常缓慢。

作为一种形式上的法律举动，19 世纪初至 19 世纪 30 年代，俄国政府在初等教育领域颁布了一系列章程。1802 年亚历山大一世首次建立全国教育行

---

[1]　[苏联]苏科院历史所列宁格勒分所：《俄国文化史纲(从远古至 1917 年)》，张开等译，236页，北京，商务印书馆，1994。

[2]　Канкрин Е.Ф, Очерки политической экономии и финансии, СПБ, 1894, p.146.

政管理机构——国民教育部,管理教会学校之外的世俗学校。国民教育部的主要任务是重组俄国整个教育过程。1803 年俄国颁布《国民教育暂行章程》(Предварительные правила народного просвещения),对初等教育的发展起到了促进作用。该章程规定了国家的教育结构和学校管理制度,提出建立包括教区学校(学制为一年)、县立学校(学制为两年)、文科中学(学制为四年)和大学(学制为三年)在内的四级学制的要求。该章程规定各级学校之间的衔接性,学生免费入学并向各阶层子弟开放。随后,俄国开办了不少新的县立学校,实行内容有很大扩充的课程大纲。1804 年政府颁布《大学附属各级学校章程》(Устав учебных заведений, подведомых университетам),对教区学校、县立学校和文科中学的学习年限、办学宗旨、师资配备、教学科目和设备、教师和学生以及成绩考核等都做出了具体规定。1828 年颁布《大学所属文科中学和初等学校章程》(Устав гимназий и училищ уездных и приходских, состоящих в ведомстве университетов),1803 年建立的四级学制虽然保留下来,但是恢复了办学的等级原则:文科中学和高等学校主要为贵族设立,平民子弟只能上县立学校和教区学校;废除了各级学校的衔接性原则,为中下层居民子弟获得知识设置了种种障碍;加强文科中学的宗教教育和古典主义方向;增加了学校监视教师和学生行动的官吏的编制,建立了对学校的警宪监视制度。

这些章程还是没有规定政府承担发展初等教育的义务。1804 年和 1828 年的章程规定,在农村地区建立教区学校,经费由农民承担,而地主子弟的学校经费则有赖于"地主的斟酌"和他们的"慷慨捐赠",城市的教区学校经费由城市自治机关来负责,国库只负责县立学校的经费。但是,县立学校绝不是为人民创办的学校。正如《大学所属文科中学和初等学校章程》所指出的,县立学校总体来说是"为商人、手工业者等其他城市居民的孩子所提供的,提供给他们的,除了最好的道德教育方法,还有生活方式的知识,需求和练习对他们而言是最有用的"①。国民教育部并没有真正促使人民增强增长知识和提高文化水平的意愿，甚至对发展初等教育起阻碍作用。从时任财务部部长康克林(Е. Ф. Канкрин)的说法可见一斑："普通人为了自己的个人幸福和安宁，是不应该接受过多教育的。"②

沙皇俄国政府和统治阶级第一次对国民教育产生经济上的兴趣，与19世纪30年代末40年代初俄国封建主义危机的加重有关。工厂工业的发展产生了发展初等和中等技术教育的需求。不同部门如皇家地产部、财产部、内务部、矿产部门，尤其是国家财产部的初等教育有了相对快速的发展。伯爵凯瑟列夫(П. Д. Киселёв)在19世纪40年代尝试进行乡村改革，为私人地主做示范。他明确提出，经济生活的改善直接与教育的传播，尤其与人民的农业经济知识有关。然而，到这个阶段政府仍然没有承担起发展初等国民教育的任务。1842年，政府颁布国家管理章程。根据此章程，初等学校由农民出资创办，国家财产部对学校的拨款微不足道。这说明，政府还是没有把发展初等教育摆在重要位置。因而，19世纪上半叶，俄国并没有改变初等教育发展缓慢的状况。到1850年，在国民教育部管辖下的教区学校共有1 062所，学生44 397人，而当时俄国居民总人口超过6 300万。③ 接受初等教育的人口数量在总人口中所占比例微不足道。

二、19世纪60—70年代地方自治会学校快速发展

在19世纪60年代的革命阶段，关于初等国民学校的问题带有鲜明的政治色彩。根据60年代资产阶级民主要求的统一基调，关于国民学校的问题被

---

① Министерство народного просвещения, Сборник постановлений по Министерству народнаго просвещения, Том 2, СПБ, 1875—1876, pp.161-162.

② Канкрин Е.Ф, Очерки политической экономии и фипапсии, СПБ, 1894, p.176.

③ Пискунов А.И., Арсеньев А.М., Шабаева М.Ф., Очерки истории школы и педагогической мысли народов СССР, Москва, Педагогика, 1976, p.60.

提出来：首先，在政治方面，解放人民的受教育权，消除人民通往教育之路的障碍；其次，在教育方面，促进人民的精神和智力解放；最后，在教学方面，寻找最佳的解决教育和教学问题的方法。60 年代，公共教育运动开始冲击封建等级教育体系，转而关注教育薄弱环节，即初等学校。公共教育运动的参与者不止一次宣传关于有必要根据国家经济需求开办初等学校的思想。然而，在专制制度的政治压力条件下，这种思想并没有得到足够的重视。

在强大的社会政治运动和公共教育运动的压力下，俄国政府不得不改变在初等国民教育领域的传统政策，着手进行教育领域的改革。1860 年，亚历山大二世接受宪兵长官多尔戈鲁科夫(В. А. Долгоруков)的提议："采取果断的积极的措施"，"一步一步地谨慎地……把所有的国民学校变成国家机构"；"不易被察觉地吸引高阶层代表介入学校事务，他们的正统思想是不被怀疑的"；"谨慎平静地使学习计划的拓展等摆脱任何蓄谋"。① 19 世纪 60 年代初政府着手进行学制改革，其中初等教育是学制改革的重点。农奴制废除使国家领导层改革成为一种必然，沙皇政府对地方各级管理部门进行了改革。1864 年，建立了地方自治会、法院、财政、教育和军事组织。1864 年，沙皇政府国务会议批准了《初等国民学校章程》(Положение о начальных народных училищах)。其中宣布：人民有权接受各级教育，并授权地方自治机关、社会团体和私人开办国民学校；在初等教育阶段允许男、女学生入学，并准许女子担任教学工作；教学内容局限于神学、阅读"一般书籍和宗教书籍"、写字和算术四则；建立领导学校的县学校委员会和省学校委员会，其中含两名地方自治机构的代表。这些规定是有利于初等教育发展的。然而，1864 年后，政府并没有保障《初等国民学校章程》的实际实施，因为它并不代表政府对发展国民教育具有兴趣，而仅仅是为解决燃眉之急做出的对解放运动的让步。

---

① Лемке М, Очерки освободительного движения шестидесятых годов, СПБ, 1908, pp.403-404.

地方自治会诞生以后，不顾政府的阻挠，在改善地方经济和发展文化中发挥着重要作用，在发展初等国民教育方面尤其成功。这实际上首次为俄罗斯农村国民学校的发展奠定了基础。1864 年的《初等国民学校章程》确定了地方自治会关于学校活动的有限形式，为地方自治会通过学校委员会对学校学习生活产生影响提供了可能。各地方自治会从地方企业、地主和农民那里获得大量经费，并将这些经费用于学校中。这一时期，加之人民接受教育的愿望增强，地方自治学校快速发展。由于在初等国民教育领域无前人经验可借鉴，地方自治会须同时解决几项任务：调整农村地区关于学校事务的组织，确定符合当地需求的最合适的学校类型，构建学校网络，培养教师人才，等等。在一所农村小学里，一位教师可以同时教三个年级的学生，这种教学模式在全国范围内得以推广。1861 年后出现的许多教会学校、乡立学校和农村团体学校以及一些识字学校和自由农民学校逐渐转移到地方自治会的管辖下。1867 年，国家财产部的初等学校也转交给地方自治会管理。所有这些初等国民学校都由农民和地方自治会共同出资。地方自治会的下一步行动是和农民一起开办新型国民学校。这种为小学共同出资的原则在 19 世纪下半叶一直保留下来。大多数地方自治会在第一个十年的实践中确立了农民与地方自治会之间的以下支出分配原则：农民创建、改建学校或为学校租赁土地，为教师支付工资，一开始是全额支付，后来是部分支付，资助实习生等；地方自治会为学校提供教学指导和教材，建造图书馆，参与教学人员的资助和学校建筑的建造。一开始学生在所有的地方自治学校接受教育几乎是免费的。随着地方自治会的建立和自治体制的逐步完善，包括星期日学校、民间讲座会、图书馆展览、民间戏剧的校外教育也得到了发展。广大民众接受民间教育的事实得到政府的认可。政府颁布法令，允许以社会集资的形式办学，允许私人开办民办学校。这些学校的教学过程均由开办者亲自监督和管理。地方自治会对国民教育的支出有了实质性的增长，1868 年共支出 73.8 万卢布，而到了1873年，就增至248.7万卢布。地方自治会在初等教育领域的积极行动促进了地方自治学校数量的快速增长，1869年有9 677所地方自治小学、27.4万名学生，到1874年地方自治小学增至16 310所，学生增至76.0万名。不仅如此，学校教育质量大大提高。①

专制制度度过了19世纪60年代的政治危机，到60年代后期，沙皇政府的教育政策更趋于反动保守，政府参与国民学校性质发生了极大的改变，政府活动得以全面展开。1866年，沙皇政府在诏书中提出办理学校事业的指导原则，这就是"以信仰宗教、尊重所有权和遵守社会秩序根本原理的精神教育青年，不容许在各部门所属的教育机构中用公开或隐蔽方式宣传有害的观念"②。国民教育部明确表示，要加强对初等国民学校的戒备式监督，恢复国民学校的阶级性和实用性。被戏称为"国民教育迷糊部长"的阿·托尔斯泰公开宣称："政府既有道德上的考量，也有政策上的考量，不应该分散人民最好的力量，即通过体育和教育使农民安于其特殊的天生的地位，并通过教堂和手工艺学校以发展这种力量，根据人民的需要保护人民。"③而且，他针对60年代前期极有限度的进步教育改革采取了一系列反改革措施，其中包括：阻挠地方自治会在国民教育领域开展活动；加强教会对学校教育的影响；设立国民学校督学和国民学校管理处，加强政府对教师"政治可靠性"和教学思想的严格监督。1869年创建国民学校检查局，并在同年创办模范内阁学校，为重申政府不参与国民学校事务财政拨款的方针奠定基础。政府拒绝参与初等国民教育发展事务的财务工作，立法准许以地方自治会为代表的社会财务参与，导致初等学校完全置于社会管辖之下。19世纪70年代以来，沙皇政府在

---

① Пискунов А.И., Арсеньев А.М., Шабаева М.Ф., Очерки истории школы и педагогической мысли народов СССР, Москва, Педагогика, 1976, p.70.

② Пискунов А.И., Арсеньев А.М., Шабаева М.Ф., Очерки истории школы и педагогической мысли народов СССР, Москва, Педагогика, 1976, pp.31-32.

③ Чехов Н.В., Народное образование в России с 60-х годов XIX века, М., 1912, pp.45-46.

初等教育领域中关于学校的政策集中在监督国民学校发展和排挤地方自治会的社会活动方面。政府吸引地方贵族参与对学校事务的领导，大大限制了1864年学校委员会确立的权力。1871年，东正教最高会议和内务部审议发布指令，赋予督学大量的权力，并在实质上限制了学校委员会的功能。督学具有解雇不可靠教师的权力，以及在他们与学区督学在最终决定中意见不一致时，暂停学校委员会决定的权力。1874年俄国政府颁布新的《初等国民学校章程》，取代1864年的《初等国民学校章程》，进一步加强政府、教会和地方贵族对初等学校的控制，限制地方自治机构的活动。

三、19世纪80年代教会学校网络的快速扩大

到19世纪70年代后期，俄国人民革命运动又趋活跃，农民起义次数增加，工人运动扩大。1879—1881年俄国专制制度度过了第二次权力危机，1881年亚历山大二世被民意党刺杀后，继位的亚历山大三世的政治统治更加反动腐朽。时任国民教育部部长的杰利亚诺夫组织了针对60年代前期教育改革的第二次反攻倒算，目标集中在初等和高等学校。因为在他看来，"初等学校是进步社会力量使用的主要领域，而高等学校则是弑君者的发源地"[①]。

加强教会对初等教育的影响成为俄国19世纪80年代教育政策的重要组成部分。取缔地方自治会对学校的管理，将初等教育机构纳入宗教界的管理范围，是这一时期初等教育改革的核心。教会学校被认为是首要的与公共的地方自治学校斗争的武器。1884年亚历山大三世颁布《教会学校章程》（Привила о церковно-приходских школах），要求在各地设立两年制教会学校，其首要任务是对学生进行宗教教育。《教会学校章程》明确写道："这些学校的目的就是在人民中确立对东正教教义的信仰和基督教道德，并授予初步

---

① Пискунов А.И., Арсеньев А.М., Шабаева М.Ф., Очерки истории школы и педагогической мысли народов СССР, Москва, Педагогика, 1976, р.5.

有益的知识。"①包括教学内容的选择与组织、教师的选拔聘用等在内的所有事务都严格遵循《教会学校章程》第九条所规定的任务:"与教会不可分割的教会学校应该向孩子灌输对教会和礼拜的热爱,拜访教堂和参加礼拜应该成为学生的习惯和内心需求。"②《教会学校章程》确定教会学校的教学内容包括:①神学,包括学习祷告、圣教的历史、礼拜的解释、简短的教义问答;②唱圣歌;③阅读教会和公民刊物与信件;④初级算术知识。由此可见,教会学校教学内容极度贫乏,教授的知识是非常有限的。根据《教会学校章程》,在教会学校中的教师职务主要由"在宗教学校和宗教部门的女子学校中获得教育"的人替代。为了管理教会学校,俄国创立了主教区学校委员会,由主教区的高级僧侣组成。"为了近距离管理"学校,高级僧侣"根据自己的选择"任命最"可靠的神职人员、观察员"。东正教最高会议下的学校委员会对教会学校实行总领导。正如教育家卡普捷列夫所指出的,在教会学校,"人性和民族性退居其后,被摆在第一位的是宗教性"。教会学校的思想是反对"孩子的自由发展",它们把"孩子能力的发展"看作不信仰和背叛东正教的开端。③

19世纪80年代,俄国政府不再寄希望于国民学校检查局和模范内阁学校,而是寄希望于教会学校。政府慷慨并定期资助教会学校,认为教会学校是主要的保护力量,有能力对抗地方自治国民学校。按照东正教最高会议总检查员的说法,只有教会学校"有条件使得教学和监督同时共存,比其他类型的国民学校更加保证在教会和人民精神中实施正确和可靠的教育,因此它们应得到来自政府的特殊支持和鼓励"④。为了加强对初等学校的戒备与监督,

---

① [苏联]康斯坦丁诺夫等:《苏联教育史》,李子卓等译,330页,北京,人民教育出版社,1958。

② Ильминский Н., Правила и программы для церковно-приходских школ и школ грамоты, СПБ., Синод. тип., 1894, p.XX.

③ Каптерев П. Ф., История русской педагогики, СПБ., О. Богданова, 1909, pp.374-380.

④ Рождественский С. В., Исторический обзор деятельности Министерства народного просвещения, СПБ., Государственная типография, 1902, p.650.

政府对初等教育的支出增长很快，国家补助金总额迅猛增加。1885 年，教会学校获得政府资助只有 5.5 万卢布，但到 1896 年这一数字猛增到 345.4 万卢布，11 年共增长了 61.8 倍。国库对教会学校的支出远远超过对附属于国民教育部的初等国民学校的资助。国民初等学校属于国民教育部的管辖范围，其经费主要来源于社会资金。1894 年，附属于国民教育部的小学共计 2.9 万所，在读学生 387.4 万名，学生数量几乎是教会学校的 4 倍，但是获得的国库资助仅有 136.2 万卢布。① 1894 年，农村地方自治学校的支出总额中国库支出仅占 0.97%。1896 年，政府支付给每一位教会学校学生的经费是给国民教育部初等学校学生的 4.5 倍。② 随着获得政府补助金的增加，教会学校比国民教育部初等学校变得更具"国有性"和"国家性"。教会进军初等教育，不仅仅依赖于国家对宗教界"教育"活动的资金投入，而且依赖于其自身不断扩大对初等国民教育的影响。1891 年，东正教最高会议决定把由农村居民自己筹集资金创建的所谓农民识字学校转变为由东正教最高会议管辖。1892 年，这种学校共 15 992 所，学生共 38.0 万名。③

在政府政策的大力扶持和国库资金的慷慨支持下，19 世纪 80—90 年代教会学校网络很快扩大。《教会学校章程》颁布的 1884 年，教会学校为 4 640 所，在读学生为 11.2 万名。到 1885 年，仅一年的时间，教会学校猛增至 8 351 所，在读学生增至 20.2 万名。而到了 10 年之后的 1894 年，教会学校增至 31 835 所，是 1884 年的近 7 倍，而在读学生升至 98.1 万名，是 1884 年的近 9

① Пискунов А. И., Арсеньев А. М., Шабаева М. Ф., Очерки истории школы и педагогической мысли народов СССР, Москва, Педагогика, 1976, p.83.

② Фальборк Г. И., Чарнолуский В. И., Народное образование в России, Минск, Госбиблиотека БССР, 1989, pp.182-185.

③ Фальборк Г. И., Чарнолуский В. И., Народное образование в России, Минск, Госбиблиотека БССР, 1989, p.190.

倍。① 随着教会学校普及，沙皇政府充满幻想地提出，学校可以成为巩固其阶级政治的有效手段之一，成为维持农民群众宗法主义、保守主义和政治消极性的手段之一。

在教会学校大肆扩张的情况下，地方自治学校遭到了排挤，力量明显减弱。不断加强的政治反动势力一直控制着地方自治会，在初等国民教育的地方自治活动中产生影响。

四、19世纪90年代普及初等教育的发展

19世纪90年代，俄国工业发展出现高涨的局面，工人运动高潮随之而来。1895—1899年，俄国平均每年发生罢工革命运动出现新的高潮，参加工人人数超过12万。社会运动风起云涌，再加上1891—1892年俄国农业歉收，国民遭受饥荒，1892—1893年俄国霍乱和伤寒病流行，百姓怨声载道。社会的窘况激起了俄国先进知识分子提高人民知识水平和智力水平的追求，他们主动承担起领导群众发展初等国民教育的任务。这些先进知识分子包括自由主义者、民粹主义者和社会民主党人等。

在俄国先进知识分子的影响下，以前只关注中等教育发展事务的省级地方自治会对地方初等教育的发展表现出极大的热情。这一时期，很多省级地方自治会创建了针对国民教育的专门委员会或者分部，它们主持县级地方自治会的学校活动，创建国民和学校图书馆，组织国民参加阅读、复习课、大会和展览，为连接所有俄罗斯地方自治会在国民教育领域的活动提供了机会。地方自治会教学活动的主要目标是提高群众的受教育水平，创建升级了的初等学校，该类学校的学习期限为四至五年。

与其他时期不同，19世纪90年代社会教育运动主要围绕普及教育开展。

---

① Пискунов А.И., Арсеньев А.М., Шабаева М.Ф., Очерки истории школы и педагогической мысли народов СССР, Москва, Педагогика, 1976, pp.82-83.

普及教育成为所有社会教育活动的主要口号和主要任务。普及义务教育问题首次在俄国社会教育运动中被提出，是在 19 世纪 60 年代。然而，自此至 19世纪 80 年代，由于政府拒绝采取"任何有力的措施"和提供经费资助来发展国民教育，普及教育基本上停留在口号上，并没有付诸实施。这与当时实现普及教育、工业迅速发展的欧洲其他国家形成了鲜明对比。到 19 世纪 90 年代，普及教育的问题重新被热议，并被正式提上日程。圣彼得堡和莫斯科识字委员会为此做了专题报告，充分论证普及初等教育的可能性。普及教育运动的先驱瓦赫捷罗夫(В. П. Вахтеров)指出，由于俄罗斯初等学校的主要类型是包括地方自治学校在内的三年制学校，根据俄国最小的入学年龄，适龄儿童的数量占人口总数的 6.5%，普及初等教育有实现的可能。① 瓦赫捷罗夫的专题报告在期刊、地方自治会会议、很多教育团体大会上引发了广泛的社会讨论，最终社会舆论拥护瓦赫捷罗夫的观点。1893—1897 年，超过 70% 的省级地方自治会提出了关于实施普及教育的问题，并在这一方向上迈出了实际步伐。②完成这一计划最突出的是维亚特斯基省地方自治会，仅仅在两年间该地区的学校就从 480 所增加至 702 所。莫斯科省地方自治会在详细的调查基础上创设的学校网络，符合居民的要求和普及教育的组织计划。③

为普及教育，19 世纪 90 年代地方自治会对初等教育的投入迅速增加。1890 年地方自治会的国民教育支出为 722.6 万卢布，到 1900 年增加到1 555.7 万卢布，是 1890 年的两倍。同时，地方居民人均教育支出也有了快速增长，1890 年为 14.4 戈比，到 1900 年增长到 22.0 戈比，是 1890 年的 1.5倍多。④

---

① Вахтеров В. П., Всеобщее обучение, Москва, Издательство И. Д. Сытина, 1897, p.20.

② Сытина И. Д. Народная энциклопедия научных и прикладных знаний, т. X. Москва, 1910-1913. p.47.

③ 转引自 Пискунов А.И., Арсеньев А. М., Шабаева М.Ф., Очерки истории школы и педагогической мысли народов СССР, Москва, Педагогика, 1976, p.93.

④ Чарнолуский В. И., Земство и народное образование, ч.II, СПБ., Знание, 1911, p.311.

这一时期，地方国民教育支出比国库经费多得多，而国库经费主要优先保障教会学校。1894年，社会资金拨给一所地方初等学校的数额为531.65卢布，当时政府对教会学校的拨款只有82.5卢布，根本不能满足教学事务开展的需求。到1903年，地方自治会对每所所属初等学校的投入比国家对教会学校的支出多2倍。[1]

政府企图减少地方自治学校数量，使地方自治学校脱离社会，并使初等国民教育归属教会。东正教最高会议企图乘机利用普及教育的思想，优先发展教会学校。所有这些企图都没有成功。他们的企图遭到进步社会界的强烈反对。进步社会界不仅把教会学校看作对普及教育的威胁，还把它看作对俄罗斯教育和文化的威胁。他们指出，教会学校教育水平低下，苟且度日，它们所做的工作是反教育的，在学校事务中采取的是"残缺不全的方法"。

活跃的地方自治会活动使得初等学校网络迅速扩大，有力地支撑了普及教育运动的开展。1885年，地方初等学校为22 271所，到1898年，增加至47 125所，是1885年的2倍多；学生的数量相应地从139.2万增加至268.2万。[2] 1900年，教会学校的学生数量为163.45万，世俗学校为259.26万。[3] 到1905年，教会学校学生在总的初等国民学校总数中所占比例明显下降。

第二节 中等教育的发展

18世纪末，俄国的中等教育非常落后，每个省只有1所中学，教育的对

---

[1] 转引自 Пискунов А. И., Арсеньев А. М., Шабаева М. Ф., Очерки истории школы и педагогической мысли народов СССР, Москва, Педагогика, 1976, p.94.

[2] Сытина И. Д. Народная энциклопедия научных и прикладных знаний, т.Х. Москва, 1910-1913. p.74.

[3] Рашин А. Г., Население России за 100 лет, Москва, 1956, p.316.

象基本上是贵族子弟。到 19 世纪，俄国中等教育得到发展。但是，发展路线非常曲折，在政府进三步退两步的政策影响下，俄国中等教育最终坚持了古典主义路线。前期曾经有过走向进步的古典主义的政策设计，但是俄国中等教育最终走向反动，古典主义发展成社会阶层接受中等教育的过滤器和压制青年学生自由思想发展的主要武器。

一、19 世纪初至 60 年代古典主义改革

19 世纪上半叶，俄国中等教育中的古典教育得到发展。古典中学尽管几经变化，但仍然是当时俄国中等教学机构的唯一类型。

在俄国，国立古典中学作为普通教育中学的一种类型而创建，是根据 1804 年《大学附属各级学校章程》。首批国立古典中学并不实施狭义的古典主义教育，分配给拉丁语的学习时间只占 13%。俄国古典教育的扩展是从 1811 年开始的，根据当时的圣彼得堡教育区督学、后来的国民教育部部长乌瓦洛夫(С. С. Уваров)的倡议，在学区的古典中学加强对古语言和古希腊文化的教学。1817 年，乌瓦洛夫教学大纲被引入俄国全国的古典中学中，其主要目标是让古典中学的学生为大学做准备。把古语言列入教学大纲是为了减轻学生未来掌握大学课程的压力，因为当时绝大多数的大学课程是由从国外邀请的教授讲学的，他们用的是拉丁语。由此说来，起初俄国古典中学引入古典教育的任务是简单和实用的。

但是很快，古语言教学遭遇了政治压力。尼古拉一世认为，希腊语是"奢侈品"，而法语是"必需品"。[①] 希腊语教学缺乏教师，1828 年仅在有大学的城市中的古典中学里教授希腊语。1825—1850 年，古典教育的传播与强调学校的阶层基础同时进行。古语言变成一种屏障，阻碍下层孩子进入中等学校接

---

① Пискунов А.И., Арсеньев А.М., Шабаева М.Ф., Очерки истории школы и педагогической мысли народов СССР, Москва, Педагогика, 1976, p.107.

受教育。1848年，古典主义遭到了沉重的打击。这一年是欧洲革命年，古典主义被怀疑在政治上是不可靠的，乌瓦洛夫因此遭到解职。俄国古典中学只为那些要进入大学的学生保留古语言的学习。对于那些中学毕业后直接进入国家部门工作的学生而言，从1849年起，代替古语言的是法律，学生机械地学习关于俄罗斯帝国生活的大量的烦琐的法律。1852年，古典中学被分为三种类型：以自然历史和法律学习代替希腊语学习的学校，只学法律的学校，只学希腊语的学校。学校课程减少普通教育的内容，增加专业内容。

19世纪60年代，中等学校的普通教育目标得以恢复，扩充普通教育的内容成为社会教育运动的主要任务之一。俄国进步教育家和社会各界支持更新学校教育内容，支持让教育贴近生活，减少古语言教学，把自然科学科目引进教学，引入实科教学。《现代人》（Современник）杂志甚至坚定地认为："有必要把实用教育，而不是所谓的古典知识放在我们教育的首位。"①针对这种形势，革命民主主义者皮萨列夫（Д. И. Писарев）写道："古典教育看起来是令人满意的，但也只是在没有更好教育的情况下，在自然科学仍在摇篮中的时候，它被认为是好的教育；它如今的存在是我们的因循守旧、极度无知、对年青一代的智力和兴趣的无穷冷漠造成的。"②但是，学校改革在反动势力的影响下，最终保持了中等学校古典教育的优势地位。

1864年政府颁布的《古典中学和准古典中学章程》（Устав гимназий и прогимназий）宣布，古典中学的目的是为在其中成长的年青人提供普通教育，它同时充当学生进入大学和其他高等专门学校的准备机构。古典中学的修业年限为七年；准古典中学是一种不完全中学，只有四个年级，相当于各类中学的前四年，开设在小城市中；各个阶层的孩子，不分等级或宗教，都可以

---

① 转引自 Пискунов А. И., Арсеньев А. М., Шабаева М.Ф., Очерки истории школы и педагогической мысли народов СССР, Москва, Педагогика, 1976, p.108.

② Писарев Д. И., Избранные педагогические сочинения, Москва, издательство Академии дагогических наук РСФСР, 1951, p.171.

在古典中学或准古典中学读书。根据普通教育学科的差异和教育目标的不同，《古典中学和准古典中学章程》把古典中学分为文科中学和实科中学两种。文科中学教授的课程包括上帝的律法、带有教会斯拉夫语和文学的俄语、拉丁语和希腊语、数学、物理学和宇宙学、历史、地理、自然历史、德语和法语、书法、绘画和素描。实科中学教授的课程跟文科中学差不多，但是完全不教授拉丁语和希腊语。① 《古典中学和准古典中学章程》限制了实科中学的数量，实科中学数量不超过中学总数的四分之一。实科中学被《古典中学和准古典中学章程》认为是有缺陷的，它到大学的通道是关闭的。围绕实用教育和古典教育的激烈论战并没有随着《古典中学和准古典中学章程》的颁布而结束。很快，《莫斯科公报》对实科中学进行了猛烈抨击，"在章程还未生效之前"要求改变其教学大纲。② 但不管怎么说，《古典中学和准古典中学章程》关于中等教育面向所有阶层的规定是具有相当进步意义的，它使俄国教育从封建等级学校向资产阶级的阶级学校前进了一步。它规定了多样化的中等教育结构，课程结构远较尼古拉一世时代的文科中学合理得多。③

19 世纪上半叶至 60 年代，俄国文科中学得到了较快发展，而实科中学发展迟缓。1856 年，俄国只有 78 所文科中学，至 1870 年，文科中学增至 123 所，全部办成了古典文科中学。一直到 1872 年，俄国才办了 7 所实科中学。④

---

① Министерство народного просвещения, Устав гимназий и прогимназий ведомства, СПБ., Министерство народного просвещения, 1864, p.1.

② 转引自 Пискунов А. И., Арсеньев А. М., Шабаева М. Ф., Очерки истории школы и педагогической мысли народов СССР, Москва, Педагогика, 1976, p.108.

③ 吴式颖：《俄国教育史：从教育现代化视角所作的考察》，248 页，北京，人民教育出版社，2006。

④ Королёв Ф. Ф., Очерки по истории советской школы и педагогики（1917—1920），Москва，издательство Академии педагогических наук РСФСР, 1958, p.29.

二、19 世纪 70—90 年代中等教育领域反改革运动

俄国的古典教育不同于欧洲其他国家的古典教育，它基于俄国的社会条件，在实施过程中形成了彻头彻尾的反动基调。最终占优势和统治地位的观点是把古典主义看作压制青年学生自由思想发展的主要武器之一。19 世纪70—90 年代，俄国中等教育领域出现了反改革运动。反改革运动的主要任务是从中学中剔除"纳税阶层"的学生，删除 1864 年《古典中学和准古典中学章程》宣告的所有阶层接受中等教育的原则，并企图回归尼古拉一世时阶级学校的体制。

1864 年的《古典中学和准古典中学章程》的基本原则在实践中并没有得到很好的实施。在沙皇看来，对学校的彻底改造应该是根除"妄图侵犯自古以来对于俄国而言神圣的一切——宗教信仰、家庭生活基础、所有权、服从法律、对法定权力的尊重等"的意图和空论。[1] 这样一来，根除狂妄的"意图和空论"成为重组中学的主要任务。这些"意图和空论"的根源被看作教育的实际方向。相应地，其"根除"方法是支持古典主义。改革的幕僚认为，古典主义应该服务于政治和社会的任务，它们是专制制度委托中学开展的反改革活动。第一，古典主义首先应该预防俄国青少年公民自我意识的苏醒；第二，"净化"中等学校，正如一份部门文件所言，使学生"根据父母的地位和财富在县立学校学习"[2]，根据《国民教育报》的看法，商人、军官和农民的孩子应该从古典中学中分离出去；第三，承认古典主义是平民知识青年通往大学路上的壁垒。这就等于重新把中等学校变成等级学校。被引入俄国学校的古典主义退化为平民子弟通往大学的屏障，成为专制制度在中等教育领域实施督查的主要武器。

---

[1] Правительство России, Полное собрание законов Российской империи. Собр. 2-е, т. XLI (отд. №1), №43, СПБ., Тип. II Отделение Собственной Его Императорского Величества Канцелярии, 1906, p.298.

[2] Ведомства Министерства народного просвещения, Сборник постановлений и распоряжений по гимназиям прогимназиям, СПБ., 1874, p.71.

1871 年，国民教育部颁布新的《古典中学和准古典中学章程》(Устав гимназий и прогимназий)，取代 1864 年的《古典中学和准古典中学章程》。新章程是根据社会活动家卡特科夫(М. Н. Катков) 的建议修订的。他认为，1864 年颁布的《古典中学和准古典中学章程》导致了革命的虚无主义在年青人中的传播。他深入批评了自然科学、历史和俄国文学的教学，认为前者导致唯物主义，后者只限于表面推理。根据卡特科夫的观点，中学生不必形成独立的思维方式，而应该以精准、明确的知识促进智力发展，并在实践中运用这些知识。对古语言和数学的学习可以满足这些需求。国民教育部部长阿·托尔斯泰设法说服亚历山大二世，使他相信这些建议的正确性。国务委员会以 29 票对 19 票否决了该决议，但沙皇还是站在少数派一边，并批准了新章程。新章程宣称，古典中学和准古典中学根据国民教育部部长的命令开放，并由其所在地教育区的督学直接授权。新章程使得古典文科中学合法化，把它当作中等教学机构的主要类型，而实科中学被简化为六年学制的实科学校。古典中学的学制增加到八年(不包括预备班)。延长在中学的学习期限，被认为是监督学生的更好的补充措施。古典文科中学主要教学科目是古语言和数学，这两科占据了大多数的教学时间：用于拉丁语的时间是 49 小时，用于希腊语的是 36 小时，用于数学(以及物理、数学地理和简单的自然知识)的是 37 小时，用于俄语的只有 24 小时，历史是 12 小时，地理是 10 小时。新章程加强了中学校长的行政权力，确定他们为中学的"领导"，相应地减少了教师委员会的权力。为了加强对学生的监督，俄国设立了班级辅导员制度，其功能是公开督查。

1872 年 5 月 15 日，亚历山大二世避开国务委员会的大多数反对意见，批准了《实科学校章程》(Устав реальных училищ)。该章程和 1871 年的《古典中学和准古典中学章程》成为 19 世纪 70 年代俄国中等教育改革的主要依据。该章程旨在为在实科学校学习的年青人提供适应实际需要和获得技术知识的普通教育。阿·托尔斯泰强调，1864 年章程"错误地"把"实科古典中学"与"普通教育"结合在一起，实科古典中学"是不具备任何积极目标的教学机构"，它们不仅不应该也不能够为大学"做准备"，其学生不能"进入高等专业学校"。[①]他认为，实科学校应该适应"不同类型工业和商业的专业要求，为进入中等工业工作的实践做准备"[②]。实科学校学习年限为六年，学生毕业后基本被剥夺了接受高等教育的权利。实科学校开设的课程包括数学、新的外语、俄语、历史、神学、地理、自然历史和物理。依照当地的要求，五年级和六年级被分为基础班和商业班两种班级。对于基础班，创建另外三种补充班级，用于培养学生进入高等专业学校的普通班、机械技术班和化学技术班。这些补充班级使实科学校的学生有机会进入高等专业学校，但并不是在所有的学校中都有这种班级。1882 年，也就是创建实科学校十年后，在 79 所实科学校中设立补充班级的只有 50 所。[③]

在国务委员会对中学新章程的草案讨论中，阿·托尔斯泰提议创办实用职业初级城市学校，被亚历山大二世所接纳。在 1872 年 5 月 31 日，也就是在批准《实科学校章程》两周后，亚历山大二世批准了《城市学校条例》（Положение о городских училищах）。根据该条例，城市学校旨在为所有班级的儿童提供基本的思想、宗教和道德教育。城市学校课程学习年限为六年，学习的课程包括上帝的律法、阅读和写作、俄语和斯拉夫语的教堂阅读、算术、实用的几何知识、祖国的地理和历史、一般历史和地理信息、自然历史

① Министерство Народного Просвещения, Краткий исторический обзор хода работ по реформе средней школы Министерства народного просвещения с 1871 г. Петроград, тип. В.И. Андерсона и Г.Д. Лойцянского, 1915, pp.5-6.

② Министерство Народного Просвещения, Краткий исторический обзор хода работ по реформе средней школы Министерства народного просвещения с 1871 г. Петроград, тип. В.И. Андерсона и Г.Д. Лойцянского, 1915, pp.6-7.

③ Пискунов А.И., Арсеньев А.М., Шабаева М.Ф., Очерки истории школы и педагогической мысли народов СССР, Москва, Педагогика, 1976, p.114.

和物理学信息、绘画、唱歌、体操等。① 沙皇政府开办城市学校的目的是诱使城市下层居民子弟离开收费昂贵的中等学校，确保文科中学的古典主义方向。

阿·托尔斯泰有力而坚持地领导了新章程的实施，一面与反对者进行坚决的斗争，一面坚持在立法机关的改革。1872—1874 年，国民教育部接连进行了一系列旨在确认反改革主要原则的活动。1872 年俄国制定和出版了古典中学教学计划和教学大纲，几年后制定了实科学校教学计划和教学大纲。每一门科目的教学计划都附录"应该按照什么样的精神进行教学"②的说明。教师被要求严格遵守教学计划，不能超越教学计划规定的界限。在教授古语言时首先要教的是语法，古代作者的论述成为语法教学目标。不仅中学古语言教学的首要意义在教学计划中被巩固下来，而且，中学校长和督学以及班级辅导员的职务主要委派给古语言教师。对中学广泛引进古典主义的要求，使得古语言教师的数量大幅增加。历史语文学院是为培养这样的教师而设立的，但教师的供给远远不能够满足古典中学的需求。国民教育部不得不邀请国外的教师，甚至在莱比锡大学设立专门的语文研讨会。随后，督查举措进一步升级，政府颁布了关于学生入学、转学和毕业的规则，对学生在校内外的行为、对学生的监督程度、班级辅导员的职责等提出建议。这些规则反映了阿·托尔斯泰"教育学的主要任务在于制止人类原始本性"③这一基本理念。根据 1873—1880 年的数据，古典中学只有 6 511 名学生毕业，51 406 名学生或者没有通过考查被开除，或者绝望至极，拒绝继续学习。④ 古典中学学生淘

---

① Министерство Народного Просвещения, Положение о городских училищах, Москва, тип. класс при Набилк. учеб.-ремесл. уч-ще, ценз. 1875, p.1.

② Рождественский С.В., Исторический обзор деятельности Министерства народного просвещения, СПБ., Государственная типография, 1902, p.532.

③ 转引自 Пискунов А. И., Арсеньев А. М., Шабаева М. Ф., Очерки истории школы и педагогической мысли народов СССР, Москва, Педагогика, 1976, p.115.

④ 转引自 Степняк-Кравчинский С.М., Россия властью царей, Москва, Мысль, 1965, pp.268-269.

汰率提高和教学结果不理想，并没有引起国民教育部的担忧，反而合乎国民教育部的意愿。正如阿·托尔斯泰的继任者杰利亚诺夫在 1884 年的报告中所指出的，淘汰的结果是减少了"来自不富裕和受教育程度较低的家庭的学生数量，他们的父母由于贫困和落后没有能力保障他们完成古典中学课程的条件"①。

19 世纪 70 年代末 80 年代初，在社会运动的强大压力下，俄国被迫采取了一些措施弱化古典中学的督查模式，尤其是扩大教学委员会的权力，准许短时间内举行教学大会。但是很快，政治反动势力取消了这些细小的让步。反动势力的进攻助推了"古典主义噩梦"的加强。学习古语言时的语法取向增强了，希腊和罗马的古典主义者的作品被作为语法练习的材料，国家文学课程重新被限制。

19 世纪 80 年代，俄国中等教育领域进一步加强了守旧和阶级趋势。1881 年 4 月 29 日，亚历山大三世发布被列宁称为"确定专制制度的诏书"②，公开宣告农奴制反动派教学大纲。为了广泛实施这一大纲，并修正上一代的"致命错误"，俄国在教育领域继续实行警告传统。1882 年 11 月 20 日，杰利亚诺夫发布通告指出，在中等教育机构"为了确立秩序和纪律"建立完备的警察制度。国民教育部宣称，新的中学反改革运动在 1884 年初已经"完全准备好了"，并且在某种意义上等同于大学的反改革运动。但是，由于大学章程在法律领域出现了不同见解，加上 80 年代中期国家和社会生活其他领域缺乏清晰的反改革计划，杰利亚诺夫拒绝通过立法巩固回归阶级学校的尝试。然而，这一决定并不意味着国民教育部拒绝在中等教育领域采用阶级学校的方法。杰利亚诺夫开始运用阿·托尔斯泰批准的方法进行阶层守旧的政策，并逐渐严格化。

---

① 转引自 Пискунов А. И., Арсеньев А. М., Шабаева М. Ф., Очерки истории школы и педагогической мысли народов СССР, Москва, Педагогика, 1976, p.117.

② Ленин В. И., Полное собрание сочинений, том 5, Москва, Инститyт марксизма-ленинизма при ЦК КПСС, 1967, p.46.

俄国制定了新的古典中学章程草案，根据此草案，可以在古典中学读书的学生只能来自高等阶层。将古典文科中学作为通向高等教育的唯一道路，剥夺实科学校作为普通教育学校的地位，加强对学校的督查，减少学生的数量，逐渐并坚决"清除"学生队伍，这一"清除"运动成为80年代中等教育领域教育部门的主要政策路线。

杰利亚诺夫把不少精力放在了实科学校发展上。1886年11月，他向国家委员会提交了俄国工业教育计划草案，提议从根本上重组实科学校。国民教育部把实科学校变成五年制的普通教育学校，作为培养具备中等技术专业人才的第一级教育。而第二级教育是在此基础上创建二至四年制的专业技术学校。他在实科学校中解决了创建技术、农业、商业等补充专业班级的问题。学生只有在结束四年制的中等技术教育后，才有机会进入高等专业技术教育机构学习。

19世纪80年代后期至90年代，古典文科中学发展缓慢，准古典中学数量减少。在1881年，准古典中学曾达到71所，到1889年，只剩下44所。[1]同时，古典中学和准古典中学的在校学生人数也有了较大减少。以1886年和1887年为例，1887年，古典中学和准古典中学的学生从1886年的70 921人减少到59 418人，缩减16%。更重要的是，中学生的社会来源构成发生了改变。1886年，贵族和官员的孩子占古典中学和准古典中学学生总数的49.7%，到1894年已经达到56.4%；来自城市的孩子在1886年、1894年分别占35.7%和31.7%，来自农村的孩子分别占7.5%和6%。[2] 这样一来，国民教育部不仅成功控制住了中学生数量的增加，而且保障了优势阶层在中等教育领域的优越地位。

---

① Пискунов А.И., Арсеньев А.М., Шабаева М.Ф., Очерки истории школы и педагогической мысли народов СССР, Москва, Педагогика, 1976, p.526.

② Зейфман Н.В., Правительственная реакция и регулирование социального состава гимназистов в конце XIX в, pp.244, 248.

正因为如此，俄国当时的基础教育落后于欧洲其他发达国家。当奥地利获得知识的人数达到全国居民29%、法国达到77%的时候，俄国接受教育的人数只占全国人数的9%～10%。[①] 正如历史学家罗兹德斯特文斯基（C. B. Рождественский）所言，"在俄国中等教育历史中，新的时代已经到来"[②]。自由主义活动家斯塔斯列耶维奇（M. M. Стасюлевич）指出，自从1871年以来，这个时代的实质很明显地被揭示出来，"古典主义"开始"入侵"俄国学校，"希腊罗马的农奴制"被确立下来。[③]

第三节 高等教育的发展

19世纪，俄国高等教育跟初等和中等教育一样，也经历了曲折的发展过程。比较而言，19世纪上半叶俄国高等教育发展速度缓慢，而下半叶发展速度明显加快。19世纪，俄国高等教育发展的独特模式已初步确立。

一、19世纪上半叶高等教育的缓慢发展

19世纪初，随着资本主义生产关系的引入，工业得到发展，农业开发新技术和新农艺方法，交通运输和通信手段有新进展，这就增加了俄国对培养高层次人才的需求。在这样的社会背景下，19世纪上半叶，俄国高等教育在18世纪的基础上有了缓慢发展。

这一时期，俄国创办了一系列高等教育机构。1804年，喀山大学和哈尔

---

① ［俄］Т.С.格奥尔吉耶娃：《俄罗斯文化史：历史与现代》，焦东建、董茉莉译，387页，北京，商务印书馆，2006。

② Рождественский С.В., Исторический обзор деятельности Министерства народного просвещения, p.527.

③ Гранат А. И., История России в XIX веке, СПб. 1909, p.175.

科夫大学成立。1819 年，圣彼得堡大学落成。当时计划中还要成立的大学有托博尔斯克大学和乌斯秋日纳大学。卡缅诺岛开办了一所亚历山大专门学校，敖德萨建立了敖德萨专科学校，莫斯科设立了科拉扎尔斯基东方语言学校等，莫斯科和圣彼得堡开办了两所师范学院。1819 年，圣彼得堡最主要的一所师范学院改为大学。1830 年，在 1763 年 9 月 1 日创建的帝国教育院（Императорский Воспитательный Дом）的基础上，成立了帝国高等技术学校（Императорское Высшее Техническое Училище），也就是现在的莫斯科鲍曼国立技术大学。同时，俄国还创办了皇村高等专科学校以及一批商学院、交通学院等。

1803—1804 年，亚历山大一世启动了温和的自由教育改革政策。根据现有大学数量，将俄罗斯帝国分为由督学负责的六大教育区：莫斯科教育区、德普特教育区、维伦斯基教育区、圣彼得堡教育区、喀山教育区和哈尔科夫教育区。其中，莫斯科教育区包括 11 个省，圣彼得堡教育区包括 8 个省。每个教育区建立一所大学。每个教育区的负责人都是督学，代表国民教育部对该地区的所有教育机构行使控制权。大学校长的权力直接隶属于督学。

创办于 1755 年的莫斯科大学在近 50 年的时间里，一直是俄国唯一的大学。1804 年，亚历山大一世颁布具有自由主义倾向的《俄罗斯帝国大学章程》（Устав университетов Российской империи）。该章程规定：莫斯科大学是为年青人进入国家公务队伍做准备的教育和学术研究的高级机构，享有最高的声誉，由国民教育部部长领导；大学有自己的董事会，它的主席是校长，成员是院长，大学的经济部分都由董事会负责；大学本身享有选举校长、系主任、教授等自治权；大学必须拥有教科书、教师学院或教育学院、医学临床学院、外科临床学院、助产艺术学院；大学拥有印刷厂和自己的审查制度，可以从国外订购书籍；最重要的是，不禁止大学从附属中学的经营活动中保留自己的收入；大学的一个独特优势是汇集学术共同体核心成员，既可以从事俄国和古代文学研究，又可以从事实验科学和精密科学的传播，大学以作品和期刊的出版费用来帮助他们；等等。① 该章程确立了莫斯科大学作为学校最高管理机构的地位；大学成为培养师资的中心，并指导本教育区所有学校的教学工作；大学具有从事高端科学研究的权利；大学实行自治，享有财务、学术、管理等方面的自主权。这是俄国高等教育发展史上第一次获得自主权。

1804年，亚历山大一世还颁布了《大学附属各级学校章程》，确立了以大学为首的国民教育的统一体制。教区学校、县立学校、文科中学和大学这四级教育之间相互联系、彼此衔接，共同组成俄国的公共教育体系。大学在省政府所在的城市开办，向贵族开放，学制为三年。大学管理教育区内所有学校。该章程在俄国历史上第一次规定了私立学校(寄宿学校)的活动，私立学校的活动受大学严格管理。② 教育区内的一切学校管理和书刊检查均由大学执行。在这种条件下，大学很快成为自由主义思想滋长之地。中央师范学院开办不久就以"自由思想"闻名，而专门培养贵族青年精英的皇村高等专科学校的第一届毕业生中就有普希金和许多十二月党人。

随着反对沙皇专制的十二月党人起义的失败，作为自由思想策源地的大学遭到沙皇政府的干涉与压制。1835年，尼古拉一世颁布反动的《大学章程》(Университетский Устав)。该章程确定：董事会会议的时间是根据需要确定的，并在监督下进行，每月向督学提交会议记录摘要，董事会管辖的部分分为经营部分和警察部分；大学只对上级负责，与所有其他地方或人员建立联系；大学对自己或其教授发表的论文摘要、论述和其他学术内容设立审查制度，此审查制度以一般审查宪章的规则为指导；限制非贵族出身的学生进入大学求学；等等。③ 大学刚刚获得的自主权被剥夺，而且，该章程把军役制塞

---

① Министерство Народного Просвещения, Устав университетов Российской империи, СПБ., Министерство Народного Просвещения, 1804, p.1.

② Министерство Народного Просвещения, Устав учебных заведений, подведомых университетам, СПБ., Министерство Народного Просвещения, 1804, p.1.

③ Министерства Народного Просвещения. Университетский Устав, 1835, p.1.

进大学，教师的学术自由和大学的自主权遭到无情践踏。

19世纪上半叶的俄国大学延续了18世纪的传统，仍然作为科学院与中学之间的纽带而存在。大学发展的最重要原则仍然是，培训专家过程中保持学术与实践之间的关系，不同教育阶段保持连贯性，实施公民教育，大学生活保持高度的理性和精神性。这一时期，大学的科学研究工作取得了较大进展。1819年，俄国大学和科学院设立硕士和博士学位制度。该制度规定，进入大学工作必须通过相应水平的论文答辩。各大学分别设立天文台、化学实验室、物理实验室、植物园等，这些设施为科学研究工作的顺利进行提供了保障。一些科学协会纷纷建立，如成立于1805年的莫斯科自然科学工作者协会、1817年的矿物研究协会等。

但是，总体来说，这一时期由于教育体制中基础教育环节比较薄弱，大学的学生数量较少，学生素质也较差。到19世纪60年代初，俄国大学生仅有3 000人。[①]

二、19世纪60—90年代高等教育的较快发展

19世纪60年代，废除农奴制使得国家对高级专家人才的需求进一步高涨。同时，60年代的土地、法制、城市和其他方面的改革为受过高等教育的人开辟了广阔的活动空间。19世纪60—90年代，俄国高等教育获得了较快发展。

在强大的社会政治运动和公共教育运动的压力下，沙皇亚历山大二世采取了"让步政策"，并于1863年6月颁布了经历了五次修改才被批准的《大学章程》。该章程规定：校长由理事会从大学的普通教授中选举产生，任期四年，并获得最高职位的认可；校长主持大学理事会和董事会会议；董事会成

---

① ［俄］T.C. 格奥尔吉耶娃：《俄罗斯文化史：历史与现代》，焦东建、董茉莉译，387页，北京，商务印书馆，2006。

员包括所有院系的院长、副校长和督学，督学仅在学生事务上有投票权；董事会拥有大学财产，负责监督大学建筑物内的教务管理、秩序、清洁等状况；大学对出版的作品和馆藏的摘要、论述以及其他科学与文学内容设定自己的审查制度；大学从外国获得的书籍、手稿和出版物均不受审查；教授按竞选方式担任；由教授组成大学法庭；等等。① 这一章程被俄罗斯史学家称为"自由主义"的大学章程。它使大学重新获得在学术、财政和行政等方面的自主权。这次教育改革如同农奴制废除之为俄国历史上的转折点一样，它使俄国的高等教育向资产阶级方向上前进了一大步，因而成为俄国高等教育史上的重要里程碑。该章程巩固了教授团体在解决教学事务和管理大学方面的权利，教师获得了进行学术活动的较大自由，督学的监督作用限定在学生事务上。同时，该章程把大学生和行政部门置于资产阶级法制框架中，在某种程度上消除了独断专行和对大学生生活无限制的督察。然而，这一时期大学的自治权仍然有限。该章程给学区督学和国民教育部介入大学生活保留了很大的空间。同时，该章程没有为学生提供任何共同权利，没有承认女子接受高等教育的权利。

大学生骚动并没有结束，革命运动依然风起云涌。1867 年，出任国民教育部部长一职的阿·托尔斯泰采取了限制高等学校学生数量的措施。1875 年 4 月成立了由杰利亚诺夫任主席的专门委员会，决定重新审查 1863 年颁布的《大学章程》。1879 年，制定新的大学生守则和督察指南，并大大缩小教授团体的影响范围。1881 年，亚历山大三世继位后，对 60 年代前期的教育改革进行反攻倒算。1884 年，签发新的《大学章程》。该章程规定：督学履行最高领导的责任，照顾大学的福利，监督大学教学进度，维持大学的秩序和纪律，并严格遵守所有大学机构和官员的法律或政府规定的规则，制止任何违反这

---

① Министерство Народного Просвещения, Университетский Устав 1863 года, Санкт-Петербург, тип. Огризко, 1863, pp.1-5.

些规则的行为，对肇事者进行诉讼，并按要求奖励有价值的人；校长由国民教育部任命，对大学行政管理的各个部门进行直接监督；学生检查员的行动均以国民教育部部长的指示为指导，对学生建筑物和校外人员在大学建筑物内执行的规则进行密切监督；大学拥有的财产所产生的收入，除归属于大学的特殊资金收入外，一般都进入国库；等等。① 由此可见，1863 年大学取得的自主权再度被取消。根据新章程，大学校务会议的自主权被取缔，大学法庭被撤销，督学和校长的作用大大加强，大学的教学活动和大学生的全部生活置于专制政府的严密控制之下。

尽管政府的政策曲折反复，这一时期俄国高等教育发展较快。到 19 世纪末，全国 63 所高等院校的学生总计达到 30 000 人。② 政府在敖德萨、华沙、赫尔辛弗斯(即赫尔辛基)、托木斯克分别建立了一批新的大学，并扩大了原有大学的规模。包括莫斯科大学、圣彼得堡大学、杰尔普特大学、基辅大学、哈尔科夫大学、喀山大学、新罗斯大学和托木斯克大学等在内的综合性大学具有浓厚的科学传统，在 19 世纪下半叶已成长为大型的科学中心，大量创造性的人才汇聚于此，解决精密科学和人文科学领域的重要科学问题。门捷列夫、斯托列托夫、索洛维约夫、谢切诺夫、吉米利亚泽夫等享誉世界的著名学者均在大学任教。这一时期大学科学活动显著增加，既体现在科学团体、组织大会的数量增加上，也体现在出版的科学成果的数量增加上。俄国的科学文献也越来越受到国外学者的肯定。总体来说，这一时期，俄国大学的科学研究取得了飞跃性发展。如果说 18 世纪和 19 世纪上半叶，俄国诸多的科学机构中占主导地位的是科学院；那么，19 世纪 60 年代后，俄国科研机构中占主导地位的已经变成大学。

---

① Министерство Народного Просвещения, Университетский Устав 1884 года, Санкт-Петербург, Министерство Народного Просвещения, 1884, pp.1-5.

② [俄]Т.С. 格奥尔吉耶娃：《俄罗斯文化史：历史与现代》，焦东建、董茉莉译，388 页，北京，商务印书馆，2006。

19 世纪 60—90 年代，综合大学在教学上发生了质变。这表现在教研室总量的增加、学科的深入和专业课程的进一步增加上。根据 1863 年的《大学章程》，大学所有系的教研室的数量从 13 个增加到 19 个，教研室日趋专业化。从教学中取消剑术、音乐、绘画这些具有纯贵族教育特征的课程，同时引入新的课程，如在医学系创建了胚胎学、组织学、比较解剖学教研室，在法学系设立了俄国法律史、重要的外国立法史、斯拉夫立法史教研室，在物理数学系设立了力学教研室，在历史语文学系设立了艺术理论和历史、世界文学史教研室。然而，历史语文学系的大学生数量急遽减少。1885 年圣彼得堡大学该系共有 252 名大学生，占学校学生总数的 11%，到了 1887 年减少为 184 名，占 8.9%。[1] 1885 年哈尔科夫大学历史语文学系的大学生有 26 名，到 1888 年减少为 7 名。[2]

同时，培养高水平技术人才的高等专业教育也得到了显著发展。俄国当时大多数高等技术学校的特点是多学科性。通常，这些学校有四个系：力学系、化学系、工程建筑学系、经济学系。里加综合性中等技术学校能够提供更多的专业选择，培养工业、农业、商业和建筑领域的专家。这些高等技术学校由国民教育部、农业部、国家财产部、内务部共同管理。分散的领导权导致在培养技术专家的时候缺乏统一的制度。高等技术学校没有统一的章程，它们的工作结构和组织非常多样。例如，1862 年创建的圣彼得堡音乐学院和莫斯科音乐学院负责专业的音乐教育，它们归内务部管理。铁路交通专门人才由工程师学院培养，从 1864 年起，该学院成为开放式的高等学校。1865 年，根据莫斯科农业部的倡议创建圣彼得堡农业和林业科学院，1873 年它被改造成高等学校，成为俄国重要的农业教育中心。培养土木工程师的建筑学

---

① Вестник Европы, 1888(11), p.470.

② Багалей Д. И., Краткий очерк истории Харьковского университета за первые 100 лет его существования (1805—1905). Харьков, издательство Университета, 1906, p.305.

校在 1865 年转由内务部管理，培养建筑师的艺术科学院归皇家庭院部管辖。为了顺应通信技术发展，1886 年在圣彼得堡创办了一所技术学校，该学校在1891 年改造成电子技术学院，由邮政电报局管理，1867 年，军事法律科学院成立，专门培养军事法学人才。1885 年，工程和炮兵学校的军官课堂改造成工程和炮兵科学院，使得军官也可以获得高等技术教育。在 19 世纪 60—90年代，由于科学知识不断细化，这些高校不断强化知识的专业化。60 年代末，所有系的学生在前两年学习的是一般课程，从第三年开始学习主要的专业知识。例如，矿业学院根据采矿专业的要求对二至三年级的大学生进行专业化培养。

第四节　家庭教育与留学教育的发展

一、家庭教育的发展

19 世纪，贵族家庭教育流行起来，并正式成为俄国教育制度的一部分。家庭教育作为正式"公民教学"的一部分，得到了相对规范的发展。这一时期，在大学、文科中学和其他教育机构逐步发展起来后，成功的家庭教育不仅可以为学生提供必要的初步识字能力，而且在许多情况下可以为他们提供规范的学科教育。贵族子弟通过接受家庭教育，将来能够在私立或国立中等和高等教育机构继续深造。就读高等学校越来越变为只有贵族才能享有的特权。

这一时期家庭教育的发展与历史上的发展密切相关。家庭教育一直是俄罗斯整个国家历史的基础。在早期的家庭教育中，长者将自己的经验传授给年青人，并保持家庭传统。父母与孩子分享他们的道德价值观和专业经验。阶级社会产生之后，上层社会子弟在家接受有知识的家庭教师为他们提供的高水平教育。他们不仅习得有关烤面包或骑马的知识，还学会了读、写、算知识。教堂的书籍常常被用作教科书，因而学习的内容具有深刻的宗教烙印。同时，家庭教师负责学生的道德教育和精神发展。直到17世纪初，俄国家庭教育水平依然较低。彼得一世为贵族创办正规教育，创办世俗的初级学校、各种专门技术学校及军事学校，并颁布了一项法令，规定贵族子女必须到学校接受义务教育，因而这一时期家庭教育的作用不甚突出。彼得一世去世后，到18世纪30年代，由于学校数量少，俄国废除了贵族子弟义务入学制，允许贵族子弟在家接受教育。为了保障孩子的未来，很多贵族家庭邀请外籍教师为子女提供家庭教育。因为外籍家庭教师的辅导，皇室成员和贵族阶层在家中接受了真正优良的教育。而对于农民子弟，在农奴制的条件下他们不需要学习知识。从出生起，孩子就被纳入家庭生活和家务劳动中，有些人在教区学校主要学习的是用于扫盲的最基本知识。

从18世纪下半叶开始，家庭教师时代开始了。家庭教育成为贵族家庭子弟最主要的学习方式。家庭教师是贵族家庭雇用的教育者，与保姆不同，家庭教师教授给孩子某些学科知识。他们教年幼的儿童识字与算数，教青少年学习外语、历史、地理、物理学、天文学、算术、几何、俄罗斯文学、绘画和音乐。他们对学习科目的选择，常常遵循实用的标准。例如，他们往往教男孩军事学知识，以备他们将来服兵役，同时教给男孩建筑学知识，以备他们维修自己的庄园。教授给女孩的，往往是手工艺和家务活手艺。同时，家庭精神也往往成为家庭教育的重要内容。能够成为孩子效法榜样的人，常常成为家庭选择家庭教师的条件之一。例如，诗人茹科夫斯基（Василий Жуковский）和寓言学家克雷洛夫（Иван Крылов）就曾经作为宫廷家庭教师。他们拥有渊博的学识、良好的教养，为人严谨平和，外表雍容文雅，成为宫廷家庭教师首选的对象。

19世纪上半叶，作为"私人教学"形式的家庭教育，引起了俄国地方贵族和神职人员的特别关注。这主要是基于以下几个方面的原因：第一，很大一部分特权阶层居住在远离普通教育机构聚集的城市中心地带。第二，公立学校的教育往往远低于期望水平，这些阶层产生了对此类学校的不信任。第三，家庭教育符合"少数开明人"子女第一阶段源远流长的教育传统。第四，贵族为了获得相应的官位，对这种"时间缩短的教育"趋之若鹜。①

这一时期，许多国家政治家和公众人物比以往任何时候都更加关注年青人的"精神和道德"状况。1826年8月22日，沙皇尼古拉一世在神圣加冕典礼上表达了自己的愿望："最重要的是，让青年人对上帝的恐惧和坚定的祖国教育成为所有走向更好方向的基础，成为所有状况的首要需求。"②因此，确定家庭教育不仅作为"私人教学"，而且作为"公民教学"的地位与作用，成为当时法律调整的重要任务之一。

家庭教育之所以受到政府的重视，是因为它具有以下特点：第一，家庭教育主要受私人资金的支持，不需要花费政府预算。第二，正如国民教育部在《关于家庭教学问题》(По вопросу о домашнем учении)中所指出的，家庭教育的方式主要是一名家庭教师在私人家庭教育一个孩子或属于同一家庭的多个孩子，与一位教师对应众多孩子的公立学校或私立学校的教育方式相比，具有明显的"个性化，适应学生个性"的特点。③

19世纪，俄国从事家庭教育活动的人员包括国内神职人员、高等教育机构的教师(包括外籍教师)、大学和神学院的学生、中学和寄宿学校的毕业生和受过教育的公职人员。这些人根据社会地位、教育水平、宗教信仰和其他因素的不同，其中一部分人成为高级家庭教师(домашний наставник)和一般家庭教师(учитель)，而另一些人，特别是外籍人员则成为家庭保姆(бон，

---

① Рождественский С.В., Две записки М.М. Сперанского, Рождественский С.В., Материалы для истории учебных реформ в России в XVIII—XIX вв.СПБ., Общественная польза, 1910, p.372.

② Шмид Г. К., История средних учебных заведений в России, СПб., б.и., 1878, p.219.

③ Сергеева С. В., Домашнее образование в России в первой половине XIX в., Пенза, ПГТА, 2010, p.28.

няня)或指导教师(воспитатель)，后者从事的多是服务性质的活动。在规范家庭教育的文件中，"高级家庭教师指的是从事私人家庭教学最高层级的家庭教师，而一般家庭教师则是指没有接受过高等教育的家庭教师"①。家庭保姆一直陪伴男孩、女孩到一定年龄，然后他们转到一般或高级家庭教师那里。例如，著名诗人普希金，年少时候的生活由保姆阿琳娜·罗季昂诺夫娜照管。阿琳娜是普希金家的农奴，在普希金出生那年获得了自由，但仍留在普希金家里。她通晓很多俄罗斯民歌和童话，在普希金童年时代，就通过神奇的民间故事和信仰向未来的诗人揭示俄罗斯传统的智慧，这对童年的普希金是很好的启蒙。后来，普希金的家庭教育转到仆人兼家庭教师尼基塔·科兹洛夫那里。尼基塔比普希金大20岁，后来他以家庭教师的身份一直生活在普希金身边。甚至在普希金流亡的时候，尼基塔也陪伴左右。在诗人生命的最后几年，尼基塔与他一起生活在圣彼得堡，帮助诗人出版作品。

19世纪30年代前，家庭教师从事教育活动，主要依据的是1804年颁布的《大学附属各级学校章程》和1828年颁布的《大学所属文科中学和初等学校章程》。其中对教师提出的普遍要求确定了家庭教师的职业责任、个性素质要求以及他们在教育儿童过程中的地位和作用。但是，由于缺乏财政资金和足够数量的训练有素的教师，这一时期国民教育部并没有对家庭教师的活动进行有效的掌控。

1812年，国民教育部颁布法令，禁止未通过"心理和道德素质初步测试"、未获得相应证书的男女外籍教师取得家庭教师称号。对于"接纳未获得证书的外国人作家庭教师"和"接纳违法履行家庭教师职责"的父母，均应承担不履行规定的责任。②

---

① Сергеева С. В., Домашнее образование в России в первой половине XIX в., Пенза, ПГТА, 2010, p.35.

② Министерство Народного Просвещения, Об испытании домашних учителей. Сб. постановлений по МНП. 2-е изд, Т. I, СПБ., Общественная польза, 1875, p.776.

1834 年，国民教育部通过《家庭教师条例》（Положение о домашних наставниках и учителях）。该条例使得家庭教育正式成为俄国教育体系的一部分，并以法律的形式确定下来。根据该条例，"为了保障家长为孩子选择可靠的教师，保障政府在国民教育形式上的一致"，正式确定家庭教师的职责范畴、学历水平、晋级、物质保障和特权。① 从那时起，"科学教育"和"道德可靠性"成为每个想献身于私人家庭教育的人的必不可少的条件。满足条例条件的"所有自由的人"，具有相应精神品质和不同学科知识的有基督教信仰的人都可以进入家庭教师队伍。负责儿童保育、监督的监护人不需要"通过初步测试"，也不需要"知识证书"，父母或替代父母行使职责的人只要出示能证明其品行端正的说明就可以了。《家庭教师条例》详细定义了"在私人家庭中教育孩子的人的不同称号"。高级家庭教师称号授予以下人员：表达在私人家庭中从事教育工作的愿望；在高等教育机构完成完整的学习课程，成功通过初步测试，取得"真正的大学生"（действительный студент）称号，或者在俄国某所大学获得学术学位；在神学院获得了学位，在被神职部门开除后表达了在私人家庭中教育孩子的愿望；在考试中证明不仅拥有初等教育所需的一般信息，而且对打算执教的科目有详细而全面的了解。不需要"测试"的家庭教师（домашний учитель），仅仅授予在古典中学和与之对等的教育机构中至少教过三年某门科目的退休全职教师。经过父母同意，家庭教师可以教给孩子们艺术（искусство и художество）。对家庭教师称号的测试在综合性大学或实科大学进行；在没有高等教育机构的省份，在古典中学进行。测试学校校长作为测试的总领导，负责成立针对各门测试的专门教授委员会。测试时各省的学术督学须出席。那些希望获得家庭教师称号的人只有在出示以下材料后才可以接受测试：出生证明，从所居住机构和居住地当局获得的对其行为和道

---

① Министерство Народного Просвещения, Положение о домашних наставниках и учителях, постановлений по МНП. 2-е изд, Т. Ⅱ., СПБ., Общественная польза, 1875, p.788.

德素质的正面审查意见。国家公务人员和退役军人也有获得家庭教师称号或通过测试获得家庭教师称号的权利。为此，他们有义务提供辞职证明。那些"因不良行为"而被解雇的人，不能获得此称号。那些希望获得家庭教师职位的外国人在参加测试时，有义务出示标有其来访国家使命的俄国批准证书。长期在俄国生活的外国人无须提供此类证明，但他们必须提交他们居住地和由可信赖人士出具的有关其行为和道德品质的正面意见。督学在确定候选人的道德素质、能力和知识水平后，向其颁发家庭教师证书。教育区督学将颁发的所有证书和家庭教师的数据列表发给国民教育部，以便他们进一步监督家庭教师的活动。为提高家庭教育质量，国家对无资格从事家庭教育而进行家庭教育者处以重罚。根据《家庭教师条例》，对没有家庭教师称号而从事家庭教育工作的人，无论其出身如何，首次发现罚款250卢布，第二次发现，如果是外国人则驱逐出境，如果是俄国人则将其欺骗行为提交法院处理。同时，还会对使用这些家庭教师的父母或监护人处以250卢布的罚款。根据《家庭教师条例》，家庭教师被认为是国民教育部的在职工作人员。在家庭教师的整个任期内，他们有权穿为该部公务人员创设的制服，并在纽扣上别上省徽。政府根据家庭教师的教育水平，对家庭教师进行分类。每类家庭教师的教育水平都有一套完整的定量和定性指标系统，用以衡量他们的知识和技能。家庭教师凭借10年的勤奋工作，可以获得奖章。金牌授予高级家庭教师，银牌授予一般家庭教师。从等级获得批准的那一刻起，家庭教师如果"完美无瑕地"履行其专业职责，高级家庭教师在期满6年后，一般家庭教师在期满8年后可以按照规定程序晋升到下一级别。家庭教师从获得某一称号开始，凭借出色的工作可以获得奖励：为世袭贵族服务15年，为个人贵族服务20年，为其他人服务25年，高级家庭教师可以获得圣安娜第三级勋章，一般家庭教师可以获得斯坦尼斯拉夫第四级勋章。凭借35年的勤奋工作，家庭教师可以获得圣弗拉基米尔四级勋章。在25年内培养至少三名年青人考入俄国大学的家庭教师，可以获得"功勋卓著"荣誉称号。① 1834 年 11 月 27 日，国民教育部取消了家庭教师从事工作时需要受洗的规定。

1834 年，国民教育部颁布《关于禁止接受未从俄国大学获得家庭教育职位证书的外国人的规定》（О воспрещении принимать в должности по домашнему воспитанию иностранцев, не получивших аттестатов от русских университетов）。该规定指出，没有从俄国大学获得家庭教育职位证书的外国人，禁止从事家庭教师工作。这实际上对外国人从事家庭教育工作，进一步提高了门槛与要求。

同时，政府对家庭教师的工作进行监督，对其教科书的选择等事项都做出详细规定。1834 年 8 月 2 日俄国颁布《家庭教师补充规则》（Дополнительные правилы о домашних наставниках и учителях），确定家庭教师对省级学校负责人具有直接从属关系，省级学校负责人受学区督学的庇护。每年，家庭教师应向省级学校负责人提交以下材料：关于他们学生学习情况的报告，但不提及他们所居住家庭的情况；来自县内贵族首脑和所服务人员的正面意见。外国家庭教师在进入私人家庭后，除提交上述文件外，还应将标注其授课方法的科目指南或大纲一并提交给地方当局。家庭教师应选择经国家中小学教育系统批准的教科书和手册。应家长要求，家庭教师也可以使用经过审查制度允许的、不会"对学生道德、民族感情和对年青人思考方式产生有害影响"的其他文献。②

19 世纪，俄国政府通过颁布系列有关家庭教育的规范性和法律性文件，无疑对家庭教育的发展产生了积极影响。但是，基于当时社会条件的限制，在家庭教育领域，如家庭教育的质量、家庭教育的内容等方面依然存在许多

---

① Министерство Народного Просвещения, Положение о домашних наставниках и учителях, постановлений по МНП. 2 е изд, Т. Ⅱ., СПБ., Общественная польза, 1875, pp.1-20.

② Министерство Народного Просвещения, Положение о домашних наставниках и учителях, постановлений по МНП. 2-е изд, Т. Ⅱ., СПБ., Общественная польза, 1875, pp.89-96.

悬而未决的问题。同时，实施家庭教育的条件、方法、理论基础以及家庭教师与学生及其父母的关系等问题，根本没有触及。那时对家庭教师的法律保障和物质保障都远比古典中学教师差得多。他们收入很低，只能勉强过活，而将来的养老金更是微薄。

二、留学教育的发展

19 世纪，俄国文化教育相对于欧洲其他国家来说仍显落后，而俄国对于高技能人才的需求却日益旺盛，因此，这一时期留学和游学教育发挥了不可替代的作用。[①] 总体而言，这一时期，俄国留学和游学教育得到了蓬勃发展。

俄国的留学教育可以追溯到彼得一世改革时期。为了改变俄国的落后面貌，彼得一世进行了大刀阔斧的欧化改革。学习并尽快赶超欧洲其他国家，是当时俄国欧化改革的最终目的。彼得一世在位时，曾先后派遣几千人到荷兰、法国、德国、意大利、英国、西班牙等国家留学或游学。这些人大多数是年青的贵族和军官。他们一方面学习造船、航海、军事等先进科学技术。例如，1697 年 3 月，俄国派出大使团出访欧洲各国时，使团中就包括 35 名出国学习航海技术的留学人员。另一方面，他们习得"行为规范"和"文雅得体的举止"。这些被送往各国学习的贵族青年，归国时要进行严格的考试。彼得一世时期培养了第一批掌握西方先进科学技术、具有西方取向的俄国人。

彼得一世之后，历代沙皇政府继续执行允许贵族青年出国旅行和派遣优秀学生出国留学的政策。随着俄国国力增强和教育发展，出国访问的贵族人数日益增加。在他们之中，有些人长时间旅居国外，到过许多国家，力图按照中西欧方式安排自己的生活，甚至与外国女子结婚生子，但终身滞留国外的人很少。其中有些人旅居国外多年后又回到俄国任职，为文化教育的发展

---

① 吴式颖：《俄国教育史：从教育现代化视角所作的考察》，185 页，北京，人民教育出版社，2006。

做出贡献。在出国贵族中，多数人只做短期访问。不过，既然出国，这些贵族青年也常常周游德、法、英、意、奥匈帝国和瑞士等一系列西方国家或其中的某几个国家。这种访问开阔了他们的眼界，对于他们所从事的文学创作、哲学社会科学研究和教育教学工作大有裨益。有的人访问归来还办杂志、写文章，介绍中西欧各国风情、制度和有关专业的情况，并联系本国情况加以思考。[①] 1736 年 11 月，获得俄国科学与艺术皇家科学院奖学金的优异学生罗蒙诺索夫（М. В. Ломоносов）和另外两名同学被送往德国马尔堡大学学习自然科学知识，后又被送到德国弗赖堡矿业学院学习采矿冶金学，学习年限为五年。后来，这些人回国为俄国科学事业的发展做出了巨大贡献。特别是罗蒙诺索夫，回国后创办了俄国第一个化学实验室，倡议建立俄国第一所大学——莫斯科大学，并作为百科全书式的科学家对俄国诸多门类科学的发展做出了开创性贡献。总之，18 世纪的留学和游学教育对于俄国科学教育的发展起到了重要的促进作用。

19 世纪，随着教育特别是高等教育的发展，俄国留学教育飞速发展，留学教育的规模快速扩大。其中第一个重要原因是，俄国本国高等教育系统供给不足。即使到 19 世纪末，俄国高等教育学校的数量屈指可数，到 1892 年，仅有 48 个高等教育机构，到 1899 年，仅有 65 个高等教育机构。[②] 跟同期的欧洲其他国家比较，俄国高等教育的落后可见一斑。1907—1908 年，俄国共有 9 所综合性大学，学生 3.5 万人，而德国共有 21 所综合性大学，学生 4.9 万人，意大利共有 21 所综合性大学，学生 2.1 万人，法国共有 16 所综合性大学，学生 3.1 万人。[③] 数量如此少的高等教育机构，显然难以满足民众接受高

---

① 吴式颖：《俄国教育史：从教育现代化视角所作的考察》，180~181 页，北京，人民教育出版社，2006。

② Иванов А. Е., Высшая школа России в конце XIX - начале XX в., Москва, Академия наук СССР, Институт истории СССР, 1991, p.22.

③ Марголин Д. С., Студенческий справочник.Ч.II: Руководство для поступающих во все высшие учебные заведения за границей, Киев, Сотрудник, 1909, p.10.

等教育的需求，也无法满足国家对高技能专家的需求。第二个重要原因是，当时俄国高等教育机构只对古典文科中学和几所特权中学的毕业生开放。那些在技术、商业和实科中学读书的学生，没有在大学选择专业的权利。而且，只有国民经济学院对这些学校的毕业生开放。所以，很多青年选择到中西欧国家的大学学习社会急需的科学技术专业。第三个重要原因跟当时某些大学学生获取学位的要求有关。例如，在18世纪后期到19世纪初期的半个世纪里，莫斯科大学的学生必须到中西欧的一些大学进行学位论文答辩。这样，每一届学生都获得了到中西欧大学学习的机会。1835年，俄国有84名学生被派往德国完成科学学习，其中三分之一集中在海德堡大学。19世纪下半叶到20世纪初，这一传统已经成为俄国知识分子获取学位的必需途径。[1]

这一时期，俄国学生出国留学的专业得到拓展。19世纪俄国的工程学院和农业学院很少，而很多学生想学习这些专业，学校的数量满足不了学生学习这些专业的需求，这样就使得大学入学考试竞争异常激烈。正如《教育》(образование)杂志所指出的，"很久以来，俄国高等技术学院几百人争取一个名额的高竞争性测试的招生条件，促使俄国青年到国外求学"[2]。而且，当时俄国国民经济学院无法为申请人提供所需的大量专业，而中西欧国家高等院校可以提供这些专业，其多院系构成非常灵活地适应了资本主义经济的发展需求。俄国已有的理工学院的院系结构不如中西欧理工学院多元化，到20世纪初，俄国技术学院多由4~6个系构成，而德国技术学院多由5~7个系组成。[3] 所以，在当时的情况下，俄国学生到中西欧高等院校学习工程、农业、矿业、森林、电力、医学、物理、数学、电气工程、制药、化学等当时急需

① Российский государственный исторический архив (далее — РГИА). Ф. 1263. Оп. 1. Д. 217.364.

② Милашевич Д, Положение русской учащейся молодежи в Германии (Письмо из Мюнхена), Образование, 1901(9), p.xx.

③ Иванов А. Е., Высшая школа России в конце XIX - начале XX в., Москва, Академия наук СССР, Институт истории СССР, 1991, p.97.

的自然科学技术类专业，同时有部分学生选择到国外学习历史、文化、法律、哲学等人文社会科学专业。总之，这一时期相较于18世纪，俄国学生出国学习专业的范围大大扩展了。

而且，留学的群体也在扩大，女性开始大量到国外接受高等教育。俄国高等教育自产生以来一直到19世纪上半叶，只对男性开放，女性被排除在高等教育系统之外。当时没有一所高校在性别上是混招的。从19世纪60年代开始，女性青年开始大量到国外接受高等教育，并逐渐成为出国留学队伍的重要组成部分。例如，1864—1872年，仅苏黎世大学就有200名女生，其中四分之三来自俄国。[①] 后来，俄国专门创立招收女中学毕业生的高等教育机构，即创建于1897年的女子医学学院、创建于1903年的圣彼得堡女子师范学院和创建于1914年的高等女子神学和教育班。

在19世纪俄国的留学群体中，犹太人占很大比例。沙皇政府认为犹太学生是反革命分子，因而竭尽全力减少犹太大学生数量。1887年，为防止犹太人过多渗入，俄国国民教育部所属的高等教育机构设置了犹太学生在学生总人数中的比例：在"定居点"内的高校犹太人占比不超过10%，在"定居点"外不超过5%，而在首都高校则不超过3%。[②] 其他部门也采用了类似的措施，只是规定的百分比有所不同。犹太年青人不能进入铁道部、司法部、军事部所属的高等院校，甚至莫斯科农业学院和圣彼得堡电工学院也不对他们开放。这样，犹太学生大量出国，散落到不同的国家求学。其中，他们留学人数最多的国家是德国。1905年后，犹太学生赴德留学生占俄国留学生总数的75%。[③]

[①] Российский государственный исторический архив（далее-РГИА）. Ф. 1263. Оп. 1. Д. 217.588.

[②] Иванов А. Е., "Еврейский вопрос" и высшее образование в России（конец XIX - начало XX вв.）, Вестник еврейского университета в Москве, 1994(1), p.15.

[③] Гроссен Г. И., В заграничном университете. Наброски, СПб., 1910, p.9.

在社会构成上，19 世纪末 20 世纪初俄国出国留学的群体多是社会中下阶层子女，这也是相比于 18 世纪的重要变化。这些学生因为民族、信仰、性别、年龄等原因不能在国内就读，所以选择到国外就读。1911 年慕尼黑的普查资料中专门研究了来自俄国的留学生的社会构成。当时在慕尼黑就读的共有 217 名俄国留学生，其中：只有 10 人是贵族和官员的子女，约占 5%；2 人是神职人员的子女，约占 1%；120 人是市民阶层子女，约占 55%；62 人是商人子女，约占 29%；其余的是俄国社会其他弱势阶层子女。①

从留学目的国来看，19 世纪俄国留学生选择最多的是德国。这主要是因为德国是当时世界的学术中心，大学密集，国民经济学院、高等音乐和艺术学院数量众多。19 世纪下半叶，俄国男性学生到德国留学的人数众多。从 19 世纪 90 年代中期开始，俄国女性学生也开始到德国学习，最早是以旁听生身份学习，后来作为全日制正式学生到德国学习。从 19 世纪下半叶到 20 世纪初，俄国与德国高等教育中心的学术联系不仅得以保持，而且在地理上得以扩展，涵盖了两国高等教育系统的所有主要环节。1909—1910 学年，约有 3 000 名来自俄国的留学生就读于德国的综合性大学和国立工程学院。1913—1914 学年，来自俄国的留学生达到 4 800 人，占德国高等教育留学生总数的 62.5%。②

瑞士是仅次于德国的俄国青年的第二大留学目的国。从 19 世纪 60 年代起，瑞士理工学院和在苏黎世的其他大学吸引着因各种原因被剥夺在国内接受高等教育机会的众多俄国青年到此留学。而且，这些学生基本上是女性。1871 年，有 17 名俄国女性学生在苏黎世的大学里学习；1872 年，苏黎世留学生共有 462 名，其中来自俄国的有 182 名，而来自俄国的女性留学生就有

---

① Лещинский Я., Из материалов студенческой анкеты, Русская мысль, 1914(7), p.123.

② Марголин Д., Справочник по высшему образованию. Ч. Ⅱ: Руководство для поступающих во все высшие учебные заведения за границей. Пг.-Киев, 1915, pp.93-94.

104 名。①

　　法国也是受俄国留学生青睐的重要目的国。来自俄国的申请人只要获得法国中学毕业证书就可以进入法国的大学，而通过法国任何一所大学文学系或者自然系的收费考试，就可以获得法国学士学位证书。在法国，俄国留学生喜欢去的城市包括巴黎、南皮和蒙彼利埃。1911 年，巴黎大学就有来自俄国的 1 600 名大学生，几乎占这所学校留学生总数的一半，占本校大学生总数的 20%。其中 512 名俄国学生就读这所学校的历史语文系，研究法国文化的历史。有 250 名俄国留学生在此学习自然科学。在医学领域，俄国留学生在这所大学表现出色。②

　　除此之外，比利时、意大利等国也是当时俄国留学生选择较多的留学目的国。

　　应该指出的是，这一时期俄国依然尚未形成与中西欧国家留学人员的双向互动，基本上表现为俄国学生向中西欧国家的单向流出。在本国因种种原因不能接受高等教育的俄国青年，进入德国、瑞士、法国、比利时和欧洲其他国家最好的大学和国民教育机构。同时，客观上讲，中西欧高等教育机构为俄国培养了大量的高素质人才。19 世纪的留学教育为促进后续俄国与这些国家的学术互动交流，奠定了一定基础。

第五节　职业技术教育的发展

　　18 世纪俄国已经产生了专业学校，但它们的数量非常少。19 世纪，特别

---

　　① Базанов В.А., Владимирова Г. А., "Русская колония" в Цюрихе, Советское здравоохранение, 1969(10), p.72.

　　② Санкт-петербурские студенты, Новейший сборник программ и условий приема женщин в русские и заграничные высшие учебные заведения, СПБ., Надежда, 1910, p.71.

是 19 世纪下半叶随着封建农奴制改革，俄国资本主义工业迅速发展，对知识人才和技术工作的要求随之提高，客观上要求职业技术教育发展与完善。而俄国已有的普通教育体系只是服务于国家公职人员培养，并不能满足工业和其他经济部门的发展需要。因此，这一时期资产阶级敏锐地体会到发展职业技术教育的需求。正如 1880 年俄罗斯革命民主活动家谢尔古诺夫所指出的："随着农民的解放，俄罗斯生活的经济需求发生了强烈的变化，职员和官员的培养是公立教育的首要任务，现在应该让位于培养工业技术人员……现实教育的需求是……新的生活条件的结果是我们还未曾有过的工业和商业得到发展。"[1]这在客观上促进了政府采取积极发展职业技术教育的行动，促进了 19 世纪职业技术教育体系不断扩充。从 19 世纪 70 年代起，俄国职业技术教育网络迅猛发展，初等和中等职业技术教育培养的人才迅速增多，共同的职业技术教育基础产生，到 19 世纪 90 年代形成了足够宽泛的初等和中等专业学校网络。

尼古拉一世采取了发展工厂工业的举措，这无疑促进了初等和中等职业技术教育发展和技术传播。1828 年后俄国颁布了几个政治倾向上保守、反动的教育政策后，不得不准许县立学校加授技术、商业课程，并在一些县立中学开办技术、商业班。与此同时，技术专科学校(1828 年)、建筑工程专科学校(1832 年)等先后设立，各省也相继兴起中等农业、技术、交通商业学校。到 1881 年，俄国有 190 所中等和初等工业、艺术工业、交通和农业学校，它们由不同的国民经济部门、私人和社会组织管理。此时，国民教育部还开办了附属于 317 所初等普通教育学校的手工业班级。[2]

由于职业技术教育机构隶属于不同的部门，俄国政府不能在职业技术教

① Шелгунов Н. В., Избранные педагогические сочинения, Москва, Издательство Академии педагогических наук РСФСР, 1954, p.327.

② Кузьмин Н. Н., Низшее и среднее специальное образование в дореволюционной России, Челябинск, Южно-Уральское книжное издательство, 1971, p.14.

育领域建立和谐的秩序。各个部门纷纷开设自己的专业学校，如铁道部开设铁路技术学校，司法部开设土地学校，军事和海军部开设舰队和陆军职业技术学校，财政部的贸易和工场手工业司开设商业教育机构、艺术工业学校以及其他技术和手工业学校，等等。不同的部门分头管理，而且，同一个部门开设的学校规格也有很大的差异性。1886 年，铁道部批准了《铁路技术学校条例》(Положение о технических железнодорожных училищах)，在一定程度上统一了铁路技术学校的运行机制。1887 年，铁道部批准了专业课程大纲。铁路技术学校为毕业生提供足够的实践培训，但学生的普通教育和一般技术知识往往很薄弱。19 世纪 80 年代，农业部创设农业专业学校。1883 年农业部颁布《初等农业学校规范条例》，对初等农业学校教学的组织和内容安排进行了统一。初等农业学校的学习年限统一为四年。学生冬季进行普通教育课程学习，其余时间从事专业学习和实践活动。初等农业学校主要是私立教育机构，是用富裕的土地所有者及其合作伙伴的资金开设的。学校的任务是"为与农业有密切联系的生产部门培养耕种者、牧民、土地小租户和手艺人"。通常，学生在此接受了良好的实践培训，大型农场往往排队等候毕业生去上班。① 除此之外，农业部还开设了大量的农事经营教育学校、矿业学校、林业学校，同时，还以促进手工业的发展为目标开展教育活动。部门内部的统一，客观上规范了部门所属职业技术学校的发展，在当时不言而喻具有一定的积极作用。但总体来说，由于不同部门缺乏协调行动和统一的目标设定，当时的职业技术教育管理比较混乱，俄国没有形成统一的职业技术教育体系。

1878 年，财政部获得了职业技术学校的总领导权，负责批准新学校的开办、制订学习计划和确立教学大纲。但是，随着学校网络的扩大和职业技术教育任务的复杂化，财政部由于没有配备足够的专业人员，不能针对不同类

---

① Министерство Народного Просвещения, Сборник материалов по техническому и профессиональному образованию. Вып.2, СПБ., типография Балашева, 1902, p.321.

型的初等和中等职业技术学校进行有效组织和教学方法的总领导。因此，初等和中等专业技术人员的培养并没有得到真正改善。1881年，大多数的职业技术学校转由国民教育部管辖。1883年，国民教育部建立了一个专门部门，分管职业技术教育。

为了建立规范的职业技术教育体系，俄国财政部部长、俄国技术协会的领导维斯涅格勒斯基编写了《俄国工业教育的统一规范计划》(Общий нормальный план промышленного образования в России)。在此基础上，1888年俄国制定并批准通过了《工业学校基本条例》(Основные положения о промышленных училищах)。这一政策文本首次把职业技术学校纳入俄国国民教育体系中，拟定了职业技术教育的组织原则，确定了培养熟练工人、工匠和技术员的主要路径。这份政策文本的出台，标志着俄国职业技术教育进入新的发展阶段。《工业学校基本条例》规定了以下工业学校类型：①中等技术学校，培养"作为工程师和其他工业事务高级领导的助手，即传授技术员所必需的知识和能力"；②初等技术学校，"在教授一定生产方法的同时，在工业学校传授作为工人的直接劳动主管所必需的知识和能力"；③手工业学校，任务是传授具体的手艺方法。① 该条例为不同类型的职业技术学校制定了示范性的教学计划和教学大纲。教学计划和教学大纲将专业类或职业类课程放在基础地位，而普通教育课程的数量和学习时间被压缩到最低。该条例还拟定了申请进入不同类型工业学校的要求：要进入中等技术学校，必须在一所实务学校完成五年的课程学习或完成同等水平的中等普通教育机构的课程学习；要进入初等技术学校，必须在市立、县立或两级农村学校或相应学校完成课程学习；要进入手工业学校，必须在一所小学完成一门课程的学习。②

---

① Министерство Народного Просвещения, Основные положения о промышленных училищах, СПБ., 1909, p.8.

② Министерство Народного Просвещения, Основные положения о промышленных училищах, СПБ., 1909, p.10.

1889 年，俄国国民教育部针对以上三种不同类型的学校制定了章程，确立了不同类型学校的管理部门。手工业学校由该学校所在的省督学监管。中等和初等技术学校均由校长领导，并由该地区的督学监管。同时，章程强调，职业技术学校应该培养实用型工人，在任何情况下不能"转变为培养高级活动家的程度"①。

国民教育部调整了已有的职业技术教育结构，并创建了新型的职业技术学校。1888 年之前，初等技术学校尽管名称相同，但是实质上差异很大。当时的初等技术学校学习期限从两年到六年不等，这在很大程度上取决于这些学校是否开设普通教育课程以及开设普通教育课程的数量。按照 1888 年的《工业学校基本条例》，初等技术学校的学习年限统一为三年，统一接收从城市小学或两年制农村小学毕业的青少年。

1888 年之后，职业技术学校网络得到扩展。1888 年，俄国不同机关代表组成了一个专门委员会，提议由国库出资开办 7 所中等技术学校和 18 所手工业学校。但是，这个计划实施得非常缓慢。1888—1893 年，仅在克拉斯诺乌菲姆和伊尔库兹克创建了 2 所技术学校，在马卡里耶夫和敖德萨创建了 2 所手工业学校。1893—1898 年，俄国创设职业技术学校的速度加快，共创建了 8 所中等技术学校、9 所初等技术学校和 18 所手工业学校。此外，1893—1894 年，俄国创办了 14 所手工业学徒学校、29 所初等手工业学校。②

另外，19 世纪 90 年代，工业技术学校的结构发生了一定的变化。除了三年制初等技术学校，俄国开始开设学习年限为四年、五年、六年的初等技术学校。这主要由以下原因造成：技术学校中来自城市国民学校的毕业生短缺，这些学校被迫接受受教育程度较低的青少年，因而不得不延长这些学生的学

---

①　Министерство Народного Просвещения, Сборник материалов по техническому и профессиональному образованию, Вып. II, СПБ., типография Балашева, 1895, p.3.

②　Министерство Народного Просвещения, Средние технические училища, Низшие технические училища, СПБ., типография Балашева, 1909, pp.342-356.

习年限。1895 年，俄国批准了四年制初等技术学校的课程，并对课程进行了部分更改，开设俄语、地理和历史方面的短期课程。这些学校最重要的专业课程是机械、技术、技术制图。实践活动在这些学校占据特殊位置。

从职业技术学校的资金来源来看，大部分资金来自地方自治会、城市自治机关的拨款，而政府拨款所占比例不大。以 1898 年为例，职业技术学校的总支出为 196.5 万卢布，其中仅有 34.9% 来自国库资金，大部分来自地方自治会、城市自治机关的拨款，还有部分来自私人捐赠、学费收入、售卖产品的收入等。①

在 19 世纪下半叶俄国职业技术教育发展中，个体和社会组织扮演着重要角色。尤其是 19 世纪 60—80 年代的社会活动，以宣传职业技术教育、创建职业技术学校和课程为目标。1866 年成立了俄国技术协会，开设附属于工厂的学校和手工业班级等。1877 年，莫斯科技术学校成立综合技术协会，在传播技术知识方面发挥了重要作用。莫斯科艺术协会在 19 世纪 90 年代初期出资创办了绘画学校、雕塑学校、建筑学校等。同时，在莫斯科、圣彼得堡、敖德萨等城市中出现了私人创办的中等和初等职业技术学校。

由此，到 19 世纪末，俄国已经建立起面向不同专业的足够宽泛的初等和中等专业学校网络。尽管它们在组织和活动中还存在很多问题，但是大多数学校还是很成功地培养出针对不同经济领域的中等和初等技术人员。

第六节　女子教育的发展

19 世纪以前，俄国女子教育是极端被忽视的。从 17 世纪开始，少数皇室

---

① Пискунов А.И., Арсеньев А.М., Шабаева М.Ф., Очерки истории школы и педагогической мысли народов СССР, Москва, Педагогика, 1976, p.153.

和显贵家庭的女子受到一些家庭教育。至于女子享受学校教育，一般认为是始于 1764 年。在这一年，叶卡捷琳娜二世在彼得堡创办斯莫尔尼女子学院，在当时有 200 名 6~18 岁的贵族女孩被接受入学。18 世纪，根据 1786 年的《国民学校章程》，女童也可以到初级和中级国民学校就学，但实际上进入这些学校学习的女生很少，因为社会舆论认为，男女同校学习是很不体面的事情。①

19 世纪上半叶，俄国女子教育有所发展，但总体呈现封闭性和阶级性特征。到 19 世纪下半叶，女子教育得到空前快速发展。

一、19 世纪上半叶女子教育的发展

19 世纪上半叶，女子教育阶级分化明显。与当时的封建农奴制相一致，农民与贵族的女童在不同的学校接受内容不一样的教育。农村女童开始接受教育，这一点相对于 18 世纪来说有质的进步，但她们主要局限在农村教区学校学习最基本的知识。贵族和资产阶级的女童主要是在封闭式学院、私人寄宿学院和家庭中接受更高层次、更高质量的教育，但教育的封闭性明显。

俄国 19 世纪初建立的教育制度并没有提高女童在国立学校接受教育的可能性。国民学校的两个高年级变成文科中学的低年级，只允许男童上，而对于女童来说，通往文科中学的道路是封闭的。她们在县立学校上低年级，学习最基本的知识。随着时间推移，女童进入学校接受教育变得越来越困难。1828 年颁布的《大学所属文科中学和初等学校章程》，消除了初等学校和中等学校之间的承继性关系，普通老百姓的孩子获得中等教育的机会被限制。与此同时，该章程首次正式指出，未满 11 岁的女童只可以和男童一起在教区学校接受教育。针对女童的专门学校几乎不存在，只有一些附属于男子学校的

---

① 吴式颖：《俄国教育史：从教育现代化视角所作的考察》，178~179 页，北京，人民教育出版社，2006。

女子分部,而且这些女子分部收费高昂,因为女子教育需要"特殊的付出"。1853 年,在圣彼得堡的教区学校里,共有 7 613 名学生,其中女生为 1 172 人。[①]

除了国民教育部,其他一些部门和机关也创建了教区学校。皇室领地部和国家财产部比其他部门开办了更多的农民学校。1844 年,国家财产部允许女童到他们创建的农村男子教区学校接受教育。1847 年在维亚特卡省第一次创建了针对农民女孩的学校,她们在这里"以阅读宗教书籍为主,辅以祈祷和教会服务"[②]。除了阅读、写作和算数,女童在这里还学习手工活。

1838 年国家财产部宣布上学是自愿的,这对拓展学校网络和扩大学校容量产生了重要影响,乡村学校的女生数量快速增加。在进步社会教育运动和农民自身强烈要求下,农民的女孩开始被男子学校所接收,这些学校为女生创建特别的班级。同时,针对女生的专门学校开始建立。这样,在为农民开设的公立学校里,女童的数量逐年增加。至于地主家的农民的女孩,她们通常是文盲。因为只有极少数的地主愿意为她们开办学校,即使开办也很快就关闭了。

而中等教育主要接收贵族女童。她们主要在封闭式的学校即女子学院接受教育。例如,除了接收最显赫贵族女童的斯莫尔尼女子学院,还有两所针对一般贵族女童的叶卡捷琳娜学院,一所于 1789 年创办于圣彼得堡,另一所在 1802 年创办于莫斯科。1854 年,玛利亚皇后事业部成为俄国主管慈善事业和贵族女子学校的中央机构。这些女子学院受玛利亚皇后事业部的管辖。该部刻板遵守阶级性原则,针对不同阶级、不同阶层和不同官阶,设立具有不同体制和教学课程的专门机构。玛利亚皇后事业部严格遵循阶级之间不能混淆的原则,要求封闭式学校按照孩子父亲的阶级和官阶录取女生。那些来自无特权家庭的女童逐渐被挤出学校。一些针对低阶级和低官阶开办的学校,

① Пискунов А.И., Арсеньев А.М., Шабаева М.Ф., Очерки истории школы и педагогической мысли народов СССР, Москва, Педагогика, 1976, p.255.

② Чарнолуский В.И., Начальное образование в первой половине XIX столетия, История России в XIX в., т. 4, Вып. 13, 14, СПБ., А. и И. Гранат, 1910, p.108.

变成了针对贵族和大资产家女儿的封闭式学校。

　　针对女子教育，专制政府遵循的是阶层狭窄、教育有限的原则，政府要求培养女童对皇权和东正教的忠诚。1825 年十二月党人起义失败后，沙皇政府在教育领域的警察君主制度进一步强化。特权阶层女子教育被限定在封闭的女子学校，这些学校的目的是培养"高尚的女孩"，此"高尚"被限定在女孩对家庭负有责任的狭窄范围中。1827 年，《爱国主义学院条例》(Положение о патриотическом институте)指出："女子教育的目标在于教育女学生成为贤妻良母、孩子的榜样、自力更生并能给自己和家庭带来生存之道艺术的女主人。"①尼古拉一世时期教育领域的警察君主制度，鲜明地体现在 1852 年的《女子学校教育指南》(Наставление для образования воспитанниц женских учебных заведений)中。《女子学校教育指南》指出，女子的主要使命是履行家庭责任。"女人，就像大自然指定的依赖他人的脆弱作品一样，应该知道，她不该命令，而是应该服从丈夫，严格履行家庭的责任，她的幸福才会变得简单。"②

　　玛利亚皇后事业部认为，对于女子来说"广泛的认知"是多余的。教育贵族女子的任务首先在于让她们掌握在社会中具有"表现出众"的能力。除了神学课，尤其要重视的是对法语、舞蹈和良好举止的学习。基于女生脱离家庭有害的观点，斯莫尔尼女子学院的贵族分部将学习年限从原先的 12 年缩减到 9 年。根据新的学习计划，女生被分成三个年级，每个年级有三个平行班级：尖子班、普通班和差生班。低年级的学科有阅读、三门语言(俄语、法语、德语)的写作、绘画、书法。尖子班在这些学科的基础上增加神学课、三门语言的语法课、地理、历史和算术。中年级的课包括神学课、历史、地理、法语、

---

① Бардовский А. Ф., Патриотический институт. Исторический очерк за 100 лет, СПБ., тип. Т-ва Е. Вейерман и К°, 1913, p.244.

② Министерство Народного Просвещения, Наставление для образования воспитанниц женских учебных заведений, СПБ., тип. Опекун. совета, 1852, p.9.

俄语、德语、算术、绘画。高年级除了以上课程还要增加逻辑课、几何、自然历史、实验物理等。至于"小市民的女儿",规定她们"努力排除所有不利的现状和命运……这些女孩大部分是穷人,因此应该努力让她们早一点习惯贫穷的思想"。① 在这些思想的影响下,外语、音乐和舞蹈被排除在她们学习的课程之外。②

19世纪的头一个25年,封闭式女子学院的数量增长有限。而在19世纪的第二个25年,女子学院的数量显著增加。敖德萨、喀山、爱伦堡、基辅、梯弗里斯、伊尔库兹克、阿斯特拉罕等城市创建了24所女子学校。加上19世纪后半叶初期创建的孤儿学校,总共有46所女子学校。例如,1826年,塞瓦斯托波尔和尼古拉耶夫创建了针对黑海舰队下级官员女儿的女子学校。1837年在教养院学习班的基础上创立了女子孤儿学院。1843年,正教院为神职人员的女儿创办了中等女子教会学校。由此可见,这一时期,接受教育的女子数量增加,阶层范围得到扩展。

19世纪上半叶,女子学院依然不能满足社会对于女子教育日益增长的需求。私人寄宿学院在一定程度上弥补了教育供给方面的不足。这些私人寄宿学院主要建于首都。1803年圣彼得堡有28所私人寄宿学院,包括男女混合寄宿学校。1828年共有69所寄宿学院,其中45所女子寄宿学院。省级寄宿学院数量不是固定的,一直在变化。在大多数情况下,省级寄宿学院几乎是省级地区女子获得教育的唯一学习机构。私人寄宿学院的校长主要是外国人,大部分是法国人。女子寄宿学院的教学大纲和女子学院的几乎一样,或者说十分接近。1812年以后,寄宿学院所有课程用俄语进行教学。

即使创建了私人寄宿学院,女子教育的需求依然得不到满足。到1834

---

① Пискунов А. И., Арсеньев А. М., Шабаева М. Ф., Очерки истории школы и педагогической мысли народов СССР, Москва, Педагогика, 1976, p.259.

② Чарнолуский В. И, Начальное образование в первой половине XIX столетия, История России в XIX в., т. 4, Вып. 13, 14, СПБ., А. и И. Гранат, 1910, pp.258-259.

年，俄国所有学校中共有 30 964 名女生，而男生达到 214 687 人，前者是后者的 1/7。其中，在女子学院和寄宿学院的学生不超过 12 000 人，这与俄国庞大的居民数量——5 058.6 万人相比，显得微不足道。① 女子获得的教育主要是家庭式的，然而，这也只能是贵族和神职人员女儿的特权。农奴和其他阶层的女孩，不识字的仍然占多数。

在 19 世纪的第二个 25 年中，由于人们认为，女子完成作为母亲或者伴侣的"神圣职责"要"比任何历史和地理知识更好更高尚"②，女子的知识教育依然没有受到很多重视。女子学院总的教育环境没有改善，很少有教师教授给女生丰富的知识，很多教学计划中本应传授的知识遭到删减。例如，1830年哈尔科夫学院废除了几何学，1831 年波尔塔瓦和敖德萨废除了女子学院的物理和自然历史，1832 年斯莫尔尼女子学院和叶卡捷琳娜学院停止教授几何学。渐渐地，所有学院的教学课程与 1827 年爱国主义学院的情况齐平，课程中引入神学课、俄语的语法知识、法语、德育、书法、世界地理、新旧历史、算术、绘画、音乐(钢琴)、歌唱、舞蹈和各种手工。③

二、19 世纪下半叶女子教育的发展

19 世纪下半叶，俄国女子教育得到蓬勃发展。在当时的欧洲，任何一个国家的女子教育事业都没有俄国那样发达，任何一个国家的女子也没有像俄国女子那样，可以轻松自谋职业并获得政府规定的职位，尤其是在电报电话局、邮局等部门，女子就业率明显提高。

---

① Лихачева Е.О., Материалы для истории женского образования России, Т.Ⅲ, СПБ., тип. М.М. Стасюлевича, 1899, pp.215-216.

② Наставление для образования воспитанниц женских учебных заведений, СПБ., тип. Опекун. совета, 1852, p.17.

③ Бардовский А. Ф., Патриотический институт. Исторический очерк за 100 лет, СПБ., тип. Т-ва Е. Вейерман и К°, 1913, pp.244-246.

这一时期俄国女子教育得到快速发展的原因在于，随着经济的发展和社会改革热潮的高涨，民众对女子教育的需求快速提高，然而，女子学校的供给远远不能满足民众的需求。到 1856 年，俄国学校共有学生 482 802 名，而女生只有 51 632 名，不到学生总数的 1/9。① 尽管女子学校教育工作中存在很多缺点，但民众普遍认为还是比家庭教育好。

在民主社会需求的压力下，国民教育部不得不承认，即使仅有在省会城市开办女子中学的必要，这种学校在教育特点和水平上与古典中学也是很相似的。1856 年，俄国开始为学校改革做准备。革命派提出，关闭阶级学校的旧体系能让家长"相信，他们的女儿会和他们一样享有入学的机会，且她们的成就、接见、行为和礼节都会受到特别关注"②。1858 年 5 月 30 日，国民教育部批准《国民教育部所属女子学校条例》。根据这一条例，国民教育部所属女子学校应该优先以社会、慈善组织和私人资金作为经费来源，在个别情况下获得政府补助金。女子学校主要向城市"中等收入"阶层的女子开放。女子学校分为两种类型，即六年制和三年制。在六年制学校中，学生学习的是神学、俄语、算术、几何学基础、地理、自然历史概要、物理、世界和俄罗斯历史。此外，有意愿的学生可以支付额外费用学习书写、绘画和手工、外语（法语和德语）、舞蹈、音乐、唱歌。在第二种类型的学校中，学生学习的是神学、俄语简明语法、简易版俄罗斯历史、地理、初级算术、书法和手工。两种学校都遵循同一个目标："传授给学生宗教的、道德的和智慧的教育，这是要求每位女子都应该掌握的，尤其是对于家庭中未来的母亲理应如此。"③

《国民教育部所属女子学校条例》颁布后，女子中学的网络迅速扩大。在

---

① Лихачева Е. О., Материалы для истории женского образования России, Т. III, СПБ., тип. М. М. Стасюлевича, 1899, pp.215-216.

② Лихачев Е. О., Материалы для истории женского образования в России 1850—1880, т. IV, СПБ., тип. М. М. Стасюлевича, 1901, p.10.

③ Министерство Народного Просвещения, Сборник постановлений по Министерству народного просвещения, том III, СПБ., Общественная польза, 1865, p.268.

当时女皇的庇护下，动用御前办公厅第四处的资金开办了 26 所女子中学。其中，圣彼得堡 6 所，莫斯科 5 所，地方省城 15 所。与此同时，国民教育部仿照上述模式，开办了 56 所女子中学和 130 所不完全女子中学，在校女生达到了 23 404 人。① 而且，由地方团体倡导，沃洛格达、托季马、乌斯季—瑟索力斯科、特维尔、梁赞、萨马拉、莫尔尚斯克、勒热夫、切尔尼戈夫、图拉、斯摩棱斯克、下诺夫哥罗德等很多城市建立了女子中学。到 1865 年，俄国的中等女子学校增加至 179 所。②

1858 年玛利亚皇后事业部在圣彼得堡为教区女学生开办了第一所女子学校，称为马林斯基女子学校。学校招收 9~13 岁来自农民之外其他阶层的女孩，大多数入学的女孩家庭属于统治阶级。1858 年招收 162 名女生，其中 97 人是贵族和官员的女儿，20 人来自商人家庭，12 人是神职人员的女儿，10 人来自小市民家庭，农民女孩只有 1 位。后来，马林斯基女子学校的社会构成与此大同小异。到 19 世纪末，共开设马林斯基学校 31 所，其中 6 所在莫斯科，11 所在圣彼得堡，剩余的在西部省份。③

1862 年马林斯基女子学校改名为马林斯基古典中学。同年确立了针对教区女孩的女子学校章程。新章程广泛谈及未来女子的活动，同时提出马林斯基古典中学的目标是："尽可能在不让孩子脱离家庭生活的情况下，给予她们符合未来需求的教育。"④与 19 世纪上半叶女子教育培养家庭主妇的目标相比，这一时期的女子教育的目标向前迈进了一大步。章程规定，在古典中学组织

---

① ［俄］Т.С. 格奥尔吉耶娃：《俄罗斯文化史：历史与现代》，焦东建、董茉莉译，386 页，北京，商务印书馆，2006。

② Министерство Народного Просвещения, Извлечение из отчета Мянистерства народного просвещения за 1858 г., СПБ., Министерство Народного Просвещения, 1859, p.9.

③ Министерство Народного Просвещения, Учебные заведения ведомства учреждений императрицы Марии, СПБ., 1906, pp.144-149.

④ Министерство Народного Просвещения, Устав училищ для приходящих девиц Ведомства учреждений императрицы Марии, СПБ., Тип. В. Д. Смирнова, 1862, p.1.

师范讲习班，女学生在结束普通课程后可以获得专业的师范教育。从古典中学毕业后，女学生不需要经过特别考察就可以获得家庭女教师的称号，可以教授那些"成绩表现较好的"科目。而从师范讲习班毕业的女学生，不用考试就可以获得家庭女教师的称号。

1870 年，国民教育部颁布《国民教育部女子古典中学和准古典中学条例》。根据这一条例，六年制女子学校更名为女子古典中学，三年制女子学校更名为女子准古典中学。这些学校主要以地方自治会和城市团体出资为经费来源，国家补助金占所有预算的比例不到十分之一。

19 世纪下半叶，还出现了私人女子中学。私人女子中学在课程教学方面与男子中学一致。1872 年莫斯科开办了福普舍尔女子中学，其课程完全按照男子古典中学来设置。斯佩什涅夫普通教育女子学校于 1868 年创办，其学生可以考入医学院和其他高等学院。创办于 1870 年的奥博伦斯基古典中学，与男子实科中学的教学计划如出一辙。

同时，这一时期封闭式女子学院得到了发展。根据 1855 年颁布的章程，封闭式女子学院被分为三种类型：第一种是高等学院，教育的对象是未来要成为贵族的女孩以及那些获得不低于指挥军官的公民和战士头衔的人的女儿。第二种是中等学院，教育的对象是"私人贵族、首席军官、享有荣誉的公民和商人的女儿"①。第三种是低等学院，教育的对象是其他不纳税阶层的女儿。从前两种类型的学院毕业的女学生，像在古典中学毕业一样，都会获得家庭女教师的称号。在这些学院中，绘画、唱歌、音乐、跳舞占据主要地位。在第三种类型的学院中，主要的教学科目是手工和各种家务劳动。

19 世纪下半叶除了古典中学和封闭式女子学院外，保持增长的女子学校

---

① Министерство Народного Просвещения, Устав женских учебных заведений Ведомства учреждений императрицы Марии, утвержденный 30 августа 1855 г., СПБ., Министерство Народного Просвещения, 1855, p.8.

还包括宗教部所辖的主教区学校，它们在获得东正教最高会议准许后可创办。1868 年，政府批准主教区学校的统一章程，要求"激起和培养孩子对于上帝和祖国的忠诚"①。主教区女子学校是半封闭式的，在这里学习的除了寄宿学院的女学生外还有教区的学生。从 60 年代末起，主教区学校招收的学生不限于神职人员的孩子，为此设立了两套不同的收费方案。1889 年，在 41 所主教区学校中就读的 8 478 个女孩来自神职人员家庭，1 387 个女孩来自其他家庭。②

总体来说，19 世纪 60—90 年代，女子中等教育机构网络快速扩大，但是女子中等教育在教学内容和给予学生的权利上，仍然不能与女子教育的需求和俄国中等教育的普遍水平相吻合。

然而，当时俄国禁止女子报考高等院校。19 世纪 60 年代进步社会人士解放斗争的组成部分之一是争取女子高等教育权的运动。革命民主主义者车尔尼雪夫斯基、杜勃罗留波夫、皮萨列夫十分支持女性对科学的追求，把这项运动看作争取女性在所有领域获得平等权利的一部分。同时，科学界的著名学者，如化学家门捷列夫、生理学派创始人谢切诺夫和科学家别克托夫等对女子接受高等教育给予了有力支持。1861 年，政府重新修订《大学章程》，国民教育部对关于是否正式"准许"女子进入大学课堂听课、是否给予女子接受学位测试的权利等问题展开讨论。大多数大学支持这个提议，反对的大学只有莫斯科大学和杰尔普特大学。它们认为，这只会破坏家庭基础，对女性的精神产生消极影响。女学生参加 1861 年的大学生骚动，最终成为政府拒绝女子进入大学的理由。

由于在国内不能接受高等教育，俄国女性不得不选择出国接受高等教育。杰出的出国留学人才有俄国第一位女医生苏斯洛娃，数学家索菲亚·科娃列

---

① Министерство Народного Просвещения, Устав епархиальных женских училищ, Пенза, Губ. тип., 1880, p.52.

② Пискунов А.И., Арсеньев А.М., Шабаева М. Ф., Очерки истории школы и педагогической мысли народов СССР, Москва, Педагогика, 1976, p.137.

弗斯卡娅、菲格采勒姐妹。俄国在国外大学就读的女性的数量逐年递增。1871—1872年，在瑞士的苏黎世大学中，有21位是来自俄国的女性。1873年，俄国女大学生在苏黎世大学和工学院的数量增加到108位。①

由于担心大量女性出国，政府不得不认真考虑创办相当于大学水平的高级女子讲习班。1872年，莫斯科开办了四年制高等女子讲习班。根据1872年5月6日确定的条例，这些讲习班被认为是私人学校，只受莫斯科教育区督学的直接监察。该讲习班学习年限为两年。入学者要有女子中学、学院和第一类女子学校的毕业证书；没有这些证书的人必须接受入学考试，科目涉及俄语、世界通史和文学等中学课程。学生入学后的必修科目有俄罗斯和世界文学和历史、文明史、艺术史和物理，非必修科目有数学、卫生学、外语、自然科学。教师在不同年级教授植物学、动物学、宇宙学、天文学、自然地理学、代数、几何学、化学等。后来，圣彼得堡、喀山和基辅等地分别创办了类似的高级女子讲习班。毫无疑问，女子高等教育是俄国教育发展史上的一大进步。

---

① Пискунов А.И., Арсеньев А.М., Шабаева М.Ф, Очерки истории школы и педагогической мысли народов СССР, Москва, Педагогика, 1976, p.183.

第十章

俄国民主主义教育思想

第一节　民主主义教育思想概述

俄国教育学中的民主主义教育思想是 19 世纪教育运动最激进的部分。先进革命民主流派出现在 19 世纪 40 年代。拉吉舍夫(А. Н. Радищев)是该流派的先驱,别林斯基(В. Г. Белинский, 1811—1848)、赫尔岑(А. И. Герцен, 1812—1870)和奥加廖夫(Н. П. Огарёв)是该流派奠基者。19 世纪 50 年代末至 60 年代初,该流派最突出的代表是车尔尼雪夫斯基(Н. Г. Чернышевский, 1828—1889)和杜勃罗留波夫(Н. А. Добролюбов, 1836—1861)。列夫·托尔斯泰(Л. Толстой, 1828—1910)、皮萨列夫(Д. И. Писарев)、谢尔古诺夫(Н. В. Шелгунов)、夏波夫(А. П. Щапов)也对民主主义教育思想的发展做出了重要贡献。

革命民主流派在 19 世纪 30—40 年代就开创了教育学发展的革命民主主义方向。俄国民主主义教育思想是当时革命民主主义运动思想的重要组成部分。这一思想与人民的革命追求、反对农奴制的斗争和解放运动密切联系在一起。民主主义教育思想的繁荣,是以解放运动在俄国革命初期的高度发展为前提的。因而，这一流派的主要代表人物都是革命民主主义运动的领袖，这在很大程度上决定了民主主义思想战斗性的、勇往直前的精神。他们激烈地批判沙皇政府反动的教育思想，在同沙皇政府的斗争中，发展了自己的民主主义教育思想。

革命民主主义者不仅把国民教育看作经济状况和文化生活根本变化的基本条件之一，还把国民教育看作唤醒群众革命意识的方式，从革命的立场出发阐明了一系列有关人的教育问题。他们把培养革命教育家、新社会思想的宣传家、将来能够领导人民行动的革命家作为教育目标，要求把青年思想积极性的形成和发展放在教育体系的中心位置，把使劳动者具有自发反抗农奴制秩序和专制制度独裁统治觉悟作为教育制度的前提。

革命民主主义者也为教育科学的发展做出了重要贡献。他们在当时最新的有关人的科学，特别是生理学和心理学的基础上，解决了人的全面发展问题。而且，他们把科学发展的成果推广到人们的日常生活和教育下一代的事业当中，为改造俄国生活进行了不懈的努力。他们提出了自己的教育观点，认真分析了在俄国普及教育的条件、教育的目标、教学的内容、教学论与教学法、家庭教育、教材的组织、学校领导与管理等教育中的重要问题。

19世纪70年代俄国产生了一批杰出的革命家，他们是革命民主主义者忠实的追随者。列宁把革命民主主义者和这些追随者统称为俄国社会民主制度的先驱。他们在教育学中也同样发挥了这样的作用。他们创建了以革命的思想性和民族性为重要特征的独特教育流派，促进俄国先进教学思想的产生和对年青一代教育和教学实践的开展，推动教育科学向前发展，为以后马克思主义关于教育的科学在俄国的诞生与发展奠定了基础。

第二节 别林斯基的革命民主主义教育思想

维萨里昂·格里戈里维奇·别林斯基是在 19 世纪 30—40 年代俄国进步社会思想发展中扮演重要角色的革命民主主义者，他的生活和事业都与俄国革命解放运动和革命民主主义教育学紧密相关。在众多革命民主主义者中，别林斯基对俄国教育的影响很大，他开创的事业顺利地延续到 19 世纪 60 年代革命民主主义者杰出代表身上。

一、生平和社会活动

列宁曾经指出，别林斯基是"在我们的解放运动中完全驱逐贵族的先驱"[1]"俄罗斯社会民主制度的先驱"[2]。在他的一生中，他反抗俄国农奴制度，探讨社会民主制度，传播革命民主主义思想，他的见解曾引起同时代人的强烈反响和持久争论。

1811 年，别林斯基出生在一个海军医生家庭，在奔萨省的琴巴尔县城（现在的别林斯基市）度过童年。地主残酷对待农民的沉重画面，很早就唤起了他反抗地主和官员专横压迫的意识。他在小学考试中的表现引起了中学校长、作家拉热奇尼科夫的注意。他认为别林斯基是一个拥有敏锐头脑、丰富知识和卓越能力的少年。从琴巴尔县级小学毕业后，别林斯基到奔萨中学就读。在中学高年级学习的时候，他受老师的委托在低年级教了一段时间的俄语和文学。

1829 年，别林斯基进入莫斯科大学学习，很快便以自己的民主主义思想脱颖而出。在这里，他充分体会到十二月党人起义失败后尼古拉一世在俄国

---

[1] Ленин В. И., Полное собрание сочинений, т. 25, Москва, Госполитиздат, 1961, p.94.

[2] Ленин В. И., Полное собрание сочинений, т. 6, Москва, Госполитиздат, 1959, p.25.

教育机构中引入军营秩序的不人道性。当时的进步青年开始追求自由思想，别林斯基组织学生团体"十一号文学社"，号召大学生表达对专制政权的不满。该团体成员敏锐而大胆地讨论社会政治和哲学问题，反对政府学说，捍卫人自由发展的理念，反对政府开展的教育强行将专制农奴制思想灌输进年青人思想的做法。大学期间，他受拉吉舍夫《从彼得堡到莫斯科旅行记》的影响，撰写反农奴制作品话剧《德米特里·加里宁》(Дмитрий Калинин)和《杰出人物的生活》(Жизнь замечательных людей)。这些作品得到团体成员的热烈欢迎，同时也遭到大学领导的强烈谴责，他被威胁将受到法庭诉讼、苦役和流放到西伯利亚的惩罚。别林斯基的健康恶化，他不得不多次旷课，时不时到校医院接受治疗。1832年学校领导利用他经常旷课和缺乏学业成绩记录将他开除，理由是他"健康状况不佳"和"行为不当"。

无以为生的别林斯基尝试在奔萨继续做以前做过的中学教师工作，学校甚至还给他机会实现在校时就萌生的想法——编写新的俄语和文学教材。但是学校的官员们再一次阻碍这位"不安分"的知识分子进行创造性的教学活动，他的活动再次被阻止。之后有一段时间他靠做家庭教师为生。但是他没有放弃改变中学语文教育的想法，1837年他用自己微薄的存款出版了一本语法书。

1838年，别林斯基开始在莫斯科土地丈量学院担任俄语和文学教师，一如既往地探究教学过程的深层秘密。但是很快他就离开了莫斯科土地丈量学院，由此结束了学校的教学活动。后来他继续做了一段时间的家庭教师。他尝试通过专业考试以获得成为学校教师的资格，但没能成功。

别林斯基一直饶有兴趣地进行文学创作。1833年起别林斯基在由莫斯科大学教授纳杰日津尼(Н. И. Надеждин)出版的报刊《望远镜》(Телескоп)、《莫斯科观察者》(Московский наблюдатель)和《望远镜》的副刊《传闻》(Молва)中担任文学评论家。1839年迁居到圣彼得堡以后，他开始与首都最好的报刊《祖国纪事》(Отечественные записки)和《现代人》合作。从莫斯科土地丈量学院离开后，别林斯基集中精力进行文学创作。别林斯基的作品引起了普希金和其他文学创作者以及先进人士的持续关注，尤其是其揭穿专制农奴制的作品《文学梦想》(Литературные мечтания)引起了很大的争论。针对沙皇提出的俄国人民不希望学习的说法，他给出相反的公正的主张："学则明，不学则暗"，人民是追求知识的，并不是他们的无知与天生缺陷让他们对沙皇学校产生消极态度。①

在进行文学创作的同时，别林斯基对教育问题持有浓厚的兴趣。他追随18世纪法国的百科全书派，强调启蒙的作用，相信俄国的希望在于教育，而不在于立宪与革命。他在不同的文学报刊上发表了超过130篇针对儿童书、教材和学校手册的评论。在这些评论、文学文章和与朋友的来往书信中，别林斯基提出了关于教育问题的先进思想。他指出了沙皇政府在教育问题上反人民的实质，揭开了君主专制教育学反动农奴制的面具，揭露了现代资产阶级教育思想的局限性和反民主主义，形成了新的革命民主主义教育学的目标、内容和方法。他的所有生活和活动是和尼古拉学校"苛刻的训练方法和死记硬背"、农奴主关于"专制、斯拉夫和民主性"的理论进行持续的斗争，目标是争取建立公正的社会关系，使人民能够获得新式教育。他对未来人民能够享有更好的生活深信不疑，并且为了这个目标而不懈努力。他提出了充满历史意义的富有预见性的话语："羡慕我们的孙子和曾孙，他们应该能看到1940年的俄罗斯——一个受教育的世界，拥有法律、科学和艺术，对所有的教育者给予应有的尊重。"②

---

① Королев Ф.Ф., Арсеньев А. М., Пискунов А. И., Шабаева М. Ф., Очерки истории школы и педагогической мысли народов СССР, Москва, издательство Педагогика, 1973, p.352.

② Королев Ф.Ф., Арсеньев Л. М., Пискунов А. И., Шабаева М. Ф., Очерки истории школы и педагогической мысли народов СССР, Москва, издательство Педагогика, 1973, p.352.

二、教育思想的政治观与世界观基础

别林斯基的教育思想遗产与他的革命民主主义思想、社会政治观和哲学世界观紧密相关。作为俄国知识分子的杰出代表，他对外来的哲学和社会政治思想非常敏感，渴望从中获得指导俄国社会发展的理论依据。他对于俄国传统与未来发展道路的思考与见解，对俄国社会和社会思想产生了深远影响。但是，应该指出的是，他的思想复杂甚至有时自相矛盾，经常经历不懈探索后，几度急剧转变立场，甚至退回到自己已经放弃的观点上去。

别林斯基自觉或不自觉地成为俄国革命民主主义的主要奠基者之一，他的革命思想对于俄国解放运动中革命民主主义流派的形成起了关键作用。在别林斯基的早期活动阶段，他的思想处于启蒙阶段，他揭露农奴制的不公正，信仰抽象的"公正社会"，而且相信"公正社会"是可以通过教育来实现的。19世纪40年代，他从启蒙运动转向革命民主运动。罗蒙诺索夫、拉吉舍夫、贵族革命党人十二月党人、赫尔岑等革命民主主义者影响了别林斯基世界观的形成。那时候的他开始认为用和平方式即通过教育来发展社会的观念是错误的。别林斯基写道："需要的是与敌人的斗争，而不是平静地观察敌对的事物……必要的是力量，而不是温和的情感。"[1]他批判性地接受和加工先进的社会思想和进步的政治理念，总结出俄国和西欧发展的历史经验，试图回答封建制度瓦解和进步社会制度形成时期摆在俄国人民面前的现实问题。别林斯基赞同19世纪40年代乌托邦式的社会主义思想，但他不同于欧文等西欧空想社会主义家，他认为这种公正的社会制度可以用革命而不是和平方式建立，而且这一革命过程要有人民群众的参与。他是当时最重要的思想领袖，在他身边聚集了为崭新的自由的俄国而奋斗的战士。

在哲学观点上，别林斯基经历了从唯心主义到唯物主义的转变。1839—

---

① Белинский В. Г., Избранные педагогические сочинения, Москва, Ленинград, Акад. пед. наук РСФСР, 1948, p.107.

1840 年，别林斯基在巴库宁的影响下接受了黑格尔关于现实合理性的哲学思想，并因此而导致其在精神上"与现实和解"。当时俄国思想界有一种从保守意义上理解黑格尔的倾向，认为"现实的合理性"意味着必须与现实妥协，并从中发现其合理性。但是，作为一个具有社会良知的知识分子，他为自己与现实的和解而痛苦。他在 1840 年秋向赫尔岑承认，接受黑格尔使他容忍甚至歌颂黑暗和反动的现实，这一年如同噩梦，他追随的是一种疯狂的逻辑，而他内心真正关心的是人类个体的生活、自由与希望。在否定黑格尔之后，别林斯基转向了费尔巴哈的唯物主义，从"与现实和解"转向与现实决裂，在社会政治思想方面变成了革命民主派。他开始关注现实生活中芸芸众生所经历的苦难与不幸，强烈谴责农奴制度和专制制度对人类个性的压制。他强调对人的个性必须给予最高的重视，社会应当为个人服务，压制和强迫个人的社会是不合理的社会，对社会的改造是为了个人的利益。根据自己所经历的从唯心主义到唯物主义的演变，别林斯基在 19 世纪 40 年代确切地指出了社会进步运动的方式与方法问题、教育在这一运动中的角色问题以及教育的主要目标问题。

别林斯基作为俄国唯物主义哲学传统的伟大继承者，认为世界是可知的，反对宗教、迷信、偏见、神秘主义和牧师主义。他在给赫尔岑的信中写道："我为自己汲取了真理，在上帝和宗教的话语中看到了黑暗、昏暗、枷锁和鞭子，现在我喜欢在这两个词（上帝和宗教）后面接着后面这四个词。"[1]他认为最抽象的概念是脑器官活动的结果。他尖锐地批评理想主义者忽视对自然和人类发展规律的研究。"心理学脱离生理学，就像不了解解剖的生理学一样没有说服力。"[2]因此，他基于教育学的自然科学基础形成了自己卓越的假设。

---

[1] Белинский В. Г., Полное собрание сочинений В. Г. Белинскаго, т. XII, Санкт-Петербург, Тип. М. М. Стасюлевича, 1926, p.250.

[2] Белинский В. Г., Полное собрание сочинений В. Г. Белинскаго, т. XII, Санкт-Петербург, Тип. М. М. Стасюлевича, 1926, p.26.

三、关于教育的作用

别林斯基严厉批评他那个时代广泛存在的反动观点，即人似乎预先决定了他的教育可能性，而且大多数人的能力非常有限。相反，他认为，大自然慷慨地赋予人们各种能力和天赋，而无能和愚蠢的人只是像身体有缺陷的人一样例外，一个人的下层阶级属性不能成为限制他受教育权利的原因。别林斯基说道，如果从社会中受教育的阶级中走出更多名人的话，这只是因为他们具有更多发展可能性，而完全不是因为大自然更吝于赋予下层人民才能。[1]跟拉吉舍夫一样，别林斯基确信，人是由"社会发展和形成"[2]的社会生物，因此，社会应该确保所有人都受到旨在发展其个人才能的平等的教育。别林斯基曾说："如果所有人都有可能获得平等的正常的教育，那么冒犯大自然的人数将会是非常有限的，真正能冒犯大自然的人都可以直接放入珍品陈列馆。"[3]

别林斯基早期对教育作用的阐述具有理想主义色彩，他认为教育是社会转型的工具，改善社会的主要途径是在所有人心中传播为了共同利益而能够自我牺牲的启蒙和道德教育。他在《教育推论》(Рассуждение о воспитании)中写道："教育是人类的第一份福祉，人类的命运取决于教育。通过教育，人可以成为善良的苏格拉底或者堕落的尼禄。良好的教育是所有年青人的第一份福祉，是所有美德的基础，幸福的源泉；一般来说，教育是社会政治的支柱，人民财富的源泉，所以，良好的教育对于年青人来说越来越需要。"[4]"合理的

---

① Кузин Н. П., Королев Ф. Ф., Равкин З. И., Очерки истории школы и педагогической мысли народов СССР, Москва, Педагогика, 1980. p.354.

② Белинский В. Г., Полное собрание сочинений В. Г. Белинскаго, т. XII, Санкт-Петербург, Тип. М. М. Стасюлевича, 1926, p.405.

③ Белинский В. Г., Полное собрание сочинений В. Г. Белинскаго, т. IV, Санкт-Петербург, Тип. М. М. Стасюлевича, 1901, p.82.

④ Белинский В. Г., Полное собрание сочинений В. Г. Белинскаго, т. I, Санкт-Петербург, Тип. М. М. Стасюлевича, 1900, p.17.

教育可以让邪恶的本性变得恶意少一些，甚至转而向善，在一定程度上还能开发人的最基本能力，还有可能使最有限最浅显的天性人性化……教育还有一个重要性：它关乎生与死、拯救与毁灭。"①

四、论教育民族性思想

在别林斯基的创作中，艺术、文学、教育的民族性理论占据重要地位。他认为，俄国人民的创作是独特的，发展道路是别具一格的。他指出，俄罗斯文化如果只是一味机械地模仿外国经验的话，是不能得到正常发展的，它应该学习所有有价值的东西，而不应屈服于负面影响。在揭露俄国政府的民主性理论反动实质的同时，他还反对古俄罗斯生活中的保守制度的斯拉夫式的崇拜，尖锐地抨击了右翼即当时所谓社会思想西方派的世界观。别林斯基痛斥任何民族主义的表现。他说："任何的民族主义除了人性部分都将会受到诅咒。"②他认为，整个人类应该是一个团结一致的大家庭，各民族平等相处，共同追求社会进步和更好的社会制度。

跟这些民族性理论一脉相承，别林斯基坚持并发展自己的教育民族性思想。他认为，民族性与教育事业具有最直接的关系，对儿童的教育应该在儿童归属的民族性精神下进行。他抱怨道："民族性经常被排除在我们的教育计划之外。"③因此，教育过程和教育内容要在民族性基础上进行根本性的改变。他认为，他在自己作品中坚持揭示的典型俄罗斯人格特点，组成了俄国民族性的基础，应该把它们教给下一代青年。他与"东正教、专制和民族主义"理

---

① Белинский В. Г., *Полное собрание сочинений В. Г. Белинскаго*, т. IV, Санкт-Петербург, Тип. М. М. Стасюлевича, 1901, pp.81-82.

② Белинский В. Г., *Полное собрание сочинений В. Г. Белинскаго*, т. XII, Санкт-Петербург, Тип. М. М. Стасюлевича, 1926, p.54.

③ Пискунов А. И., Арсеньев А.М., Шабаева М.Ф., Очерки истории школы и педагогической мысли народов СССР, Москва, Педагогика, 1976, p.355.

论的捍卫者以及认为崇拜古老、信仰上帝、顺从听从精神和世俗权威是俄罗斯民族主要品质的斯拉夫派进行了激烈斗争。他认为，俄罗斯人民以爱国主义和热爱自由为特色，充满理智和勇气。他对俄罗斯人民都崇拜宗教的观点提出了异议。

在提出民族性作为决定教育思想方向的原则时，别林斯基并不反对全人类教育的任务。他认为，这两种思想是相互关联的：人民的教育属于全人类的教育，如同唯一的教育也是共同的教育。"所有独特唯一的教育，任何个性都只能通过共同的教育得到真正实现，共同的教育具有自己的内容，同时也有自己的表达和形式。没有共同的教育，个性就会是虚幻的；反过来，共同的教育如果没有独特个性的表现，仍然还是幻影。"①

别林斯基坚持把俄语和俄国文学作为教育的重要手段。他坚定地认为，要把国内文学，即普希金、克雷洛夫、果戈理和其他作家的作品引入俄国教育中，因为这些作品很好地体现了爱国主义、热爱自由等俄罗斯民族精神。他为俄国文学在较短时间内取得的成果而自豪，并希望俄国文学在未来获得更广泛的发展。同时，他也建议将席勒、歌德、霍夫曼、莎士比亚等国外著名作者的作品列入真正的文学中。

五、论教育的目标

农奴制俄国为不同阶级规定了不同的任务，因此，父母在孩子很小的时候就为他们确定未来和职业，并据此进行教育。别林斯基坚决反对这种阶级划分方法，认为这种方法非常有害地压制了儿童的个性，无视儿童的个人兴趣。要培养儿童去完成社会中的某个专业职能，也应该在其获得初级阶段教育之后。他写道："初级教育不应该把孩子看成是官员、诗人、工匠，而是把

---

① Белинский В. Г., Полное собрание сочинений В. Г. Белинскаго, т. V, Санкт-Петербург, Тип. М. М. Стасюлевича, 1901, pp.305-306.

他们看作有无限可能性的人。"①

别林斯基认为，人性应该是教育的主要目标，教育过程中不断受这个目标指引。至于什么是人性，他做出了以下回答："我们所说的人性，指的是共同的精神要素在一个人身上巧妙的结合，不管他是哪个民族，有什么头衔、地位，年龄是多少，处于怎样的环境中，这些要素基本上是每个人都需要的，——这些共同的精神要素应该构成一个人的内心世界，是一个人最宝贵的财富，否则他就不成为人。"②人性确保人们能够分享亲友的幸福、同情痛苦的遭遇和谴责一切有悖常理的事情。

后来，当别林斯基坚定地采取革命民主主义立场时，在回归教育目标问题的时候，他以革命民主的精神回答了这个问题。他认为，教育的目的是培养积极的社会活动家和公正社会制度的斗士。他认为，人性是与一切罪恶、与那些把人们置于反人类生存条件之中的现象做斗争的，目的是为了争取"当代社会基础"，也就是说专制农奴制度基础的根本性变革。

19世纪40年代，别林斯基强烈支持把女子从家庭中解放出来，让女子得到多方面的自由发展。他写道："知识的世界、艺术……总之，整个世界都应该像对男子开放一样向女子开放，女性和男性一样，首先都是人，然后是爱人、妻子、母亲、女主人等。"③在承认女性和男性精神本质等同等的时候，他要求"看重和尊重女子作为人的一面"，实现女子的全人类教育。

六、论教育的过程

别林斯基明确表达了民主教育学的一个立场：尊重儿童的个性，并根据

---

① Белинский В. Г., Полное собрание сочинений В. Г. Белинскаго, т. IV, Санкт-Петербург, Тип. М. М. Стасюлевича, 1901, p.84.

② Белинский В. Г., Полное собрание сочинений В. Г. Белинскаго, т. IV, Санкт-Петербург, Тип. М. М. Стасюлевича, 1901, p.84.

③ Белинский В. Г., Полное собрание сочинений В. Г. Белинскаго, т. VII, Санкт-Петербург, Тип. М. М. Стасюлевича, 1904, p.160.

人的发展规律将儿童视为合理发展的人。在这一方面他和拉吉舍夫的观点不谋而合：承认教育的力量，也不否认自然的力量。

别林斯基坚决反对机械地把教育看成成年人用各种内容像填塞空容器一样去填塞儿童大脑的过程。他认为，这种观点是反科学的，它错误地把儿童当作物品，当作教育者手中的玩具，能够随心所欲对儿童做想做的事情。他也坚决反对视儿童如同一块"干净的黑板"，而教育者就在上面写下自己觉得必要的内容的观点。他感叹地说："不！孩子的内心不是一块白板，而是长果实的树木，孩子是具有无限可能的人！"别林斯基把忘记这一点的教育者类比于这种园丁：他们认为这只是一棵树，可以迫使这棵树长出任何想要的东西，哪怕用西瓜代替果实。他继续说道："真正的园丁在照料树木的时候，不仅要考虑每种植物的个体特质，还要考虑季节、天气和土壤质量。每种植物都有自己的生长周期，园丁会据此做出行动：他不会接种尚未形成躯干的茎，也不会接种行将枯萎的老树。人也有自己的成长周期，而不符合成长周期的任何发展都会扼杀他。"[①]在别林斯基看来，教育是属于儿童自然力量的，每个儿童身上既有优点也有缺点，教育的艺术在于发现、发展、形成自然的可能性和潜在的力量。别林斯基与政府提倡的教育学即广泛应用的保守的德国教育理论做了激烈的斗争。他解释道，教育的过程不在于靠箴言和奖赏改正儿童的缺陷和不足，而在于促进儿童所有积极力量的生长，在于提供儿童自由发展的合理条件。

在坚信所有儿童从出生就具备天资和发展能力的同时，别林斯基还强调问题的另外一个方面，即教育在儿童精神力量和能力发展的过程中起了决定性作用，合理的教育方式使儿童天性中的发展可能性变为现实；没有教育，精神力量和能力的发展就无法顺利进行。别林斯基认为，教育不仅促进儿童

---

① Белинский В. Г., Полное собрание сочинений В. Г. Белинскаго, т. IV, Санкт-Петербург, Тип. М. М. Стасюлевича, 1901, p.83.

天性的发展，还可以弥补儿童的不足。但是教育的出发点必须是：每个儿童都因自己的个性特点而有所不同，并以自己的方式向前发展。教育机关、家庭和寄宿学校不能按同一种行为准则约束和督促所有的受教育者，应该要求所有的教育者认真研究和考虑每一位受教育者的个性特征，并据此采取相应的教育措施。教育最不应该以命令和指示的形式呈现，应该努力做到让儿童明白对他们的要求是什么，并愿意自觉履行这个要求。按照别林斯基的观点，对儿童个性和年龄特点的考虑是最主要的教育条件之一。

七、论人的和谐发展

人的和谐发展的理念是别林斯基教育理论的主要原则之一。他总是强调体育、智育、德育与美育的统一。他认为，教育的各方面都存在于辩证统一之中，对人某方面的影响应该指的是对整个人的影响。

七岁以前，儿童应该主要关注体育，然后才是德育。体育的任务是保护儿童的健康，通过适当的生活方式、合理的游戏和娱乐、体操练习来发展他们的体力、灵活性和柔韧度。而且，儿童必须遵守个人和公共卫生规则，进一步从解释人体发展规律的自然科学中吸收知识。但是，体育应该在与儿童的道德习惯形成最密切的联系中实现。

别林斯基认为，道德教育是人类形成的一个重要方面。作为一名资深的辩证学家和敏锐的心理学家，他指出了道德教育的各种手段和方式，并揭示出道德教育的心理基础。在这个重要问题上他警告过形式主义的危险性：当教学影响不深入一个人的所有心理层面时，道德教育必然会出现形式主义。儿童首先必须爱上善良。按照别林斯基的观点，情绪是儿童早期生活中主导的心理素质，成人应该多对儿童的感受产生影响。感受先于知识；谁没有感受到道德，谁就无法理解道德。早期的道德教育就是消除儿童的一切邪念。要给儿童积极的示范；不应该逼迫儿童，而是要让他们愿意去学习。儿童年龄越小，对他们的道德教育就应该越直接。与其说应该教会儿童，不如说使他们习惯于良好的感受、爱好和举止，应该主要以习惯为基础，而不是以观念的过早且不自然的发展为基础。在更大一点的年龄阶段，道德教育就不能仅仅局限于培养对善良的热爱，儿童的理智和感觉一样须得到发展。因此，有必要培养儿童的道德意识，使他们了解道德观念，使他们明白通向善的道路。别林斯基建议教育者不要用道德箴言、道德说教推论、关于体面行为的令人讨厌的谈话来"填塞"儿童，这些方法影响甚微，还在儿童身上培养了好说教的作风。在道德教育的过程中必须培养坚强的意志和性格，这将有助于一个人坚持与恶为敌，捍卫自己的信仰，不害怕在这条道路上遇到的困难和障碍。他强调，不能通过了解一个人所说的东西来确认他是否真正有道德，道德的领域是实践的领域，应该经常通过一个人是否言行一致来确认。

别林斯基认为，人文主义是人性最重要的特征之一。他写道，人道，即仁道，是通过意识和教育的方式发展的。在19世纪30年代，他抽象地理解人文主义，倡导以仁爱的态度对待所有的人；到了19世纪40年代，他认为，人文主义必须不断与人们生活、思想和行动中的负面现象做斗争，与思想上的虚假形式和人们有害的行为做斗争。拒绝与有害的、消极的事物做斗争，是以人与人之间的不人道的关系为特点的。在坚持人与人之间人文关系存在必要性的同时，别林斯基强调，一个人具有憎恨和鄙视的权利，应该憎恨和鄙视那些犯反"人性"罪的人，那些阻碍建立社会制度人文规则的人。

在智育方面，别林斯基始终坚持19世纪30年代的教育完整性理念、统一的知识体系理念和学校课程统一方法论理念。根据别林斯基的说法，对儿童的系统教育不能是私人所有的、特殊的、例外的，而应该是普遍的，面向未来人的精神力量的发展，形成其世界观和有觉悟的信念。别林斯基对当时关于教学性质和教学任务的主流观点进行了批评，揭示了公立学校教学内容和教学方法的反民主主义。他严厉批判学校教育将教学科目和科学发展水平分离的现状，愤慨于当时教科书的功利主义倾向和缺乏统一世界观核心的倾向。他强调，广泛认识自然现象和外界不应该局限于获取关于世界上不同地区和个别自然现象的片面信息和经验性知识，儿童必须掌握基于一般规律的世界无限多样性的概念。教育的任务是创造一个世界正在发展并持续向前发展的辩证概念。用一种方法贯穿所有知识并且成为所有学校课程基础的方法论，他将其描述为哲学上的客观唯心主义。在 19 世纪 40 年代，别林斯基谈到了教育的物质基础。他建立教育理论的唯物主义基础，坚持消除科学与学校课程、科学与生活、理论与实践之间的差距。他说，学校的教育理论并不符合人们自己关于教育本质的看法，因为正确的想法是，"让孩子接受科学"意味着不仅要让他知道，而且要让他能够将知识运用到生活中。别林斯基把旨在真实涵盖社会生活和自然现象的科目，如语言、文学、历史、数学、科学等放在学校科目最重要的位置，其中他最重视历史和文学。如果说他在前期没有强调科学的重要意义，那么之后在唯物主义信念的影响下，他把科学放在学校教学计划相当重要的位置上。别林斯基在其众多评论中彻底审查了现代教科书和阅读书，阐述他所认为的它们必须满足的要求。他认为，教科书应该激发学生的自主意识并推动学生成为生活中的革新者。

别林斯基十分重视合理的教学方法。他指出，成年人经常听到关于儿童理解能力差的抱怨，对此他解释道，这并不是因为儿童智力不足，而是因为成年人无法有条有理、简单明了地讲述给儿童听，没有用合理的方法来教导儿童。当合理的方法得到应用的时候，儿童就能很好地理解、掌握知识，并发展自己的才能。别林斯基把阐述的准确性、清晰度、简洁性（"可理解性"）列为合理教学方法的主要标志。他要求学会用"最简单最易理解的语言"来陈述最深刻的真理。他认为，直观性是克服儿童无意义死记硬背的一种强有力手段。

别林斯基高度评价智力发展中的人文和现实知识的意义。他认为，心理教育的最终目标是培养学生对现实的真实看法，这意味着个人获得广泛的智力和思维发展、正确独立思考的能力。他认为，一个人越高尚，他在智力方面就越能完整地理解周围的世界和自己在社会中的使命。但是，无论一个人智力发展水平有多高，无论他拥有怎样多方面的深刻知识，在他身上最主要的是要怀有对祖国和人民的忠诚。一个真正有教养的人"首先是自己国家的孩子、祖国的公民，热切地把祖国的利益放在心上，并热衷于尽己所能帮助国家在道德发展道路上取得成功"①。别林斯基把培养儿童对普通人民的爱和尊重看作教养和教育的重要任务。他强调，受过教育的人是绝不能把自己和"无知"大众相提并论的。

在劳动教育方面，别林斯基强调，劳动是每个人的责任，应该培养儿童对劳动的积极态度。他认为，不愿意劳动、利用别人劳动成果的人不是真正的人。他愤怒地抨击了农奴制俄国统治者对体力劳动高傲鄙视的态度。他把伟大的罗蒙诺索夫当作所有人的榜样，他指出，罗蒙诺索夫作为学者、诗人和文学家并不是偶然的，是因为他很好地践行了使命，他一生都是一个真正的人、真正的科学工作者。

在美育方面，根据别林斯基的说法，一个人身上除了高尚的道德品质，还应该有发达的审美感受。别林斯基把美称为真理和道德的姐妹，因为它有助于培养人的尊严。具有发达审美感受的人能够充分而深刻地感受生活，理解他人，分享他人的悲伤和快乐。艺术能够使人精神焕发、心情愉悦，能够鼓励人努力工作、做出成绩。

---

① Белинский В. Г., Полное собрание сочинений В. Г. Белинскаго, т. VII, Санкт-Петербург, Тип. М. М. Стасюлевича, 1904, p.159.

第三节　赫尔岑的革命民主主义教育思想

亚历山大·伊万诺维奇·赫尔岑是俄国革命家、哲学家和文学家。在当时的圣彼得堡他与别林斯基齐名，是俄国进步思想界的领袖。列宁在谈及革命民主主义者的历史地位时指出，赫尔岑扮演了"俄国革命准备中的伟大角色"①。赫尔岑对教育问题保持着持之以恒的浓厚兴趣，在他的生活、活动和各方面创作中，国民教育和青年一代的教育问题占据着重要地位。

一、教育思想的哲学、世界观和社会观基础

赫尔岑没有把自己的教育思想系统化于专门的教育著作中，而是广泛地分散在他的科学、政论、艺术作品中和他的书信遗产文稿中。他对教育问题的阐释，是建立在其辩证唯物主义哲学观、无神论世界观和民主主义政治观基础之上的。他作品中教育主题的出现，主要与某个哲学或者社会政治问题的出现和解决有关。

在总结赫尔岑的哲学观点时，列宁写道："赫尔岑紧靠辩证唯物主义，而停留在历史唯物主义之前。"②

赫尔岑解决了唯物主义物质与意识关系的主要问题。他认为，世界物质相对于意识来说是第一性的，在时间和空间上是无限的。赫尔岑一生不知疲倦地与二元论世界观做斗争，建立了现实与思维的统一。赫尔岑认为，世界的发展是一个统一的必然的物质过程。整个世界是统一的，遵循着统一规律，而在不同的现实领域表现不同。不能把人类世界与自然界隔离开，在还没有人类的时候自然界就已经存在了。大自然的生活是一个不断发展的过程。"思

---

① Ленин В. И., *Полное собрание сочинений*, т. 21, Москва, Госполитиздат, 1961, p.255.
② Ленин В. И., *Полное собрание сочинений*, т. 21, Москва, Госполитиздат, 1961, p.256.

维的历史是自然历史的延续：脱离历史的发展是无法理解人类和自然的。"①
自然界发展到一定程度后，具备意识和思维的人类就出现了。赫尔岑的唯物
主义观点不同于那些把意识和物质混为一谈的庸俗唯物主义者。他认为，人
类的意识是大自然发展的优质新成果，是人类大脑"自我认知"的特殊属性。

赫尔岑认为，发展不是一个稳定平静的过程，它发生在新旧之间的艰难
博弈中。一方面，新事物在破坏旧事物的同时，总是产生于过去发展的基础
上，即过去在现在得以发展。他写道，"没有什么比抛弃为现在服务的过去更
错误"②。另一方面，忽视新事物出现的必要性是最大的错误，它是新事物能
够产生、发展的具体条件。赫尔岑关于发展的规律是就人类社会历史发展状
况而言的。

赫尔岑对待自然采用的是辩证唯物主义观点。他认为，从动物到人的跳
跃，从人的本能到思维和自我认知的跳跃，并不是在人类的社会劳动活动中
发生的。由此，列宁得出结论，"赫尔岑停留在了历史唯物主义之前"。

在克服流放期间由于各种影响所出现的宗教神秘情绪之后，赫尔岑对待
宗教是持有极度消极态度的，他成为坚定的激进的无神论者。他坚持不懈地
揭露宗教的反动本质，认为宗教发挥了专制和农奴制的主要支撑点的作用。

赫尔岑深信自然、人类社会历史、意识发展等一切存在法则的可知性。
他深刻而全面地揭示了自然发展和认知过程的辩证性。直观感受是意识的开
端，经验只是意识的初始阶段，"按时间顺序而言认识是第一事件"。接着就
必须对这些经验进行思维加工，"没有经验就没有科学，因为没有经验就会产

---

① Герцен А. И. Полное собрание сочинений и писем. т. XXI, Петроград, Лит.-изд. отд.
Нар. ком. по просвещению, 1923, pp.128-129.

② Герцен А. И. Полное собрание сочинений и писем. т. III, Петроград, Лит.-изд. отд. Нар.
ком. по просвещению, 1919, pp.129-130.

生片面经验主义。经验和推测是同一认识的两个必要的真实的有效过程"①。对自然世界和人类社会的正确认识，为以改变生活为目标而进行的积极干预活动开辟了道路。但是，理论必须与实践、科学必须与生活联系在一起。

在社会观上，列宁发现，"赫尔岑在民主主义和自由主义之间犹豫不定，但是民主主义仍然占据上风"②，对正确革命理论的寻求使他通往"马克思所领导的国际社会，聚集无产阶级团体，联结工人世界，远离不劳而获的世界"③。列宁尤其强调赫尔岑活动中的革命特色："他举起了革命的旗帜，……开展了革命的宣传。"④赫尔岑主编的自由报纸《钟声》（Колокол），与封建农奴制做斗争，揭露沙皇的愚民反动政策，反映人民强烈的知识渴求，传播革命民主主义思想，在俄国解放运动中发挥了重要作用。到 19 世纪 40 年代，赫尔岑已经能够"达到当时最伟大思想家所能达到的高度"⑤，革命理论引导了他的许多教育理念。

赫尔岑认为，人民的黑暗无知是沙皇政府和贵族农奴主统治的基础之一。唤醒人民的意识，使人民开化，并为革命做好准备，是当时俄国发展的主要任务。赫尔岑把自己当作拉吉舍夫和十二月党人事业的继承者，坚持为青年一代传播革命和爱国传统，期待青年一代代替"过去的战士"延续他们的事业。因此，他一直把培养"未来暴风雨中的年青领航员"当作自己的使命。⑥

---

① Герцен А. И. Полное собрание сочинений и писем. т. III, Петроград, Лит.-изд. отд. Нар. ком. по просвещению, 1919, p.97.

② Ленин В. И., Полное собрание сочинений, т. 21, Москва, Госполитиздат, 1961, p.259.

③ Ленин В. И., Полное собрание сочинений, т. 21, Москва, Госполитиздат, 1961, p.257.

④ Ленин В. И., Полное собрание сочинений, т. 21, Москва, Госполитиздат, 1961, p.261.

⑤ Ленин В. И., Полное собрание сочинений, т. 21, Москва, Госполитиздат, 1961, p.256.

⑥ Пискунов А. И., Арсеньев А.М., Шабаева М.Ф., Очерки истории школы и педагогической мысли народов СССР, Москва, Педагогика, 1976, p.365.

二、论道德教育

赫尔岑关于道德的观点是其哲学世界观的重要组成部分。他从历史的角度来看待道德问题，但没有理解道德规范对社会生产、物质和阶级关系的依赖程度。他认为没有永恒的、不变的、一以贯之的道德。因此，不能对所有历史时期的道德行为进行统一的评估。在他的时代已经出现了"新的曙光"，体现在承认"信仰和意识、教会和科学、法律和良心"的相互对立上。既定的道德原则必须在人们的事业、行为和生活中找到实施的方式。他强调，当道德变成"一种行动、一种行为方式、一种习惯"①时，人们才能谈论社会中新道德的建立。然而，这并不排除道德概念的意识标志。赫尔岑写道，"牢固的道德和意识是不可分割的"②。

人类行为应该决定于什么样的道德标准？怎样培养一个有道德的人？赫尔岑认为，这些问题与人类人性及其发展的规律和来源、教育在个人发展中的角色等一般性问题密切相关。按照赫尔岑的观点，自尊感、尊重自由的权利、追求并保持道德独特性是一个人作为独立个体的标志。但这只是问题的一个方面。"社会生活也是一个人的自然定义，正如他的个人尊严……普遍而没有个性是空洞的抽象概念；但是个性只有在社会中才有完全的现实性。"③把个性和社会性结合起来是赫尔岑道德学说和教育理论的主要观点之一。一个人与家庭成员、同学、朋友等周围最亲近的人之间的关系应该是有道德的。当这些关系建立在对他人的爱和尊重的基础上时，当这种关系既人道又有原则性时，就会变得有道德。

---

① Герцен А. И., Полное собрание сочинений и писем. т. V, Петроград, Лит.-изд. отд. Нар. ком. по просвещению, 1919, p.39.

② Герцен А. И., Полное собрание сочинений и писем. т. IV, Петроград, Лит.-изд. отд. Нар. ком. по просвещению, 1919, p.39.

③ Герцен А. И., Полное собрание сочинений и писем. т. II, Петроград, Лит.-изд. отд. Нар. ком. по просвещению, 1919, p.155.

三、论个人发展规律

赫尔岑指出，一个人的个性是经过成长中各个年龄阶段逐步形成的，每一个生命阶段对于人的发展都具有重要意义。他避开解决个性发展问题的唯心主义和机械论方法，用辩证法揭示人生命中每一个新阶段质的变化，指出每个年龄阶段个性发展的积极时刻，呈现不同年龄阶段的不同发展图景。赫尔岑确定个人发展包括两个方面：体力方面的和智力方面的。这两个方面是相互联系的，每一个方面都应该得到平等发展。

赫尔岑发现，儿童的经历是丰富且深刻的。儿童对其与周围人的相互关系反应十分敏感，成年人一般没有发现，儿童从他们的谈话中观察到很多东西。儿童不仅具有洞察力，还具有好奇心，早期表现在他们对待玩具的态度上，他们很快就会厌恶那些不会让他们产生任何想象力的静态玩具。相反，游戏、能够交换想法的活动、可以进行各种操作的项目，都会吸引儿童的兴趣。儿童在很早的时候就与社会环境建立了各种关系，他们很早就表现出了社会情感。对同龄人的社会需求也得以发展，因而，失去同伴的儿童会失去获取习得遵守规则、考虑同伴等一系列社会行为品质的机会。

赫尔岑尤其强调青年时期对人的发展的重要意义。他认为，青春期通常从 16 岁开始，但是，这个开始时间不是固定不变的，有时候青春期会来得比较早。明显的变化表现在外在形象、内心世界、兴趣、行为和生活方式上。他们对待现实世界的态度也发生了变化，内心活动、情感世界、想象力和智力也得到了丰富和深化。其中，心理发展是首要的。青年时期阅读的书籍，儿童书让位于浪漫诗歌和历史著作等。青年人执着地探求事情发生的来龙去脉，试图理解自然和社会的过程与规律。因而，他们不只是通过文学作品，也通过科学书籍来满足自身的智力需求。未成年人具有"实践无知"，不懂生活的特点。但是经过几年后，其他动机产生，年青人对现实生活和周围世界的兴趣会再一次被激发。他们产生了对世界活动的兴趣和对英雄行为的向往，同时也意识到自己的个性、自"我"和内心世界所发生的变化。正是这些青年特点联结了个人和社会，使得青年的个人发展与社会利益紧密相连。赫尔岑不止一次地说道，对一个未成年人来说，个人生活中社会利益和公共道德观被唤醒的时刻，也是他开辟一个新世界的时候。如果一个人在青春期出现了这种社会追求，那么接下来就会变成实际的活动，在很大程度上他会为了"精彩的序幕不会变成庸俗的市民剧"而付出努力。他的自传体小说《往事与随想》(Былое и думы)塑造的就是一个青年形象。

四、论教育的功能和任务

　　赫尔岑断言，环境、氛围、教育对个人发展都具有重要影响。他同时指出，教育本身的方向、目标和任务取决于国家的历史氛围、政治和社会制度、日常生活、风俗和传统。教育对受教育者个体发生作用，但它不总是与环境相契合，教育与环境形成一种非常复杂并且往往是非常矛盾的关系。这是资产阶级和封建农奴社会的典型特征。

　　在描述年青一代在 19 世纪 30 年代俄国的成长条件时，赫尔岑写道："教师、书籍、大学这么说——这从理智和内心来说是可以理解的。但是父母、亲人和整个大环境讲的又完全是另一回事——理智和内心不能赞同，但是却被统治权力和金钱利益所赞同。教育和风俗的矛盾从没有像在贵族中一样达到这种程度。"①用赫尔岑的话来说，这种"人性化"的教育并没有被所有学生接受。在同一种社会制度条件下，在封建农奴制的情况下，甚至在同一个地主家庭中都有可能培养出人民未来的压迫者和折磨者，也可能培养出为人民自由而斗争的战士。对于这种现象发生的原因，赫尔岑解释道，尽管情况、氛围、环境在个人发展中扮演着重要角色，但是"取决于我们……根据情况创

---

① Герцен А. И., Полное собрание сочинений и писем. т. IX, Петроград, Лит.-изд. отд. Нар. ком. по просвещению, 1919, р.38.

造自己的行为"①。一个人不可能不反映自己的时代、所处的环境，但是理解和反映一个人所处环境的表现却是独特的、独一无二的。个性不是环境和教育产生的消极后果，它可以也应该是自由的、积极的、有创造性的。就年青人的个性发展而言，他们生活在剥削社会之中，被暴政所支配，这意味着有可能形成抗议这种社会的个性。这首先出现在那些具有批判性思维、敏锐感受和热心肠的人身上。而问题的其他方面是由与环境相对立的先进教育所塑造的。这就是教育在个性发展过程中的积极作用，环境决定了教育应该努力的方向。在赫尔岑看来，正确的教育可以使年青人变得文明、有人性。在沙皇俄国条件下，教育能够反对政府环境，使个体逃离"不道德的土壤"，这样的教育成为革命制度的源泉。②

在赫尔岑看来，教育的本质和主要功能在于使受教育者具有"历史知识和现代性"。"使受教育者具有历史知识"，指的是年青一代不仅要接受人类积累的文化价值观（他认为这项任务尤为重要），还要了解过去几代人的革命经验和革命传统，以延续"父辈们开创"的事业。同时，不能向年青一代隐瞒当代生活的黑暗面，相反，应该带领他们深入社会生活的深处，让他们睁开眼睛了解现行社会制度的不公正，以此来鼓舞他们崛起抗争，这就是教育"使人具有现代性"。赫尔岑指出，这种教育功能在沙皇俄国的背景下具有特殊意义。而教育应该具有"气候性"，它应该根据时代、国家，甚至儿童的家庭环境来实施。③当教育与社会发展某个阶段的主要任务相联系，反映社会需求和社会利益的时候，教育就具备了具体的生活特点。因此，应该根据不同的社会群

---

① Герцен А. И., Полное собрание сочинений и писем. т. VI, Петроград, Лит.-изд. отд. Нар. ком. по просвещению, 1919, p.131.

② Герцен А. И., Полное собрание сочинений и писем. т. XII, Петроград, Лит.-изд. отд. Нар. ком. по просвещению, 1919, pp.188-189.

③ Герцен А. И., Полное собрание сочинений и писем. т. IV, Петроград, Лит.-изд. отд. Нар. ком. по просвещению, 1919, p.90.

体，清楚地给教育提出不同的要求。这是赫尔岑所揭示的教育的辩证性，即"实践性人的共同特点"[1]，人应该具备在环境中、在自身工作可以给社会带来实际好处的范围中寻找活动的空间。

赫尔岑提出教育的任务是培养为劳动、为生活做准备的人，接受革命传统并为祖国人民福祉做革命斗争的人。这就必须培养革命爱国主义者，以革命理念做武装。对于新式的、先进的教育而言，同样重要的是，让年青一代形成一元论唯物主义和无神论世界观。所有这些任务都是相互联系的，都需要广泛的共同的智力教育或者针对年青人的教育教学。

五、论教学体系

赫尔岑批判了沙皇俄国占统治地位的教学体系，认为沙皇俄国所有知识体系都是有缺陷的。青年人所获取的知识脱离生活，而且他们的生活以扭曲、虚假的形式呈现。专制教育阻碍自由思想渗透到科学中，人们从童年时代起就被过时的习惯、偏见所束缚。哲学课程、自然科学不占据应有的地位，而且其内容陈旧过时。年青人接受的是关于存在的二元论概念、自然和人类互不相干的思想，完全反对现实中身体和灵魂不可分割的观点。这就阻碍了教育主要任务即让年青一代形成对待世界的一元论唯物主义观点的实现。

赫尔岑以新的教学内容和新的知识体系来对抗占统治地位的教学体系。为了净化年青人的理智，使他们不受偏见困扰，让他们依靠健康精神食粮长大，再为长大后的他们打开人类世界和历史世界，人类世界和历史世界的大门直通现实，个人需要参与当代问题。

赫尔岑赋予自然科学学习以重大意义。他认为，按照学习顺序，占第一位的应该是自然科学。科学知识的传播是形成唯物主义世界观的基础。为了

---

[1] Герцен А. И., *Полное собрание сочинений и писем*. т. XXII, Петроград, Лит.-изд. отд. Нар. ком. по просвещению, 1925, p.34.

引起青年学生对科学的兴趣，"教学……应该从学校形式主义中净化，应该从干巴巴的片面状态、冷冰冰的封闭状态中走出，进入现实生活中，关照现实问题，以现实追求为目标"①。获取真正自然科学知识的过程，同时也是建立和形成世界观的过程，这一过程需要对知识素材选择和概括的特殊方法。赫尔岑力图通过教育根除渗透进儿童世界观中的神秘主义、二元论、万物有灵论的元素。

赫尔岑认为，只有通过观察事实与体验生活和现实，才能获得真正的知识。在生活中所有东西都被客观规律所"支配"，而不是由某个高级存在的意志所"支配"。赫尔岑通过以下两条途径给受教育者建立科学无神论世界观的基础：一是从物质上解释生命现象，二是揭示关于某些神秘外力现有观念的起源。在《与年青人谈话的经验》(Опыт бесед с молодыми людьми)中，赫尔岑根据唯物主义知识的普遍化任务，阐述了复杂的科学问题，让青年形成思考的辩证方法。传统的俄国唯物主义哲学解释说，正确地理解和解释世界，首先要了解物体原始的存在，"物体是永恒的，只是根据环境变化变成不同的状态"②，理解它们须从研究现实本身开始。赫尔岑写道："大自然为我们提供现实情况，我们研究现实情况所做的事情，是通往意识层面，揭示现实的法则。"③

赫尔岑唤醒"交谈者"对社会生活现象的兴趣，用可靠的指南引导儿童，防止他们对社会与人民漠不关心。他热切地向儿童揭示人民无知的真正原因，博得他们对人民的同情和尊重："可怜的人民注定要过上黑暗的无知的生活，

---

① Герцен А. И., Полное собрание сочинений и писем. т. II, Петроград, Лит.-изд. отд. Нар. ком. по просвещению, 1919, p.122.

② Герцен А. И., Полное собрание сочинений и писем. т. XIII, Петроград, Лит.-изд. отд. Нар. ком. по просвещению, 1920, p.55.

③ Герцен А. И., Полное собрание сочинений и писем. т. XIII, Петроград, Лит.-изд. отд. Нар. ком. по просвещению, 1920, p.57.

承担劳累的工作……然而谴责他们是很大的罪过。"①

赫尔岑不仅指引年青人的认知过程,还为他们打开掌握这些认知方法的途径。自然发展和社会发展的过程,从世界建立之初到人类及其"自我认知的大脑",不断从一个阶段转变到另一个更高阶段,新的不断与旧的做斗争,指引人类历史通往现存的社会关系改造。赫尔岑多次与儿童和青少年谈话,使他们重新了解具体生活事实,进而能够解释所观察到的现象,寻找原因,建立不同事实之间的联系。他从经验中得出结论,建立概念,找到共同原因,在所有存在基础上建立规则。他认为,应该开发从感知经验中抽象出来的能力,将"经验与推论"结合起来的能力。

赫尔岑很好地阐述了青年学习历史科学的重要意义。他把历史与自然学科并列,确定历史科学在知识体系中的特殊地位——"学习该科学为社会实践活动直接做准备"。他认为,了解历史的决定性冲突有助于更好地理解现代性,因为在现代社会中,这种斗争不仅不会消退,每次还会以新的力量爆发出来。这也是历史研究的教育意义所在。"更完整地理解过去,我们就会更清楚地理解现在;更深刻地理解过去,我们就会更好地解释未来;向后看就是向前进。"②历史作品提供准确可靠的事实信息,并提供特定观点下的理论概括,由此可以丰富青年的头脑。与自然科学领域的科学工作一样,"理论与经验"统一的存在,是真正的科学历史著作的标准。同时历史也不能脱离哲学基础。

和其他伟大的革命民主主义者一样,赫尔岑认为,让儿童了解文学是普及教育中的必需组成部分。他认为,书籍是"多方面教育的很好方式","没有阅读就没有真正的教育"。他有一句格言众所周知:"歌德和莎士比亚对整个

① Герцен А. И., Полное собрание сочинений и писем. т. XIV, Петроград, Лит.-изд. отд. Нар. ком. по просвещению, 1920, p.209.

② Герцен А. И., Полное собрание сочинений и писем. т. III, Петроград, Лит.-изд. отд. Нар. ком. по просвещению, 1919, p.24.

大学一样重要。"①为了使文学对青年发挥教育作用，必须指导青少年阅读文学，帮助他们养成自主自觉系统阅读的习惯，培养他们重复阅读有价值文学作品的动机。赫尔岑担心，这种指导在某些条件下会阻碍直接生动地去感知文学艺术作品。他表明，现实的、具有高度艺术性的、充满乐观主义的、先进的俄国文学是青年道德和审美教育中最重要的因素。

六、论教学过程

赫尔岑关于教学过程本质的观点十分重要。他认为，学生的认知过程，是寻找真理、按自己的方式发现真理、重新发现科学的过程，而不是消极掌握教师教导的内容或者汲取教科书准备好的知识的过程。学生的任务是掌握科学的结果、成就和规则，但是学生的学习不应该变成掌握已有真理的机械过程。为了了解科学所创建的真理，学生要坚持不懈地自主努力。在学生已掌握知识和科学创作之间，存在很大的努力空间。

赫尔岑要求学生在学习的过程中转向经验，拒绝先验的论断，同时，需要对世界及其起源和发展的历史进行宗教理想主义的阐释。研究科学的方法取决于研究的内容。学校要使教学免于形式主义、经院主义、威权主义。

赫尔岑强调，学生应该保证具有完整的知识体系，自然科学、数学基础以及人文主义科学在学生面前不应变成相邻但孤立的知识领域。学生须根据所有存在的发展规律和其物质特色统一的规律，用自己的素材解释每个方面的知识领域。这种教学方法减轻教学过程的负担，并促进学生一元论唯物主义世界观的形成。

赫尔岑明确表达了在普通教育和专门教育问题上的立场。在这个问题上，赫尔岑同意杜勃罗留波夫和车尔尼雪夫斯基的观点。在他看来，将二者原则

---

① Герцен А. И., Полное собрание сочинений и писем. т. XXVI, Петроград, Лит.-изд. отд. Нар. ком. по просвещению, 1925, p.276.

上对立成"纯科学"和"应用教育"是错误的。他写道："所有'科学之科学'和科学孰是孰非的争论，是非常愚蠢的。没有科学的科学，是不会有应用科学的。"①赫尔岑解释道，只有结合"专业性和统一性"才能够保证人们在某个范围内活动的成功，"从共同的范围中走出的人才能成为专家"。②

七、关于教师的观点

赫尔岑一直对教师问题保持不变的兴趣。他强调，在他们的环境中"教师和文学家在首要计划中"。他指出，教育理应交到令人尊敬的青年人的领导和教师手上。他在自己的艺术作品中塑造了年青一代的教师和教育者的鲜明形象：革命导师、地主家的家庭教师、中学教师、大学教授等。而且，他在政论、历史作品以及书信中，研究了有关教师及其职业特色、对教师提出的要求、教师在俄国社会中的地位、教师在国家解放运动中的角色等诸多问题。

直到18世纪，俄国统治阶级中一直存在着对教师职业不屑一顾的态度。赫尔岑在《钟声》等政论文章和短评中指出，学校教师受到学校领导的侮辱，教师个性被学校当局无情地压制，甚至教师生存受到压迫。他发表了多篇演讲，表示支持教育的社会性，支持教师维护自己的尊严。当时的教师在教学杂志上发表文章，与压制他们个性、限制他们教学活动的行为做着艰苦的斗争。然而，反动当局视教师的演讲为骚乱行为，并以严重后果威胁他们。赫尔岑继续发挥文学在俄国社会解放运动中的重要作用，发表评论和演讲，对教师的勇敢行为进行莫大的鼓舞和热情的支持。不管当时形势有多严峻，他都默默无闻地做着无私的"独立思想和憎恨专制"的传教士，领导"年青一代人

---

① Герцен А. И., Полное собрание сочинений и писем. т. XXI, Петроград, Лит.-изд. отд. Нар. ком. по просвещению, 1925, p.448.

② Герцен А. И., Полное собрание сочинений и писем. т. XXVIII, Петроград, Лит.-изд. отд. Нар. ком. по просвещению, 1925, p.165.

性化和革命化"①的事业。

第四节 车尔尼雪夫斯基的革命民主主义教育思想

尼古拉·加夫里诺维奇·车尔尼雪夫斯基是19世纪60年代俄国革命民主主义者，也是俄国思想家、学者、作家和政论家。他对包括教育学在内的多领域知识的发展做出了重大贡献。在俄国革命民主主义教育思想的代表人物中，车尔尼雪夫斯基占据着突出地位。他的革命民主思想和教育思想对现代人的行动和世界观的影响很大，19世纪下半叶进步教育学家的教育思想和教育教学实践都受到车尔尼雪夫斯基的直接影响。他的小说《怎么办？》(Что делать？)是进步青年和教师的有益指南，对于后来的革命者和教育产生了巨大作用。

一、教育思想的哲学和社会政治观基础

车尔尼雪夫斯基的思想理论遗产是俄国马克思主义流派形成前俄国思想发展的最高阶段，是俄国进步文化的骄傲。他的先进教育思想与他的唯物主义哲学、革命民主主义的社会政治观点有着本质上的联系，也与他的人生主要任务——对现有体制基础的革命改造斗争紧密相关。他是19世纪60年代反对沙皇农奴制度的代表人物和先进思想的启蒙者，他的活动曾经得到马克思、恩格斯、列宁和斯大林的高度评价。

车尔尼雪夫斯基坚持唯物主义的基本立场，按费尔巴哈哲学的观点去解决思维与存在、精神与物质的关系问题。在他看来：世界是统一的，"凡是存

---

① Герцен А. И., Полное собрание сочинений и писем. т. XVIII, Петроград, Лит.-изд. отд. Нар. ком. по просвещению, 1920, p.204.

在的东西都是物质";自然界的一切事物、现象都是统一的物质存在的形式,而这些事物、现象之间的相同性就在于它们都是物质的。他坚决反对哲学中的二元论,否认有任何不依赖于物质、自然界的"精神实体"。

1851—1853年车尔尼雪夫斯基在萨拉托夫中学教书期间,课堂上他向年青的学生宣传沙皇农奴制度不公而且必然灭亡的思想,使学生对俄国现实统治者的独断专行产生厌恶。但是,这样的教学活动并没有持续很久。他教学活动的思想倾向引起领导层的不满,面临被免职、逮捕和流放的威胁,于是他离开萨拉托夫,搬到了圣彼得堡。在圣彼得堡,车尔尼雪夫斯基在第二武备中学任教了一段时间,但是很快因为和领导层的冲撞而辞去了这份工作。但是,车尔尼雪夫斯基的短暂工作还是产生了重要影响,他的30多个学生后来成为喀山大学和莫斯科大学的大学生运动先进活动家,组织"喀山大学生图书馆"秘密组织,成为"土地与意志"秘密革命团体的成员。

后来,车尔尼雪夫斯基转向文学活动。他开始为《祖国纪事》和《现代人》杂志工作。此后,他作为《现代人》和政论部门的领导人,真正成为杂志的思想领袖,继续宣传革命民主主义思想。作为一个革命民主主义者,他利用文学批评和政论方式积极宣传反农奴制的思想,鼓吹用革命方式解决农民问题。同时,他激烈抨击自由主义者的观点和立场,并把这种批判视为进行革命思想准备的重要内容。他设想人民在通过革命推翻专制制度后,可以通过改善和巩固村社的途径使俄国过渡到社会主义,因为村社中的平均主义和民主传统同社会主义的原则是接近的。他认为,只要把全部土地无偿交给农民,并且使村社占有土地同村社生产结合起来,把工业生产和农业生产的组织统一到村社中,就能形成一条通向社会主义的道路。

车尔尼雪夫斯基并没有撰写教育专著,他的关于教育教学的进步思想发表在他的评论文章、小说和一般文章中。他把教育在人民中的传播与改变现有体制及其政治基础、社会基础的必要性紧密联系在一起,把对广大人民群众的教育看作人民反对现有秩序而做出自发积极行动的重要前提条件。

二、论教育的作用和任务

车尔尼雪夫斯基对于教育作用和任务的论述，与他对社会发展规则的理解紧密联系在一起。他认为，人民是社会进步的推动力。教育是把这种推动力付诸行动的最重要的因素之一。在评估历史进程和物质状态的规律性时，他确信，国民教育水平取决于国家的经济状况，没有面包就没有知识。但是，他同时强调，教育反过来具有对人民物质生活无限影响的可能。在说明俄国农村经济落后的《逻辑的迷信和规则》（Суеверие и правила логики）一文中，他指出："只有由智慧和知识做引领，智慧由教育来发展，知识也由教育来供给的时候，每一项人类事业才会获得成功：因为只有受教育的民族才能成功。"①

车尔尼雪夫斯基把生活和教育条件当作一个人形成的决定性因素。他认为，是生活和教育条件而不是出身决定人与人之间性格、权利、精神面貌的不同。1846 年他在一封写给亲人的信中写道："坏蛋不是天生就是坏蛋，而是后来变成坏蛋的。"由于道德教养的缺乏，由于从小就生活在不好的社会风气中，他们"要么成为坏蛋，要么饥饿而死"。②

西欧的空想社会主义者认为人是环境和教育的消极产物，车尔尼雪夫斯基的观点不同于他们，他确信人不仅能够而且应该与他生活的有害环境做斗争。拉吉舍夫、别林斯基和赫尔岑曾经提出培养战士的思想，跟他们一样，车尔尼雪夫斯基把培养"公民事业"中为社会利益着想的积极参加者看作教育的目标。他强调，如果人们的个人需求和利益与社会的需求和利益相一致，

---

① Чернышевский Н. Г., Полное собрание сочинений. т. V, Москва, Гослитиздат, 1949, p.695.

② Чернышевский Н. Г., Полное собрание сочинений. т. XIV, Москва, Гослитиздат, 1949, p.44.

那么参与为人民的解放和幸福的斗争会给他们带来很大的道德满足感。在革命活动中取得成功的条件包括革命者的全面发展、对唯物主义世界观的忠诚、革命思想、革命者高尚的品德和高度的文化修养。车尔尼雪夫斯基最重要的小说《怎么办?》中的主人公就是受过教育的、具有高度思想性的、在体格和精神上全面发展的、积极的社会活动家的模型。车尔尼雪夫斯基肯定,"受过教育的人"一词完整的含义不是指获得很多知识的人,而是指在拥有知识的同时,为社会利益考虑、为公平而斗争的人。

在以上对教育作用论述的基础上,车尔尼雪夫斯基认为,当时俄国学校以因循守旧和墨守成规为特色,而教育的任务应该是:把学校从独断专行、官僚主义中解放出来,把儿童从个性压迫中解放出来,在学校里培养自由的人,培养具有成熟自我意识的、果断准备进行革命行动的公民。车尔尼雪夫斯基关于教育任务的观点反映了19世纪60年代俄国进步知识分子的追求。①他们希望广大人民群众能够获得真正的教育,学校能够培养出有知识、有自由思想、有文化的人,能把为人民的幸福做斗争看作生活的目标。

三、论教育普及

在车尔尼雪夫斯基生活的年代,俄国是教育发展水平最为落后的国家之一。根据他的统计,6 500万~7 000万居民中仅有500万人识字。对于俄国农村地区教育发展的极度落后现象,统治者解释为俄国人民天生的惰性使然。对于这种说辞,车尔尼雪夫斯基给予了强烈的反驳:"俄罗斯民族很少对教育感兴趣等诬蔑非常愚拙和荒谬……人民的意愿非常强烈,但是环境却非常不利于它的实现。"当说到托尔斯泰所主张的"大多数人民痛恨学校的思想"时,车尔尼雪夫斯基写道,这实际上并不存在,人民对于学校的思想并不陌生也

---

① Пискунов А. И., Арсеньев А.М., Шабаева М.Ф., Очерки истории школы и педагогической мысли народов СССР, Москва, Педагогика, 1976, p.696.

不厌恶，人们只是"反对不好的学校，孩子在那里什么都学不到，反而遭到殴打和折磨，变得迟钝和堕落。这样的学校，人民当然痛恨，要知道我们自己也痛恨。这只是说明了不仅我们这样认为，人民也这样认为，所有正派而不愚蠢的人都应该是这样想的"①。

车尔尼雪夫斯基坚持推行普及教育，并且认为实现教育普及最快的方法是保障教育免费。他支持那些坚持在全国推行普及义务教育实施累积所得税的观点。车尔尼雪夫斯基对普及教育充满了信心。他强烈谴责普及教育的反对者。针对这类人他批评道，任何的动机，包括"心理方面的"动机，只要不是维护儿童识字必要教育需求的话，就是反动，是为了便利那些将来想置农民于黑暗与无知境地的人。至于当时流行的农民害怕接受受教育义务的说法，他指出，要关心的不是推迟普及义务教育的实现，而是如何帮助农民接受义务教育，农民还没有愚蠢到分不清什么是好，什么是坏的地步，义务教育不会吓到他们。

根据车尔尼雪夫斯基的理解，普及教育的实现必须以消除女性在社会中所处的不平等地位为必要条件。女性在精神品质上与男性根本无异，她们具有像男性一样的智力发展的先天条件。而把女性看作有缺陷的，不能像男性一样从事智力活动和参加社会生活，这本身就是对实际情况的极端曲解。限制和剥夺她们与男性平等的受教育权，取消女性的社会活动，这是剥削社会的产物。受教育权，是女性的基本权利，必须尊重并予以呵护。

四、论教学内容

车尔尼雪夫斯基认为，俄国学校教学令人失望的状况在很大程度上是落后的教学理论、政府倡导的教育学的反动本质造成的。他在指出当时教学理

---

① Чернышевский Н. Г., Полное собрание сочинений. т. X, Москва, Гослитиздат, 1949, p.510.

论落后性的同时，驳斥了托尔斯泰关于教育科学完全不存在的观点，并坚持认为教育科学理论是存在的，它基本上是人民在自己的实践活动过程中创建的。车尔尼雪夫斯基的教学观点基本上可以归结为进步教育学理论。

车尔尼雪夫斯基认为：学校只有引领学生了解自然法则和社会发展规律，让学生明白世界上各种现象之间相互联系、相互依赖的关系时，才算是完成了自己的任务；学校要保证学生智育、德育和美育的同步发展。他指出，教学内容的选择不能浮于表面，也不能遵循老传统，而应该体现现代科学成就和满足实际生活需要。根据这一选择原则，上帝法则、任何宗教教义都与科学不相容，古典语言也失去了实际意义，因此它们都要从学校教学大纲中删除。

车尔尼雪夫斯基认为，自然科学和人文科学是学生全面发展的主要方式。两大基本科学体系，即人文科学和自然科学应该存在多方面的紧密联系。

作为一个唯物主义者，车尔尼雪夫斯基赋予自然科学以极其重要的意义。他把自然科学看作正确认识环境现象强有力的教学手段，又是与迷信和偏见做斗争的手段。他认为数学是最发达的科学，它具有完美的逻辑性、严整性和系统性，因而对学生的智力发展非常重要，对学生的实际生活也非常有益。

在自然科学和人文科学之间，车尔尼雪夫斯基坚持把人文科学、社会科学和"道德"科学放在教育的第一阶段。因为人与自然的联系是有限的，在自然中身体和灵魂是合为一体的，这就决定了人文科学相对于自然科学的重要意义。

在人文科学的序列中，车尔尼雪夫斯基赋予历史、母语和文学以特殊意义。他认为，历史课程对学生的智力提高和道德发展影响很大。历史学科让学生认识社会发展的进程和人民的命运，照亮他们所走过的路。过去的知识也帮助理解现在的知识，决定未来的路。由此，车尔尼雪夫斯基不止一次地指出历史在爱国主义教育事业中的主要作用。

车尔尼雪夫斯基认为，文学是最能充分表达生活和思想的知识领域，其崇高使命是深入揭示人的内心世界，唤醒年青一代积极的人文主义思想。他在著名的《果戈理时期的俄罗斯文学纲要》(Очерки гоголевского периода русской литературы)中完整地揭示了文学的意义。他认为，在学校里教授文学是形成学生先进的世界观、培养学生高度的公民责任感和现实审美观的重要措施之一。

车尔尼雪夫斯基不止一次地论述母语的意义和学习母语的必要性。在这方面他给学校下达了简单而又非常重要的任务：教会每位学生在口头上和书面上完全正确地表达自己的想法。车尔尼雪夫斯基谴责超负荷的语法学习和古典语言学习。

五、论教学方法

在家庭教育和学校教育的相互关系中，车尔尼雪夫斯基遵循这样的观点：家庭教育比学校教育更有优势，因为家庭教育者最了解受教育者，这使得教育者能够完全根据受教育者发展的个性特征进行教育。因此，学校应该注重教学理论研究，增强对学生个性特征的了解与关注。学校教学应该唤醒学生对科学、对获得知识过程本身的热爱与兴趣。

车尔尼雪夫斯基批判道，传统的脱离生活的经院式教学，迂腐、不学无术的教师，只注重死记硬背的教学方法，忽视了学生年龄特点，只会扼杀学生天生的好奇心，磨钝他们的天赋。因此，必须对现有的教学方法进行改革。

车尔尼雪夫斯基指出，对于提出新任务、教授新内容的新式学校，旧式的、农奴制阶级学校所使用的说教教学形式是不被接受的。教学过程中要遵循渐进性和连续性；最大限度保证学生准确、清楚地表达需求；在学生身上不使用强迫的措施，而是使他们养成信念，激发他们对知识的兴趣。

在所有教学方法中，车尔尼雪夫斯基最看重教师的生动话语和学生的独立工作。他排斥教师任何教条式的语言形式，认为这是有害的，是教学中不能容忍的现象。教师应该使用非强迫性的语言，经过可信的论证将观点和结论呈现给学生。车尔尼雪夫斯基也非常看重学生的独立学习，他发现了独立思维发展的方式和养成学生自学习惯的方法。他确信，自主学习，尤其是课外阅读，不仅有利于巩固、拓展学生学习的知识，而且，在当时不利的社会条件下有助于补充课堂学习的不足。

车尔尼雪夫斯基对学生阅读书目提出了严格的要求。他严厉批判俄国当时大多数教材空洞无物的现状，认为这些教材充斥着道德箴言，只注重增强学生的忠诚度，歪曲事件和事物的真正含义，且大多用干巴巴平淡无奇的语言编写而成。他指出，儿童和青少年阅读的教材和书籍，无论其内容关涉什么，都不应该违反科学真理，而且，这些教材和书籍应该用对读者而言无可挑剔的、文理通顺的、生动易懂的语言编写而成。

六、论教师的工作

车尔尼雪夫斯基曾多次撰文，揭示教学工作的目标和特点，分析教师必备的道德和职业素质，并号召维护教师尤其是乡村教师的法律和物质地位。

在《政治经济学纲要》(Очерки из политической экономии)中，车尔尼雪夫斯基指出，教学工作与制造其他作品的工作在表面上有一些相似点，但是，教学工作与它们的不同之处在于，其最终的产物"不是人类制造的物品，而是人类本身"。① 因而，教学活动的目标和任务既复杂又极其重要，只有具有开阔视野的教师才能真正完成任务。教师们至少要真心实意、竭尽全力地成为这样的教师。

车尔尼雪夫斯基相信，学生失败的主要原因在于教师的工作方法不当。

---

① Чернышевский Н. Г., Полное собрание сочинений. т. IX, Москва, Гослитиздат, 1949, p.549.

在《科学概念纲要》(Очерки научных понятий)中他写道："如果十岁的小孩不喜欢老师，原因不在小孩本身，而是在他的教育者身上，他用愚蠢的教学方式和对受教育者不适用的内容打压了孩子们的好奇心。我们需要的不是强迫受教育者，而是让教育者进行再教育和再教学：他应该从一个无趣的、无条理的、严肃的书呆子变成一个善良的、审慎的教师，抛弃塞满他头脑的未开化的概念，取而代之获得睿智的概念。"①

车尔尼雪夫斯基强调教师在学生道德发展中的巨大作用。他认为，爱国主义、仁爱、勤劳、谦逊、诚实、对庸俗的不容忍、言行合一是新一代教师应该具备的主要品质。

车尔尼雪夫斯基认为，指导和教育年青一代是教师主要的但是不是唯一的责任。教师是被号召为祖国和人民服务的活动家，一定要为传播知识和发展国家教育做出自己的贡献。因此，他热烈欢迎周日学校，希望它能获得成功。他认为，周日学校唤醒了进步的俄罗斯知识分子在人民面前的责任意识。

第五节　杜勃罗留波夫的革命民主主义教育思想

尼古拉·亚历山大洛维奇·杜勃罗留波夫是车尔尼雪夫斯基的学生、朋友和战友，是俄国革命民主主义者、政论家、教育家。他抨击农奴制俄国的教育政策，为未来勾画"真正教育"的蓝图，是俄国进步教育学思想的突出代表之一。他的很多教育思想对俄国影响深远，在今天依然闪烁着耀眼的光芒。

---

① Чернышевский Н. Г., Полное собрание сочинений. т. X, Москва, Гослитиздат, 1949, p.913.

一、生平和社会活动

杜勃罗留波夫1836年出生于下诺夫哥罗德的一个传教士家庭。他小学在家接受教育，中学阶段进入宗教学校学习。但是宗教学校的课程并不能满足他，他把主要精力放在了自学上：认真研读学校教学大纲之外的文学艺术作品，独立研究俄罗斯历史、国际通史、逻辑学、哲学和心理学。1853年，杜勃罗留波夫还有一年就中学毕业，当时的宗教组织尝试选出有天赋的少年到圣彼得堡宗教学院学习，杜勃罗留波夫因为学业优异被选中，但是他拒绝去宗教学院，选择离开宗教学校。

后来，杜勃罗留波夫凭着自己的努力考取圣彼得堡师范学院历史语文系。他希望学院能够为学生营造充分开发潜能和独立自主学习的环境。然而，学院却遵循兵营模式，极力压制学生的独立自主性。杜勃罗留波夫对学院的这种教育模式非常愤慨，多次撰写讽刺批判性的诗歌和文章，出版小报《流言》（Слухи）、《诽谤》（Сплетни），鞭笞学院的不合理"秩序"，甚至质疑尼古拉一世政府的统治。可以想象的是，杜勃罗留波夫为此遭受了所有可能的迫害和嘲讽。他不止一次地被审讯、关禁闭、搜查、威胁开除等。只是他杰出的才能和出色的成绩使得他免于被学院驱逐出去。为了使他免于成为"祸患"，学院安排他在圣彼得堡第四中学担任文学课教师。后来，从圣彼得堡第四中学离开后，他开始创办私人课堂。这些经历使得杜勃罗留波夫对教育问题的兴趣与日俱增。

1856年上半年，杜勃罗留波夫和车尔尼雪夫斯基会面，这成为杜勃罗留波夫生命中的重大事件。这次会面车尔尼雪夫斯基给他留下了很深的印象，他认定车尔尼雪夫斯基是"人类思想的伟人和拥有伟大灵魂的人"①。20岁的杜勃罗留波夫开始成为19世纪60年代俄国革命民主主义思想论坛《现代人》

---

① Пискунов А. И., Арсеньев А.М., Шабаева М.Ф., Очерки истории школы и педагогической мысли народов СССР, Москва, Педагогика, 1976, p.216.

的长期合作对象。随着与车尔尼雪夫斯基的交往，两人的友谊日渐深厚。两人很好地交流了关于革命民主主义思想和进步教育学理论的意见。

1861 年，杜勃罗留波夫英年早逝，年仅 25 岁。他短暂的生命历程为俄国留下了宝贵的革命思想遗产和教育学思想遗产。

二、对农奴制俄国教育政策的批判

杜勃罗留波夫无情地批判沙皇俄国政府在教育领域的政策。他指出，现行的教育体系的缺陷和弊端与政府提倡的教育学、沙皇教育政策密切相关。

杜勃罗留波夫在自己的论文《关于教育中权威的意义》(О значении авторитета в воспитании)中肯定地指出，政府提倡的教育学与现在关于儿童教育的科学没有任何相通之处，它是农奴制教学体系、规训儿童的体系和粗暴嘲讽儿童个性的"理论"基础。政府提倡的教育学认为，每一个人的地位、才能和教育水平是由先天遗传因素决定的。杜勃罗留波夫严厉地批判这种观点。他认为，这种观点是不科学的、错误的而且是有害的。类似"理论"的基础是不客观的，反映的是剥削阶级和统治阶级的利益，目的是使人民群众更加服从、顺从，为他们对人民群众可怕的剥削做辩解，摆脱他们对民众贫穷、困苦、愚昧无知的责任。杜勃罗留波夫愤怒地驳斥把农民的愚昧无知解释为他们不愿意学习的说辞，他指出这种说辞是对普通俄国人民的诽谤。

杜勃罗留波夫坚定地认为，人的命运、观点、信念、感受、心情和性格的形成是社会生活条件和教育所决定的，并不是天生注定的。赋予社会环境和教育在个性形成决定性意义的同时，他还指出，不能忽视人的天性，不能认为天性毫无意义而抛而弃之。"身体构造、性格和情绪的一些特点"[1]能够作为遗产流传下来，因此他建议在教育儿童的过程中还要考虑这些自然特点。

---

[1] Добролюбов Н. А., Собрание сочинений, т. 2, Москва, Ленинград , Гослитиздат, 1962, p.447.

杜勃罗留波夫认为，在当时的俄国，效忠精神和无条件顺从精神深入学校生活的所有内容和制度中。学校的教学内容、教学方法和教育精神符合政府提倡的教育学和政府教育政策的要求。严苛训练和死记硬背的教学方法扼杀学生学习的主动意愿，阻碍了学生独立思考能力的发展。只有为数较少的学生能够经得住这种学校的影响，其智力和道德发展是通过其他途径实现的。他强调，俄国教育体系的根本变化只有在消灭专制的农奴制度后才能实现。

三、对未来"真正教育"的构想

在无情地批判农奴制俄国学校的同时，杜勃罗留波夫对未来开展"真正教育"(настоящее образование)的学校进行了积极的构想。他指出，开展"真正教育"的学校的特点在于面向的是未来的社会制度。当然，杜勃罗留波夫尚不清晰这种未来的社会制度的具体特点。但是，他概括性地指出，在新的社会制度下，具有更大的可能发展人们为共同利益而进行的积极自觉的活动，并且具有更大的可能努力发展科学和教育。像车尔尼雪夫斯基一样，杜勃罗留波夫认为，为教育创新所做的斗争应该在解释和宣传的帮助下进行。除此之外，应该争取在当代教育教学实践中引入更多面向未来的创新。

杜勃罗留波夫把民族精神、所有儿童都可获得、师生关系仁爱、组织教学工作列入新式学校的突出特点。学校教育应该是免费的，用母语进行，充分考虑儿童的天性特点，并使得相互关爱和相互尊重成为师生关系的主流气氛。同时，他强调，新式学校应该成为完全世俗自由、不受宗教影响的。开展"真正教育"的学校体系应该由两个环节组成：普通教育学校和专业教育学校。他完全赞同车尔尼雪夫斯基的观点：专业教育必须建立在普通教育的基础上。他指出，从根本上说，这些特点意味着学校生活和活动的目标、内容和所有制度都将符合人民的真正要求、需求和追求。

（一）新式学校的目标

杜勃罗留波夫强调，新式学校的目标应该为：把公民培养成自觉的、积

极的社会活动家，使其在体格、智力和道德上获得全面发展。在论述学生全
面发展的依据时，他提出的依据是：人是"由身体和精神组成的不可分割的整
体"。人具有两个方面，即身体和精神，两者紧密结合，相互作用，不可分
割。由此，他得出结论，只有教育才能提供给个体身体和精神两方面充足的
食粮，使身体和精神的力量与能力得到充分锻炼，从而保障个体的完善。他
认为，全面发展的人才是最有发展前景的。

（二）新式学校的教学内容

杜勃罗留波夫指出，新式学校教学内容和教学方法的选择，都应该以新
式学校的目标和任务为标准。杜勃罗留波夫认为，智力教育在培养积极社会
活动家的过程中占据主要地位。

他尖锐地批评了将古典语言作为智力锻炼最主要材料的古典学校捍卫者
的立场。在他看来，当时的古典中学主修古希腊语、拉丁语、古希腊罗马文
学，学生大量的时间和精力浪费在诵记"所有语言学难点和语文细节"上，而
这些内容在生活中并不是必需的，或者说不是完全必需的。这样的学习使得
学生无法了解当代科学和社会生活的真实情况，更别说放眼未来谋求发展了。

杜勃罗留波夫给予自然科学学校支持者以必要的维护，但是，并不完全
赞同他们的立场。他认为自然科学学校支持者的主要缺陷在于轻视人文知识
在普及教育体系中的作用。

根据人的全面发展的任务，杜勃罗留波夫指出，学校应该用自然和社会
的基本知识来武装学生的头脑。他认为，学生牢固地掌握基本知识是培养他
们唯物主义、革命民主主义观点和信念的最重要基础，具有非常重要的意义。
学生只有凭借这些知识才能获取生活中的有效力量，理解周围环境，并对生
活道路做出正确选择。他认为，普通教育学校的主要课程应该包括俄语、文
学、历史、外语、数学、地理、自然知识和物理等几门课程。

杜勃罗留波夫彻底反对上帝法则和神学历史。他认为，宗教课程从根本

上是与科学相悖的,导致学生对自然和社会现象产生错误理解,是各种迷信偏见的根源所在。这些课程甚至赞同部分"寄生虫"对人民群众的可怕剥削,因此,无论如何也不能成为"真正教育"的课程。

(三)新式学校的教学方法

杜勃罗留波夫指出,每一位教育工作者都应该很好地了解自己学生的天性和精神状态,并且适应自己的学生,就像"医生适应病人,裁缝适应将衣服送给他缝的人"①一样。在他看来,教师如果不能同时考虑儿童的天性特点、身体和精神状态以及他们的"实际生活"状况的话,就算清晰明白地提出最好的教学任务,也是不可能完成的。哪里忘记了儿童,忘记了他的天性,哪里就没有也不可能有真正的教育,那里的教育是缺乏理智和人性的。②

杜勃罗留波夫指出,儿童的内心是非常复杂、精细的仪表。为了不伤害儿童,需要审慎、认真和巧妙地与他沟通。如果说教师和教育工作者必须了解自己每一个学生和受教育者的特点,那么决定教学材料、教学参考书内容、组织形式、教学方法的其他人民教育活动家则应该清楚地了解儿童的共同天性特点和每个年龄阶段的典型特点。杜勃罗留波夫认为,儿童年龄的最典型心理特点为:敏感;好奇心,或者"渴望寻求真相";喜欢幻想;灵活性;理智和敏锐。③

(四)新式学校的道德教育

杜勃罗留波夫认为,教学的内容和形式既要促进智力发展,又要促进道德教养,如公共文化习惯的形成,但最重要的是促进坚定正确的道德信念和概念的形成。

---

① Добролюбов Н. А., Собрание сочинений, т. 1, Москва, Ленинград, Гослитиздат, 1961, p.508.

② Пискунов А. И., Арсеньев А.М., Шабаева М.Ф., Очерки истории школы и педагогической мысли народов СССР, Москва, Педагогика, 1976, p.228.

③ Пискунов А. И., Арсеньев А.М., Шабаева М.Ф., Очерки истории школы и педагогической мысли народов СССР, Москва, Педагогика, 1976, p.228.

　　杜勃罗留波夫认为，为了保障道德教育的有效性，须保证教学内容的科学、清晰、准确、理性。只有那些反对任何压迫和剥削，把人民群众从君主专制、农奴制和宗教等方面的身体和精神奴役中解放出来的道德标准，才能被认为是真理，或者说是真正的人类道德标准。他指出，真正的道德规范必须反映人民最优秀的特征、性格、精神、愿望和对最好未来的"正确追求"。他建议由这种道德规范决定道德教育任务来指导学校。根据这种理解，杜勃罗留波夫给出新式学校在道德教育方面的任务：帮助受教育者成为诚实的劳动者和真正坚定不移的战士，使得他们为人民的利益、自由和幸福生活做斗争。

　　杜勃罗留波夫把对人民的最深沉、最真实的爱作为最重要的道德基础，同时把对践踏他人人权、贬低人类优点、使别人臣服于自己、为了升官发财而剥削他人的人的深刻憎恶作为道德标准的重要方面。他指出，对真正的人爱得越深，对野蛮人、恶棍和剥削者等的憎恶就会越深。他坚决反对对敌人原谅、容忍、恭顺和宽恕，号召与他们进行坚决的斗争。

　　杜勃罗留波夫十分重视劳动的意义，他把劳动放在道德教育相对较高的地位上。他写道，劳动是"生活的必要条件和社会道德的基础"[1]，谁不去劳动，谁就无法过真正的生活，而且不可避免地会走上横征暴敛"轻松"发财的道路。他认为，教育应该加强学生对劳动的热爱，让他们理解劳动的重要性和必要性，培养靠自己劳动生活的意识；同时，教育应该让学生对以他人劳动为代价来满足自己需求以及所有用非法途径致富的卑鄙行径致以憎恶和蔑视。至于培养学生对劳动的热爱，杜勃罗留波夫指出，这里的"劳动"不仅包括体力上的，也包括智力上的，重要的是每个人都能从事对社会有益的活动，活动的具体特点应根据每个人的偏好和能力而定。同时，他认为，学校的注

---

[1]　Добролюбов Н. А., *Собрание сочинений*, т. 6, Москва, Ленинград，Гослитиздат，1963，p.249.

意力应该主要放在培养学生对体力劳动的热爱上。当时俄国社会很多人认为，体力劳动是下等劳动，如果由"受教育阶层"来从事的话，就是很低级的行为。杜勃罗留波夫坚定地回应，这种观点是极其错误的，因而有必要与这种观点做坚决的斗争。

杜勃罗留波夫把很多注意力放在爱国主义教育问题上。在观察和分析不同阶级公民的行为时，他得出这样的结论：当代俄国社会存在真正的爱国主义和虚假的爱国主义。怀揣真正爱国主义的人一直准备着为祖国的利益孜孜不倦、热情无私地付出，他们的目标是使祖国变得"尽可能强大和尽可能美好"①，并且与所有想让祖国和人民生活阴暗的行为做无畏的斗争。怀揣虚假爱国主义的人表面上为祖国而奋斗，实际上破坏祖国独立完整，或者虽然生活在祖国领土上，被称为公民，但是通过多种途径压迫人民，窃取祖国资源中饱私囊。杜勃罗留波夫建议在年青一代内心中培养积极的爱国主义，包括培养对祖国深沉的、无私的爱，对内外敌寇毫不妥协的恨，以及对其他民族独立发展权的尊重。杜勃罗留波夫反对只说漂亮话却不积极行动的做法。他写道：我们需要的是"思想和话语的英雄"，"与根深蒂固的成见和社会谎言做直接无畏殊死搏斗的人"。②

当时的俄国学校采用不同的道德训导方式来灌输道德。杜勃罗留波夫认为，这种方式完全不能为理智的教学所接受。培养学生正确的判断、信念和高尚品德的基础应该是让学生自觉牢固地掌握关于自然和人类社会生活现象的真实知识，而不是教师没完没了地进行"道德解释"和道德说教。他认为，最重要的道德教育内容是教师的好榜样、教师的良好道德风貌。他完全赞同别林斯基关于伟人生平教育具有重要意义的观点，建议学校让学生多了解那

---

① Добролюбов Н. А., Собрание сочинений, т. 3, Москва, Ленинград, Гослитиздат, 1962, p.264.

② Добролюбов Н. А., Собрание сочинений, т. 6, Москва, Ленинград, Гослитиздат, 1963, p.7.

些为服务人民、为人民权利和自由斗争而奉献自己一生的伟人的生平。他首先把车尔尼雪夫斯基和别林斯基列为这类人。同时，他指出，道德结论是自然现象和社会生活充分、真实表达的必然结果。他不否认教师把这些结论应用于教学过程的必要性，但是，他更喜欢在教学的基础上由学生自主做出正确的道德结论的做法。

（五）新式学校的学生纪律

杜勃罗留波夫还解答了与道德教育密切相关的学生纪律问题。

杜勃罗留波夫不仅反对教师用棍棒、树条体罚学生，也反对对学生进行其他形式的体罚。他把不同形式的建议、劝说、冷眼、无条件要求、命令和禁止等列入教师可以对学生采取的教育方式。

杜勃罗留波夫不反对表扬，但他建议谨慎使用称赞形式表扬学生。表扬要适当且巧妙，不能滥用。他说，大家都喜欢得到称赞和奖励，但是，滥用表扬也会带来负面结果，如削弱学生克服学习困难的坚强意志，滋生学生的懒惰、虚伪和功利心等。

杜勃罗留波夫认为，对纪律的维护要以学生的自主性和积极性、教学教育全过程的合理组织为基础，不对学生施加任何野蛮、愚蠢的影响。维护纪律的前提是学生无条件执行，无条件执行的基础是学生理解这样做的重要性和必要性。在关于儿童能不能理性评价自己行为和做法的问题上，杜勃罗留波夫做出了肯定的回答："孩子的理性比预想的要多得多。他们非常聪明并且具有远见，虽然通常不会明确地说出自己的理解。"[1]

杜勃罗留波夫强调，教师巧妙的教导能力能够增强学生行为上的自主性。在《关于教育中权威的意义》中，他写道："智力能够获得哪种不平凡的发展，人能够产生哪种信念力量，是与他所有本质联系在一起的。如果他在小的时

---

[1]　Добролюбов Н. А., *Собрание сочинений*, т. 1, Москва, Ленинград, Гослитиздат, 1961, p.509.

候就被教导去思考应该做什么，如果孩子意识到每一件事情的必要性和公正性而去完成它，如果他习惯于为自己的行为做解释，完成别人吩咐的事情，却不是出于对委托人的尊重，而是出于对自己做的才是正确的信念，他的智力可以获得不平凡的发展。"①

杜勃罗留波夫认为，在合理地开展教育的过程中，主要的注意力不应该放在纠正错误上，而是要放在警告学生上，消除在某种程度上可能会消极影响学生行为的的可能性。自主纪律的最重要的前提是合理安排学校生活与学校模式，教育教学以新的方法为基础巧妙地开展。他尤其强调要保障下列活动：及时让学生意识到自己的责任；教师对学生行为进行巧妙系统的监督；教师对学生持关心、认真、平等的态度；教师的要求始终如一，并和关心学生相结合。

(六)新式学校的体育

杜勃罗留波夫认为，体育具有重要的意义，应该作为普通教育的组成部分。它不仅能够增强人的身体力量，增进人的身体健康，而且也是学生精神力量顺利成长必不可少的条件之一。他说，学生只有拥有健康的身体，健康的感受器官、神经系统和大脑，他的精神才能完全正常地发展。

在杜勃罗留波夫看来，当时体育被轻视的原因包括以下两个方面：第一，对人的天性的错误理解。这种理解认为人的天性的两方面即身体和精神遵循各自的规律，互不相连，因而得出结论——对于准备进行智力活动的人，完全没必要把特别的注意力放在身体锻炼上，因为他们需要的是智力锻炼。第二，特权阶级轻视体力劳动。他们认为体力劳动是愚蠢的，从事某些高尚活动的人无论如何都不能从事。

杜勃罗留波夫指出，正确的体育应该这样进行：采取不同的促进体质发

---

① Добролюбов Н. А., *Собрание сочинений*, т. 1, Москва, Ленинград, Гослитиздат, 1961, p.502.

展的方式，符合学生的年龄和力量特点，体力和智力锻炼、劳动和休息交替进行，不同种类和形式的身体锻炼交替进行，保证学生的正常营养和睡眠。作为一位唯物主义者，他不止一次地指出，在人的心理活动中神经系统和大脑具有独一无二的地位和作用，因此，他坚持认为，在体育过程中必须尽可能多地关注学生神经系统和大脑的发育。由此，他十分重视睡眠和营养。充分、连续、安稳的睡眠和足够的营养是包括神经系统尤其是大脑在内的整个身体正常发展的必要条件。杜勃罗留波夫把体力劳动放在体育的突出位置。他认为，比起体操锻炼等方式，体力劳动在很大程度上更能保证一个人的身体力量和能力的自然发展和多方面发展。

（七）新式学校的教材

杜勃罗留波夫指出，教科书应该从导致"智力下降和道德堕落"转变为培养具有关于自然和社会生活现象正确观念的人、能够正确思考和理智行动的人。

杜勃罗留波夫认为，教科书不应该庸俗化，不应该简化现象和事实说明。相反，它应该有绝对严肃、真实的现象和事实说明。任何定义、规则都应该在研究具体实际与材料的基础上得出。教科书上的材料应该是有价值的、重要性凸显的。教科书的叙述应该连贯、尽可能生动和令人信服，首要的一点应该是清楚明了。他写道：每一种"指导和说明应该追求最大程度的清晰"，它应该尽可能地"在所有事情上和对于所有人来说"都是比较清楚明白的，里面"有很多学生看不懂的句子"就是较差的教材。①

杜勃罗留波夫坚定地指出，教材不应该强迫学生接受某种强加的道德标准，道德标准应该用自然的方式、从真实的事实和现象说明中得出。这里的"某种强加的道德标准"，指的是根植于整个教育系统和部分教材里的宗教道

---

① Добролюбов Н. А., *Собрание сочинений*, т. 3, Москва, Ленинград, Гослитиздат, 1962, p.305.

德和忠臣道德。

杜勃罗留波夫关于儿童书籍的看法很有价值。他认为:"儿童书籍首先应该引起儿童的想象力。想象力是一种在儿童时期比其他能力都重要的能力,它也比其他能力更加需要饮食和其他方面的供给;想象力应该促进儿童思维能力的发展,激发儿童的好奇心,让儿童尽可能多地认识现实世界和周围环境,增强儿童依附于人类自然而不是歪曲人为道德标准的朴素的道德感。"[①]因此,儿童书籍应该向儿童传达关于周围世界现象的正确理解;提供丰富的素材,使儿童想象力和智力得到锻炼,促进创造力的发展;材料的内容应该培养儿童道德感;书籍的内容是有趣的、吸引人的,在形式上令人愿意接受的;不仅以叙述内容和形式,而且以外观来引起儿童对知识和书籍的兴趣;供儿童阅读用的教材和书籍应该吸引大学者、教育家和作家的关注和研究。

(八)新式学校的教师

杜勃罗留波夫十分重视初等学校中劳动人民孩子的教师的地位和品质问题。

杜勃罗留波夫发现,当时被委派到小学教师岗位的通常是"没有经过任何智力训练和道德训练的人"[②],他们缺乏教学论和方法论的准备。当时获得教师职位的最主要条件是坚定的宗教信仰和对沙皇的忠诚,而不是拥有科学知识和教育学知识。他认为,这是造成学校教学水平低下的重要原因。而且,对于这些教师来说,木槌和树条不仅是"普通的一点儿也不会不体面的物品,甚至还是教学必不可少的附属物。这些教师甚至都没有离开树条也行得通的想法。"[③]杜勃罗留波夫坚定地指出,与其说这些教师是在发展儿童的心灵,

---

① Добролюбовь Н. А., *Собрание сочинений*, т. 4, Москва, Ленинград, Гослитиздат, 1962, p.166.

② Добролюбов Н. А., *Собрание сочинений*, т. 2, Москва, Ленинград, Гослитиздат, 1962, p.207.

③ Добролюбов Н. А., *Собрание сочинений*, т. 2, Москва, Ленинград, Гослитиздат, 1962, p.206.

不如说是在残害儿童的心灵，他们用野蛮的手段把儿童的兴趣爱好和能力愿望扼杀在摇篮里。农民的孩子尤其深受这种毒害，这些教师把儿童当作低级物种，在与儿童交流中以"贵族的样子"自居。

杜勃罗留波夫指出，造成教师水平低下的原因在于教师工资水平超低。为了改变这种不正常的状况，吸引合格的意向者到教师岗位上，就要努力改善人民教师尤其是乡村教师的物质状况，提高他们的工资水平。

同时，杜勃罗留波夫阐述了教师应该具备的主要品质。他指出，教师应该具有并表达对儿童真正的热爱和尊重，正确理解儿童的天性特点。真正的教师不会把儿童当作私人物品，也不会压抑"受教育者的内心"[1]。相反，他会注重发展儿童良好的品质，同时也会使用合理的方式进行教育。教师应该具备教育学知识和教学论知识。教师应该进行持续的自我教育，掌握深入的理论知识，具备较强的教学能力，须精通教学法，不能对教学法持"又聋又瞎"的态度。同时，教师必须拥有"合逻辑的、坚定的、无可挑剔的信念"[2]。这里的"信念"，杜勃罗留波夫指的是唯物主义和革命民主主义信念。只有当教育者信念坚定不动摇时，他要在学生身上培养的信念才会被成功接受。而且，教师应该具有无可挑剔的道德品质。总之，他认为，具备广泛的知识、较强的教学能力、坚定的信念和无可挑剔的道德品质，热爱和认真对待儿童及其需求的教师，能够快速在学生当中获得威信和爱戴。而这一点在教学活动中具有重要意义。

---

[1]　Добролюбов Н. А., *Собрание сочинений*, т. 1, Москва, Ленинград, Гослитиздат, 1961, p.507.

[2]　Добролюбов Н. А., *Собрание сочинений*, т. 1, Москва, Ленинград, Гослитиздат, 1961, p.497.

第六节　列夫·托尔斯泰的民主主义教育思想

　　列夫·尼古拉耶维奇·托尔斯泰不仅是俄国享有世界声誉的文学家，也是一位教育家。教育问题在他的理论和实践活动中占据重要地位。作为一位教育家，他曾经到西欧考察教育，积极参加教育实践活动，在自己的庄园雅斯纳亚·波良纳(Ясная Поляна)创办实验学校，组织教学，编写教科书。雅斯纳亚·波良纳学校的工作激励着俄国教学工作者积极探索初等教育发展更具特色、更完善的道路。同时，他撰写了不少教育论文和著作，其教育思想和理论具有独特性和先进性，特别是他的自由教育思想影响深远。总之，托尔斯泰为革命民主主义时期俄国教育理论和实践的发展做出了重要贡献。

一、教育实践活动

　　早在1849年，托尔斯泰就开始给农民子弟上课。这项工作为期很短，也没有在他的教育活动中留下深刻印记。

　　19世纪60年代，是托尔斯泰教育活动最密集的时期。受19世纪60年代初广泛开展的社会教育运动的影响，托尔斯泰再次重视教育问题。1859年，他在自己的庄园雅斯纳亚·波良纳自费组建了一所农民子弟学校，并在1861—1862年邀请教师开设课堂。根据他的倡议，雅斯纳亚·波良纳附近的乡村开办了大量的农村初级学校，这些学校以邀请大学生当教师为主。

　　雅斯纳亚·波良纳学校不同于俄国和西欧的学校，具有典型的特色：没有强迫，不压抑学生的天性，给予学生绝对自由，深信学生的创造能力，以仁爱之心对待学生，关注并满足他们的需求和兴趣，追求打造易懂有趣的课堂，为学生创造了良好的环境。结果学生对学校产生了极大的兴趣，喜欢上学，学习兴致高，表现文明有礼，学习过程中特别是作文中表现出极大的创作积极性和自主性，掌握了阅读、写作、算数、自然科学、地理、历史等相对广泛的初等知识。

托尔斯泰钟情于雅斯纳亚·波良纳学校的教学经验，尝试把这种经验推广到其他学校。为此，他组织出版了教学杂志《雅斯纳亚·波良纳》(Ясная Поляна)，在第一期详细描述了该学校的教学实践。

托尔斯泰的教育活动引起了当局的不满，在 1862 年对他进行了搜查，雅斯纳亚·波良纳学校停办。此后，暂停教学活动的托尔斯泰，全身心投入小说《战争与和平》(Война и Мир)的创作中。

1869 年，随着这部作品的完结，托尔斯泰重新回归教学活动。他开始集中精力编写初等教育教材《字母表》(Азбука)，研究一般教学论问题和识字教学的教学方法问题，同时也研究乡村教师培养问题。《字母表》第一版于 1872 年 11 月面世。1875 年，根据当时的批评和建议，托尔斯泰再编《字母表》，出版《新字母表》(Новая Азбука)。同时出版了四本取材于早期《字母表》的《阅读书目》(Книги для чтения)，书中增加了新的短篇小说。当时托尔斯泰还发表了《关于国民教育》(О народном образовании)、《〈字母表〉的教学法附录》(Методичекое приложение к Азбуке)等一系列论文。在这些论文中他阐述了对于教学论问题的观点，给出关于农民需要怎样的学校和怎样的教师等问题的看法。

二、教育理念

托尔斯泰提出了很多有创见性的教育思想和教育理念，对俄国教学实践的发展和学校发展的贡献很大。但同时须指出，他的教育教学观点存在矛盾冲突之处和个别落后的见解，这与他矛盾的世界观不无关系。对此，列宁曾经谈道："在托尔斯泰的创作遗产中既有遗留于过去，也有属于未来的东西。"①"托尔斯泰观念和学说中的矛盾性绝非偶然,是对 19 世纪最后 30 年矛盾的俄国生活条件的反映。"②

(一)论教育学的基础

托尔斯泰曾经认为,教育学是一门完全独立于政治和哲学的经验主义科学,其唯一坚固的基石是教育教学经验。为此,他批判俄国和外国的学校。他指出,教学法尤其是德国的教学法充斥着因循守旧的做法和陈词滥调,脱离学校生活,教学经验并未成为学校的基石。他认为这是教育学的主要弊端。

在托尔斯泰教育活动的后期,他改变了自己的这种观点,拒绝以纯经验的态度对待教学法和"教育科学"。他指出,假定教育学的一般理论基础是存在的,建议以自己的宗教道德学说作为基础。托尔斯泰晚年时世界观发生了改变,开始笃信宗教,因此对教育的思考也受到这一世界观的影响。

(二)论自由教育

托尔斯泰对儿童天性持唯心主义观点,反对任何形式的强迫,宣扬情同手足的爱。他认为,儿童是"真善美及其三者和谐的原型"③。与此同时,他表达了对农民子弟的热爱,指出俄国农民的孩子极具天赋、聪明伶俐、热爱学习。

托尔斯泰指出当时俄国学校组织的两个弊端:第一,学校网络,特别是农村学校发展非常缓慢,大多数儿童不能接受教育,甚至连最初级的教育也无法获得;第二,学校制度和教学精神是错误并有缺陷的。当时俄国的学校忘记儿童才是教育的主体,忽略儿童的自然天性。他认为,学校的兵营模式、苛刻的训练方法和死记硬背的方式剥夺了儿童的自由和独立性,不仅没有发展反而削弱了儿童的创造力,扼杀了所有生动、合理的东西。

---

① Ленин В. И., *Полное собрание сочинений*, т. 20, Москва, Госполитиздат, 1961, p.23.

② Ленин В. И., *Полное собрание сочинений*, т. 17, Москва, Госполитиздат, 1961, p.210.

③ Толстой Л. Н., *Педагогические сочинения*, Москва, Учпедгиз, 1953, p.335.

根据雅斯纳亚·波良纳学校的实践经验，托尔斯泰得出结论：合理组织教育的基础是自由。这一结论的意义包含两方面：第一，应当赋予人民自由创建自己所想要的学校的权利，而不是强制他们去接受教育；第二，把学生的完全自由作为教学过程的基础。①

托尔斯泰强调，学校任何形式的强制灌输，无论源于何处，都是非法和不公正的，因为它一味地以强迫别人、把自己的意志强加于他人为基础。按照他的观点，人民应该表达对学校的态度，有权自由决定接受教育的学校类型，自由决定学校的课堂教学范围，自由建设学校，自由邀请教师，同时按照合同保障教师工资。只有这样，才能在农民当中成功地发展初等教育。

托尔斯泰强调，学生的自由是教学过程的基础。以此为基础的话，学校就不会对学生采取任何强制措施，不会强迫他们接受提前拟定好的却不以学生意志为转移的观点和信念。追随学生不由自主显露出来的天性，学校一定会满足他们在教育中的兴趣和需求，使用学生喜欢的教学制度，运用教学艺术和教学才能激发学生的兴趣和需求、提高学习积极性，促使他们更用功学习。学生可以选择上学或不上学，全部接受教育或者部分接受教育，完全不上某门课，或者把课程表上的课换成其他更感兴趣的课，所有这些权利来源于这种教学过程的基础。在雅斯纳亚·波良纳学校，学生就享有这样的权利。该学校的工作都基于"自由教育"。在那里，学生上学时可以选择适合自己的班级，在某门课程中根据自己的兴趣花费或多或少的时间，或者干脆不上当天课程表上的某门课，提前或延迟离开学校。

托尔斯泰所理解的学生的自由表达了他对兵营模式、苛刻的训练方法和死记硬背方式的坚决反对，而否定了成年人对年青一代实施组织好的、有目标的教育的权利。

---

① Пискунов А. И., Арсеньев А. М., Шабаева М. Ф., Очерки истории школы и педагогической мысли народов СССР, Москва, Педагогика, 1976, p.267.

19世纪70年代，托尔斯泰回归教学过程的自由问题，但是他逐步改变了以往对学生"自由"的理解。他再次强调，应由学生决定教育内容和教学方法，但同时他又写道，学生学习自由和教育自由的边界取决于"教师以及他的知识和管理学校的能力"，后来，他干脆写成，学生学习自由和教育自由的边界"基本上取决于成人"。①

在托尔斯泰教学活动的后期，他成为"真正的"基督教思想家，在改变自己最初的对于教育自由的理解上又迈出了新的一步。他强调，只有宗教才应当成为教育的主导因素。

(三)论教学内容

在《关于国民教育》(1874)中，托尔斯泰列出了农村学校的课程范围。他把俄国斯拉夫识字和算数列入课程中，认为它们完全符合人民真正的需求。他写道，无论哪里的人民，都一样为自己决定课程计划，"课程计划无论何时何地都要让他们满意——人民一向把所有的自然史、地理和除宗教史之外的历史以及所有直观教学法都当作无用的小事"②。托尔斯泰认为，在这种情况下人民是完全正确的，懂得一种"死"语言和一种带有词源和句法形式的生动的活的语言、文学、算数等知识是教育的基础。一个人掌握这些知识后，就能独立地获取其他知识。俄语知识和算数知识是很重要的，它们是教育的主要基础。同时，他反对保留初等学校给学生教授自然、历史和地理知识的权利。理论表达如此，但是，不久之前在自己的雅斯纳亚·波良纳学校的教学实践中，除了识字和算数，托尔斯泰还传授给儿童相对广泛的自然、地理和历史知识。

(四)教学论和教学法

托尔斯泰十分重视教学论和教学法问题。他认为，学校和教师的责任是

---

① Пискунов А. И., Арсеньев А.М., Шабаева М.Ф., Очерки истории школы и педагогической мысли народов СССР, Москва, Педагогика, 1976, p.268.

② Толстой Л. Н., Педагогические сочинения, Москва, Учпедгиз, 1953, p.333.

创建可靠的教学秩序，让学生掌握必要的知识。在学校教学过程中，如果学生的心灵力量处于积极状态，如果课程对于他们来说完全易懂有趣，这样的结果是有可能达到的。

在《〈字母表〉的教学法附录》中，托尔斯泰的这些一般性观点以一系列具体建议和说明的形式呈现。他建议去掉课堂中不相干、学生不习惯的课程，不允许对学生来说陌生的面孔在场。师生关系应该是完全自然的：学生在教师面前不感到拘谨，平静地告诉教师自己的困难，不害怕会因为不懂而受到教师惩罚，相反，学生知道从教师那儿得到必要的指点和帮助，等等。

托尔斯泰建议在教学中遵守以下规则：不能告诉学生他们不知道或不明白什么，就像不能告诉他们已经很好地掌握了什么一样；不让学生用脑过度；每一堂课完全符合学生的能力。他写道："如果课程太难的话，学生会失去完成任务的希望，而去做其他事情，不再做任何努力；如果课程太简单的话，也是同样的效果。老师需要努力把孩子的注意力吸引到课程当中。为此布置给学生的任务能让他们感到每一课都在学习上向前迈进。"①

托尔斯泰坚决反对教条式的教学和死记硬背。在他看来，如果知识不明白，难以理解，学生就不应该去掌握。他不反对告知学生规则、定义、名称、结论。但是他认为，应该在学生充分准备之后，在他们具有足够的知识能够自己检验一般结论和有意识地掌握每一个新概念之后，才可以这样做。

托尔斯泰赞同直观性是简化学生理解课程和现象的手段之一，但是他严厉批评了在德国和英国学校中相对广泛实践的所谓"实物课堂"（предметные уроки）的直观性形式。他认为，这些实物课堂缺乏内在体系，这种形式的直观性是很愚蠢的。比起使用表格、图片和其他直观的教材，托尔斯泰偏爱直接让学生在自然的氛围中学习课程。

在教学法选择的问题上，托尔斯泰持如下观点：任何制定教学法标准的

---

① Толстой Л. Н., Педагогические сочинения, Москва, Учпедгиз, 1953, p.299.

尝试都是有害的,遵循一种教学法不能确保教学的成功。没有一种教学法是全面到可以解决具体某所学校或某个学生遇到的任何困难的。在不同的教学方法中,他最看重教师的生动话语,如讲故事、谈话等。这些方法广泛、巧妙地运用在雅斯纳亚·波良纳学校的教学实践中。

托尔斯泰赋予学生创造力和创造才能的发展以重要意义。他指出,在教学过程中如果没有认真仔细地研究和考虑每一位学生的特点和能力,要在这方面取得成效是不可能的。托尔斯泰反对为学生人为创建的学习方式,尤其反对借助测试来促进学生学习。他指出,学生的学习应该通过活动过程中的观察、经验、成功与失败来实现。

在托尔斯泰看来,作文的积极影响体现在学生创造才能的发展上。雅斯纳亚·波良纳学校经常让学生写作,经验证明这种教学取得了很好的效果。托尔斯泰把好的学生作文刊登在教学报上,这增强了学生对写作的兴趣。这种教学经验后来成为其他学校的宝贵财富。

(五)论教材

托尔斯泰指出,教材不仅是学生汲取所需知识的源泉,还是学生学习文化口语和书面语的载体。因此,教材应该有趣且便于学生理解,用语应该简短并尽可能具有高度艺术性。他认为,除了不同领域的知识材料,在教材中编入谜语和寓言十分必要,这些是学生思维发展和个性培养的重要手段。

托尔斯泰认为,初等学校教材应该从俄国历史和人民的生活、俄国自然等祖国生活内容中获取素材。这样的教材对学生而言更亲近,也更容易接受。根据这些要求,托尔斯泰编写了《字母表》和《阅读书目》,成为俄国19世纪后半叶杰出的教材。它们通俗易懂,语言简洁凝练,内容与俄国生活贴近,受到教育学界以及社会界人士的高度评价。同时,书中很多故事在思想内容方面明显体现出托尔斯泰所宣扬的"勿以暴力抗恶"的倾向。

(六)论教师的品质与工作

托尔斯泰论述了人民教师应该具备的品质。他把对教学工作和对学生的热爱、教学艺术和"才能"看作人民教师的主要品质。他说："如果一个教师只爱事业的话，那么他将会是一个好教师。一个教师像父母一样只爱学生，会比那种只会教书，不爱事业和学生的教师更好。如果一个教师既爱事业又爱学生，他才是一位真正的教师。"①

从托尔斯泰的教学论和教学法观点、雅斯纳亚·波良纳学校的工作实践可以看出，托尔斯泰非常重视教师的创造才能、教学技能和教学探索能力。在他看来，在掌握一切现有的教学方法、了解每一位学生的特点和学校条件的基础上，采取完全满足学生、激发他们对学习的兴趣和创作积极性的教学方式，并帮助学生及时顺利地解决遇到的困难，这样的教师才算得上拥有上述才能的教师。他认为，教师不仅仅是自己工作的创造者，在某种程度上他还是研究者。教师的责任不仅在于教学生，还在于要在教学过程中用经验解决这样或那样的问题。学校不仅是教学的地方，还是教学实验室。

托尔斯泰坚持识字学校是乡村学校的主要形式，并且提出对乡村教师工作和生活条件的简单看法。他认为，没有必要为教师的工作花费巨大的成本，因为教师能够在任何条件下，甚至能在任何一间农舍或者在其他适合的地方上课。他反对给教师设置固定工资，也反对支付一整年工资。他认为，正确的做法是教师受雇于农民，只在给学生上课的时候获得报酬，其他时间通过其他方式赚取必要的生活费，如受雇去割草或者做其他工作。他甚至认为，教师的吃穿最好都和农民大致相同，只有如此，才可以促进教师和农民接近，提高农民对教师的信任。托尔斯泰晚年时，摒弃自己的贵族生活，吃斋种地，像农民一样简朴地生活，因此，他会对教师提出这样的要求。

在教育活动早期，托尔斯泰认为，教师不负责品德教育，而只负责对学生的教学。在 1862 年写的论文《教养和教育》（Воспитание и образование）中，托尔斯泰这样定义教育与教学：教育是"一个人对另一个人的强制性影响，目

---

① Толстой Л. Н., *Педагогические сочинения*, Москва, Учпедгиз, 1953, p.342.

的是把他教育成大家觉得好的人"；而在教学过程中，"人们之间是自由的关系，即一个人想获得知识，而另一个人教授自己已获得的知识"。① 他认为，"教育是强制性的"，"建立在追求道德专制的原则之上"，因而是非法的，而"自由的教育"才是完全合法的。晚年时托尔斯泰改变了自己对教育教学的观点。他认为，在这两种概念之间划清界限是错误的，教育与教学彼此不可分割，没有教育就没有教学，没有教学也就没有教育。因此，他把教育工作看作教师的主要活动。受自身宗教观的影响，他认为，教师应竭尽所能地把宗教道德观点灌输进学生的意识，并应该将此作为自己的工作使命。

(七)论学校的领导与管理

托尔斯泰对学校的领导与管理提出了不少创新性的观点。他认为，校长"应该能够和助手一起创建一所县里最好的示范学校"②。这里的"示范学校"意味着，这所学校的校长"应该比其他学校的农民子弟更快地传授最简单的方法经验，大部分的教师也能够尽快掌握这些方法经验"③。而且，这所学校的校长应该关注其他学校。为此，校长要奔走在县里各所学校，参观各学校的课堂，与教师们座谈交流，指出他发现的工作缺陷，提出新的解决方法和建议。他为教师自修提供必读书籍，组织教师到示范学校观摩课堂。

按照这样的想法，根据当时俄国初等教育的状况，托尔斯泰提出以下具体的建议：在每个县除了要创办县级示范学校，即所谓"大学校"，还要创办20所"小学校"，即初等乡村学校。初等乡村学校以识字学校为主，学校配备得到最好培训的教师队伍。校长必须去学校观摩课堂，并且尽可能多地去"小学校"。"大学校"的教师除了上自己的课，还要去观摩"小学校"教师的课堂，和他们进行谈话和会议交流，邀请他们来自己的课堂，帮助他们开展自修工

① Толстой Л. Н., Педагогические сочинения, Москва, Учпедгиз, 1953, p.342.
② Толстой Л. Н., Педагогические сочинения, Москва, Учпедгиз, 1953, p.393.
③ Толстой Л. Н., Педагогические сочинения, Москва, Учпедгиз, 1953, p.393.

作。换句话说，校长的部分功能转移到了“大学校”的教师身上。托尔斯泰建议，地方自治会须努力承担实现这项管理活动的开支，包括校长和“大学校”教师的工资、他们出差的费用、教师开会的费用和自修书籍的费用等。

在学校教育教学管理方面，他还提出以下思想：学校教学事务领导权应该授予那些具有专业教学知识、扎实掌握学校事务理论和实践的人。这样的领导不应该停止自己在学校的教学活动。他在学校的工作应该具备实验特色，能够成为大多数教师的财富。他熟悉教师的活动，对教师的管理和帮助应该是生动具体的，而不是公文程序性的。吸引最优异学校的最有经验的教师来领导和帮助大多数学校的教师。教学领导体系中的重要职位应该让成绩最优异、经验最丰富的教师担任，这可以通过吸引教师到示范学校或“大学校”的课堂中实现。另外，对教师自修工作的帮助应该是教学事业管理不可或缺的一部分。

第十一章

乌申斯基的教育活动与思想

康斯坦丁·德米特里耶维奇·乌申斯基（Константин Дмитриевич Ушинский，1824—1870）是 19 世纪俄国教育家。他是俄国教育学体系的奠基人，为俄罗斯教育学的发展奠定了坚实的科学基础，被称为俄国第一位教育理论家、第一位教育评论家、最伟大的教育哲学家。他也是俄国学校的著名改革者，引领了俄国 19 世纪民主主义教育改革运动，被称为"真正的人民教育家"。如同罗蒙诺索夫在俄国科学界、普希金在俄国诗界、格林卡在俄国音乐界的地位一样，乌申斯基在俄国教育界享有奠基性地位。

第一节　生平和教育活动

乌申斯基 1824 年 2 月 19 日诞生于图拉。10 岁的时候考入诺夫哥罗德北方综合中学读三年级，1840 年中学毕业后考入莫斯科大学法律系。19 世纪 40 年代莫斯科大学是俄国社会进步思潮的集聚地，正如《现代人》杂志的描述，它是"俄国所有精神运动的中心"。乌申斯基在此接受了俄国和西欧进步运动的思想，并立志以此为自己未来奋斗的目标。1844 年 11 月 13 日，他在日记中写道："武装头脑！传播思想！这就是我们的使命。唤醒需求，指明合理的目标，发现工具，激发能量——这些事业将自发涌现。"[1]同年，乌申斯基以优异的成绩大学毕业。

大学毕业后两年，乌申斯基留在莫斯科，为报考研究生做准备。这两年是乌申斯基科学探索的两年，他在这段时间努力寻找自己的志向。1845 年，撰写俄国历史这一计划令他着迷。但是，1846 年 8 月，他被派往雅罗斯拉夫专科学校（Ярославский Демидовский Лицей）工作，撰写俄国历史的计划搁浅。乌申斯基在这所学校任教三年，教授法学、国家法律和财政学。从工作之初，他就致力于改革学校陈旧的教学模式。乌申斯基不仅"任性"地改变教学大纲，而且最重要的是，追求"思想的自由和向专科学校学生传播这种自由"[2]。他拒绝完成校长关于将每堂课教学纲要提交预审的指令。他指出，这个规定将阉割"活生生的教学"，"一位忠诚的教师任何时候都不会甘于接受这种屠杀"。[3] 他的这一做法既引起了反动教授们的强烈不满，同时也招来了俄国统治者的监视与迫害。1849 年 9 月，乌申斯基作为一个政治上不可靠的"自由思想家"，被教育区督学以"医治疾病"为借口，解除了教师职务。

离开雅罗斯拉夫专科学校后，乌申斯基的生活无以为继，他向不同的学校递交了近 30 份教师职位申请，但是均未得到回复，因而不得不进入一个内务部门做小职员。作为小职员的职业生涯并没有吸引乌申斯基，从事积极教育启迪活动的想法始终不曾远离他。在部门供职的第一天，也就是 1849 年 12 月 19 日，他在日记中写道："为了事业！为了事业！为我的祖国做出尽可能

---

① Ушинский К. Д., *Собрание Сочинений*, т. 11, Москва, Ленинград, Акад. пед. наук РСФСР, 1952, pp.11-12.

② Ушинский К. Д., *Собрание Сочинений*, т. 11, Москва, Ленинград, Акад. пед. наук РСФСР, 1952, p.273.

③ Стоюнин В. Я., *Избранные педагогические сочинения*, Москва, Академия педагогических наук, 1954, p.139.

多的贡献，这是我生命的唯一目的。我应该把我的才华和这一目标联系在一起。"①在部门做小官员的五年中，工作之余，他总是如饥似渴地钻研哲学问题，全神贯注地研究社会学和自然科学。这些工作极大地拓展了他的视野，使得他后来在解决具体教育问题时，能够从科学发展的总趋势和问题的哲学根源出发。

1854年11月，在朋友的帮助下，乌申斯基转到加特契纳孤儿学校工作，在那里工作了五年。最初任职俄语和法学高级讲师，过了半年后，他开始在学校担任学监。加特契纳孤儿学校为乌申斯基开辟了以后作为一名教育家的职业道路。这所学校是一所大型封闭中等职业法律学校，教学特色鲜明，学生人数多，有600多人，实行一贯制，包括教授最基本内容的初级班到教授法学、财政学和教育学的高级班。在这里，乌申斯基碰到了复杂多样的教育问题，解决这些问题令他很着迷。受当时教育运动的影响，他注重研究教育学的理论和历史，收集和分析欧洲多个国家和美国有关民族教育的资料。在这所学校工作期间，乌申斯基撰写了系列教育论文，如《论教育学书籍的益处》(О пользе педагогической литературы)、《学校的三要素》(Три элемента школы)和《论公共教育的民族性》(О народности в общественном воспитании)等。随着这些论文不断得到发表，乌申斯基开始在俄国教育界获得声誉。但是，乌申斯基在加特契纳孤儿学校的职业生涯，跟在雅罗斯拉夫专科学校是一样的。他改革学校的激进努力，遭到了学校大多数持保守情绪的教师的强烈反对。

1859年1月，乌申斯基调任斯莫尔尼女子学院担任学监。该学院是1764年开办于圣彼得堡郊区的一所修道院式的培养贵族女子的寄宿学校。学院的等级性质明显，市民女子部亦只招收贵族女子，教育中的宗教性和君主专制

---

① Ушинский К. Д., Собрание Сочинений, т. 11, Москва, Ленинград, Акад. пед. наук РСФСР, 1952, p.43.

思想突出。在斯莫尔尼女子学院的三年间，他把这所学院变成了俄国最好的女子学校。他采取废除等级限制、统一贵族部和市民部教学计划、缩短学生在校年限、准许学生节假日回家、加强自然科学学科教学、提高俄语等学科地位、强调直观教学等一系列改革措施。更为重要的是，为培养小学教师，他在基本的七年级之上增设两年制师范班，第一年学习基本的教育学和方法论科目，第二年基本上是教学实践。乌申斯基亲自执教教育学科目。在斯莫尔尼女子学院，乌申斯基已成为俄国赫赫有名的教育家。这一时期他被引荐到《国民教育部杂志》（Журнал министерства народного просвещения）从事编辑工作一年半。他撰写教科书《儿童世界》（Детский Мир），在《国民教育部杂志》上发表重要教育论文《劳动的心理和教育意义》（Труд в его психическом и воспитательном значении）、《俄国教育中的精神元素》（О нравственном элементе в русском воспитании）、《心理学专著》（Психологические монографии）、《主日学校》（Воскресные школы）、《师范学堂草案》（Проект учительской семинарии）、《国民学校问题》（Вопросы о народных школах）等。他将该期刊作为平台，积极宣传科学的教育学知识和民主主义思想。乌申斯基曾在一封信中斗志昂扬地写道："俄国所有的教育落到了白痴和阎王手里。这位白痴和阎王想给俄国教育，然后给俄国历史以新的方向……这位先生对于教育的观点正如他表达的以下思想：'所有的教育学都是扯淡；它们教孩子，是为了撕裂他们，让他们对学习感到作呕。'"①另外，他聘请许多有学识的进步青年担任教员，辞退了一些保守和反动的教师。但是，"雅罗斯拉夫历史"在斯莫尔尼女子学院重演。1862 年 3 月，斯莫尔尼女子学院院长尖锐地批评乌申斯基的改革和创新，指责他"在学校传播无神论和不道德言论"②。

---

① Струминский В. Я., Архив К. Д. Ушинского, т. 1, Москва, Издательство Академии педагогических наук РСФСР, 1959, pp.73-74.

② Ушинский К. Д., Собрание Сочинений, т. 11, Москва, Ленинград, Акад. пед. наук РСФСР, 1952, p.435.

同时，他的教育思想被认为与政府提倡的教育学背道而驰。乌申斯基被斯莫尔尼女子学院开除，同时不得不从《国民教育部杂志》离职。

1862 年 7 月，因为乌申斯基"政治上的不可靠和对专制制度的尖锐批判"①，政府以到国外疗愈身体和研究女子教育为借口，将其派驻国外。乌申斯基从此开始了他的变相海外流放生活，这一流放生活持续了五年。在国外，乌申斯基研究了欧洲多个国家的教育制度。他待得最多的国家是瑞士，考察了德国、法国、比利时和意大利的学校。在走访学校的过程中，他发现了这些国家教育制度中很多有趣和先进的方面。到西欧后，乌申斯基很快就展开了深入的学术研究活动，大量的学术成果是在那里完成的。他编写了著名的教育书籍《祖国语言》（Роднoe слoвo）两册和这本书的教师、家长指南。这本书后来成为俄国小学的经典教科书。著名的《人作为教育的对象——教育人类学初探》（Человек как предмет воспитания. Опыт педагогической антропологии）的前两卷也是在这一时期完成的。国外的生活并没有使得他的身体得到疗愈，而是身体状况每况愈下。对祖国的深切思念、对西欧国家资本主义民主的失望和对俄国政治状况的焦虑，对他的精神和身体产生着消极影响。

1867 年，乌申斯基怀着极度的喜悦之情回到祖国。在当时，古典主义教育学被政府看作保障俄国青年免受革命思想影响的可靠工具，而自然科学学科被限制到"最小的必需范围"②。乌申斯基反对古典主义教育学，保护进步教育思想，同当时反动的国民教育部部长阿·托尔斯泰进行了坚决的斗争。接下来的两年半里，乌申斯基的身体日渐衰弱。然而，他坚持完成了《人作为教育的对象——教育人类学初探》的第三卷。这一时期《祖国语言》出版，在学术界引起了极大的轰动，同时也招致了反动力量的恶意攻击。

---

① Гончаров Н. К., Педагогическая система К.Д. Ушинского, Москва, Педагогика, 1974, p.41.

② Гончаров Н. К., Педагогическая система К. Д. Ушинского, Москва, Педагогика, 1974, p.47.

1870 年 12 月 22 日，本处于创作高峰时期的乌申斯基因肺部重疾病逝于敖德萨，年仅 47 岁。遵照他生前的遗愿，遗体转运并葬于基辅。

第二节 哲学观和社会观

乌申斯基教育思想的根源，包括唯物主义哲学观、现实主义社会观。

一、唯物主义哲学观

为了解决教育学和心理学问题，乌申斯基总是从一定的方法论立场出发，即从哲学观点和信念出发。他多次指出，在教育和哲学之间存在着密切的关系。没有哲学方法，是不可能解决教育学理论问题的。如果说生理学和心理学给我们揭开的是教育对象的有机体的话，那么哲学确定的是教育思想。[①] 而同时代的人"固执地"不去理解这种关系。他写道："哲学思想应该成为教育的基础并且指导教育。教育学就其本质而言，是一门哲学科学，因此需要统一思想。"[②]

在哲学思想的选择上，乌申斯基自觉奉行唯物主义立场。他不依赖于当时的任何一种年轻理论，将它们应用于人作为教育的对象。他不同意笛卡儿、洛克、康德、黑格尔、赫尔巴特、贝内克、约翰·斯图亚特·米勒、斯宾塞等人的观点。这些人的理论总体上都不能让他满意。他选择了"中间道路"，避免辩证唯物主义和唯心主义的"极端"。他逐渐摆脱唯心主义，越来越多地以唯物主义方式来解释人的精神活动。在教学和教育问题上，在确定科学的

---

① Гончаров Н. К., Педагогическая система К. Д. Ушинского, Москва, Педагогика, 1974, p.52.

② Пискунов А. И., Арсеньев А.М., Шабаева М.Ф., Очерки истории школы и педагогической мысли народов СССР, Москва, Педагогика, 1976, p.284.

起源与发展问题上，他同样遵循唯物主义立场。他反对教育学建构过程中所有纯粹的抽象东西，并对赫尔巴特等他所认为的抽象主义教育家的形式的、思辨的教育思想进行了尖锐的批判。

乌申斯基认为，事实是不以人们的意志为转移的客观存在，客观存在的自然现象乃至社会现象都是在不断运动、发展着的。他说，地球上生存的条件过去不是、现实也不是永恒不变的，而是在过去和将来都在不断发展变化的。一切运动都以物质为前提。① 物质世界是客观存在的，是我们所有知识的源泉。物质的运动是因为物质特有的内在规律，而不是某种外在影响的结果。② "物质世界影响之外不可能存在意识。"③

乌申斯基的很多教育思想和理念正是由他的唯物主义取向所决定的。乌申斯基把世界看作一个统一的整体，人是自然的一部分。人和其他的生命体一样，是不断发展的。他反对唯心主义理论将生命力看作人发展的引擎。乌申斯基尖锐地批评了法国生理学家克劳德·伯纳德(Клод Бернар)把人的机体等同于机器的理论。他认为，人的机体的发展是基于机械的、身体的和化学的内在规律而产生的。人的发展的特点可以用"发展力"这一术语来解释。"这一力量属于身体计划，也就是胎儿有机体安排：这是它的机械、化学和生理特性。"④乌申斯基认为，人的发展不仅仅是环境和教育互动之外的内在特征和规律决定的自然过程。物质世界是知识的源泉，而物质，或者更确切地说，

① [苏联]洛尔德基帕尼泽：《乌申斯基教育学说》，范云门、何寒梅译，24～25页，南京，江苏教育出版社，1987。

② Гончаров Н. К., Педагогическая система К. Д. Ушинского, Москва, Педагогика, 1974, p.57.

③ Гончаров Н. К., Педагогическая система К. Д. Ушинского, Москва, Педагогика, 1974, p.59.

④ Ушинский К. Д., Человек как предмет воспитания. Опыт педагогической антропологии (первый том), Москва, Академия педагогических наук РСФСР, 1945, p.546.

物质的运动，对于人来说，是他自觉经历的所有那些感觉的原因。①

　　乌申斯基按照当时俄国流行的形式来理解唯物主义，即按照庸俗的抽象的唯物主义形式来理解唯物主义，因此经常错误地将唯物主义和实证主义等量齐观。乌申斯基认为，斯宾塞提出的庸俗进化论观点是"纯正的唯物主义"哲学。② 并且，他通过自己选择的与自然科学靠近的路径发展唯物主义哲学的前景，认为构建世界和谐的唯物主义图景非常有必要。他写道："唯物主义在等待自己的黑格尔，人类思维要求把唯物主义的只言片语和长篇大论汇聚成唯物主义哲学。"③乌申斯基哲学观点的演化，是在自然科学唯物主义方向上直线上升的。乌申斯基越将教育学与自然科学靠近，在他的理论中唯物主义趋向就越强烈。

　　在某些情况下，乌申斯基的哲学思想是矛盾的。在《论教育学书籍的益处》一文中，他声称，在理智领域，事实本身并不重要。事实之间的现实联系才构成了科学、理论、科学知识的对象。④ 其认识论思想存在"不可知论"的观点。他说，我们并不了解事物的本质。⑤

　　在当时，唯物主义是反动派思想攻击的主要对象。在教育领域，政府认为唯物主义发挥了"最具毁灭性的作用"。乌申斯基强调了唯物主义方向在哲学中的重要意义。他认为，唯物主义方向已经并且会继续"为科学和思维带来许多益处"。1866 年他写道："教育的艺术，就其特征而言，在很大程度上应

---

①　Ушинский К. Д., Человек как предмет воспитания. Опыт педагогической антропологии（первый том），Москва，Академия педагогических наук РСФСР，1945，p.546.

②　Пискунов А. И.，Арсеньев А.М.，Шабаева М.Ф.，Очерки истории школы и педагогической мысли народов СССР，Москва，Педагогика，1976，p.278.

③　Ушинский К. Д.，Собрание Сочинений，т. 3，Москва，Ленинград，Акад. пед. наук РСФСР，1948，p.370.

④　Гончаров Н. К.，Педагогическая система К. Д. Ушинского，Москва，Педагогика，1974，p.53.

⑤　[苏联]洛尔德基帕尼泽:《乌申斯基教育学说》，范云门、何寒梅译，50 页，南京，江苏教育出版社，1987。

归功于最近占据上风的唯物主义方向。"①乌申斯基对唯物主义的公开认可，体现了他巨大的勇气和力量，同时在教育领域具有特别的意义。1866年，乌申斯基写下了上述文字，内务大臣瓦卢耶夫向沙皇递上呈书，呈书中论证了按照"唯物主义精神"急剧改革学校的必要性。

二、进步的社会观

乌申斯基的社会观是其教育学思想的基础和前提。他生活在俄国历史上农奴制危机深重、社会民主主义运动高涨和农奴制取消的时期。这也是自由思想传播、革命民主主义解放运动形成和巩固的时期。19世纪60年代的革命民主主义运动对乌申斯基的进步社会观产生了积极影响。

乌申斯基是资产阶级民主主义思想家。在他的社会观中，其强烈的现实主义因素已经成熟。这些现实主义因素反映了俄国社会思想从唯心主义到历史唯物主义的上升式发展。他反对沙皇专制制度，强烈要求废除农奴制，热切地渴望祖国科学、文化、教育发展与社会进步，积极投入当时的社会和教育运动。他这样抨击沙皇专制制度："一个人恣意妄为，不受任何约束，这种危险始终存在，就像达摩克利斯之剑，悬挂在每个人头上。"②乌申斯基满怀深情地劝说自己的听众将精力投入人民的教育中。"你们的农奴们，你们所谓的奴隶们，你在这里怜悯他们，接受教育，生存下来，快活起来，用梦想激发自己。而他，这个奴隶，你的奴隶，像机器一样，像驮畜一样，为你而干着活……吃不饱穿不暖，裹在无知和贫穷的黑暗之中。"③他热情捍卫"人类的

---

① Ушинский К. Д., Собрание Сочинений, т. 3, Москва, Ленинград, Акад. пед. наук РСФСР, 1948, p.363.

② Ушинский К. Д., Собрание Сочинений, т. 9, Москва, Ленинград, Акад. пед. наук РСФСР, 1952, p.226.

③ Ушинский К. Д., Собрание Сочинений, т. 9, Москва, Ленинград, Акад. пед. наук РСФСР, 1952, p.226.

个人自由、无比珍贵的人的尊严、法律面前人人平等、尊重每个人的权利"
等原则。他的教育思想的价值和力量首先在于，它们回应了先进民主时代的
需求。

乌申斯基社会观现实主义因素包含在他提出的教育的民族性理论中。乌
申斯基认为，没有发展便没有社会，发展是社会的原则。①这种发展总是从社
会低级阶段迈向高级阶段的，是按进步的方向前进的，并且是没有止境的。
他看到了资本主义对于俄国的进步意义。他说，之所以必须前进，不仅因为
国家机构的倒退是一种破坏，而且因为在俄国历史上没有什么值得重复的东
西。② 乌申斯基指出，人民是历史创造者，人民发展了社会所有至关重要的过
程，包括经济、文化、科学和技术等。对于社会未来的出路，革命民主主义
者把自己政策理论的矛头指向服务于阶级地位变革。乌申斯基社会学观点的
实践目标与此不一样，他希望通过启蒙和教育的手段达到个体和社会的启蒙
和完善。

乌申斯基认为，人是社会历史发展的产物，人不可能脱离社会而存在。
人只有在历史中才能发展起来，只有在历史中才能意识到自己的发展。他并
不否定"有机遗传规律"，而是把"历史继承性"放在首位。③ 他认为：人的生
物遗传性仅仅在个体特征上还具有重要意义；对于整个人类社会的发展来说，
它已被历史继承性代替了。在谈到个人在历史中的作用时，乌申斯基指出，
独立的个体，不管他聪慧与否，都不能站在人民之上，"不管独立个体发展得

---

① ［苏联］洛尔德基帕尼泽：《乌申斯基教育学说》，范云门、何寒梅译，40 页，南京，江苏教育出版社，1987。

② ［苏联］洛尔德基帕尼泽：《乌申斯基教育学说》，范云门、何寒梅译，84 页，南京，江苏教育出版社，1987。

③ Ушинский К. Д.，Собрание Сочинений，т. 9，Москва，Ленинград，Акад. пед. наук РСФСР，1952，pp.382-383.

如何好，他总是在人民之下的"①。"如果整个社会机体的发展停止了，那么它就要死亡。"②

他在奠基之作《教育人类学》(Педагогическая антропология)中谈到了人的活动本质。乌申斯基认为，人作为自然存在的特点在于活动，而不仅仅是生物组织。他多次指出，自然规律不能穷尽人类存在的规律，人在劳动过程中与自然相互作用，在劳动和活动领域存在着有关人的本质的奥秘。遵循车尔尼雪夫斯基的观点，乌申斯基强调，劳动工具是"人类适应生活条件"的决定因素。

乌申斯基认为，教育学是一门社会科学，社会状况决定了教育的进展和方向、任务和内容。他写道："教育只有紧跟整个社会的发展才能向前发展"，"它不解决生命自身问题，不能引领历史，而只能跟随历史"。"不是出自社会信念的教育体系……最终将被证明是无力的"，这样的教育体系什么时候都不能培养出"有用的、有活力的社会成员。如果这样的社会成员将来出现了，那也是独立于教育之外的"。③

第三节　改革俄国学校

乌申斯基一生致力于改革俄国学校，他创建国民学校(народная школа)、创办师范教育、改革女子教育并创办职业技术教育。同时代的人评价他是"为俄国学校奋斗的卓越战士"，他的活动"总是具有深邃的理念和特别的激情"。

---

① Ушинский К. Д., Собрание Сочинений, т. 2, Москва, Ленинград, Акад. пед. наук РСФСР, 1948, p.163.

② 转引自任钟印、李文奎：《外国教育通史》第3卷，454页，济南，山东教育出版社，1990。

③ Ушинский К. Д., Собрание Сочинений, т. 2, Москва, Ленинград, Акад. пед. наук РСФСР, 1948, pp.165-166.

乌申斯基被称为"俄国教育的改革者"，是俄国第一位"教育改革家"，"俄国学校的真正太阳"。①

一、创建国民学校

19 世纪中叶，俄国学校远远落后于国家对教育发展的需求。无论是在数量上还是在质量上，学校都不能满足人民对于教育日益增长的需求。乌申斯基写道："我们……在我们的学校里……向前发展得如此之少，而基础和最根本的要求却经常在变……现在，彼得大帝之后的 150 年……国民教育几乎还处在发展的最初阶段；现在我们扪心自问，这样的教育我们是需要还是不需要？"②乌申斯基激烈地批判政府改革方案的不切实际、毫无系统、自相矛盾，揭示其根本的弊端和官僚主义实质。他在其中一封信中指出："国民教育部是在玩文字游戏，而不是务实做事。他们制定的方案愚蠢至极，简直就是词汇的堆积。"③因此，乌申斯基认为，教育改革的重要任务是按照教育民主主义要求，广泛吸收民众领导学校事业。

学校改革问题在 19 世纪 60 年代的俄国报刊上被广泛辩论，但是并不是所有辩论参与者都能指明俄国教育发展的理想路径，争议基本上围绕中等教育和高等教育展开。就国民教育这个问题而言，大多数意见可以归结为，应该通过以下途径发展国民教育：提升人民识字率，在广大民众中通过书籍传播有用的信息。这样的解决方案并不能使乌申斯基满意。他认为："仅仅通过

---

① Пискунов А. И.，Арсеньев А.М.，Шабаева М.Ф.，Очерки истории школы и педагогической мысли народов СССР，Москва，Педагогика，1976，p.284.

② Ушинский К. Д.，Собрание Сочинений，т. 10，Москва，Ленинград，Акад. пед. наук РСФСР，1950，p.396.

③ Ушинский К. Д.，Собрание Сочинений，т. 11，Москва，Ленинград，Акад. пед. наук РСФСР，1952，p.167.

书不能在缺乏最基本理性知识的民众中发展教育。"①他坚持认为，这样的任务只能通过合理组织的学校和系统的学校教育才能完成。

乌申斯基认为，创建国民学校是60年代社会教育学的核心任务。按他的观点，在那之前俄国尚不存在国民学校，人民所就读的低级学校与人民的这一称谓并不相称，不能满足劳动人民对教育的需求。国民学校的建立应该为整个国民教育大厦的矗立奠定坚实的基础。乌申斯基认为，教育系统建设的传统道路是反方向的，是"自上"开始的，即从中等和高等学校开始的，这样的教育系统建设是没有前途的。"俄国生活一切强大改进的基础必须是也不可避免是国民学校。"②

乌申斯基把教育的民族性思想作为创建国民学校的基础。他指出："在我们这里组织国民学校的意义在于，首先是把这项事业给予人民，其次在于使得行政人员和社会高层保留权利，通过信念、解释、榜样最后是物质或智力帮助促进这项事业的发展，而不是通过强制、禁止、广告或者类似的举措，这些举措在我们这里存在，在人民的家庭事业中存在，而实际上不应该发生。"③他认为，建设国民学校，必须接近人民，了解人民的需求。不了解民众自身所表达的需要，不懂他们的物质和精神需求，是不能创造真正的国民学校，也不能创建真正的社会教育制度的。④ 建立人民学校的必要性在于，它是复制国家生活发展和民众舆论的必需条件。社会教育强化了人身上的民族

---

① Ушинский К. Д., Собрание Сочинений, т. 2, Москва, Ленинград, Акад. пед. наук РСФСР, 1948, p.253.

② Ушинский К. Д., Собрание Сочинений, т.2, Москва, Ленинград, Акад. пед. наук РСФСР, 1948, p.254.

③ Еголин А. М., Медынский Е. Н. и Струминский В. Я., Педагогические статьи 1862—1870 гг., Ушинский К.Д., Собрание Сочинений, т. 3, Москва, Ленинград, Акад. пед. наук РСФСР, 1948, p.623.

④ Гончаров Н. К., Педагогическая система К. Д. Ушинского, Москва, Педагогика, 1974, p.122.

性，促进了民族自我意识的发展，给予社会及其经济、文化发展强烈影响。但是生活旧方式的保护者和卫道士最害怕的就是这一点。①

乌申斯基吸引了民众对这一问题的关注，并努力调动先进的社会力量来建设国民学校。他在一封信中强调："现在正是把所有正直的人在这一方面的零散努力组织在一起的时候了。"②"政府把学校教育带到民众中"的所有努力最终可以认定是徒劳的，甚至也没有留下任何持久的痕迹。乌申斯基坚持认为："教育部门几十年里在这方面进行的无成果的游戏，并没有涉及国民学校。"他认为，必须让人民本身来创建和管理这种学校，将行政部门的职能仅仅限定在"支持性活动"上。③

不仅如此，乌申斯基还创建了关于初等国民学校的完整理论，确定了初等国民学校活动的意义和性质，制定了基本课程体系，编制了初等教育教学用书和方法论指导，也就是说，实际上是乌申斯基在俄国创建了国民学校。④乌申斯基发出热情呼吁，不要在发展国民学校上吝惜经费，国家会从国民学校的发展中得到丰厚的回报。"在经费方面，我们发现只有一点，如果有一个最合算最坚实的财政做法，就是良好的国民学校的运转及发展良好、受到良好教育的人民。发展民众的智力和精神力量，以有益的知识丰富人民，唤起民众追求理性的进取心和对劳动的兴趣……真正的人民教育不以任何暴力手段保留、开放和支持这些人民财富产生和发展的源泉：时间、劳动、诚信、知识、自律、人的身体力量、智慧力量和精神力量，所有这些都是各种财富

---

①　Гончаров Н. К., Педагогическая система К. Д. Ушинского, Москва, Педагогика, 1974, p.124.

②　Ушинский К. Д., Собрание Сочинений, т. 11, Москва, Ленинград, Акад. пед. наук РСФСР, 1952, p.206.

③　Ушинский К. Д., Собрание Сочинений, т. 3, Москва, Ленинград, Акад. пед. наук РСФСР, 1948, pp.607-624.

④　Пискунов А. И., Арсеньев А.М., Шабаева М.Ф., Очерки истории школы и педагогической мысли народов СССР, Москва, Педагогика, 1976, p.281.

的唯一创建者。"①

二、创办师范教育

乌申斯基研究的内容范围广泛，其中包括师范教育问题。基于他在师范教育领域的贡献，他被称为"俄国教师的教师"。他写道，建立国民教育，必然要提出这样一个问题："到哪里去招国民学校的老师？这些老师应该是什么样的？"②为了回答这个问题，乌申斯基编制了俄国的第一个师范学校方案。在这个方案中，他全面研究了师范教育的任务、内容和形式。这个方案成为组织公共师范学校的基础。政府在1871年创办了第一所这样的学校，也就是在乌申斯基提出师范学校方案的十年后。

乌申斯基把创建师范学校来培养国民学校教师看作俄国学校制度建设的紧迫任务。他认为，师范教育发展状况不理想，既是俄国教育学成为一门不发达科学的原因，也是俄国教育存在许多根本性弊端的原因。他在《教育人类学》的前言中写道："直到如今，如果我们培养技术人员、园艺员、工程师、建筑师、医生、财经专家、语言学者、数学家而不培养教师，那么，我们就不应该惊讶于我们的教育事业如此糟糕……教师在数量上应该不少于甚至多于医生。如果我们把自己的健康托付给医生，那么我们应该把孩子们的道德和智慧托付给教师，把孩子们的心灵发展也托付于教师，同时我们把自己国家的未来寄托在教师身上。"③他认为教师的作用是"与人类的无知和恶习作斗

---

① Еголин А. М., Медынский Е. Н. и Струминский В. Я., Педагогические статьи 1857—1861 гг., Ушинский К.Д., Собрание Сочинений, т. 2, Москва, Ленинград, Акад. пед. наук РСФСР, 1948, p.447.

② Ушинский К. Д., Собрание Сочинений, т. 2, Москва, Ленинград, Акад. пед. наук РСФСР, 1948, p.261.

③ Ушинский К. Д., Человек как предмет воспитания. Опыт педагогической антропологии (первый том), Москва, Академия педагогических наук РСФСР, 1945, p.4.

争的"活跃的有机体。"俄国国民教育事业的最大问题在于缺乏经过精心培养的、能够胜任自身责任的好教师"。①

乌申斯基高度评价教师的作用。他曾说，虽然实现教育目标是教师和学生共同努力的结果，而教师在教育过程中发挥独特的作用："在某种性格的人身上发现教育的方法，使他未来能够应对所有生活机会，使他免受有害影响，并给予他处处可以获取好结果的机会。"②他指出了教师对于学生精神成长的重要作用。他说："在每个教师身上……重要的不仅仅是教学能力，还包括性格、道德和信念……因为教师的个性对学生的影响更大。"③"只有个性才能影响到个性的发展，只有性格才能成就性格。教师应该在心灵上是丰富的，在知识、技能和灵感的储备上是取之不竭的。"④

乌申斯基在《师范学堂草案》中详细地陈述了培养小学教师的计划。他指出，小学教师必须研究儿童、了解儿童。师范学堂除了使未来的教师掌握普通教育知识，还应该让他们学习语法、算术、地理和历史、自然科学、医学和农业，让他们学会写字、画画、朗诵、唱歌等。只有这样，他才能在未来给学生提供他们生活中所需要的或有用的信息。⑤

乌申斯基第一次在俄国提出建立高等师范教育的方案。他写道："国外大学没有给我们提供教育学系的范例。如果在大学里存在医学系甚至存在财经

① Еголин А. М., Медынский Е. Н. и Струминский В. Я., Педагогические статьи 1857—1861 гг., Ушинский К.Д., Собрание Сочинений, т. 2, Москва, Ленинград, Акад. пед. наук РСФСР, 1948, p.579.

② Ушинский К. Д., Собрание Сочинений, т. 8, Москва, Ленинград, Акад. пед. наук РСФСР, 1950, p.18.

③ Ушинский К. Д., Собрание Сочинений, т. 2, Москва, Ленинград, Акад. пед. наук РСФСР, 1948, p.52.

④ Ушинский К. Д., Собрание Сочинений, т. 2, Москва, Ленинград, Акад. пед. наук РСФСР, 1948, p.64.

⑤ Ушинский К. Д., Собрание Сочинений, Москва, Ленинград, Акад. пед. наук РСФСР, 1974, p.5.

系，而教育学系不存在，这就说明，直到如今，人们更加珍视的是人的身体
健康和口袋，而不是人的精神健康。"①

　　乌申斯基清楚地认识到，在当时的俄国组建教育学系的计划不可能实现。
他不止一次地指出：国民教育部"非常不喜欢任何的教育学"②。但是，乌申
斯基并没有放弃促进师范教育创建和发展的想法。乌申斯基非常重视教学经
验和教学实践，将其看作实践反射性意识所产生的累积智慧。"实践、事实是
同样的事情，如果承认教育中某种实践具有操作性，那么仅仅转述经验是不
可能的。"③他认为，基于对人性的深刻了解而建立的教育理论和教育实践之
间的联系是非常重要的。"一个空洞的、没有基础的理论被证明和事实与经验
一样无用，没有任何思想可以从这个事实与经验中提取出来。理论不能脱离
现实，事实不能脱离思想。"④他为当时的师范培训班制定了一系列详细的课
程大纲。他认为这些师范培训班的基本任务是"研究人的所有自然表现并学会
应用专门的教育艺术"⑤。这个师范培训班课程大纲是乌申斯基《教育人类学》
在师范教育体系中的第一次实践应用，他第一次把生理学和心理学引入俄国
师范学校课程中。乌申斯基的教学论和教学法成果，特别是他关于《儿童世
界》和《祖国语言》等俄国小学经典教学用书的指南，在培养俄国教师方面发挥
了重要作用。

---

　　① Ушинский К. Д., Собрание Сочинений, т. 8, Москва, Ленинград, Акад. пед. наук
РСФСР, 1950, pp.23-24.

　　② Ушинский К. Д., Собрание Сочинений, т. 11, Москва, Ленинград, Акад. пед. наук
РСФСР, 1952, p.189.

　　③ Ушинский К. Д., Собрание Сочинений, т. 2, Москва, Ленинград, Акад. пед. наук
РСФСР, 1948, pp.19-20.

　　④ Ушинский К. Д., Собрание Сочинений, т. 2, Москва, Ленинград, Акад. пед. наук
РСФСР, 1948, pp.17-18.

　　⑤ Гончаров Н. К., Педагогическая система К. Д. Ушинского, Москва, Педагогика, 1974,
p.282.

三、改革女子教育

俄罗斯女子教育的发展历史同乌申斯基的活动密切相关，乌申斯基作为女子教育的改革者载入俄国教育史册。他将女子教育变成了一项重要的国家和公共事业，创建了全新的女子教育制度，并对女子学校进行了创新性的改革。

19 世纪 60 年代初，俄国仅有 30 所封闭的女子中学提供女子教育，面向的对象主要是贵族和官僚的女儿。当时规定女子学校生活细则的《条例》（Положение）写道，"女子教育的目的在于培养家庭的贤妻良母"。显然，当时为了达到这一教育目标而开展的俄国女子教育的水平是很低的。乌申斯基称俄国女子教育包含了"德国式精打细算"和"法国式虚情假意"的特点。[①]

乌申斯基制订了改革俄国女子学校制度的详细计划。计划遵循的两个基本思想是：女子教育民主化、女子教育跟男子教育在内容和权利上平等。女性问题是俄国 19 世纪 50—60 年代进步社会运动时期社会政治生活领域最尖锐的问题之一。乌申斯基作为民主主义教育家，坚决捍卫女子受教育权，并为女子教育成为人民教育的一部分进行了艰苦卓绝的斗争。他指出，没有女子教育，教育制度是不可想象的。在他看来，只有改变妇女在社会中的地位，才能从根本上解决包括劳动妇女在内的女子教育问题。[②] 他果断地坚持女人在所有生活领域应享有与男人平等的权利，并特别关注女人在这一权利基础上应享有与男人平等的受教育权。针对当时那些企图在理论上证明女子学校低等、肮脏的反动教育学说，他给予了尖锐的批评，并进行了有力的反击。当时，国民教育部企图按照德国模式改造俄国女子学校，为了证明这一制度的可行性和可靠性，引入了带有大量伪科学论点的反动教育理论。乌申斯基否

① Пискунов А. И., Арсеньев А.М., Шабаева М.Ф., Очерки истории школы и педагогической мысли народов СССР, Москва, Педагогика, 1976, p.283.

② Гончаров Н. К., Педагогическая система К. Д. Ушинского, Москва, Педагогика, 1974, p.132.

定了国民教育部的这一做法，揭穿了反动教育理论的伪善本质。他在论文《德国教育的一个黑暗面》(Одна из тёмных сторон германского воспитания)中，清晰地告诉俄国读者，德国无论是教育理论还是学校实践都没有形成比较科学的女子教育理念。① 他坚持认为，没有理由认为，女人天生就在科学方面落后于男人。在这篇论文中，乌申斯基批判了德国教育家卡尔·施密特关于女人天生与科学和社会活动格格不入的观点。乌申斯基指出，"施密特厚颜无耻地表达了要将妇女培养成有思想的、会经营的、制造一切的机器"。② 德国的反动教育理论在女人身上看到的只是妻子、全职太太、母亲这类角色，而不是带有所有精神需求的人。乌申斯基指出，如果按照其他的方式来看女人，首先在她们身上看到的是在所有方面与男人平等的人，因而对于女性教育的观点将非常不同。不应忘记，女人是"通向科学成功……生活文明的向导"③。

乌申斯基对当时针对贵族官僚阶层的女性开展教育的制度进行了抨击，从教育民族性的角度论述了这种制度的消极的、反国家的影响。"妻子是家中的母亲、家庭的经营者，俄语说得糟糕而法语说得流利，掌握了法国优雅的生活方式，在所有的俄国民族特征中看到的是粗鲁的和无文化的东西……可以理解，这样的女士给家庭带来的以及通过她给民族生活带来的更多是其他国家的元素，她的影响相当于在国外受过教育的二十个男士的影响。她毒害

---

① Ушинский К. Д., Собрание Сочинений, т. 3, Москва, Ленинград, Акад. пед. наук РСФСР, 1948, p.273.

② Еголин А. М., Медынский Е. Н. и Струминский В. Я., Педагогические статьи 1862—1870 гг., Ушинский К.Д., Собрание Сочинений, т. 3, Москва, Ленинград, Акад. пед. наук РСФСР, 1948, p.273.

③ Еголин А. М., Медынский Е. Н. и Струминский В. Я., Педагогические статьи 1862—1870 гг., Ушинский К.Д., Собрание Сочинений, т. 3, Москва, Ленинград, Акад. пед. наук РСФСР, 1948, p.275.

了最根源的东西。"①他指出，女子教育应该是和男子教育一样的，它应该是全人类的。他羡慕美国"在所有形式的学校将男女儿童的教学混合起来，女士获得同男士平等的接受高等教育的权利"的做法，并号召俄国也应该那样做。②

乌申斯基创新了女子学校的教学过程。1859—1861 年，他在担任斯莫尔尼女子学院学监时，积极参与了整个教学过程的重组。他不顾当时学院大多数教师的反对，大胆对学院的教学进行了变革：引入新的教学计划，其中将俄语、俄国文学和自然科学作为学院的主要课程。教学过程遵循的主要原则之一是直观性原则。他经常在生物和物理课上进行各种实验。邀请当时俄国著名教师到学院教授文学、地理、历史等。为了使学生为将来的工作做好准备，在基本的实施通识教育的七年级之上增设两年制师范班。反动的领导人逼迫他离开斯莫尔尼女子学院，并且永久阻止他从事实践教育活动。"但是，他的改革并没有消亡，改革在俄国所有的女子学校继续并且很快被推行。"③斯莫尔尼女子学院多年来一直是俄国其他女子教育机构效仿的榜样。大多数女子学院、贵族寄宿学校、私立女子寄宿学校、教区女子学校是按照斯莫尔尼女子学院的方式开办的。斯莫尔尼女子学院的毕业生成为新开设的学校的领导和教师。因为斯莫尔尼女子学院 19 世纪 50 年代的重组，俄国女子教育的目标得以改变，教学内容得以深化和创新。

---

① Еголин А. М., Медынский Е. Н. и Струминский В. Я., Педагогические статьи 1862—1870 гг., Ушинский К.Д., Собрание Сочинений, т. 3, Москва, Ленинград, Акад. пед. наук РСФСР, 1948, pp.461-462.

② Гончаров Н. К., Педагогическая система К. Д. Ушинского, Москва, Педагогика, 1974, p.133.

③ Семёнов Д. Д., Избранные педагогические сочинения, Москва, Акад. пед. наук РСФСР, 1953, p.87.

四、创办职业技术教育

乌申斯基建立职业技术学校的提议家喻户晓。19世纪中叶，职业技术教育是俄国国民教育制度中最弱的环节。60年代的学校改革绕过了职业技术学校，因而职业技术学校数量非常少。职业技术学校的增长始于农奴制衰落、经济得以发展的60年代中叶。对技能人才的培养成为当时社会对教育的一项紧急需求。

60年代末，乌申斯基作为早期先进知识分子之一，呼吁社会对创建职业技术学校的关注，指出创建职业技术学校是制度的"经济需求"，也是紧迫的社会教育任务。

他尖锐地批判了掠夺性使用童工和当时存在的技工教学的野蛮性实践，在这种实践中，儿童为了付清学费，不得不出卖"精神和身体的健康"。

乌申斯基倡议建立"合理组织"的技工学校。在这样的学校里，"教给孩子手艺……像所有的正规学校里教阅读和写作一样，尊重孩子们的童年"①。在论文《在省会城市建立技工学校的必要性》(Необходимость ремесленных школ в столицах)(1868)中，乌申斯基全面分析了职业技术教育的教育学、教学论和教学法问题，揭示了职业技术教育与一般教育的相互关系，并对职业技术学校组织教学过程方面提出了卓有见地的想法。

19世纪70—80年代乌申斯基的这些提议在实践中得以实现，由社会资金建立起来的职业技术学校不断增多。到了1888年，政府也开始有计划地构建职业技术教育机构网络。

---

① Ушинский К. Д., Собрание Сочинений, т. 3, Москва, Ленинград, Акад. пед. наук РСФСР, 1948, pp.591-592.

第四节　教育理论建构

乌申斯基在教育理论的建构方面做出了卓越的贡献，为俄国教育科学的诞生奠定了坚实的基础。俄国现代派多次强调，他的成果"引起了俄国教育学的完全转变"，他被认为是"俄国教育学之父"。①

一、论教育学的理论性与实践性

乌申斯基认为教育学不是一门科学，而是一门艺术。他在名著《人作为教育的对象——教育人类学初探》第一卷的序言中指出："我们不称教育学为一门科学，而仅仅称它为一门艺术……科学只是研究正存在着或已存在过的东西，而艺术则力图创造尚不存在的东西，在将来它面临着创造的目的和理想。"②教育学研究的不是现存的东西，而是要创造出希望看到的存在以及实现这种存在的手段。

他认为，要使教育学成为"教育的艺术"，就要强调其实践性和有效性。他写道："所有的为了满足人的高级道德和总的精神上需求的实践活动……就已经是艺术了。"③他坚信，教师必须懂得人的天性、心灵和身体，懂得了人的发展规律，才能成为儿童个体的真正创造者。"正如我们不能称那些仅仅了解《治疗师》，甚至根据《健康之友》以及类似的食谱和医学建议来治疗的人为医生一样，我们也不能称那些只学习过几本教育学教科书，在自己的教育活

①　Пискунов А. И., Арсеньев А.М., Шабаева М.Ф., Очерки истории школы и педагогической мысли народов СССР, Москва, Педагогика, 1976, p.284.

②　Ушинский К. Д., Человек как предмет воспитания. Опыт педагогической антропологии（первый том）, Москва, Академия педагогических наук РСФСР, 1945, p.12.

③　Ушинский К. Д., Собрание Сочинений, т. 8, Москва, Ленинград, Акад. пед. наук РСФСР, 1950, pp.12-32.

动中遵循那些《教育学》上的规则和指示，而不去研究规则和指示所依据的基础——人的天性和心灵的人为教师。"①

　　教育科学将教师的实践活动作为自己的来源，其宗旨是完善教师的活动，将其作为"有意识的活动"。乌申斯基强调教育科学与教育实践统一的必要性："空洞的、没有任何基础的理论，在任何地方最终不会是像事实和经验一样的合适的东西，从这样的理论中产生不出任何想法，它之前和之后都不会产生思想。理论不可能拒绝有效性，事实不可能拒绝思想。"②

　　乌申斯基一直与肤浅的处方式教育学进行着不懈的斗争，这种教育学总是以"命令的方式"自信地陈述自己的"规则"。③ 他批评"仅仅建立在循规蹈矩和因循传统基础"上的教育活动。他号召教师深刻地研究教育理论，并在其基础上完善教育艺术。"那些希望献身教育活动却局限于研究教育学的规则的人是荒谬的。"那些满足于只是从事实践的人也是荒谬的，因为"没有理论的教育实践，相当于医学中的招摇撞骗"。④

　　乌申斯基在《教育人类学》的前言中写道："我们不对教师们说，你这样或那样做吧；但是对他们说，研究那些想掌控的心理现象的规律，考虑这些规律和想使用这些规律的状况……我们建议教师尽可能仔细地研究人的生理和精神特性，研究自己的学生们和周围的状况，研究从来还未上升为思想的教育举措的历史，为自己确定明确的积极的教育目标，利用获取的知识和理智，坚定地完成这一目标。"

---

① Ушинский К. Д., Человек как предмет воспитания. Опыт педагогической антропологии (первый том), Москва, Академия педагогических наук РСФСР, 1945, pp.12-13.

② Ушинский К. Д., Собрание Сочинений, т. 2, Москва, Ленинград, Акад. пед. наук РСФСР, 1948, pp.17-21.

③ Ушинский К. Д., Собрание Сочинений, т. 8, Москва, Ленинград, Акад. пед. наук РСФСР, 1950, p.13.

④ Ушинский К. Д., Собрание Сочинений, т. 2, Москва, Ленинград, Акад. пед. наук РСФСР, 1948, pp.21-24.& Ушинский К. Д., Собрание Сочинений, т. 8, Москва, Ленинград, Акад. пед. наук РСФСР, 1950, p.13.

乌申斯基认为，教育作为一门艺术，除了需要知识外，还需要能力和兴趣。教育艺术依赖于科学。作为一门复杂和广泛的艺术，它依赖许多广泛、复杂的科学。"艺术向自己提出了一个要实现的目标，确定了这个目标并将其转移给科学。科学接受了这一任务后，将其作为一种现象或者结果而审核和研究这一任务，研究这一现象的原因和条件，并根据条件组合定理将这一结果产生的条件返还给艺术。"①

乌申斯基相信，科学的发展和完善将促进教育理论的进一步发展。但是，"只有在下面的情况下才能促进教育理论的进一步发展：教育理论不再建立毫无根据的规则。只有这样，教育理论才能在它的经常性发展进程中承担起科学的任务。它的每一条规则，都源自某一条事实，或者是源自对科学中发掘的许多事实的比较。"②这一条件被乌申斯基第一次实现。他的《教育人类学》是世界教育学中以教育学为目的研究与总结"有关人的身体或精神"科学的第一次尝试。它为俄国科学教育学奠定了坚实的基础，为丰富和发展教育学知识开辟了广阔的道路。

二、论教育的目的

乌申斯基在提出教育理论的时候，首先研究教育学的一般性和基础性问题。乌申斯基强调，教育"不是学校课程、教学论或体育规则问题，而是最深刻的人的精神问题——'人的生命问题'……教育需要我们为它确定一定的方向、一定的目的和一定的信念"③。乌申斯基形象地指出，没有自己的观点、

---

① Ушинский К. Д., Человек как предмет воспитания. Опыт педагогической антропологии (первый том), Москва, Академия педагогических наук РСФСР, 1945, p.6.

② Ушинский К. Д., Собрание Сочинений, т. 8, Москва, Ленинград, Акад. пед. наук РСФСР, 1950, pp.22-56.

③ Ушинский К. Д., Собрание Сочинений, т. 3, Москва, Ленинград, Акад. пед. наук РСФСР, 1948, pp. 26-27. & Ушинский К. Д., Собрание Сочинений, т. 11, Москва, Ленинград, Акад. пед. наук РСФСР, 1952, p.82.

不能清楚地确定教育活动目标的教师，就如同已经为新楼奠基却不能回答他要建什么的建筑师。教育的目的问题，是一个根本性问题，解决了它，教育科学才能发展。乌申斯基称"教育的目的问题"是"所有的哲学、心理学和教育学理论的最好试金石"。①

乌申斯基强调，教育学不是教育活动规则的集合体，而是"最广泛、最复杂、最高级和所有艺术最需要的艺术"，因为"它旨在满足人和人类的最伟大需求——努力追求的是完善人性本身、人的灵魂与身体。这门艺术永恒的理想是完人"。② 作为一门艺术，教育学永远追求培养完人的目标，但从未真正实现理想。

三、论教育能动性和教育的对象

教育对社会过程的依赖性这一基本取向是乌申斯基教育思想的方法论基础。但是，他认为，教育对社会过程的依赖性，并不排斥教育对生活产生影响的可能性。他经常强调，教师应该发挥积极作用，应该尽力使自己的活动在各方面促进社会生活的完善。"他应该使新一代人走出学校投入生活中……新的一代对等待他们的斗争已做好充分准备。"③

他区分了有意识教育和无意识教育。他认为，教育既是目的为个体全面协调发展的有针对性、系统性的活动，也是一个人"注定要生活"的"世界条件"的自发影响。乌申斯基在《教育人类学》前言中写道："教育从狭义上可以理解为有意识的教育活动，包括学校、教师和指导老师……无意识的教育者

① Ушинский К. Д., Собрание Сочинений, т. 8, Москва, Ленинград, Акад. пед. наук РСФСР, 1950, pp.17-20.

② Ушинский К. Д., Человек как предмет воспитания. Опыт педагогической антропологии (первый том), Москва, Академия педагогических наук РСФСР, 1945, pp.12-13.

③ Ушинский К. Д., Собрание Сочинений, т. 8, Москва, Ленинград, Акад. пед. наук РСФСР, 1950, p.661.

同样强有力，或者要强有力得多，包括自然、家庭、社会、民族、宗教、语言，总而言之，广泛上的自然和历史。"但是，乌申斯基强调："有意识的教育指向对孩子发挥作用的所有这些现象……学校有自己的教学，有自己的规章，可以实施直接的强有力的影响。"①

乌申斯基对社会经济条件下教育决定论的理解，区分了人的个性的社会形成和教育作为教师有目的的活动，这使得他将教育的对象作为一门科学进行研究。

乌申斯基认为，人是教育的对象。人是活生生的有组织性的人，是不断发展中的人。② 他认为，教育具有客观规律，目的是合理地进行活动，教师必须通晓这一规律。但是，为了认识这些规律并符合这些规律，必须研究教育的对象："如果教育学想在所有方面教育人，那么教育学就应该首先在各方面认识人。"③这一思想成为乌申斯基《人作为教育的对象——教育人类学初探》的首要思想。他指出，"不仅在我们的文献，而且在所有文献中第一次"尝试揭示人作为教育对象的发展规律，解释教育作为对人的发展有意识管控的规律。培根认为，认识自然可以使人掌控自然。乌申斯基将其转引到教育上，认为认识人可以更好地掌握教育规律。

四、论教育科学的理论基础

乌申斯基力图按照"人的天性"定义"教育影响的手段"。他认为，"这些手段力量是巨大的"。他强调，教育科学脱离了"为了达到其目的而必须了解"

---

① Ушинский К. Д., Собрание Сочинений, т. 8, Москва, Ленинград, Акад. пед. наук РСФСР, 1950, p.18.

② Ушинский К. Д., Человек как предмет воспитания. Опыт педагогической антропологии (первый том), Москва, Академия педагогических наук РСФСР, 1945, p.22.

③ Ушинский К. Д., Собрание Сочинений, т. 8, Москва, Ленинград, Акад. пед. наук РСФСР, 1950, p.23.

的其他学科，是不可能存在与发展的。乌申斯基将解剖学、生理学、病理学、心理学、逻辑学、哲学、地理学、统计学、政治经济学、"广泛意义上的历史学"、教育史归结为这些学科范围。乌申斯基写道："在所有这些科学中，对发现教育对象本质的事实和事实间的关系进行论述、整理和归类。"

在所有的有关人的生理和精神发展事实和因素等方面丰富教育学的人类学科学中，乌申斯基认为心理学和生理学尤其重要。他的很大贡献在于，他能够正确确定心理学、生理学与教育学之间的关系，避免了赫尔巴特和贝内克企图"直接从心理学基础引出教育学理论"、把教育学变成了应用心理学的片面性。乌申斯基能够在当时科学的基础上，确立和解决那些"对教育活动具有最重要的意义"的心理学和生理学现象研究的任务。为了"尽可能解释与施教者有关的那些心理现象和心理—生理现象"①，他使用了大量的心理学和生理学数据。

乌申斯基强调："为了尽可能使我们的教育不再循规蹈矩，也不再是某些偶然情况的玩具，也为了尽可能使教育成为合理和有意识的事情，研究心理现象是最必要的条件。"对心理现象进行教育学研究，成为乌申斯基《教育人类学》的主要任务。乌申斯基撰写此著作，是为了"使教师们意识到为了其教育事业研究心理学的必要性"。乌申斯基在著作的生理学部分，广泛援引生理学的最新成就，在"人类学"中的心理学部分，总结了"不同理论发掘的心理事实"。心理学和生理学部分是为了研究人的心理—生理发展规律，"可以在教育过程中遵循这些心理—生理规律"。②

他的心理学与生理学观点体现了明显的唯物主义趋势。乌申斯基在关于心理学最初的观点中，承认心理事实的客观存在。他写道：心理事实就是像

---

① Ушинский К. Д., Собрание Сочинений, т. 8, Москва, Ленинград, Акад. пед. наук РСФСР, 1950, pp.22-43.

② Ушинский К. Д., Собрание Сочинений, т. 8, Москва, Ленинград, Акад. пед. наук РСФСР, 1950, pp.29-58.

其他学科一样是"毋庸置疑的事实"。"心理组织是由生活经历所产生的。"①心理过程的器官是大脑和中央神经系统。

乌申斯基研究心理过程，强调统一和相互联系，并不把心理看作最简单心理现象的组合，而是将其看作复杂的社会历史形成。他不将心理等同于物质，他强调，人是作为一个心理有机整体与外部世界建立联系的。乌申斯基不同意对心理的庸俗唯物主义论述，即否定心理现象的特殊性，将其视为最简单的生理现象。而且，他研究心理，将其放在与生理过程不可分割的整体中，认为心理是在生理过程的基础上得以发展的。乌申斯基将教育看作掌控这一发展过程的决定因素之一。

乌申斯基的心理学与生理学基础，使得他能够高水平地处理许多教育学问题，特别是教学法问题。

五、论教育的民族性原则

教育的民族性原则是乌申斯基教育思想的核心，也是他的教育理论的重要指导思想。乌申斯基将民族性思想看作教育体系的根本。他认为，民族性应该作为教育基础根植于每一个民族，它既是教育的普遍规律，也是任何教育思想和教育目标的出发点。这一思想首先反映在他的一系列著作中，包括《论公共教育的民族性》、《俄国教育中的精神元素》、《学校的三要素》、《劳动的心理和教育意义》、《关于教育著作的意义》（О пользе педагогической литературы）、《关于民族学校的问题》（Вопросы о народных школах）、《对人民学校出现的总观点》（Общий взгляд на возникновение наших народных школ）、《主日学校》。他全面论证了教育民族性原则，而且 19 世纪 50—60 年代的其他著作都是从民族性这一思想出发来分析教育问题的。乌申斯基的

---

① Ушинский К. Д., Собрание Сочинений, т. 6, Москва, Ленинград, Акад. пед. наук РСФСР, 1952, pp.16, 110.

教育民族性思想在 19 世纪 60 年代的俄国引起了巨大的社会反响。

在乌申斯基看来,教育的民族性问题和与专制制度及农奴制度相联系的"官方的民族性"相悖,前者反映的是为满足俄国社会生活和人民的现实需求、为建立崭新的真正的人民教育制度而进行的斗争。他指出,教育对于发展人民的民族自我意识是有益的,这一点就是教育民族性的实质。①

乌申斯基认为,民族性是民族保全民族之自我的性向,是民族历史发展的结果,也是保障民族的历史存在。他曾说:"民族性,至今是历史中人民生活的唯一源泉。正因为历史进程中形成思想的独特性,人民在历史中才是历史性的个体……每一个民族注定在历史中发挥自己独特的作用,如果它忘记了这一作用,那么就应该淡出历史舞台,它不再为历史所需要。"②尽管各民族之间存在共通之处,但是,民族之间的差异性是不能忽视的。这些差异不是由偶然状况确定的,而是由历史发展特征确定的。每一个民族根据情况在历史中发挥自己的独特作用。正如他所指出的:"在人的发展中,存在着一般规律,但是,如果这些规律被所有民族不分地点和时间复制,那么就不存在民族、国家、种族和部落了。"③"没有民族性的民族就像没有灵魂的躯体,只会受到崩溃规律的影响,消失在保留自我认同的其他躯体中。"④

乌申斯基指出,民族性同样是"作为最重要的社会生活过程之一的教育"的唯一源泉。一个民族的教育,与这个民族的民族性有着不可分割的必然联

---

① Гончаров Н. К., Педагогическая система К. Д. Ушинского, Москва, Педагогика, 1974, p.133.

② Еголин А. М., Медынский Е. Н. и Струминский В. Я., Педагогические статьи 1857—1861 гг., Ушинский К.Д., Собрание Сочинений, т. 2, Москва, Ленинград, Акад. пед. наук РСФСР, 1948, p.161.

③ Гончаров Н. К., Педагогическая система К. Д. Ушинского, Москва, Педагогика, 1974, p.119.

④ Еголин А. М., Медынский Е. Н. и Струминский В. Я., Педагогические статьи 1857—1861 гг., Ушинский К.Д., Собрание Сочинений, т. 2, Москва, Ленинград, Акад. пед. наук РСФСР, 1948, p.161.

系。地球上不同民族生活的历史条件差异很大，因而不同民族教育制度存在很大差异。每一种教育制度中民族性作为教育的基本思想展现出来，在历史进程中形成的民族教育保留了其独特性和不可复制性。乌申斯基写道："如果我们想杜撰教育，那将是徒劳的。教育跟民族一起诞生，一起成长，反映了民族的所有历史，折射了民族的所有好的坏的品质。"①他指出，所有欧洲国家的教育在内容、组织形式和教育教学方法上存在许多共通之处。但是，他认为，并不是这些共通的东西，而是那些具有特色的东西在起决定作用。"尽管在所有欧洲民族的教育形式上存在相似之处，但是每一个民族都有自己独特的民族教育体系、教育目的和达到这一目标的手段。"②每一个民族的教育都是沿着自己独特的道路发展的。在表面的相似之处，"在公共教育共同的名称和许多教育形式下面，掩盖的是由一个民族特征和历史建构的独特典型的概念"③。一个民族的历史、民族的特征确定了教育的发展方向，甚至，许多民族可重复的历史也不能取代他们对教育教学独特的观点。在每一个具体的国家，学校和教育首先应该根据这一国家的需求和独特性建立起来。

　　乌申斯基严肃地指出：一个民族盲目模仿另外一个民族的教育是不能被容忍的；把一种学校制度机械地从一个国家搬迁到另一个国家，是注定要失败的。他尖锐地批评了那些不假思索引入外国经验的支持者，他在论文《皮洛果夫的教育论文》(Педагогические сочинения Н. И. Пирогова)中写道："每个民族的教育思想，比其他任何什么，都有民族性，以至于将其搬迁至别的

---

① Еголин А. М., Медынский Е. Н. и Струминский В. Я., Педагогические статьи 1857—1861 гг., Ушинский К.Д., Собрание Сочинений, т. 2, Москва, Ленинград, Акад. пед. наук РСФСР, 1948, p.482.

② Еголин А. М., Медынский Е. Н. и Струминский В. Я., Педагогические статьи 1857—1861 гг., Ушинский К.Д., Собрание Сочинений, т. 2, Москва, Ленинград, Акад. пед. наук РСФСР, 1948, p.75.

③ Еголин А. М., Медынский Е. Н. и Струминский В. Я., Педагогические статьи 1857—1861 гг., Ушинский К.Д., Собрание Сочинений, т. 2, Москва, Ленинград, Акад. пед. наук РСФСР, 1948, p.75.

土壤，都是不可能的。"不顾一切地引入这些思想的时候，"我们移入的只是这些思想的死的形式和毫无生命力的尸体，而不能移入鲜活的和复活的内容"。"深入西方民族教育思想，我们还发现，他们想传授给我们的，不是这些思想本身的东西，而仅仅是某个民族有时不经意留下的历史痕迹。"①他深入分析了英国、法国、德国、美国的教育制度，认为它们自身同样存在着问题。例如，英国教育具有几百年来的"贵族政治性质"，法国教育"外表华丽、虚荣和看重物质利益"，德国教育存在着"野蛮的中世纪经院哲学的残余"，美国教育具有"功利主义特点"，等等。他反对俄国生搬硬套地模仿这些国家的教育制度，盲目地模仿、机械地照搬其他国家教育的目标、内容、形式和教育教学方法，必将误入歧途，惨遭失败。他要求建立俄国自己独创的教育体系，这种体系应该反映俄国人民的教育目的，反映他们的政治、经济和文化利益，摆脱其他国家教育理论和教育制度的不良影响。

乌申斯基强调民族教育的不可复制性和制定俄国教育思想的必要性，但是他并不是使俄国学校和俄国教育学隔绝于世界教育思想和教育制度之外。他非常明确地指出，其他民族教育制度所拥有的所有合理的东西，俄国都可以批判地利用。乌申斯基教育民族性思想与斯拉夫主义的民族局限性并无相通之处。他认为，可以批判地利用其他民族的教育经历和其他国家的教育经验，教育细节也可以从一个民族转到另外一个民族。他竭尽全力地思考以世界教育经验科学地丰富俄国教育学的可能性和现实路径。但是，他同时指出，这一丰富过程的来源和手段服从于一个总的思想：俄国教育、俄国学校和俄国科学的需要成为教育思想同化复杂过程的过滤器。"只有公共教育的基础是由本民族坚定确立的，这种利用才是有益的。可以也应该引进器具、发明的工具，但是不能引进具有自身特征的其他体系的特征。从另一方面来说，一

---

① Ушинский К. Д., Собрание Сочинений, т. 3, Москва, Ленинград, Акад. пед. наук РСФСР, 1948, pp.32-33.

个人身上的特征越多，那么所有的社会对他来说越安全；一个民族公共教育的特征越多，那么这个民族就越能自由地引进其他民族对它来说适宜的一切。"①

　　乌申斯基把民族性思想作为公共教育的基础。他认为，公共教育应该解决以下问题：如何在现代条件下使得教育真正回应人民的需求，并激发人民在这一领域的自我活动。不了解民众所表达的需要，不懂民众的物质和精神需求，就不能创造真正的人民学校，也不能创建真正的公共教育制度。同时，公共教育为教育民族性的实现提供了很好的前提条件。他说："公共教育强化和发展了人的民族性，同时发展了人的理智和自我意识，对于整体民族自我意识的发展起到强烈的促进作用；公共教育给民族性格深处带来光芒，对于社会及其语言、文学、法律的发展以及整个社会历史带来深刻的正面影响。"②乌申斯基指出，公共教育不是按照上级指令创建的，而是由人民自己创建的。只有民众自身参与教育问题，才能"加快表达和解释民众的那些需求，只有完成这些要求，公共教育的民族性才能实现"③。他要求将人民教育转到人民自身及其社会机构手中。乌申斯基写道："由人民在民族基础上创建的教育具有的教育力量，是由抽象思想或者由引入其他民族思想创建的最好制度所没有的……只有人民的教育才是民族发展历史进程中的鲜活器官。"④

---

① Еголин А. М., Медынский Е. Н. и Струминский В. Я., Педагогические статьи 1857—1861 гг., Ушинский К.Д., Собрание Сочинений, т. 2, Москва, Ленинград, Акад. пед. наук РСФСР, 1948, p.144.

② Еголин А. М., Медынский Е. Н. и Струминский В. Я., Педагогические статьи 1857—1861 гг., Ушинский К.Д., Собрание Сочинений, т. 2, Москва, Ленинград, Акад. пед. наук РСФСР, 1948, p.162.

③ Еголин А. М., Медынский Е. Н. и Струминский В. Я., Педагогические статьи 1857—1861 гг., Ушинский К.Д., Собрание Сочинений, т. 2, Москва, Ленинград, Акад. пед. наук РСФСР, 1948, p.164.

④ Ушинский К. Д., Собрание Сочинений, т. 2, Москва, Ленинград, Акад. пед. наук РСФСР, 1948, p.161.

乌申斯基指出，在俄国学校中，俄语、俄国文学、俄国历史和自然科学等的学习，应居于中心位置，其他学科的学习，应围绕这些学科进行。他在论文《关于将俄国的学校变得更俄国的必要性》（О необходимости сделать русские школы русскими）（1867）中尖锐地批评道："俄国许多人，甚至已经大学毕业的，对俄国、俄语、俄罗斯文学、俄国历史知之甚少；社会上教育部门面临的挑战不是学生不懂古典语言，而是对自己祖国知之甚少。中学生不知道什么是诺夫哥罗德，什么是基辅，约翰三世和约翰四世的区别是什么；他们在自己头脑中仅仅保留的是几个拉丁语单位的变格与变位以及其他民族古代史的事实。"[1]他号召将俄罗斯民族的语言、文字、文学、历史和自然科学作为教育的重要内容。同时，他强调，在整个教育制度中，母语应被赋予特别重要的角色，母语应作为教学的基础。[2] 这是因为，母语学习是学生思维发展的工具，学生通过母语认识到周围的生活、人民在俄国历史发展中的作用，母语将一个儿童和一个民族及其所有的精神财富联系起来。

六、教学论

19世纪中叶，迫在眉睫的教育改革任务，不仅是根据人民的要求改革学校制度，而且应该将学校作为教育教学机构进行完善，大幅度提升学校活动的质量和效率。只有解决教学论的主要问题，才可能完成这一任务。乌申斯基承担了解决这一问题的重任，他确定普通教育的目的和内容，选择教学材料并对其进行教育学加工。

---

[1] Еголин А. М., Медынский Е. Н. и Струминский В. Я., Педагогические статьи 1857—1861 гг., Ушинский К.Д., Собрание Сочинений, т. 2, Москва, Ленинград, Акад. пед. наук РСФСР, 1948, p.475.

[2] Еголин А. М., Медынский Е. Н. и Струминский В. Я., Педагогические статьи 1862—1870 гг., Ушинский К.Д., Собрание Сочинений, т. 3, Москва, Ленинград, Акад. пед. наук РСФСР, 1948, p.49.

（一）论普通教育的目的

当时，俄国和欧洲其他国家教育学领域的论争主要是围绕普通教育目的而展开的。当时的论争形成了实质教育和形式教育两种不同的理论派别。前一种观点的支持者们继培根和夸美纽斯之后认为，教育的主要目的是给学生传授一定量的实际有用的知识。相反，形式主义教育的支持者们继卢梭和裴斯泰洛齐之后，相信不应该把给学生灌输实际知识作为普通学校的目的，普通教育的基本目的在于发展学生的智力、思维和认知能力，训练学生的理性。在俄国后一种理论得到政府承认，成为当时占统治地位的教育学说，"古典教育"制度成为当时这一理论的变体和简化形式，俄国的中学阶段基本以古典中学作为基本形式。

乌申斯基认为教学的这两个目的是相互结合、缺一不可的。他看到了两种斗争理论各自的片面性。他认为，教学应该既以必需的知识丰富学生的头脑，又发展学生的"形式上的"能力。他强调：大脑完全掌握的积极知识，会转化为思想，实际上会发展智力；"智力训练"发展形式上的智力，但也应该屈从于个体全面发展的总目标。在《主日学校》中，乌申斯基深刻论证了将形式教育和实质教育目的融合在一起的必要性。他认为，不应该执迷于某一目的而偏废另一种目的。

（二）论普通教育的内容

乌申斯基根据确定的教育目的来确定具体的教育内容。当时俄国教育学遵循形式教育观，主要将古代语言和数学等编入学校课程。乌申斯基尖锐地批评了这样的做法，认为这些课程只是保证"形式上的发展"，这种做法只会引起完全的学术失败。

乌申斯基认为，每一种科学都能使人得到发展，但是其自身的内容是不够的，正是不同科学的内容才使人得到不同方面的发展。"智能本身不是别的，它是组织良好的知识系统。"①"正规地"发展人不仅仅是学习古典语言，还应该是更多和更直接的东西——"民族语言、地理、历史、自然研究和新文学"②。他在《教育人类学》中写道："早就应该认真地考虑，把那些确实需要、人类有益的东西引入我们的学校，编入我们的教科书，丢弃所有的只是因循陈规旧习的东西，学了以后会遗忘的东西……在教育学领域的所有科学和所有知识，早就应该接受总检查，就像培根在哲学领域曾经接受的检查一样。"③他指出，"对人类知识进行总的教育学检查"，这项工作是浩大的，不是一人之力所能完成的。

乌申斯基尝试为学校建立选择教学材料的原则，并阐释了这一选择应满足的标准。他认为标准如下：第一，教育内容符合科学发展水平；第二，学校总结的"每一项知识对人的生活的重要性和意义"④；第三，在组织课程的时候考虑学生的年龄条件；第四，这一课程的民族性，也就是说，在学校中"优先学习祖国的知识和强化学习祖国的知识"⑤。

从以上选择教学材料的原则出发，乌申斯基提出了具体的学校教学大纲，其中母语的教学居于中心地位。他写道："我们把直接关涉人与自然的其他学科，如历史、地理、数学、自然科学等放在祖国语言学习之后；往后我们安排最新的外语学习；而在古外语中我们看到其专业性在于只在学术上的著名

① Еголин А. М., Медынский Е. Н. и Струминский В. Я., Педагогические статьи 1862—1870 гг., Ушинский К.Д., Собрание Сочинений, т. 3, Москва, Ленинград, Акад. пед. наук РСФСР, 1948, p.38.

② Еголин А. М., Медынский Е. Н. и Струминский В. Я., Педагогические статьи 1862—1870 гг., Ушинский К.Д., Собрание Сочинений, т. 3, Москва, Ленинград, Акад. пед. наук РСФСР, 1948, p.48.

③ Ушинский К.Д., Собрание Сочинений, т. 10, Москва, Ленинград, Акад. пед. наук РСФСР, 1950, p.438.

④ Ушинский К.Д., Собрание Сочинений, т. 10, Москва, Ленинград, Акад. пед. наук РСФСР, 1950, p.440.

⑤ Ушинский К.Д., Собрание Сочинений, т. 3, Москва, Ленинград, Акад. пед. наук РСФСР, 1948, p.308.

领域中被需要。"①这就是乌申斯基提出的实科教育创新性教学大纲。按照乌申斯基的表述，在那个时候，"欧洲教育学还没有发明什么来替代古典教育"②。俄国的教育学更是落后，还在坚定地执行存在了上百年的古典教育制度。乌申斯基认为，古典世界已成为过去，古典世界的知识绝不能把现代人带到现代社会中去。因此，他强调实科教育课程应优先于古典课程。

（三）论对知识的教育学加工

乌申斯基认为，为学校选择教学材料，只是解决普通教育内容问题的第一步。第二步更加重要，也更加困难，那就是对这一材料的教育学加工，使材料符合学生的年龄特点。这一步不仅是当时俄国而且是整个时代处理中薄弱的一环。他说："任何一门学科都没有获得其应该获得的教育学加工。"③他指出："所有的教育学体系和教育学谬误的历史反映在将科学编制成教科书中……以前，整个科学体系被搬进了学校，经常是那些需要很高智商才能理解的东西被搬进学校，那些天资超群的青少年被迫死记硬背一些无意义的东西。现在几乎所有人已经意识到，科学的科学论述和科学的教育学论述是两个不同的东西，所有国家的教育家都在为将科学体系加工成教育学体系而努力。"④但是，在当时，这种加工在很大程度上还是自发进行的，科学的心理—教育学基础尚未论述，尚不明确。

跟许多同时代的人不一样，乌申斯基首先致力于找出对知识进行教育学加工的科学依据，然后据此确定教育学加工应遵循的方向。他指出，教育内

---

① Ушинский К.Д., Собрание Сочинений, т. 3, Москва, Ленинград, Акад. пед. наук РСФСР, 1948, p.49.

② Ушинский К.Д., Собрание Сочинений, т. 2, Москва, Ленинград, Акад. пед. наук РСФСР, 1948, p.74.

③ Ушинский К.Д., Собрание Сочинений, т. 8, Москва, Ленинград, Акад. пед. наук РСФСР, 1950, p.37.

④ Ушинский К.Д., Собрание Сочинений, т. 3, Москва, Ленинград, Акад. пед. наук РСФСР, 1948, p.434.

容适应学生的年龄特点，首先需要去研究这些特点。在"所有方面"认识人是教师能够"在所有方面教人"的唯一条件。他忠实于这一出发点，在《教育人类学》中揭示了学生在所有年龄阶段，即童年、少年和青年阶段认知发展的规律。他说，了解这些规律，使得教师有可能在根据学生认知发展规律的基础上，而不是在破坏"人的天性"的基础上，去优化选择教学材料，组织教学过程。在揭示"将科学体系加工成教育学体系"的心理—教育学依据时，乌申斯基更清楚地确定了加工的原则：第一，随着学习阶段的提高，逐步加强知识的分化；第二，将人类积累的经验进行合乎逻辑的精简，但保留不同科学走过的道路；第三，严格按照逻辑科学开设课程，明确区分该科学基本概念的相互联系和相互制约的关系；第四，把所有学科合并到统一的知识体系中，以使任何学科的教授不仅能发展学生的逻辑思维，促进他们对课程的科学理解，还能促进他们形成完整的世界观。乌申斯基强调："科学不应该死板地输入学生的头脑中，无论哪种科学所具有的知识和思想都应该从根本上形成对世界和生活通透而又广阔的视野。"[1]

乌申斯基强调，为了把所有的课程联结成一门世界科学，所有的课程都须进行大量的教育学加工。"跟人类历史形成的轨迹完全一样，是知识来形成体系，而不是体系由知识来扩充。"学校应该考虑到"科学不是独立存在的，学生的心灵是一个完整的存在，它是有机、持续和全面发展的"。[2]

乌申斯基特别明确地论述了把自然科学纳入学校课程的必要性。在当时的俄国，学校教学内容脱离生活，自然科学知识被挡在学校之外，教学大纲脱离科学的前进方向。乌申斯基义正词严地批判了俄国教育学这些做法的虚伪性。他认为，让学生掌握快速发展中的自然科学知识是当时最基本、最迫

---

[1] Пискунов А. И., Арсеньев А.М., Шабаева М.Ф., Очерки истории школы и педагогической мысли народов СССР, Москва, Педагогика, 1976, p.292.

[2] Ушинский К.Д., Собрание Сочинений, т. 3, Москва, Ленинград, Акад. пед. наук РСФСР, 1948, pp.175-178.

切的教育科学改革任务。在 1848 年的早期著作《关于实验室教育》(О камеральном образовании)中，他谈到了 19 世纪自然科学的快速发展，并且得出结论："时代在方向上的变化，需要我们对青少年教育的方向进行改变。"①他甚至提议，教师和教育学家应该积极掌握自然科学知识，并努力对自然科学知识进行教育学加工。乌申斯基认识到在当时把自然科学知识引入学校这条道路的困难，他提出了克服困难的方法，并详细说明了对自然科学知识进行教育学加工的任务、原则和方式。这一点对俄国学校后来的发展是意义重大的。

(四)论教学过程

乌申斯基的教学论体系不仅回答了教给学生什么的问题，还回答了怎样教学生的问题。在他独创的《教学理论》(теории обучения)中，他回答了教学过程的实质、教师和学生的作用、教学过程的阶段等问题。

在乌申斯基看来，19 世纪中叶在俄国和欧洲其他国家教育学中流传甚广的关于教学过程的两种观点都是片面极端的，是不能接受的。他写道："过去不切实际的学校让学生肩负着所有的学习任务，给教师的只有督促懒惰学生的一把戒尺。接着学校就走向了另一个极端：它让教师肩负起所有的教学任务，要求教师发展学生，而学生不需要付出任何努力。"②

为此，乌申斯基创新性地提出了自己的观点。他认为，教学过程是教师活动和学生积极独立活动的有机结合，是以学生自由、合理和创造性活动为基础，在教师指导下进行学习的过程。一方面，学生应该努力学习，更多地从事独立思考和自主学习，充分发挥自身主动性和独立性；另一方面，教师应该恰如其分地发挥作用，为学生提供系统的材料，并给予学生必要的指导。

---

① Ушинский К.Д., Собрание Сочинений, т. 1, Москва, Ленинград, Акад. пед. наук РСФСР, 1948, p.231.

② Ушинский К.Д., Собрание Сочинений, т. 6, Москва, Ленинград, Акад. пед. наук РСФСР, 1950, p.256.

他写道，学校应该分配教师和学生的任务，应该要求"学生尽可能自己努力学习，而老师指导自学并为其提供材料"①。乌申斯基认为，组织教师和学生的共同创造性活动是一个复杂的任务，这一任务的解决取决于很多条件，如社会外部条件的变化、学生的生活环境和学习环境、教育的目的和内容、学生的人数、教师的个性、教师对自己任务的理解和对教学过程本质的理解等。这些细节性的条件被乌申斯基或多或少地提及了。

乌申斯基强调学生的独立性，这在当时俄国的学校改革中不啻一股清风。当时，俄国学校好像是充满军规的军营，教学模式是强制性的，完全忽视了教学过程的主要参与者——学生的需求、兴趣和心理特点。学生就像是学习机器，被一步步有计划地灌输统一标准。正如乌申斯基所言，学生失去了所有的个性。乌申斯基反对俄国教育学的专制规则，指出人天生是追求活动的，这是人内心的"根本追求"。建立在毫无意义的死记硬背基础上的方法是"对智力有害的"。教学过程的基础应该是学生的自主活动。按照乌申斯基的话来说："学生的自主活动是一切富有成效学习的唯一坚实基础。"②强调学生的主动性和创造性，是对当时俄国个体智力和心理的解放，也是当时教学理论勇敢大胆的独创。但同时，他强调"学习本身就是一项劳动，也应该是一项劳动，是思想上完全意义上的劳动，只有这样，学习的兴趣取决于认真的想法，而不是取决于任何随意的应付"③。因而，学生应该尽可能努力地独立学习。

乌申斯基强调在教学过程中发挥教师的积极性。但是，他并不打算给教师一份放诸四海皆准的教育学处方。他在《教育人类学》的前言中写道："背下

---

① Ушинский К.Д., Собрание Сочинений, т. 5, Москва, Ленинград, Акад. пед. наук РСФСР, 1950, pp.26-27.& Ушинский К.Д., Собрание Сочинений, т. 6, Москва, Ленинград, Акад. пед. наук РСФСР, 1950, p.256.

② Ушинский К.Д., Собрание Сочинений, т. 2, Москва, Ленинград, Акад. пед. наук РСФСР, 1948, pp.255-256.

③ Ушинский К.Д., Собрание Сочинений, т. 5, Москва, Ленинград, Акад. пед. наук РСФСР, 1950, pp.26-27.

教育学规则不能给任何人带来任何益处。教学活动的本质是在无限多样化的
环境中进行创造性的活动。"①正因为如此，教师的"要务""完全不在于学习规
则，而是学习得出这些规则的科学依据"。② 分析这些科学依据成为乌申斯基
在分析教学理论时的主要任务。乌申斯基认为，教学经过认知的以下几个阶
段：观察学习的对象，主要表现为概括和总结的理性加工，以及把结论引入
科学体系，最后引入知识体系。但是不同于一般的认知过程，教学具有自己
的特点。这种特点首先体现在教学是传授知识和掌握知识的统一过程，这一
过程需要教师和学生共同努力完成。也就是说，教学是认知过程同时也是管
理知识的过程。管理可以通过确定教育内容(它所有的组成部分为选择材料和
科学的教育学加工)，通过教师的业务素质和个性品质等实现。在乌申斯基看
来，教学的本质在于带领学生经过认知的三个阶段。指导学生的自主活动是
教学论的主要目标，"或者说是教授知识的艺术"③。

（五）论教学的认识论和心理学基础

乌申斯基把教学看作认知过程的一种特殊方式，首次在教育学历史上有
意识地把教学的认识论和心理学基础作为教学论的基础。

在以前的教育学体系中，认识论是任何一种教学论理论隐藏的动力，在
乌申斯基看来，它是教学论必需的方法论基础。乌申斯基的认识论观点是唯
物主义倾向的。他多次批判唯心主义认识论，尤其是黑格尔的认识论。按照
他的说法，黑格尔在精神上"除了编出童话用自己的内心哺育孩子，什么也做

---

① Ушинский К. Д., Человек как предмет воспитания. Опыт педагогической антропологии
(первый том), Москва, Академия педагогических наук РСФСР, 1945, p.57.

② Ушинский К. Д., Собрание Сочинений, т. 8, Москва, Ленинград, Акад. пед. наук
РСФСР, 1950, p.57.

③ Ушинский К. Д., Собрание Сочинений, т. 9, Москва, Ленинград, Акад. пед. наук
РСФСР, 1950, p.262.

不了"①。乌申斯基坚信，认识的唯一来源是客观存在的物质世界。知识的基础不是"内心的冥想"，而是人的感官和大脑在物质作用下所获得的客观经验和感触。乌申斯基写道："我们所有的感触引发我们的神经体系受到外部世界的物质影响。"②

他认为，产生认识的客观经验只是人类认识的第一阶段。而认识的第二阶段是对经验进行合理加工，将其变为有逻辑的知识和一般性知识。乌申斯基把第二阶段分成了两个子阶段——理性的感受加工时期和理智的思想认识时期。乌申斯基根据黑格尔的理性和理智相对立的观点，认为理性的、形式的思维方式和教学论思维方式也是相对立的。他指出，在学习过程中，学生个性化的认识过程得以实现，掌握物化为知识体系的人类历史经验。教育学应该以符合学生年龄、适应学生发展的可能性为方向，帮助学生在这个或那个阶段获得发展。随着学生的发展，要一步一步地把"教学论体系"，也即教育学式的知识反思体系，转化为"科学体系"。③

乌申斯基不仅揭示了教学过程的认识论特色，还首次对教学的心理学本质进行了系统研究。在《教育人类学》一书中，他深入分析了注意、记忆、想象、思维的心理机制，仔细研究它们在学生不同发展阶段的动态变化，认为关注这些规律是合理教学首要的和最必需的条件。

分析现存的教学实践，乌申斯基得出结论：学习过程必须根据学生的本性特点在根本上进行改革。这项改革的基础是在独立自主的活动过程中发展学生的思想。发展的思想是乌申斯基教学论的核心。教学体系的原则、方法

---

① Ушинский К. Д., Собрание Сочинений, т. 3, Москва, Ленинград, Акад. пед. наук РСФСР, 1948, p.360.

② Ушинский К. Д., Собрание Сочинений, т. 8, Москва, Ленинград, Акад. пед. наук РСФСР, 1950, p.495.

③ Ушинский К. Д., Собрание Сочинений, т. 7, Москва, Ленинград, Акад. пед. наук РСФСР, 1949, p.256.

和手段都应该从学生发展的任务出发，并为管理学生的发展指明方向，这是学校教书育人的主要目标。

（六）论教学方法

根据乌申斯基的想法，教学过程的认识论和心理学基础决定了学校获取和掌握知识的路径。在自己的教学论提纲中，他指出了两种主要的教与学方法：综合法，分析法。① 他认为这两种方法的认识论基础分别是归纳和演绎。归纳实现对累积事实的综合概括，演绎追求的是相反的目标，即把一般性概念分解成一些主要的原理，再以此为基础做出概括。乌申斯基认为，在教学中必须运用这两种方法，但是主要的方法应该是归纳。

乌申斯基认为，学生的学习应该从基础学起。他写道，对于学者而言，科学是共同的认识，"学者科学的教育史可以从末端到开端，也就是说，到最初的判断到感觉的基本组合"。但是对学生而言，科学对他们来说是截然不同的。"学者是站在金字塔顶端的，而初学者是站在金字塔底座上的，就像不可能从顶部开始而应该从底座开始建造金字塔一样，科学的学习应该从基础学起，也就是从最初的观察和判断学习，从建立在科学金字塔体系基础上的事实学习。"②

乌申斯基把演绎的作用归结为对所获取知识的实践性检验，他强调，推理的教学意义不应该被过分贬低。相反，应该更经常地应用推理，利用学生头脑中已有的概念，尝试使学生做出新的判断。他还指出，归纳和演绎方法的结合在不同的学科中可以是不一样的。

乌申斯基提出教学过程须达到的"必要条件"，包括以下这些：①及时性；②循序渐进性；③协调性；④持续性；⑤掌握的牢固程度；⑥明确程度；

① Ушинский К.Д., Собрание Сочинений, т. 10, Москва, Ленинград, Акад. пед. наук РСФСР, 1950, p.42.

② Пискунов А. И., Арсеньев А.М., Шабаева М.Ф., Очерки истории школы и педагогической мысли народов СССР, Москва, Педагогика, 1976, p.299.

⑦学生的主动性；⑧既不过于紧张，也不过于松懈；⑨道义；⑩有效性。① 虽然在乌申斯基的教学论中没有"教学论原则"这一术语，但是他在自己的教学论大纲中简要指出的所有教学的"必要条件"，实质上是指出"教育学原则"的早期尝试之一。

乌申斯基列出的这些"必要条件"符合他对教学过程提出的三个基本要求：教学适应学生天性心理特点；遵循教学论规律，即遵守教学过程的内在逻辑；完成带有教育功能的教学。乌申斯基不止一次地对教师强调教学的教育功能。他认为教学过程不仅仅是有特色的认知过程，还是教育过程，教学过程是认知过程和教育过程合二为一的过程。教学中的一切，包括教学内容、教学过程的组织、教学方法等都应该服从于教育任务。乌申斯基写道：教学是"教育的工具""教育的手段"。教学应该具备教育的特点，"不单是为了知识的累积增长，也是为了影响人的信念"。②

第五节　历史影响

乌申斯基在创作的极盛时期去世，甚至还没来得及实现自己人生计划的一半。然而，他在短暂一生中为俄国教育事业所做的贡献，足以让他名垂青史；他在俄国教育学界产生的影响，至今难以泯灭。在乌申斯基以前，能够让俄国人引以为豪的科学家名字的长廊中，还没有一位专业教育家的名字。乌申斯基是第一位让俄国人引以为豪的专业教育家。他作为俄国科学教育学的奠基者和创始人、俄国学校的改革者、为教育发展而斗争的鼓舞者和思想

---

① Ушинский К.Д., *Собрание Сочинений*, т. 10, Москва, Ленинград, Акад. пед. наук РСФСР, 1950, p.42.

② Струминский В. Я., *Архив К. Д. Ушинского*, т. 4, Москва, Издательство Академии педагогических наук РСФСР, 1962, p.592.

家而被载入俄国史册。

乌申斯基一生的活动可以归结为两个方面：制定教育学科学的理论基础和激进地改革俄国学校。这两项活动相辅相成、互相促进、共同发展，成为其一生教育领域贡献不可分割的整体。

任何一门科学都有其自身发展的源头。对于俄国教育学来说，其源头是乌申斯基的创作。马克思曾经说过："科学不仅是建立空中楼阁，而且要建造独立的住宅楼，首先要为楼层奠基。"①在乌申斯基以前，俄国教育学中已经建构了不少"楼层"，提出了许多卓越的思想，积累了大量的有价值的发现。然而，已经产生的教育思想和教育理论还没有形成连续性的"实线"，它们只是教育学认知发展上升过程中的"虚线"。乌申斯基在俄国的土壤上发展了前辈们所有的做过的东西，同时为教育学的发展做出了崭新的巨大的贡献，将以前教育思想和教育理论的"虚线"描画成了"实线"。

乌申斯基作为大百科全书式的教育家，对教育规律的诠释是系统而又深刻的，为俄国科学教育学的诞生奠定了坚实的基础。他一生著作等身，学术成果硕果累累。在俄国历史上他第一次把教育学中不同学科的成果努力统一起来，实现了教育学关于人的科学知识的大规模集成。他从根本上改变了对于教育学任务和内容的传统观点，揭示了教育学知识发挥作用的基本点，即教育学的发展依赖于对于人的发展规律的认识的深度。他展示了教育学本身的复杂性，明晰了教育学的目的、实践性、能动性，揭示了教育过程的本质，提出了教育的民族性原则，全方位阐释了教学论。他的思想敏锐而又大胆，理论概括丰富而又清楚，对于复杂的问题阐述深入浅出，语言表达规范而又深刻。他的成果"引起了俄国教育学的完全转变"，因而他被誉为"俄国教育学之父"。乌申斯基的教育理论和教学理论首次在俄国教育学中建成了严谨而又完整的体系。这个体系被当时以及后来的教师们积极采用，成为俄国学校工

---

① Маркс К., Энгельс Ф., Сочинения, т.13, Москва, Госполитиздат, 1954, p.43.

作效率提高的主要因素之一。这些成果也成为俄国后续教育科学发展的典范，很多内容成为俄国教育学领域不可超越的经典。在乌申斯基之后，俄国教育思想快速变得丰富起来。乌申斯基的成果被其追随者发展，使得俄国教育学学科范围进一步多样化，学科内容进一步深化。这些追随者在教育理论、教学论、课程论、教学方法、教育心理学等方面的所有成果，其源头都可以追溯到乌申斯基教育思想这块肥沃的土壤。

除了建构俄国教育学理论的贡献外，乌申斯基在俄国学校的改革方面也做出了卓越的贡献。在乌申斯基之前，俄国的学校制度尚未形成连贯的体系。乌申斯基为建立连贯的学校制度体系做出了不懈的努力，并取得了丰硕的成果。在乌申斯基之前，俄国教育事业仅仅是"政府的事情"。乌申斯基认为，俄国学校改革的基本任务是"在了解自身需求和俄国生活需求的坚实基础上"[1]来建设俄国学校。他第一次将教育活动作为民间领域的事情，提出了教育学对社会的责任以及社会对教育事业的责任。同时，他创建政府很少涉及或没有涉及的教育阶段或教育领域。他是俄国国民学校的创建者、俄国师范教育和职业技术教育的创始人、女子教育的改革者。乌申斯基在自己的成果中提出了俄国学校改革的广泛方案。他的方案涉及从小学到大学教育的所有阶段，涉及从学校建设的普通问题到教育内容和教学方法等学校生活方方面面的问题。同时，他不顾当时俄国反动当局的反对，在实践中努力将这些改革方案付诸实施。他利用民众的力量创建了民众可以就读的国民学校，补足了俄国教育系统缺乏的根基阶段即初等教育阶段，为民众接受所需要的教育提供了可能。作为"俄国教师的教师"，他编制了师范学校创建方案为国民学校培养教师，并第一次在俄国提出组织高等师范教育的方案，试图创建高校

---

① Ушинский К.Д., Собрание Сочинений, т. 10, Москва, Ленинград, Акад. пед. наук РСФСР, 1950, p.399.

的教育系，提出教师的培养计划，编制师范课程培训大纲，使得师范教育在俄国生根发芽并快速发展。他坚决捍卫女子受教育权，使教育成为包括劳动妇女在内广大妇女的一项权利，同时积极改革女子教育，改变女子教育目标，创新女子学校的教学过程，创建全新的女子教育制度。他根据当时经济发展需求创办俄国国民教育制度中最薄弱的环节——职业技术教育，鼓励利用社会资金建立职业技术学校，倡议建立"合理组织"的技工学校帮助学生掌握劳动技能，同时改革职业技术学校的教学过程，为职业技术教育的发展奠定基础。乌申斯基在教育领域的这一系列创新性实践活动，使得俄国的国民学校、师范教育、女子教育和职业技术教育因应社会发展需要得到快速发展。同时，他的创举为俄国后来教育实践活动的开展树立了光辉的榜样。在乌申斯基之后，俄国涌现了一大批教育实践活动家和学校改革者，他们为俄国学校的改革不断做出新的贡献。

而且，乌申斯基的思想与实践已经远远超出了学校和教育学的范畴，其影响已经广泛深入俄国民族文化领域，深入民族的精神世界，融入社会民族理想之中。他的教育民族性思想便是最好的注解。他尖锐地批判了当时俄国大规模复制和模仿西欧先进国家教育理论和教育制度的做法，强调民族教育的不可复制性和不可照搬性，要求建立体现俄国自身特色的独特教育体系，创建反映俄国自身历史文化轨迹的教育思想。同时，他将教育民族性思想扩展到其他文化领域，旗帜鲜明地指出民族性对于一个民族保留自我认同、在世界中生存发展并发挥独特作用的重要性和必要性。这在当时不啻为振聋发聩的洞见，为俄国扭转自彼得一世以来愈来愈明显地盲目照搬西欧经验的做法，转身寻求具有自身民族特色的发展道路提供了理论上的论据。乌申斯基的学生和同行玛德扎列夫斯基的下面这段话是有穿透力的，它指出了乌申斯基在俄罗斯文化历史中的地位："乌申斯基是我们的民族教育家，就像是罗蒙诺索夫是我们的民族科学家、苏瓦洛夫是我们的民族指挥家、普希金是我们的民族诗人、格林卡是我们的民族作曲家一样。"①"民族教育家"这一称号已经成为俄国人对乌申斯基的一致评价。

必须指出的是,作为俄国教育学家,乌申斯基从来没有局限于狭隘的民族框架,他的思想对于世界教育学而言具有永恒而又深远的意义。乌申斯基开展教育改革和教育理论创建活动的时间正值世界科学转折期。科学面临着探索创建新的方法论的任务,拒绝机械论、相对论的死板知识理论,而要以自然发展原则、自然现象的相互联系和相互制约为基础,以相对认识和绝对认识的最佳搭配为方式建构新的方法论。对于教育学而言,它面临着从描述性学科转变成真正科学的任务,即使得教育学拥有自己的研究对象、独特而严谨的任务和方法。乌申斯基第一个坚定地用社会经济条件去理解教育的决定性因素——人,揭示了教育学与研究人的发展规律性科学的相互联系,使教育学接近这种科学并与其建立联系。他在传统教育学和人类学科学的衔接点,创建了关于发展中的人的教育的科学——教育人类学。《人作为教育的对象——教育人类学初探》是他这一探索的最经典成果。但是,乌申斯基教育人类学的思想,并不是同时代人凭借当时认识所能达到的。然而,事实证明,经过后来的发展,到20世纪中叶教育人类学成为世界范围内的教育学科学。布伦斯基是最早认识到乌申斯基经典著作《教育人类学》知识体系深度和广度的人。他在1914年指出:"乌申斯基不仅站在欧洲科学的高度,而且站在欧洲科学的前列……他面向未来教育学的正确道路,站在欧洲科学的最高位置。"②

总之,乌申斯基的思想遗产和俄国教育学后续一百多年的发展处于紧密的联系中。他的教育学遗产具有鲜活的生命力,成为当时乃至以后完善教育

---

① Модзалевский Л. Н. О народности воспитания по Ушинскому. В Памяти К. Д. Ушинского. СПБ., 1896, p.162.

② Блонский П.П., Место К. Д. Ушинского в истории русской педагогики, Педагогический листок, 1915(2), p.xx.

科学和推动教育实践的重要动力之一。正如托尤宁所指出的："乌申斯基这样的人，他们推动了社会事业向前发展，复活了在那之前已经灭亡的东西；他们为别人指明了道路；他们为活动催发了新的力量。"①

---

① Стоюнин В. Я., Избранные педагогические сочинения, Москва, Педагогика, 1991, p.149.

第十二章

北欧国家教育的发展

　　瑞典、丹麦、挪威、芬兰、冰岛五个国家均位于欧洲北部，由于这些国家在地理、历史、文化、语言、宗教甚至种族等方面有着千丝万缕的联系，所以一般通称为北欧五国。尤其是瑞典、丹麦、挪威这三个国家，自远古时期（约公元前 1800 年）到海盗时代（约 800—1050 年）并没有作为一个独立的国家而存在，而是有民族无国界，有着不分彼此的早期历史。约公元前 8000 年，北欧地区开始出现人类活动的踪迹，约公元前 1800 年—公元前 1500 年，一些日耳曼人北迁至北欧境内定居而成为现今北欧四国（芬兰除外）的共同祖先。约公元前 2 世纪—公元前 4 世纪，逐渐形成瑞典、丹麦、挪威三大民族和部群。5—9 世纪，瑞典、丹麦、挪威依次建国。10 世纪，由于不堪忍受部落战争远走海岛的人共同建立了古代的冰岛。芬兰历史与这四个国家不同，其祖先在公元前 10 世纪经由芬兰湾自爱沙尼亚而来。然而在历经 11 世纪的"北欧海盗时代"的辉煌后，北欧各国开始分道扬镳，各自走上了不同的发展道路。但是由于政治联盟和累年战争，各国关系依然交错复杂，领土也互有变迁。例如：冰岛自 13 世纪起受制于挪威，14—20 世纪又处于丹麦的统治之下；挪威 1380—1814 年受丹麦统治，其后一直到 1905 年又成为瑞典的属地；瑞典在 1397—1523 年与丹麦、挪威三国共同结为卡尔马联盟，联盟以丹麦为

首；芬兰自 12 世纪末至 19 世纪初一直是瑞典的势力范围；瑞典南部在 1658
年之前一直属于丹麦，瑞典西部一些地区在中世纪时又属于挪威。由于各国
在历史上有着"剪不断、理还乱"的复杂关系，因此，其教育历史发展也呈现
十分复杂而密切的联系。这五国的教育在早期存在很多共同特点，而其后又
在各自国家发展中形成自己独特的历史轨迹。

第一节　瑞典的教育

一、历史概述

瑞典位于欧洲的最北端，位于斯堪的纳维亚半岛的东半部，与挪威相邻。
作为地理学意义上的瑞典早在冰川后期就已存在，在冰川期结束后，一批来
自欧洲的移民开始在此定居，由此揭开了瑞典历史的大幕。在马尔默附近的
塞格布罗就出现了人类最早的定居点遗址，而该遗址的历史可以追溯到公元
前 10000 年—公元前 9000 年。[①]

公元前 3000 年—公元前 1600 年，瑞典处于新石器时代，因为所处的特
殊地理位置，它很早就融入泛欧洲的商贸网络当中了，商人们用皮毛、奴隶
和珠宝等物品来换取所需的铜器。到公元前 500 年，铁器由于实用性远远大
于铜器而被广泛应用。它不仅仅应用于制作武器，而且广泛用于制作家庭用
具和农具。这使得瑞典的社会和农业产生了深刻的变革，瑞典进入铁器时代。

有文字可考的瑞典历史可以追溯到大约公元前后。据古罗马历史学家塔
西佗在他的《日耳曼尼亚志》(De Germania)中的最早记载，公元 1 世纪左右在
斯堪的纳维亚半岛生活的斯韦人就形成了以狩猎和食物采集为生的部落。

据考古学家发现，2 世纪左右的一些陶器上存在着用 50 多个北欧古文字

---

① ［英］尼尔·肯特：《瑞典史》，吴英译，1 页，北京，中国大百科全书出版社，2009。

刻写的铭文，这些文字和拉丁文颇为相似。到 7 世纪，这些文字经过简化改革，字母减少到 16 个，成为早期瑞典文雏形。在这之后，由于基督教的传播，拉丁语迅速取代古北欧语。

自公元 400 年至 10 世纪，瑞典与罗马帝国的贸易往来十分频繁，尽管各个部落等级森严，但是伴随着贸易的不断扩张，各部落对建立一个统一的国家的呼声越来越高。瑞典国家形成于公元 11 世纪。12 和 13 世纪是瑞典政局动荡变革时期，王朝不断更替，王位竞争极其残酷。比格尔王朝(也称福尔孔王朝)建立后，贵族和王室的斗争一直存在。其斗争聚焦于对司法制度的控制权，直到 1280 年《阿尔斯诺法令》(The Decree of Alsnö)颁布。该法令不但使得瑞典确立了欧洲封建等级制度，而且使得国王取得了国家法令的制定权。国王马格努斯·埃里克松起草于 1343 年的《土地法》在瑞典史上意义重大。作为一部类似宪法的基本法，它规定了国王的权力、政务会成员的资格、国王和臣民的义务，甚至有关臣民服兵役和缴纳赋税等内容。该法于 1608 年成为法典，并于 1734 年修订后直到今天依然是瑞典基本法律体系的组成部分。1397 年瑞典被并入卡尔马联盟。① 但在联盟期，瑞典人与丹麦人的冲突不断。1523 年，在丹麦军队镇压瑞典武装反抗失败后，瑞典获得独立。古斯塔夫·瓦萨(1496—1560)被选为瑞典国王，建立了瓦萨王朝。同时伴随着与欧洲其他地方经济整合的加强，瑞典越来越受基督化运动的影响。早在 829—830 年和 851—852 年，传教士安斯佳就到瑞典的商贸中心达贝加进行基督教传教活动。几经波折，大约到 12 世纪瑞典完全皈依基督教，并确立基督教为国教。瑞典的基督教化，不但对瑞典社会的发展和民众的精神生活影响巨大，而且对其国家自身发展意义深远。

盛行于欧洲大陆的新教改革成为促进瑞典主权国家发展的催化剂。1593 年，路德宗成为瑞典国教，瑞典也就加入了北欧地区路德教国家的行列。

---

① 根据卡尔马联盟协议，瑞典、丹麦和挪威都在丹麦国王统治下。

1628 年，古斯塔夫·瓦萨成为瑞典第一个世袭君主，瑞典脱离卡尔马联盟独立。古斯塔夫·瓦萨为加强中央集权，创制了一套行政官僚体制并进行了一系列政治改革。古斯塔夫·瓦萨去世后，瑞典经历了很长时间的动荡。17 世纪瑞典进入全面巩固时期，随着经济扩张以及在与丹麦、俄国的战争中获胜，在国王古斯塔夫二世阿道夫（1594—1632）的领导下，瑞典称霸欧洲北部，成为一个中央集权的军事国家。

　　1630 年瑞典加入三十年战争。战争期间，瑞典加入新教阵营，并派兵深入神圣罗马帝国腹地。1648 年法国与瑞典联军最终战胜神圣罗马帝国皇帝，签订了《威斯特伐利亚和约》，战争结束。瑞典得到了德国的一些领土。三十年战争后，瑞典在波罗的海的势力达到顶峰。

　　17 世纪上半叶的瑞典尽管在军事上取得了巨大的成功，但经济发展依然滞后。因此到 17 世纪后期，随着国王卡尔十二世去世，它作为一个主要的军事强国也在迅速衰落。[①] 于是俄国开始取代瑞典成为北欧及波罗的海地区的新兴强国。1721 年瑞典在北欧大战中战败，其部分领土被并入俄国，从而丧失了波罗的海属地及其军事强国地位。

　　1809 年，俄国派兵吞并了瑞典统治下的芬兰。瑞典于 1813 年加入反法同盟。根据 1814 年《基尔条约》，虽然瑞典从丹麦手里得到了挪威，但是挪威乘机宣布独立并颁布了《宪法》。于是瑞典发动了一场短暂的战争，挪威被迫同意作为一个国家臣服于瑞典国王。特别值得一提的是，1818 年即位的国王卡尔十四世·约翰于 1843 年发布了一份备忘录，宣称采取严格和独立的政治中立政策[②]，使得在此后的 200 年里，瑞典避免卷入任何战争与冲突之中。持久的和平稳定带来了国内经济和科技的发展。

　　19 世纪中期是瑞典的工业化和资本化高速发展时期。其政治体制也由封

---

① ［英］尼尔·肯特：《瑞典史》，吴英译，82 页，北京，中国大百科全书出版社，2009。
② ［英］尼尔·肯特：《瑞典史》，吴英译，151 页，北京，中国大百科全书出版社，2009。

建主义制度向资本主义过渡，1866年，瑞典社会的等级制度被废除，1867年政治体制引入两院制议会。瑞典农业革命始于19世纪中期，1827年颁布《圈地法案》，1846年瑞典行会制度被废除。在此期间由于社会稳定，政治经济高速发展，瑞典在科学、教育、卫生、文化领域成果斐然。例如，早在19世纪20年代，《强制疫苗接种法》就已颁布，远早于欧洲其他国家。19世纪末，瑞典完成了工业化，开始走上发达国家的道路。

二、19世纪之前瑞典的教育

早期的瑞典教育可以追溯到海盗时代。由于当时的北欧已经出现首领、自由民、奴隶三个社会等级，所以其教育也呈现出等级性特点，能够接受教育的仅仅是统治阶级即部落首领和自由民的子女，奴隶子女自然与教育无缘。此时的教育多在家庭当中进行，教育的内容多与家庭生活紧密相连，没有专门的教育机构和专门从事教育工作的教师，成人通过言传身教的方式向下一代传授生活、生产经验。

婴幼儿多在母亲和女仆的照顾下成长，部分儿童长至7岁左右，会被家人送到亲戚朋友家寄养，直至成人(约14岁)。这种寄养制育儿的做法在当时的北欧非常流行。当然也有不少儿童由亲生父母抚育。男孩在此期间跟随成人学习打猎、捕鱼、伐木等生活经验。由于北欧自然环境恶劣，当时的人们非常重视体育和武艺的训练，游泳、骑马、格斗甚至各种武艺均是学习的内容。统治阶级的子女还要专门聘请学者传授文学、法律相关内容。

到海盗时代，尽管瑞典处于父系社会，但女性依然享有高度的自由并得到社会的尊重，女孩和男孩一样有接受教育的机会，只不过她们学习的内容为巫术、魔法、草药熬制、烹调、缝纫等。

在整个中世纪时期，瑞典的文化带有浓郁的基督教色彩。到12世纪初，瑞典相继建立了六个主教区，并在1164年，建立了乌普萨拉大主教区。随着基督教的广泛传播，根据基督教惯例，在其教堂、修道院均附设学校，因此瑞典出现了其最早的学校教育形式——大教堂学校和修道院学校。由"学校教士"充当专门的教师对有志于从事僧侣工作的人员进行教育，教授的内容包括阅读、写作、拉丁文和基督教教义。当时很多学校由于不能完全教授传统的"七艺"，所以，把教学重点放在了以拉丁语为中心的三学（文法、辩证法、修辞法）当中。因此当时的大教堂学校和以后出现的城市学校又被称为"三学学校"，并一直延续到 17 世纪。

大教堂学校为四学级制，每一学级修业两年，因此完成学业共需八年。学生的入学年龄没有明确要求，大多数学生 20 岁之后才毕业，毕业后在教堂或修道院从事一些神职工作。当时学习条件十分艰苦，教师教学方法也十分单一，照本宣科，盛行体罚。学校的办学经费多来源于教会收入和私人捐赠。

12 世纪初至 13 世纪中叶，随着与德国的贸易逐渐繁荣，瑞典商业和手工业发展迅速，大批新兴城市出现，早期职业技术教育萌芽，各个城市开始出现城市学校以满足劳动力需求。城市学校最早也由教会出资兴办，后逐渐发展成为靠市财政支持，因此学校的管理权也逐渐由教会转移到市政当局。其教学内容除了和大教堂学校一样外，还加上了一些满足城市商业发展的实用学科，如计算、天文、地理、外语等。招收的学生也不仅仅是城市富裕家庭的孩子。

瑞典农村的教育主要来自传教士的布道。当时每个星期天去教堂参加弥撒，学习基本教义，不仅仅是宗教要求，也是世俗法律的规定。儿童在 12 岁的时候要参加坚信礼和关于基督教教义的口试，必须熟悉使徒信条、主祷文以及圣母祷文，若到 15 岁还没有通过，会被处以罚金。

16—18 世纪，瑞典的教育在曲折中前进，逐渐形成了比较完备的学校教育体系。16 世纪，瑞典在国王古斯塔夫·瓦萨的领导下率先进行了宗教改革，路德教成为国教。但受宗教改革影响，学校教育遭受重创，因为早期学校均是在天主教的支持下兴办的。修道院学校停办，大教堂学校数量锐减，其中影响最大的当属乌普萨拉大学。

乌普萨拉大学于 1477 年由天主教乌普萨拉大主教雅各布·乌尔夫松创立，是瑞典及全北欧成立最早、历史最悠久的大学。大学早期的教学活动主要集中在哲学、神学与法学，并没有自然科学；而其神学院也自然而然成为乌普萨拉大学早期的权力核心。由于宗教冲突和斗争，该校被迫关闭。直到 17 世纪 20 年代，在国王的慷慨资助下，它才得以重建。

1571 年瑞典颁布《教会法》，其中涉及学校的相关规定，被认为是瑞典最早的教育法规，因而也被称为"1571 年学校令"①。该法令规定瑞典设置拉丁语学校，实行三学级制或四学级制，修业年限为六年或八年。教学方法和中世纪学校相差不大，但教学内容更为丰富，不仅包括宗教内容，还有人文素养方面的内容，既教授拉丁语，也教授希腊语。17 世纪初，随着战胜丹麦、俄国，成为北欧最大的国家，瑞典进行了一系列的教育改革。1611 年重新颁布《学校令》，把拉丁语学校分为以培养神职人员为目标的大教堂学校和以世俗教育为主的地方学校两大类。对学校教师配置也做了明确要求，每所学校一般设置教学人员六名，校长、副校长和神学教师各一名，一至三学级教师三人。对教学内容也做了一些调整，大教堂学校高年级的学生增加了希腊语，并且如果课时充足的话，还要学习希伯来语。

随后瑞典在欧洲中部政治冲突的三十年战争中取得了胜利，国王古斯塔夫二世在瑞典教会的帮助下，逐渐推进国家官僚制度的高度集权并建立了一个强大的中央集权的军事国家，政治上的统一促进了经济的高速发展和文化教育事业的不断繁荣。国王古斯塔夫二世根据当时国家的发展需要，进一步对教育进行改革。改革内容主要包括：①大量增加实用学科，如数学、外语、植物学、地理学等，并降低拉丁语教学所占的比例；②调整学校的类型和结

---

① 方彤：《瑞典基础教育》，12 页，广州，广东教育出版社，2004。

构，仿照德国，新建或将原来的两所大教堂学校改建成为古典文科中学，其高年级等同于大学水平，其经费由国库补助；③充实三学学校的力量，其他没有改建的大教堂学校降格为三学学校，改进后的地方学校也可升格为三学学校，三学学校的办学经费由地方财政支持；④规范学生奖惩制度，对学业优异的学生给予奖学金奖励，对学业不良的学生将给予留级或者开除处分；⑤加强国家对学校的督导，由国家视学官对学校进行考察督导。

高等教育在这一时期得到了快速发展。国王古斯塔夫二世认为，只有让公务员、法官接受高等教育，才能更好地行使职权。因此，发展高等教育，对当时公务员制度的建立起到了人才储备的作用。所以在此期间，众多大学如雨后春笋般出现：多帕尔大学（又称塔尔图大学）建立于 1632 年，图尔库大学建立于 1640 年，1688 年被瑞典占领的斯堪尼亚建立了隆德大学。而此时的乌普萨拉大学，也重回昔日辉煌。著名学者奥洛夫·鲁德贝克不但是一位文学家，还是一位科学家，其代表作为《王者世界》（Atlantica）。在其任教于乌普萨拉大学期间，他关于人体淋巴结功能的研究成果显著，同时他还在乌普萨拉建立了一个植物园。该植物园在 18 世纪被瑞典植物学家卡尔·冯·林奈（Carl von linné，1707—1778）接管，并留存至今。① 1741 年，林奈被任命为乌普萨拉大学教授。他撰写了一系列著作，包括《植物哲学》（Philosophia botanica）（1751）和《植物种志》（Species plantarum）（1753）。在这些书中，林奈根据动植物的性器官外形来对动植物进行分类，并按拉丁文字母顺序进行系统命名。这一体系成为现代植物学和生物学分析的基础，并为开启一个新的科学时代做出了贡献。② 整个 17 世纪，伴随着大学的不断兴旺以及与欧洲大陆的密切联系，瑞典的科学、文化和教育也进入了一个繁荣发展时期。

18 世纪的瑞典教育基本沿袭了 17 世纪的格局，仅在一些教育管理和学科

---

① ［英］尼尔·肯特：《瑞典史》，吴英译，80~81 页，北京，中国大百科全书出版社，2009。
② ［英］尼尔·肯特：《瑞典史》，吴英译，115 页，北京，中国大百科全书出版社，2009。

设置上做了细枝末节的调整。大约到18世纪60年代，普遍的初等教育已经在瑞典确立，教授的内容为读、写、算数等基本课程。与此同时，与经济发展密切相关的职业技术教育得到快速发展。最早的职业技术教育机构可以追溯到1725年在乌普萨拉郊外开办的数学和经济试验所。1728—1731年，该校平均每年招收30名学生，其毕业生对当时瑞典的工业技术发展做出了重大贡献。除此之外，还有1730年在阿林索斯兴办的产业学校，教学科目除传统学校的神学、拉丁语等外，还有算数、几何、机械学和植物学等实用学科。① 这个时期的职业技术教育还没有纳入学校教育体系当中，而是隶属于相关部门，如工业部门和军事部门。商业学校则是在大城市由私人创办的，规模小，以短期教育为主。例如：1744年在斯德哥尔摩开办的商业学校，开设簿记、外语、商贸业务等初步知识课程；1767年在斯德哥尔摩开办的开明实科学校体系相对完备，其整个学习过程分为三个阶段，即基础阶段、普通教育阶段和职业准备阶段，并开设了不同领域的教学科目，如商业、工业、航海相关科目。

整个18世纪，瑞典的科研成果斐然。18世纪早期，以林奈教授为首的植物学研究发展迅速，而在18世纪晚期，化学家们则更加耀眼，如化学家、矿物学家托尔培恩·伯格曼，以发现氧气而闻名的化学家威廉·舍勒，锰元素的发现者戈特利布·加恩等。因此，古斯塔夫三世在1786年组建瑞典科学院时，能够自夸其拥有众多不同学科的科学精英。从此，该科学院提供了一个聚集场所，供最高层次的精英交流科学思想。

除此之外，由于国王古斯塔夫三世是一位音乐爱好者，也是艺术和戏剧爱好者，因此，在他统治期间，瑞典的音乐教育也繁荣起来。由国王在1771年建立的瑞典皇家音乐学院培养了音乐家卡尔·迈克尔·贝尔曼。国王卡尔十四世·约翰出于对法国艺术的喜爱，向艺术家和雕塑家学院捐款一万瑞典

---

① 方彤：《瑞典基础教育》，21页，广州，广东教育出版社，2004。

元，并将其改名为自由艺术学院。瑞典的艺术教育由此得到长足发展。

三、19 世纪瑞典教育的发展

（一）基础教育

19 世纪中期之前，瑞典仍然是一个农业国家。19 世纪中期是瑞典的工业化和资本化高速发展时期，在受到美国和法国资产阶级革命思潮的影响下，瑞典国内进行了一系列的社会和经济改革。1809 年瑞典通过了平衡国王和议会权力的新宪法，为资产阶级政治体制的建立铺平了道路。19 世纪中期，瑞典开始进行农业革命。1827 年颁布的新法律，即《圈地法案》，给社会带来剧烈的变革，大量土地开始合并，大量剩余人口涌入城市，农村旧的生产组织开始瓦解，资本主义经济实体开始取而代之。瑞典进入工业化和资本化高速发展时期。随着现代工业的兴起，大批贫困无地的农民成为工业廉价的劳动力，于是新的社会阶级——工人阶级产生了。在产业工人云集的大城市，各种工人运动蓬勃发展，工人组织纷纷出现。1867 年瑞典国会改为现代两院制议会，1876 年路易斯·德·吉尔成为瑞典史上第一位现代意义上的首相，瑞典也由此完成了它的资本主义政治改革。同时，教会的权力逐渐削弱，所以传统的古典学校已经不能适应社会的变革。教育改革势在必行。

19 世纪后期，瑞典进行了三次比较重要的教育改革。1842 年瑞典政府颁布《公共教育法》（The Law of Public Education），又称 1842 年学校教育法。该法案要求：①在全国实行强迫教育，保障绝大多数 7~13 岁儿童能够接受基础教育；②教学内容除了路德教基本教义外，还包括基础的读、写和算术等内容，教材由国家统一审定、出版、发行，并在全国统一使用；③每个教区必须承办至少一所小学，每所小学必须配备一名符合资质的教师，教师由专门的师资培训机构进行培训，合格后分配至学校任教；④由国家任命的视导员对学校的办学质量进行督导，并形成视导报告，反馈办学情况。由于 19 世纪初期瑞典人口骤增但经济发展落后，到19世纪50年代末该法案才开始在瑞典国内执行。1880年，瑞典在全国范围内建立了六年义务教育制度。

1885年，一位名叫奥古斯特·帕尔姆的裁缝在斯德哥尔摩创办了《社会民主党人报》(The Social Democrat)，传播其政治和社会思想。四年后，即1889年，社会民主党建立，该党的建立成为瑞典政治生活的新起点。[①] 尽管社会民主党标榜自己信奉马克思主义，但是，其主要指导思想是社会民主主义和实用主义。它不赞成用剧烈的暴力手段进行革命，主张通过社会改革来改造社会，而教育是其缓解社会矛盾、缩小阶级差别、进行社会改革的重要手段。所以，自社会民主党成立起，尤其是在它保持执政党地位期间，是瑞典教育事业快速发展的时期。

政治变革和经济发展使得人们越来越意识到不仅要对儿童进行个人知识和修养方面的教育，还要对其进行现代公民意识和公民责任教育。因此，有关公民道德等方面的教育开始提上日程。正如作家爱伦·凯在其著作《儿童的世纪》(Barnets århundrade)中所阐述的那样，瑞典在教育发展和道德教育方面存在很多不足，同时她展望了道德教育在未来应发挥的作用，即在推进儿童成长和整个社会福利方面将发挥的作用。特别是她对侵略性军国主义的叫嚣感到悲哀，她有先见地担心，这种势头发展下去将使下一代陷入可怕的战火中；如果是那样的话，文明生活的基本信条将有被抛弃的危险。与此同时，她还认为，性别问题应该加以解决，以使个人就他或她作为一个男人或女人的性特征得到启蒙，并由此就作为一个男人或一个女人对未来的责任有较深刻的认知。[②] 当时瑞典国内非婚生子女问题极为突出。在农村地区，每20个儿童中就有1个是非婚生的；而在同一时期的城市地区，每4个儿童中就有1

① [英]尼尔·肯特:《瑞典史》，吴英译，167页，北京，中国大百科全书出版社，2009。
② [英]尼尔·肯特:《瑞典史》，吴英译，186页，北京，中国大百科全书出版社，2009。

个是非婚生的。而到 19 世纪末，几乎一半的新生儿是私生子。[①] 人们在反思这一问题时，越来越认识到，贫穷、犯罪甚至非法性行为是家庭生活和家庭教育存在问题而导致的。因此，人们也逐渐意识到父母的教育、家庭观念的教育和儿童的教育同等重要。

（二）职业技术教育

伴随着 19 世纪瑞典国内政治经济的变革，尤其是第一次工业革命后，手工作坊逐渐被大机器生产所取代，资本主义经济逐渐取代传统的农业和手工业，过去的学徒制职业教育方式显然已经不能适应社会的发展了。此时的社会特别需要能够熟练操作机器的工人，劳动者基本的职业技能也亟须提高。1846 年，瑞典废除传统的行会制度，因此对于建立专业化、系统化和正规化的职业技术教育需求极为紧迫。19 世纪中期，斯德哥尔摩和哥德堡等地陆续出现了大量由私人或民间团体力量开办的职业培训学校。这些职业培训学校（如星期日学校和夜校）多利用业余时间上课，学习时间自由，它们主要培养新兴和商业工业所需的各种职业技术人才。[②] 但因为没有统一的监管、规划和指导，这些职业技术学校发展水平参差不齐，培训方式和内容单一，加上缺乏政府的扶持，部分学校在发展过程中逐渐被淘汰。个别学校通过提高培训质量，丰富培训内容等方式存活下来，渐渐发展成为职业技术大学。因此，20 世纪之前，瑞典的职业技术教育多为民间力量举办，并且由于政府职能缺失，其发展水平比较落后。

（三）高等教育

19 世纪瑞典的大学，既保有中世纪大学的传统特色，又受到法国、德国等欧洲其他国家大学变革的冲击，尤其是深受德国大学办学模式的影响，具有资本主义性质的现代意义的新的大学组织模式开始初见端倪。

---

① ［英］尼尔·肯特：《瑞典史》，吴英译，193 页，北京，中国大百科全书出版社，2009。
② 贺国庆、朱文富：《外国职业教育通史》下卷，329~330 页，北京，人民教育出版社，2014。

例如，斯德哥尔摩大学建立于 1877 年。这是一所在政府大力扶植并资助的背景下，大力开设自然科学方面的课程，并以满足社会实际需求为目标的私立大学，它享受政府的资助，具有鲜明的现代大学的特征。该校建立之初并没有建立考试制度，学科设置也比较单一，教学管理方式有别于传统意义上的大学，所以，最初被命名为斯德哥尔摩学院。①② 类似的高等学校还包括：瑞典皇家理工学院成立于 1827 年，校名原为工学院，1877 年起改为瑞典皇家理工学院；1891 年成立的哥德堡大学。与此同时，旧有的古老大学不断进行调整、改革和扩充，并出现了"重建潮"，校舍建筑逐步增加和扩建，包括大学图书馆、化学研究中心与新的大学主建筑等。例如，乌普萨拉大学和隆德大学均在 19 世纪 80 年代进行了重建。

整个 19 世纪对于瑞典传统大学来说，相较于校园环境的改变，另外一些"隐形变化"也在悄然发生。随着政府对大学的财政补贴和资助比例或份额越来越高，而个人捐赠与遗赠却日益萎缩，传统大学逐渐丧失经济独立性。加上政府通过各种立法加强对大学的监管，从而加强对大学的控制：一方面逐渐收回大学以前取得的各种特权，并使政府对教育的监管合法化；另一方面通过各种法令来限制大学自由。尽管政府对学校监管力度加大，但学生比中世纪自由许多。诗人古那·维纳堡在其作品《格伦塔恩》(Gluntarne) 中，充分反映了当时大学生自由浪漫的学习风气，并把乌普萨拉大学的学生生活描绘得如田园牧歌一般美好。

19 世纪的瑞典，男女在接受高等教育过程中依然存在巨大差异，一些优秀的男性可以通过奖学金完成其大学学业，但对于女性而言，获得高等教育的机会微乎其微，只有极少数人被允许听课。直到 1873 年，女性才取得参加

---

① 1907 年斯德哥尔摩大学发展为半市立大学，成为实际意义上的大学，并于 1960 年成为国立大学，更名为斯德哥尔摩大学。

② [瑞士]瓦尔特·吕埃格：《欧洲大学史(第三卷)：19 世纪和 20 世纪早期的大学(1800—1945)》，张斌贤、杨克瑞等译，130 页，保定，河北大学出版社，2014。

学业考试的相关资格。在 19 世纪中期以前，虽然没有明令禁止聘用女性，但女性成为大学教授几乎是不可能的，直到 1884 年索尼娅·科瓦莱夫斯基打破传统，成为斯德哥尔摩自由大学的数学教授，才使女性成为教授变成现实。[1]

第二节 丹麦的教育

一、历史概述

丹麦由日德兰半岛的大部分和附近的菲英、西兰、洛兰、博恩霍尔姆等 480 多个岛屿组成，其中 79 个岛上有居民，首都哥本哈根位于人口最多、面积最大的西兰岛上。丹麦南与德国接壤，东北和西北同斯堪的纳维亚半岛的瑞典、挪威隔海相望，是该半岛与欧洲大陆的桥梁，也是北欧各国中最南面的一个。

公元前 1 万年左右，一群以狩猎为生的来自中欧的猎人开始定居在日德兰半岛上，这便是丹麦历史的最初缘起。公元前 3000 年左右，来自南方的移民将农业带入日德兰半岛。公元前 2000 年前后，来自南方的新移民将精雕细刻的石制战斧带入半岛，丹麦进入战斧文化时代。战斧文化的出现表明了农业的迅速发展和社会财富的快速增长。而后，公元前 1000 年左右，凯尔特人（又译克尔特人）兴起，随着他们的扩张，青铜传入丹麦并开始用于制作武器等，丹麦遂进入青铜时代。[2] 青铜时代的丹麦相较于北欧其他地区是富庶的。公元前后，丹麦是朱特人、盎格鲁人、撒克逊人、森布利亚人等日耳曼部落的故乡。由于特殊的地理位置，彼时的丹麦较少受到罗马帝国文明的影响，

①　[瑞士]瓦尔特·吕埃格：《欧洲大学史（第三卷）：19 世纪和 20 世纪早期的大学（1800—1945）》，张斌贤、杨克瑞等译，137 页，保定，河北大学出版社，2014。
②　[丹麦]帕利·劳林：《丹麦王国史》，华中师范学院《丹麦王国史》翻译组译，27 页，武汉，湖北人民出版社，1973。

这也是北欧的历史不同于西欧历史的重要原因之一。然而，罗马商人到过日德兰半岛，他们以和平贸易的方式使得罗马文明以另一种方式传播，丹麦史进入了"罗马铁器时代"。在此期间，丹麦的造船术有了长足进步①，贸易、航运业也逐渐发展起来了。"罗马铁器时代"以后的一段时间是"条顿时代"。条顿人经过向克尔特人和罗马人学习，开始形成具有自身特色的日耳曼文化。他们创造了一套北欧文字，这种文字笔画简洁，易于刻在木头上或石头上。自8世纪末起，丹麦开始了北欧历史上著名的海盗时代。其中最著名的海盗是雷纳尔·洛德布罗格，肯德里克在《海盗史》一书中写道，"（洛德布罗格是）全部海盗史中最著名的人物之一……是丹麦王族的后裔"。他于845年春率领120艘船，沿塞纳河而上，抢劫巴黎，蹂躏塞纳河两岸；法国查理王以一支分为两半（河的两岸各一半）的军队应战，雷纳尔上岸先打败其中一半，接着把111个俘虏吊死，向北欧神献祭，然后渡河去击败另一半军队。法国国王不得不逃到一个寺庙里，承认战败且付给雷纳尔白银7 000磅。② 在国王哈拉尔德在位期间，丹麦国内针对是否继续进行海盗行为存在十分激烈的争论，老国王和他的儿子八字须王斯纹各自为政，斗争的结果是，老国王战败，八字须王斯纹于985年统一了丹麦。此后丹麦人继续疯狂地向海外扩张，每年春暖花开的时候，丹麦海盗就开始南下，一路横征暴敛。海盗时代丹麦王国在西欧获得了巨大的财富，并开始受到西欧文化的影响，尤其是海盗们把基督教从西欧带入丹麦。这些均推动了北欧社会发展。在国王斯纹·埃斯特里德森统治时期，丹麦建立了基督教主教区。③ 11世纪初，丹麦一度发展成为包括英格兰、挪威在内的卡努特帝国，但随着卡努特王第二个儿子的离奇

---

① 穆立立、赵常庆：《世界民族·第七卷·欧洲》，96~97页，北京，中国社会科学出版社，2013。

② ［丹麦］帕利·劳林：《丹麦王国史》，华中师范学院《丹麦王国史》翻译组译，62~63页，武汉，湖北人民出版社，1973。

③ ［丹麦］帕利·劳林：《丹麦王国史》，华中师范学院《丹麦王国史》翻译组译，87页，武汉，湖北人民出版社，1973。

死亡，强大的"丹麦帝国"很快就瓦解了。13世纪初，丹麦人的目光开始转向东方。当时，波罗的海在东、西方贸易中有较重要的作用。丹麦人急切渴望恢复它作为控制波罗的海和北海的强大帝国的历史地位。由于怀揣着恢复旧日丹麦帝国的梦想，国王瓦尔德马于1219年带领丹麦舰队开始向东方航行。丹麦军队在爱沙尼亚的林德尼西登陆，并很快占领了爱沙尼亚。当时的丹麦还没有成文法，只有流传下来的由"执法人"默记的古代法令。国王和他的行政官巡视全国后，发现各地的法则和规定差异巨大，因而决定制定一部适用于全国的法典。《日德兰法典》于1241年在伏尔丁堡制定，一直到1683年才废止。在瓦尔德马家族统治时期，丹麦深受欧洲大陆文化的影响，无论是宗教、文化，还是建筑、风俗，均是如此。但到13世纪中叶至14世纪中叶，王位之争，教会、贵族和国王间的权力之争，以及鼠疫流行，造成全国人口锐减，使丹麦经历了百余年的动荡。1397年，丹麦、瑞典、挪威三国在瑞典南部的卡尔马城缔结盟约，丹麦成为盟主。1523年，瑞典逐出丹麦势力，得以独立。丹麦与挪威的联合维持到1814年。1683年，国王克里斯蒂安五世颁布《丹麦法》(Danish Law)。它是一部全面的、通行于全国的、适用于除国王外所有丹麦人的法典。① 同时该法使得丹麦形成历史上前所未有的司法统一，并对平衡政府和民间社会力量具有长远的影响。从此，丹麦逐渐形成了一种理论上的强大而高效的政府，但日常行使权力时却奉行实用主义，遵循"放任自流"的特殊的"丹麦社会契约"，即合约自由和自愿仲裁，政府藏在幕后的政治模式。1801年，英国单方面发动哥本哈根之战，打破了丹麦的和平，将丹麦卷入战争。丹麦旋即与法国结盟，支持拿破仑一世，共同对抗英国。战争使得丹麦经济遭到了严重破坏，迫使丹麦进行国内改革，振兴经济。于丹麦而言，19世纪进行的改革不仅仅促进了财政的复兴，更意味着资本主义的发

---

① ［丹麦］克努特·J.V. 耶斯佩森：《丹麦史》，李明、张晓华译，43页，北京，商务印书馆，2012。

展。于是整个19世纪,丹麦历经战争,大胆改革,并在欧洲民主运动的影响下颁布了宪法,改行君主立宪制,建立起了资本主义制度,经济也得到发展和振兴。而且早在18世纪末的农业改革中,丹麦就将农业从有机生产转到商业生产,也就是从传统的以自然条件为基础的农业转为适应市场需求的行业,将旧有的以村为单位的大田合作变为私有化生产,并逐渐将农民为庄园主做劳役的义务除去,慢慢地使农民在经济上和法律上不再依附地主。① 因此丹麦逐渐成为世界主要农业国之一。

特别值得一提的是丹麦的宗教改革。丹麦各宗教派别利益纷争小,这是丹麦宗教发展历史中的一大特点。丹麦的教会和欧洲其他国家不一样,它不是国家教会,而是民众教会(Popular Church),由政府机构——宗教事务管理部管辖,并由国家财政拨款。这使得丹麦在宗教改革过程中比较平稳。较之在欧洲其他国家,路德教在丹麦很顺利地成为主流教派。同时,19世纪之初,丹麦受歌德与德国浪漫主义的影响,开始兴起对于新精神和自由的探索与追求。这些对丹麦国内的文化教育风格也有着深刻的影响。

二、19世纪之前丹麦的教育

同北欧其他国家相似,丹麦最初的教育和宗教有着十分密切的联系。自法国传教士将基督教传入丹麦,这个国家才渐渐产生正式教育的雏形。826年,传教士安斯加买了12个男孩作为奴隶,教授他们宗教教义,从而组织起了丹麦第一所学校。这改变了丹麦传统的口耳相传农事和军事技能,并在实践中不断练习的教育模式。因此,丹麦教育最初是紧紧依存于基督教的。丹麦教育的最初目的是培养教会人员,教学方法较为简单落后,鞭笞体罚较为常见,教育内容为宗教教义,教授的语言仅仅是拉丁语。学校依附教会而存

---

① [丹麦]克努特·J.V. 耶斯佩森:《丹麦史》,李明、张晓华译,50页,北京,商务印书馆,2012。

在，教士们所到之处必定设校兴学，尤其是在较大的城市，大礼拜堂内必有学校，因此，被称为"教堂学校"。因为此时的学校教育是人们接受正规教育并步入仕途的唯一途径，所以尽管学校生活痛苦难耐，但依旧是广大向往仕途和渴求知识之人的必经之路。

中世纪前期，因为一些德国商人在丹麦经商，很多人逐渐意识到在日常生活中学习丹麦文和数学的重要性。因此，开始出现一些儿童并非为了谋求一官半职，而仅仅是想学一些拉丁文和宗教知识的皮毛来应付将来的工作而进入学校的情况。但遗憾的是，毕业后，他们所学的知识同所从事的工作并不相关。为了改变这一现状，一些城市出现了教授丹麦文和数学的"写读学校"，或称为"丹麦学校"。①

自 1537 年起，丹麦君主为了传播宗教，使儿童能够在真正的基督教信仰中成长，并初步对儿童进行基本阅读能力培养，以使得他们今后能够更好地理解路德教教义和《圣经》，便在很多城市开办学校。但这些学校办学水平不一，均由当地教会的牧师监管。而在农村，教育基本上是停滞不前的。直到 1721 年君主弗里德里克四世允许在皇家骑兵用地里面开办 240 所住读学校，农村教育才开始发生变化。这些学校教授的主要内容依然是宗教教义和阅读，缴纳学杂费的学生还可以学些写作和算术。尽管国王曾号召广大地主向他学习，但遗憾的是响应者寥寥无几。

1736 年，政府建立了某种类似于义务教育的制度，以便能够让全国所有学龄儿童上学。这是因为自这一年起丹麦开始举行按手礼(按手礼又名坚振礼，是一种宗教仪式)，即年满 14 岁的儿童要参加按手礼。为了取得按手礼资格，儿童必须通过福音派新教基本知识的测试。为了准备考试，儿童必须去听教区牧师或牧师代表讲课，因此上课是强制性的。从某种意义上说，这种强迫教育成为普通义务教育发端的标志。1814 年丹麦颁布《寄宿学法》，明

---

① 滕大春：《外国教育通史》第四卷，220 页，济南，山东教育出版社，1992。

确指出牧师担任当地教育委员会主席，监管教区里各学校的活动。所以，教区再次在教育发展中起到了核心作用，它既是教会信众的精神导师，又是国家意志在当地的具体体现。牧师将政府教育计划贯彻到日常活动之中，并保证教育不会越过宗教规定的雷池一步，且要达到政府所要求的教育效果和社会效果。所以，1814年后，大批牧师参加培训教员的工作，后来丹麦建立了专门培养教师的专科学校。第一代的这类专科学校，绝大多数是牧师修建的。此后，牧师培训教师便逐渐制度化。随着相关法律的逐渐健全，为了使全国儿童接受教育，丹麦逐渐形成了比较完备的普通教育制度。1814年的《寄宿学法》正式提出普及小学教育，规定儿童必须接受基本教育。相较于北欧其他国家，丹麦明显走在了前面。挪威首次推行义务教育是在1827年，瑞典是在1842年。在大多数欧洲国家扫除文盲之前，通过推行小学义务教育，丹麦全国已普遍消灭了文盲现象，具有读写能力的人的比例不断提高。而具备读写能力是成为虔诚基督徒和对社会有用人才的前提条件，这也为农村各阶层的人员参加公共生活打下了素质基础，同时也为20世纪人民群众支持民主福利国家打下了教育基础。

丹麦曾在北欧海上称霸，创造了独特的文化，积累了丰厚的财富，但在其他国家兴起之后便落入衰退。之后丹麦便十分崇尚外来文化和思想，其教育的发展也是如此，崇外思想较为严重。

在历史上，丹麦贵族子弟一向把巴黎作为求学的首选之地。1479年，丹麦有了自己的高等学府哥本哈根大学。① 哥本哈根大学是在罗马教皇令下建造起来的，教会改革期间它静悄悄地衰败下去。1536年，哥本哈根大学在国王支持下重新开学，并被成功地改变成一所牧师学院，主要是为新教会培养牧

---

① 穆立立、赵常庆：《世界民族·第七卷·欧洲》，100页，北京，中国社会科学出版社，2013。

师。神学继续成为学校里的主要课程，一直延续到19世纪。①

在18世纪末，受到欧洲自由教育思潮影响，丹麦许多开明绅士纷纷积极倡导推行教育，政府设立了最高学校委员会，专门研究学校相关问题，并提出改革意见。该委员会提出设立师范学校，这可以视为丹麦师范教育的开端，在丹麦教育发展历程中具有重要的意义，为之后的发展奠定了基础。

三、19世纪丹麦教育的发展

丹麦教育在19世纪稳步发展，国家和政府逐渐取代教会获得教育的统治权，其教育开始走向现代化、普及化和义务化；开明绅士逐渐取代教士成为教师的主要来源；教育内容越来越适应国家经济发展和社会发展的需要，自然科学开始取代宗教教义成为教学的重要内容；出现了著名的教育家格龙维（Nikolai Frederik Grundtvig，1783—1872）。

（一）基础教育

18世纪末到19世纪初，丹麦的学校教育出现了巨大转机。受到欧洲自由主义教育思潮的影响，尤其是法国卢梭的自然教育理论的影响，丹麦摄政王子弗里德里希（后来的弗里德里希六世）针对当时教育中出现的问题进行了大刀阔斧的改革。丹麦的学校教育进入了快速发展期。1789年设立的最高学校委员会于1814年7月29日制定了法令，对初等学校的办学进行了规范，对儿童入学做了义务性规定："如果儿童不入学，父母被处罚金。"②虽未直接强迫入学，但其也包含了一定的强制性。以法令形式规定儿童受教育的权利和义务，在初等教育发展历程中，是一个跨越式的进步。法令还对初等学校的办学目的做了规定，将培养目标确定为培养有用的合格的公民、单纯的教会人

---

① ［丹麦］克努特·J.V.耶斯佩森：《丹麦史》，李明、张晓华译，84页，北京，商务印书馆，2012。

② Andreas Boje 等：《丹麦的教育》，吴克刚译，23页，上海，商务印书馆，1934。

员和信徒。教育虽依旧依从于基督教，监督权也仍掌握在教会手中，但丹麦教育的培养目标倾向于国家公民了，教育逐渐世俗化发展了。学校数量较之前而言增多了，"则务使每个儿童，在两公里以内，都有学校可入"①。财政投入使得适龄儿童的受教育机会得到了保障，学校分布优化，进一步确保了学生入学的机会，也大大增加了学校的入学人数。对入学学生，政府规定："7~14岁的儿童，均须入地方当局创办并管理的学校，接受完善的教育；'儿童如受私人教育，至少须够上公立小学的标准。'"②另外，教育政策得到许多开明绅士的支持，他们纷纷在自己的庄园设立模范学校。

除公立小学之外，这一时期的自由学校(Free School)是丹麦教育史上极具国家特色的一种初等教育机构。"在丹麦，Free School 一词的含义前后有所变化。在18世纪末至19世纪前半期，意为'义务学校'，乃指专为贫寒儿童设置的、免费的城市学校，与中产阶级的学校相区别。不过，家长们也须交付少许费用，以资助学校的发展，后来 Free School 则转意为'自由学校'，或'自立学校'，由家长的团体出资设立，自行管理，不受官方支配。"③自由学校与公立学校不同，多是为贫寒儿童提供教育的场所，尤其在建立初期，还免费提供教育，是贫寒家庭儿童的福音。在教育宗旨方面，自由学校主张生活与学习知识并重，与公立学校相比，其对于生活技能和生活经验要务的传递多了几分重视，加之欧洲自由主义教育思潮的影响，自由学校在办学上具有明显的自由性，不受政府和教会的支配与管理，更多的是纯粹的知识教授、生活经验的积累和生活感知的培养，将学生的能力培养置于单纯的知识教授之上。在教师方面，"据柯尔德说，自由学校拥有'最好的教师，口才的力量是那样的大，"儿童听了，甚至于到了来世，还能记得。"'"④。自由学校于丹

---

① Andreas Boje 等：《丹麦的教育》，吴克刚译，23页，上海，商务印书馆，1934。
② 滕大春：《外国教育通史》第四卷，226页，济南，山东教育出版社，1992。
③ 滕大春：《外国教育通史》第四卷，227页，济南，山东教育出版社，1992。
④ 滕大春：《外国教育通史》第四卷，228页，济南，山东教育出版社，1992。

麦初等教育而言，是一种集创新与特色为一体的教育形式。从教育制度层面
而言，该学校类型打破了教育被国家垄断、教会管辖的局面，学生家长参与
到学校的建设和发展之中；从教育内容层面来说，自由学校破除了知识传授
至上的学校教育形式，将关于生活与事实的教育引入学校教育之中，具有重
要的意义；就教师角色而言，自由学校聘用包含政治家在内的社会人士对学
生进行教育，亦是教育在脱离教会和宗教路途中跨出的建设性一步。自 1852
年福伦岛第一所自由学校出现起，多个地方效仿，很多家长也愿意为建设一
所符合自己意愿、不受政府支配的学校而贡献自身的物力、财力。自由学校
也取得了一定的教育成果，是丹麦初等教育发展进程中一抹灿烂的光辉。

　　自由学校在 19 世纪后期得到了蓬勃发展，一些谋求和保障自由学校利益
的社会团体组建起来。1886 年教师与家长团体组成了丹麦自由学校协会，"这
是一个教师及家长们的联合团体，公开请求社会，赞助自由学校的事业，渐
渐的竟使这些学校，得到政府及地方的经济帮助"[①]。丹麦自由学校协会自成
立以来，就为自由学校谋求资金和政治方面的支持。到 19 世纪末，自由学校
得到了政府的默许，并且不受教会控制，实现了真正意义上的办学自由。国
家和地方政府不干涉学校的事务，并且会予以津贴补助，支持其发展。1899
年颁布并施行的教育法令，对国家给予自由学校的补助还做出了相关规定：
"每个学生，每年约得政府津贴十二克郎，总计每年约十万克郎。而地方则依
学校学生人数的多寡，每校津贴五十至三百克郎。"[②]

　　丹麦历史上很长一段时间，中等教育的教学任务基本是由教会创办的"拉
丁学校"承担的，但是"拉丁学校"实质上不过是初等教育水平的机构，只有一
些大城市中发展较好的才可以说具有中等学校的雏形。最高学校委员会于
1814 年颁布了《寄宿学法》，确立了丹麦近代学校的主体制度，中等教育遵循

---

　① Andreas Boje 等：《丹麦的教育》，吴克刚译，45 页，上海，商务印书馆，1934。
　② Andreas Boje 等：《丹麦的教育》，吴克刚译，46 页，上海，商务印书馆，1934。

体制得到新的发展，至 20 世纪初，"几于所有设置初等以上普通教育之机关，皆属私人所有之实科学校与高级中学。迄于一九一〇年，全国四十五所高级中学，属于国立者仅有十三所，属于市立者六所"①。可见，在 19 世纪，丹麦中等教育得到了可观的发展，办学类型以实科中学和高级中学为主，办学性质以私立居多。私立学校在 19 世纪丹麦的初等教育之中占据着重要地位，这种现象一直持续到第一次世界大战。1903 年丹麦颁布教育法令，一种新型初级中学教育类型——中间学校出现了，从此，丹麦的中等教育机构由实科学校、高级中学和中间学校三种类型构成，一直维持到第一次世界大战前后。

实科学校学制一年，修业年限较短，非专科性质。其课程设置较全面，"实科必试科目为丹麦语(笔试及口试)、历史、地理、两种口说外国语(英、法、德国)、算术及数学(笔试及口试)、生物学及物质科学"②。完成修业者有资格作为政府中低级职务的候补人，也能升入其他设有农科、工科、商科等专门职业科目的学校。

高级中学是程度较高的中等教育机构，学制为三年，其入学要求远远高于另外两种。高级中学为有志学习高等专门学科者提供教育训练，中间学校的学生若想学习专门学科也能升入高级中学继续学习。高级中学的课程分为三科：古文科(古典语文)、今文科(现代语言)、数理科(数理)，以今文科和数理科的发展为重，古文科的发展相对滞后。男女生同校，除手工、体操外，有完全相同的课程设置。以科目考试作为结业考核，但无论修习哪一科目，都要参加丹麦语、两种现代外语、数学和古代文化史的考试。"分试加试下列科目：1. 古文科：拉丁文、希腊文、历史以及三门副科(地理、生物学及物质科学)。2. 今文科：三种现代语言(即英、法、德三种语言)及拉丁文。

---

① 常导之：《各国教育制度》下卷，365 页，上海，中华书局，1941。
② 滕大春：《外国教育通史》第四卷，230 页，济南，山东教育出版社，1992。

3. 数理科：历史、地理、生物学、物理(包括天文、化学)。"①高级中学在分科和结业考核方面，较其他两种学校更为细致，并从课程设置方面逐渐将古文科中的神学和宗教知识比例降低，培养更多的自然科学和社会科学人才。

(二)职业技术教育

丹麦的职业技术教育历史可以追溯到 14 世纪手工业和商业行会的学徒培养制度。那时，自发组织起来的各行会不但负责处理和调解行业内外事宜和关系，而且，为了本行业的壮大和持续发展，分别制定了该行业的学徒培养制度。这些制度规定了学徒培养的年限、培养费用、工作条件以及本行业必须传授的专业技能和考核标准。这一培养模式一直延续到 19 世纪初拿破仑战争时期。战争导致政治动荡、经济变革、市场变化，自由手工艺者人数迅速下降，行业发展萎靡，早期学徒制发展遭受重创。19 世纪初，欧洲大陆政治和经济自由主义浪潮波及丹麦，对其工商业产生重大影响。1800 年，一些星期日学校为适应经济发展的要求开始设置一些职业技术课程，并招收手工业学徒。1857 年，丹麦政府颁布《自由贸易法》，要求职业教育改变自由放任、缺乏统一规划的现状。保护工商业和手工业持续健康发展，必须建立统一的、规范的、系统的教育体系来进行职业技术人才的培养，因此，19 世纪开始出现专门的职业技术培训学校，到 1870 年，丹麦的手工业行会已经创立了大约 50 所职业技术学校。② 从此，丹麦的职业技术教育逐渐走上制度化、组织化和规范化的道路。1875 年，丹麦政府替代行会开始接管职业技术教育，1889 年，丹麦颁布了第一部《学徒培训法》，"不仅重新规定了学徒培训的条件，还明确了行会师傅和学徒的密切关系。其中规定：雇主有义务送学徒去职业学校学习并为其缴纳全部学习费用；学校有义务根据实际情况安排、管理和提

① 滕大春：《外国教育通史》第四卷，232 页，济南，山东教育出版社，1992。
② 贺国庆、朱文富：《外国职业教育通史》下卷，290~291 页，北京，人民教育出版社，2014。

供教学;学徒有义务进入职业学校去学习"①。1891年,丹麦完善了职业技术教育规章制度,并统一编写了专业教材。这使得丹麦的职业技术教育进一步制度化、规范化和法制化。

(三)高等教育

19世纪,丹麦的高等教育机构主要集中在哥本哈根。当时哥本哈根汇聚了哥本哈根大学、哥本哈根多科工业学院、国家兽医及农业学院,在丹麦高等教育领域形成了一枝独秀的格局。

哥本哈根大学是丹麦高等教育机构之中唯一一所学术性大学,属国家所有,但在办学方面基本依靠自给自足。学校管理自主性较强,校内事务基本自主。学校成立了大学教师会议,决定校内行政人员和校长的选任,具有最高决定权和人员任免权。自1479年创立以来,设神、法、医三科,1850年才开始设置理科;在很长时间里,只招收男学生,1875年才开始招收女学生,但神学科依然不向女学生开放,至20世纪初才有所改变。修业年限到20世纪初才有规定,医科八年,文科和理科六年,法学和神学均六年,修业年限较长,并且结业考试的要求较高,因此能顺利完成的人不多。

哥本哈根多科工业学院和国家兽医及农业学院均属于专门教育机构,培养专门人才。哥本哈根多科工业学院于1829年创立,培养专门的技术人员,修业年限一般为四年半至五年半。国家兽医及农业学院创立于1858年,既有专科,也有普通学科。各专业修业年限不相同:兽医、测量、森林等专业修业年限为五年;农艺、乳业、园艺等为专科,修业年限也较短,为两年半,旨在培养一些实用技术人员,教学较少涉及理学内容。

除上述三所国立高等学校之外,丹麦还拥有独具特色的民众高等学校。这一类型的学校由教育家格龙维倡导创建,于19世纪中叶并入丹麦教育体制之内。创办初期民众高等学校大多分布在农村,招收对象为农村子弟,后在

---

① 贺国庆、朱文富:《外国职业教育通史》下卷,290~292页,北京,人民教育出版社,2014。

丹麦工业发展的大背景下，有些开办在城市，也有城市的学生入学。这类学校在办学上倡导自由与自然，无过多限制学生的规约。从入学到学习，再到结业，学校均以遵从学生的自由意愿为主。学生入校寄宿，在学校的数月时间里学习各方面的知识，接受多方面的教育；学生没有无法通过结课考试的压力，因为没有结课考核制度。这里使用民族语教学，使青年感受到祖国的历史和未来，养成正确的人生观，爱祖国、爱人民，在高尚的人生中创造和享受美好的生活。这类学校旨在培养这样一种人："他抚养在大自然的母怀里，能保持对于一切伟大、美丽事物的深情，看到事实与璀璨的理想相去太远、或竟远出于限度之外时，不至于颓然流于消极。"①总而言之，民众高等学校既无入学考试，也无结课考核，不会颁发修业文凭，旨在为学生提供短期的自由教育。

(四)师范教育

最高学校委员会在 19 世纪初颁布法令，对丹麦教育发展进程制订了许多卓越的计划。其中就包括主张设立师范学校，用以培养合格的教师，这可以被认为是丹麦师范教育的开端。但由于国内外各种原因，丹麦师范教育发展稍显滞后。丹麦的师范教育制度与学校制度的其他部分并无联系，教师训练的要求不能及时地与其他学校相结合，因此未能满足其他各级学校的师资要求，教师的培养有所脱节。总体来看，19 世纪丹麦的师范教育发展乏善可陈。

---

① Noëlle Davies：《格龙维与丹麦民众高等学校》，戴子钦译，130 页，上海，中华书局有限公司，1936。

第三节 芬兰和挪威的教育

一、芬兰的教育

(一)历史概述和19世纪之前芬兰的教育

芬兰的国名全称为芬兰共和国。国名由族名而来,该国的主体民族是芬人。"芬兰"一词的意思就是"芬人居住的地方"。芬兰人称自己的国土为"苏阿米",在芬兰语中意为"湖沼之国"。芬兰因为多湖泊,所以还被称为"千湖之国"。芬兰位于欧洲北部,西北、北部和东部分别与瑞典、挪威、俄罗斯接壤,南临芬兰湾,西濒波的尼亚湾。

早在公元前,现今芬兰地域上就居住着芬兰—乌戈尔部落。据塔西佗记载,当时的居民还生活在原始社会,用骨制箭头狩猎。5世纪左右,他们还和夏梅人(塔瓦斯特人)、卡累利阿人形成部落联盟。9—11世纪,芬兰地域处于北欧海盗前往希腊的交通要道上。在外来影响下,芬兰—乌戈尔部落的原始公社制度开始解体,出现阶级分化,并逐步向北扩张。11世纪以后瑞典人大量进入,并传入基督教。在瑞典人统治时期,芬兰—乌戈尔各部落逐渐结合为芬兰人,并进入封建社会。12世纪以前尚未形成国家。大约从12世纪下半叶起隶属瑞典。1397—1523年,随瑞典一起从属于卡尔马联盟。1523年尽管瑞典脱离了卡尔马联盟,但芬兰仍然处于瑞典统治之下。瑞典国王古斯塔夫·瓦萨开始在芬兰西南部建立城市,发展经济,芬兰西南沿海开展了与俄国的贸易。在此过程中,芬兰地区的经济逐渐发展起来,到18世纪下半叶呈现繁荣的景象。随着经济文化发展,芬兰人的民族意识开始增强。[①] 1581年成为瑞典的一个大公国。1809年俄瑞战争后,成为俄国的大公国,由俄国沙皇兼任大公。1917年12月获得独立,成立芬兰共和国。

---

① 穆立立、赵常庆:《世界民族·第七卷·欧洲》,143页,北京,中国社会科学出版社,2013。

长期以来，芬兰的教育均由教会承担，教育内容仅限于基督教教义和一般文化知识。最初，儿童仅仅是在家接受识字教育和学习阅读。中世纪，基于宗教发展需要，堂区学校（教会学校）开始出现，其目的在于培养教士。文艺复兴后，芬兰受人文主义影响，开始出现一些文法学校。

（二）19世纪芬兰教育的发展

1809年，瑞典与俄国签订了《哈米纳和约》，芬兰并入俄国，成为俄罗斯帝国统治下的一个大公国。在俄国统治期间，芬兰享有一定程度的自治权，但瑞典的法律仍被保存。所以19世纪的芬兰政治，是受俄国统治、兼有瑞典遗留色彩的公国自治政治。

芬兰是一个传统的农业国家，19世纪前主要以农业为国家的经济命脉。19世纪的芬兰经济逐渐由原先的林业转变为工业，矿业和机械工业也得到发展，为日后芬兰的繁荣奠定了基础。第二次世界大战后，芬兰的农业人口仍保持相对多数，仍是一个以农业为主的国家。

芬兰的文化与教育受其历史影响，外来色彩较为浓厚。就通用语言而言，芬兰自16世纪并入瑞典以来，瑞典语就成为芬兰在行政和教育上的主流语言，并且是作为一种上流社会语言而存在的，直至19世纪末，芬兰语才得以复兴和蓬勃发展。在那之前，除了芬兰语之外，德语、瑞典语、拉丁语都是芬兰的重要语言。芬兰语在19世纪民族主义浪潮兴起后才重回优势地位。俄国统治者致力于将芬兰人自瑞典分离出来，以确保其忠诚。在19世纪之前，芬兰的教育几乎全部掌握在教会手中，教育的实施也由教会人士负责，无论是知识的教授，还是人才的培养，都旨在为宗教服务，以"培养教士"为目标。

总体而言，19世纪芬兰各方面的发展受其统治国——俄国的影响越来越深，瑞典对其影响虽逐渐消退，但依旧在社会各方面有着一定的影响。因而，19世纪的芬兰教育具有整体偏向异国的风格，受俄国和瑞典影响深刻，较其他国家而言，本国自身特色较弱。

1. 基础教育

1809 年，芬兰脱离瑞典，并入了俄国，获得了自治权，也通过了教育法令，确立了学校制度，规定"学校要对未来的教士和文官施与适当的基础教育"①。这种传统的学校制度一直持续到 19 世纪 40 年代。那时芬兰教育依旧将教士和文官作为主要培养对象，将培养出合格、出色的教士和文官作为初等教育的目的，教育的控制权大都集中在主教和大教士手中，国家仅仅享有名义上的管理权。教育内容偏向文法教育，以适应基础学校的培养目标。

19 世纪 50 年代之后，受欧洲自由主义浪潮的影响，芬兰国内掀起了改革。国内的变革伴随着教育的变迁，教育改革的首要任务就是将控制权与管理权从教会手中剥离出来。1869 年芬兰成立了"学校政府"，即教育委员会，将大部分教育权收回国家手中，由国家直接管理，只有初等学校仍被基督教会和教士控制。

19 世纪 50—70 年代，芬兰出现了一种新型的学校教育类型，即社区初等学校。社区初等学校担负起实施地方初等教育的责任，使得地区受教育儿童的数量大量增加。学校试用地方语教学，教育也不再仅仅服务于教会、致力于培养教会所需的教士和文官了，而是为广大人民的子女提供初等教育，教授必要的基础知识。至 19 世纪末，芬兰已经有三分之一的儿童能够入初等学校接受基础教育了，这与社区初等学校的贡献密不可分。但初等教育仍未能摆脱教会的控制，所以与由世俗管理的中等教育、高等教育之间形成了一道鸿沟。

19 世纪末 20 世纪初是芬兰飞速发展的时代，其初等教育也获得了快速发展，初等学校数量大量增加，适龄儿童的入学率也迅速提高。1880 年，芬兰初等学校约有 457 所，适龄入学儿童为 28 000 人；至 1910 年，初等学校已经

---

① Talme Lisale, The Science of Education in Finland 1828—1918, Helsinki, Finnish Society of Science, 1975, p.12.

增至 2 903 所，入学儿童达到了 181 000 人，呈现成倍增长的趋势和现状。这是 19 世纪末芬兰初等教育迅速发展的有力证明。

19 世纪前半叶，芬兰文法学校数量较少，且校址均设于城镇，使用瑞典语教学。因此，文法学校作为中等教育类型，并非面向广大普通人民子女，只有一部分人可以接受中等教育。"有的学校设有高级班(the higher classes)，为学生入大学做准备。1845 年时，这样的学校有 5 所。在较大的城镇，学校分高级部(higher section)和初级部(lower section)，1945 年，前者有 10 所，后者有 29 所。"①文法学校类型多样，在教授知识、技能之外，也为学生的升学做准备，为精英人才的培养奠定基础，但中等教育尚不是面向大众的，大学教育就更非如此了。除文法学校外，芬兰还设有男子学校和女子学校，专门为贵族子女提供教育。其中，男子学校"以拉丁语为主要学科，保持着人文主义和新人文主义的博学的传统"②，具有人文性。女子学校面向上层社会招收学生，具有贵族性。男子学校和女子学校只承担了少数人的教育任务。

受芬兰国内经济改革影响，中等学校于 19 世纪 70 年代初期开始进行变革。此次变革，中等学校不仅在办学类型上发生了变化，而且在体制上有了重大改变。就体制而言，变革之后，男子中学是中等教育的主要类型，也是升入大学的必经之路。教学内容变化相对较少，主要科目为拉丁语，人文主义是男子中学的首要特征。此外，同之前的男子学校不同，这一时期的男子学校不教授拉丁语，而教授现代语，"大体相当于德国的实科中学(the German Realschule)，有两个或四个班级"③，具有明显的实科性质和应用性质，学生毕业后从事工商业工作，这也是受到当时芬兰国内经济改革影响的结果。男子学校的这一变革，既适应了当时芬兰社会由农业经济向商业经济转型的要

---

① 滕大春：《外国教育通史》第四卷，212 页，济南，山东教育出版社，1992。

② Talme Lisale, The Science of Education in Finland 1828—1918, Helsinki, Finnish Society of Science, 1975, p.12.

③ 滕大春：《外国教育通史》第四卷，215 页，济南，山东教育出版社，1992。

求，也满足了学生掌握科学知识的需求。自19世纪80年代始，许多新建的中学在为学生升入大学做准备，具有大学预科学校的特征。此外，这种中学不学习拉丁语，也是其独特之处。19世纪下半叶，中等教育的重大变革还体现在很多中等学校一改使用瑞典语教学，而是使用芬兰本国语言。这意味着芬兰的教育渐渐脱离了瑞典的影响，日渐维系和传承本民族文化。这是中等教育变革中一种鲜明的趋势。

2. 职业技术教育

作为芬兰教育体系重要组成部分的职业技术教育，尽管相较于北欧其他国家起步晚，但在整个19世纪得以迎头赶上。19世纪之前，芬兰谈不上存在真正意义的职业技术教育与培训，仅仅是熟练的行会师傅带徒弟的简单学徒制。1752年，芬兰成立了一所纺织学校，被认为是芬兰最早的有组织的职业培训学校。随着社会经济不断发展，工业结构不断变化，社会对具有职业能力和专业特色人才的需求日益增长，19世纪初，芬兰开始大量出现新型的商业学校和工业学校，进入有组织、有规模的职业技术教育发展时期。1842年，芬兰颁布第一部关于职业技术教育的法令《关于手工业者培训》，其职业技术教育开始走上法制化轨道。

3. 高等教育

1640年，芬兰的第一所高等学府图尔库学院作为瑞典王国最东部的大学，在芬兰西部的海滨城市图尔库诞生，芬兰的高等教育开始起步。1809年的瑞俄之战，使芬兰从瑞典王国的大公国成为沙皇俄国的大公国，加之图尔库发生了一场大火，几乎将古都变为一片废墟，图尔库学院遂于1822年迁至赫尔辛基。从此，该学院更名为亚历山大帝国大学，隶属于俄国。1917年芬兰独立，它更名为赫尔辛基大学。①

---

① 赵广俊、冯少杰：《当今芬兰教育概览》，6页，郑州，河南教育出版社，1994。

4. 师范教育

早在 18 世纪末，芬兰就出现了师范教育的萌芽，一些杰出的修辞学教授开始举办私人讲座，向准备做家庭教师的人教授教育学相关理论知识。1806年，芬兰效仿德国，创办了第一所教育学院。"这所学院逐渐成为教育学教学的中心，它能使大学生获得担任文法学校教师的能力。"①教育学院的倡办者杰克伯·滕斯特罗姆教授后来担任亚波的主教，故该教育学院的创办和发展与教会是密不可分的。这所教育学院已经充分具备师范学校的特征了，学生修业年限为三年，采用学期课程制度。"学生所学科目乃是他们日后所教的内容；教育学讲座为必修课程，通常在最后一学年开设。此外还有教育实习，由一位专职讲师负责。"②教育学院的学生无论是何种专业，都要学习教育学知识，打好教师理论基础。学生在校期间学习的课程就是日后的教学科目，具有针对性，并且学校安排教育实习，在进行文化知识传授的同时，对学生实际教学能力进行训练。总体而言，该教育学院为学生提供了教育理论、专业科目知识、实际教学技能等各方面的教育，使大学生掌握毕业后成为一名合格文法教师所必需的能力。

第一所教育学院创办后，各地纷纷效仿建立起教育学团体。19 世纪中期，教师逐渐成为一种职业，这也进一步促进了教育学团体和机构的建立。例如，建于 1844 年的亚波教育学团体，"据记载，在他们举行的会议上，会员们就来自西欧的最新教育著作进行讨论；大多数人以德国为参考"③。1847 年，成立了全国学校教师职业协会，召集全国教师对学校教育进行讨论，对先进教育思想进行研讨和创见性借鉴，旨在提高全国教师教育能力，并提高教育学校的教学水平，但因政府的限制而失败。1848 年，瓦沙中等学校的教师也创

---

① 滕大春:《外国教育通史》第四卷，212 页，济南，山东教育出版社，1992。
② 滕大春:《外国教育通史》第四卷，212 页，济南，山东教育出版社，1992。
③ Talme Lisale, The Science of Education in Finland 1828—1918, Helsinki, Finnish Society of Science, 1975, p.12.

立了一个职业协会，专门讨论学校教育学、学校教学活动的组织、教学大纲设计等问题，但因政府和法律的限制于1849年宣告失败。这些教育团体虽因政府限制存在时间较短，未能开展大量教师教育活动，但对当时芬兰的师范教育做出了贡献，将大量教师的热情和智慧汇于一处，为全国教育事业集聚智慧，也为日后教育活动的开展和教育团体的兴办提供了范式。

芬兰的教育在国家政治更迭的影响之下，呈现出发展时间较短、外来成分较多的整体特点。教育的发展不可能脱离政治环境的影响，芬兰教育在这段时间脱离瑞典化、受俄国影响越来越深刻。就19世纪上半叶而言，芬兰教育还有宗教化、贵族化的特点，1806年制定的教育制度就具有明显的宗教性，并且延续到了40年代。19世纪下半叶，芬兰教育逐渐脱离了宗教束缚，越来越多的学校开始被政府正式管理。1869年，学校有了自己的中心部门"学校政府"，对学校事务进行调控和管理，教学用语也倾向于本民族语言了。受欧洲其他国家教育家教育理论的影响，芬兰教育向开放化、世俗化方向迈进。

二、挪威的教育

(一)历史概述和19世纪之前挪威的教育

挪威全称挪威王国。挪威(Norway)一词来源于古日耳曼语的"Norre"(北)和"Wey"(路)，意为"通往北方之路"或"北方航道"。挪威北部沿海，自古是斯堪的纳维亚半岛上居民扬帆出海的北路航线，因而得名。

挪威王国位于北欧斯堪的纳维亚半岛西北部，西濒挪威海，西北临北冰洋，东临瑞典，东北与芬兰及俄罗斯交界，南与丹麦隔海相望。三分之一的国土面积在北极圈内。

挪威人的早期历史与丹麦人和瑞典人密不可分，他们同为日耳曼人的北支，被统称为斯堪的纳维亚人或北欧人。早在1万年前，斯堪的纳维亚地区已有原始居民定居。斯堪的纳维亚通过丹麦与欧洲大陆相连，石器时代的狩猎者多从南方迁入。3—6 世纪，斯堪的纳维亚已经出现北欧古文字，但无文献保存下来，只在古罗马文献中有所提及。

北欧海盗时代，挪威人的祖先已扬帆于世界各地，进行抢劫、拓居和经商。

8 世纪末至 11 世纪，在北欧海盗时代，挪威人主要向西和西北方向扩张，并于 9 世纪发现冰岛。872 年，哈罗德·麦海尔征服了挪威境内的其他部落，建立起统一的王国。挪威立国后，国家统一的优势使得挪威人成为北欧海盗中最活跃的一支。982 年，挪威人发现格陵兰岛，并在此建立拓居区。14 世纪中叶开始衰落，1397 年挪威与丹麦和瑞典结成卡尔马联盟，并受制于丹麦。到 18 世纪中叶，挪威人对丹麦的统治表示强烈不满，要求自立的呼声越来越高。1807 年丹挪联盟卷入拿破仑战争，由于丹麦国王加入了法国同盟对英作战，被迫卷入战争的挪威陷入了贫困、饥饿和被封锁的困境，这使得挪威更加强烈地要求脱离丹挪联盟的政治体制。1814 年，法国战败，因丹麦与瑞典签署了《基尔和平协议》，挪威被迫划归瑞典。挪威人民为了争取国家独立进行了长期的战争，直至 1905 年 6 月 7 日，挪威议会宣布脱离挪瑞联盟而独立，并选丹麦王子为国王，称哈康七世。自此，挪威进入全面经济建设和发展时期。

挪威的学校教育始于 1152 年，在奥斯陆、卑尔根和隆赫姆等城市均设有主教堂学校。这些学校的目的是给教会和政府培养人才。宗教改革以后，基于新教发展的需要，为了更好地传播宗教教义，使得人人能够读懂《圣经》，初等教育开始兴起。1736 年，同丹麦一样，按手礼开始在挪威流行，因此挪威皇室于 1739 年下令要求在全国各教区设立学校并要求所有儿童接受教育，这成为挪威义务教育的开端。法令明确规定了国家对教育应该行使的权力和负有的责任。但受到当时条件的限制，该法令并未实施。1741 年，皇室再次颁布法令，重新推动教育向前发展。

(二) 19 世纪挪威教育的发展

1380—1814 年，挪威处于丹麦的统治之下，1814 年，挪威又转受瑞典的统治，随后与瑞典形成"挪瑞联盟"。在 300 多年的时间内，所有挪威学校都是由丹麦来立法管理的，挪威没有自己的公共学校和教育政策。直到 1905 年国家独立后，挪威的教育事业才开始全面复兴。

教育机会均等、促进教育的进一步民主化、提高全民的教育水平，是挪威教育的基本方针。学校的主要目标是传授文化知识，促进每个人的个性圆满发展，满足社会政治和经济发展的需要。从历史上看，挪威教育改革的主要任务是打破双轨制的学校教育传统，用综合的、统一的学校形式取而代之。为完成这一任务，挪威花费了近 150 年的时间，经历了四个改革周期。1827 年 7 月 14 日的教育立法标志着挪威第一个教育改革周期的开端，城镇逐步建立了常设学校，偏远地区建立了流动学校，挪威开创了其现代教育。1869 年颁布了《高等公费小学法》，开始了第二个改革周期，1889 年的《教育法》把义务教育延长到 7 年。第三个改革周期始于 1910 年前后，它的标志和口号是"统一"一词。1920 年建立了七年制公费小学。20 世纪 30 年代工党执政，挪威通过了一批学校法，使其在免费公立学校立法方面早于欧洲其他国家。1954 年全国教育改革委员会成立，标志着第四个教育改革周期的开始。这场改革深入持久，涉及国民教育的所有方面，推动挪威教育向更民主的方向发展。其特点是实验新的学校形式，以在全国实行九年制义务基础学校教育思想为重心。

这里着重介绍前两个改革周期的相关内容。

1. 基础教育

1827 年颁布的法令规定：在乡村设立小学；各主要教区必须设立一所固定学校，并根据情况增设流动学校；担任教学工作的依然是教会的神职人员，教学的主要内容是阅读、写作和宗教知识。在城市里，只有一部分儿童可进入古典学校，其余儿童被分流到自由学校。自由学校依然由教会承办，其办学经费主要来源于慈善捐赠。

到 1848 年，挪威城乡教育得到进一步发展，学校教育逐步正规化和系统化。1848 年颁布的法令，正式确立了强制入学的制度。1860 年，新的乡村教育法令出台，取代了 1827 年的法令。新法令除了保持原有的每个学区必须设立固定学校等相关内容外，教育内容较以前更加丰富，为适应当时社会经济的发展，历史、地理、自然科学等学科被纳入教学体系中。学校的管理工作，由经民主选举而组成的地方学校委员会负责。因此，该法令和 1848 年法令一起，确立了挪威基础教育的基本框架。

19 世纪初，挪威的中等教育机构包括古典学校和现代实科学校。1869 年，挪威进一步确立了中等教育的组织结构，分别建立了中间学校和文科中学。中等教育双轨制确立，其中文科中学又分为两类：一类以学习拉丁语、希腊语为主，一类侧重于数学、英语和自然学科的教学。

1889 年，针对当时社会教育发展的新情况，挪威进一步完善了相关的法律法规，并制定了新的教育法。因此，挪威全国的教育得到了进一步发展。

1896 年，挪威政府颁布了中等教育法令，在城镇地区实现了小学和中学的衔接。即儿童在接受完五年小学教育后，经考试合格，进入中间学校或文科学校学习。同时根据该法令，中学由教育部统一管理，并设立中等教育委员会。

2. 职业技术教育

早期的挪威一直处于丹麦、瑞典等国的管辖之下，在 1905 年国家独立之前，没有形成自己独立的、完整的、系统的公共学校体系和教育政策。

和北欧其他国家相似，挪威的职业技术教育也起源于学徒培训。其职业技术教育可追溯到 13 世纪第一个实行学徒管理的行会，后因国王授权仅能由商业同盟会进行职业培训，行会学徒培训逐渐没落。1568 年，在挪威西海岸学徒制学校重新得到发展。因此,可以简单地说,19 世纪以前,挪威的职业教育主要由行会负责。但随着欧洲工业化进程不断推进,挪威经济也受到影响,传统商业和行业遭受巨大冲击。工业化发展需要大量的熟练工人,而传统的、零散的学徒培训显然不能满足社会和经济发展需求。于是,在 1839年、1866 年和 1894 年,挪威先后颁布了三部《行业法》,不断完善从业技术人员的培训体系。例如:1839 年及 1866 年颁布的《行业法》,对于从业技术人员不再要求必须经过学徒培训和获得熟练工人资格。而 1894 年颁布的《行业法》规定,从业人员必须通过包括实践技能和理论知识的熟练工人资格考试方能成为行会成员。①

3. 高等教育

相较于北欧其他国家,挪威的高等教育起步较晚,直至 1811 年,奥斯陆大学才得以建立。其后 1864 年挪威成立民众高等学校、1875 年成立郡立学校以及 1893 年成立青年学校,民众高等学校和青年学校为私立学校,而郡立学校归属郡级政府管辖。郡立学校主要招收来自乡村的青年,教授园艺、农业、家政等和实际生活密切相关的知识和技能。学生在校学习时间较短,只有 3~7 个月。自 1884 年起,大学开始实行入学考试制度。学生在文科中学通过毕业考试获得证书,可作为升入大学的凭据。这样,普通中小学和大学之间实现了衔接,挪威形成了初、中、高三级的系统学校制度。② 1885 年,挪威创设劳工学院,教育对象为成年男女,主要是工人群众,学习内容为自然、人文、社会生活及文化发展等方面的知识,教学方式为问答与讨论。③

4. 师范教育和特殊教育

挪威还注重发展师范教育,承担小学师资的培训任务。1749 年,挪威建

---

① 贺国庆、朱文富:《外国职业教育通史》下卷,304~305 页,北京,人民教育出版社,2014。
② 滕大春:《外国教育通史》第四卷,209 页,济南,山东教育出版社,1992。
③ 滕大春:《外国教育通史》第四卷,209 页,济南,山东教育出版社,1992。

立教师训练学院，1826 年，创建了第一所国立师范学院。随着初等教育的发达，其师范教育于 19 世纪后期迅猛发展。1890 年，挪威首次制定了其关于培训师资的法令。[1]

在 19 世纪，挪威的特殊教育也逐渐发展起来。1825 年，特隆赫姆建立了第一所聋哑学校。1861 年，盲人学校创立。1876 年，挪威又出现了招收智力障碍儿童的特殊学校。[2] 这三类特殊教育于 1881 年在法律上得到了确认。此后，其教育对象的范围逐渐扩大，言语发展迟缓或有障碍的儿童、其他类型的残疾儿童和成人等，均可入这类特殊学校。该类学校由董事会负责主持。

简言之，挪威的教育尽管起步较晚，并且因政治原因受制于别国，但其教育发展依然呈现出自己国家的特点。虽各级各类学校最早均由私人创立，但国家逐渐承担起教育事业的主要责任。私立学校逐渐侧重于从事商业教育和成人教育。挪威的教育在发展过程中形成了以公立学校为主、私立学校为辅、门类齐全、体系完整的特点。

---

[1] 滕大春：《外国教育通史》第四卷，208 页，济南，山东教育出版社，1992。
[2] 滕大春：《外国教育通史》第四卷，208 页，济南，山东教育出版社，1992。

第十三章

丹麦民众教育思想

丹麦只是北欧的一个小国，领土面积相当于英国的六分之一，人口只有
500 万。就是这样一个国家，引起了世界上其他国家的广泛注意。丹麦在世界
上产生较大影响的事有三项：一是安徒生的童话故事，二是社会福利，三是
民众高等学校(the folk high school)①。在西方教育思想史上，丹麦民众教育思
想是一种既有特色又有影响的教育思想。其主要代表人物是格龙维。

第一节　丹麦民众教育思想的特点

19 世纪以来，丹麦的民众教育主要是通过所谓民众高等学校而得到广泛
发展的。丹麦的民众高等学校在成立初期，特点鲜明突出，有很强的个性，
因此人们很容易把它同其他的教育形式区分开来。但是，随着民众高等学校

---

① 新中国成立前，雷宾南、戴子钦等人在介绍有关丹麦的教育时都曾用"民众高等学校"这一名
称。此名称由来已久，约定俗成。1985 年出版的《中国大百科全书：教育卷》"丹麦教育"条里就沿用
了这一名称。黑龙江《成人教育》1985 年第 1 期刊载赵东方译编的《瑞典的成人教育》一文采用了"民
众高级学校"之说。此文在 1986 年北京出版社出版的关世雄、张念宏编著的《世界各国成人教育现
状》中被摘收，仍沿用"民众高级学校"一说。

一百多年的发展与不断变革，人们已经很难对其进行准确的描述。英语和汉语里都找不到与丹麦语"folkeøjskole"对应的词语。人们暂且将它译成英文的"folk high school"。这种学校确实面向成年民众，面向人民，"folk"之译名无可非议。但是，"高等学校"（high school）却容易令人误解，因为大多数美国人把它看成"高中"。丹麦的"folkeøjskole"与美国的"highs school"或一般高等学校不同，它是一个面向所有年满 18 岁的成年人的教育机构。这种学校没有任何授权；学生之间也没有任何竞争，没有考试，没有分级，也没有分数可言；游离于正规的教育系统之外。它的全部费用的 85% 来自政府，每所学校的办学思想、组织安排和教学设计等各方面都不受政府的任何管制。有时，那些激进的学校里发生令政府不快的事，官员们也会咕哝几声。例如，布朗拜市市长拉什姆森就曾生气地说："我们将不向那些民众高等学校提供经费了，这种学校使公民学会了更好地向警察扔石头。"①斯文堡的激进学生发行过一本小册子，宣称入学者可学习一门新课程，其教师有的是市民静坐运动的激进分子，有些是扔石头的能手。斯文堡市市长约翰森抱怨道："所有那些教人怎样危害社会的人都有着充分的自由。既然这样，那往后就让他们自己给自己付费好了。"尽管如此，这些官员无权因此而取缔任何一所学校。他们最多在给当地就读这类学校的学生发放津贴的问题上要点花招，但很难得逞。

丹麦民众高等学校实际上是一种成人教育机构，将它与其他教育形式做一个比较，可以发现它的一些独特之处。

一、民众高等学校与普通教育

丹麦普通教育起源于 19 世纪的民族和民主运动，是这场运动的一个方

---

① Steven N. Borish, The Land of the Living: The Danish Folk High School and Denmark's Non-violent Path to Modernization, California, Blue Dolphin Publishing, 1991, p.434.

面、一个口号。其宗旨是全体民众都有受教育的权利和自由，使教育摆脱少数僧侣、贵族的垄断，成为全体公民的权利。让民众掌握一定的文化知识和技能，提高民众的文化素质是普通教育的目标，这个目标与丹麦早期的民众高等学校的"生活启导""民众启蒙"的目标是根本不同的。民众高等学校的教学内容主要是历史、文学和演讲三大科目；而普通教育的教学内容涉及范围比较广泛，包括算术、书写、文法等。

普通教育这一名称在1970年《丹麦教育法》中用来区别传统的民众高等学校。但是随着这两种教育方式的发展，它们所开设的课程中相同的科目越来越多，普通教育与民众高等学校似乎在逐渐融合。因此，即使是政府机构，也很难确定缝纫、民族音乐、生态保护等课程到底归属于哪种教育方式。被称为"丹麦民众高等学校之父"的格龙维的民众高等学校思想，在现实的民众高等学校中也已发生很大变化。人们似乎已无法分清普通教育和民众高等学校了，然而民众高等学校这一名称似乎更受人欢迎。因此，丹麦新成立的学校，仍冠以"民众高等学校"之名，如健康民众高等学校、体育运动民众高等学校、音乐民众高等学校、戏曲民众高等学校等。早在1920年，一些议员和教育官员就对这一问题进行过讨论，想对这两种教育机构进行界定，其主要方法是按照民众高等学校的"民众启蒙"思想来界定它，结果只有有限的几所学校符合他们划定的标准和条件。他们把民众高等学校界定为"是为成人提供有关历史、诗歌、社会学、哲学教育的场所"[1]。鉴于这种情况，有些人干脆提出，强行地、人为地给这两种机构划定界限是不可取的，他们主张让这种状况继续存在下去。人们进入哪种学校，不是因为学校的名称，而是因为到那里学习自己所需的课程。从上述情况可以看出，民众教育思想已经深入丹麦人民的心里，人们喜欢民众高等学校这一称号。丹麦民众高等学校自设立

---

① Thomas Rordanm, The Danish Folk High School, Copenhagen, Det Danmark Selskab, 1980, p.124.

以来虽已发生很大变化，但它作为成人大众教育的基本性质、特点和传统却
保持了下来。

二、民众高等学校与其他寄宿制学校

　　1970 年颁布的《丹麦教育法》中规定：民众高等学校、农业学校、继续教
育学校和家政学校为成人学校。这四种学校既有其共同的方面，又有其各自
的特点和不同的地方。

　　第一，它们都是寄宿学校，即学生在上学期间，住在学校，吃在学校。
这种管理方式可以使学生感受学校的生活气氛，体验到那种民主的、积极向
上的、活泼的生活，进而领悟到生活的真谛。最早实施寄宿制管理模式的是
民众高等学校。这种模式不仅是民众高等学校的传统，而且通过 1970 年的
《丹麦教育法》被固定了下来。这样，民众高等学校不仅提供各种课程的教学，
还为学生提供食宿。即使课程临时调整、学生外出学习，学校也应提供食宿。
立法者的目的旨在维持民众高等学校的传统，保护民众高等学校的健康发展，
不让其衰亡。同时也使其明显区别于其他形式的教育和各种休闲教育活动。
这种措施不能绝对地认为是某些权威机构给予民众高等学校的优惠，因为它
是民众高等学校一百多年的历史经验，已经成为学校的传统。

　　第二，它们都是自由学校，原因是它们都源于格龙维关于自由学校的思
想。它们都有权确定自己的教学目标、课程内容、教学方法，有权支配自己
的财务。格龙维认为，学校只有摆脱政府的控制才能获得真正意义上的自由。

　　但是，农业学校、继续教育学校、家政学校有着与民众高等学校不同的
特点。根据法规中对农业学校的特殊保护条款，农业学校能够针对农民的需
要随时调整自己的课程结构。同时，教育部通过各种途径把农业学校收为国
有，并把它列为职业技术教育的一个分支。这在很大程度上改变了农业学校
创办之初的性质，使它明显地区别于民众高等学校。而继续教育学校的特点

之一是，一般要通过一定的考试制度招收通过民众高等学校八年级到十年级考试的学生，有的学校限定十一年级。其结果是，继续教育学校成了民众高等学校的高级教育机构，成为民众高等学校高年级学生进一步学习的场所。家政学校为民众提供了一种综合的教育，但在学校教学计划中以家政学科为主，其中包括综合课程、厨房管理课程、基本职业技术课程等。其目的是激发人们的生活热情，提高人们的生活质量。家政学校有两种形式：一种是必须通过考试的学校，像农业学校和继续教育学校一样；另一种是自由学校，不经任何考试就可以入学。这样看来，只有民众高等学校才是真正意义上的不用参加任何考试而入学的自由学校。

从上可见，丹麦的民众高等学校是颇具特色的成人教育场所。正是由于这种民众高等学校，丹麦成为世界上"自由民众教育"的先驱。它是丹麦对世界教育的一大贡献，欧洲其他国家以及美洲国家都有仿效丹麦民众高等学校的机构。

第二节　格龙维的教育思想

在19世纪的丹麦，格龙维是政治家兼国民领袖，又是宗教改革家，还是诗人、学者、哲学家和教育家。他构想的民众高等学校对丹麦社会和教育发展产生了十分重要的影响，他因而被誉为"丹麦民众高等学校之父"。

一、生平和教育活动

格龙维1783年9月8日出生于丹麦西南部的乌德拜。幼年时代，他受到了良好的家庭教育。他在青少年时代亲身经历了丹麦的衰败，于是立志要拯救灾难深重的祖国和人民。

1792 年，格龙维进入亚特兰中部的泰尔哥德中学。1798 年，他转至阿赫斯大教堂学校。1800 年，格龙维入哥本哈根大学，并于 1803 年获初级学位毕业。大学毕业后，格龙维来到朗格兰岛埃格洛克庄园任教。在这期间，他苦读德国的理念性著作，尤其是浪漫主义哲学家谢林的作品。终于，在这些思想与北欧神话的交合处，格龙维找到了认识和驾驭自己人生的契机。格龙维决心从事文学事业，并于 1808 年回到哥本哈根，把口传的北欧荒古原人的奇闻逸事整理成书，出版了《斯堪的纳维亚神话》(Scandinavian Mythology)，赢得了广泛的赞誉。

1810 年春，格龙维的父亲要求他回乌德拜当牧师，但他不愿意，因为他想在哥本哈根自谋发展。格龙维于 1810 年 3 月做了一场见习布道，作为任职前的考试项目之一。这次布道的有关内容于两个月以后以《为什么在数学里听不到福音？》为题发表。这对当时的布道不啻是当头一棒。哥本哈根的牧师们群起到教会法庭控诉，格龙维不得已只好接受惩戒，在教会任职的申请也随之落空。

在极度的精神危机之中，格龙维不得不于 1810 年圣诞节前夕回到家乡乌德拜。在这里，他父亲为他申请到了牧师职位，他于 1811 年 5 月受职。格龙维以极大的热情履行他的职责，并仍致力于写作。他于 1812 年出版《世界编年史简明概念》和《罗斯基尔德诗篇》(Roskilde Rhyme)。这两本著作都着力于描绘上帝的统治和先人的成就，旨在以此振兴教会。

1813 年 1 月，格龙维的父亲去世，他的牧师职位也随之失去。他只好回到哥本哈根，间接地开展他理想中的事业，于 1816 年出版《圣经布道》(Biblical Sermons)。因为不能谋得教职，格龙维就潜心于历史方面的研究。1817 年，他出版《世界编年史展望》，盛赞路德时代。他还翻译了英文英雄史诗《丹尼韦克》(Dancvirke)，发表了诸如《复活节的百合》(The Easter Lily)等诗歌、剧本，以及大量有关哲学和历史的论文。这一时期格龙维奠定了后来事业的基石，他的"丹麦魂""民智""人民精神""活的语言"等概念，均发端于此。

从 1818 年起，弗里德里希六世每年资助格龙维 600 克朗。这使他得以娶布里切尔为妻，并养儿育女。1822 年秋，他获得了哥本哈根基督教耶稣教堂的牧师职位。

1823—1824 年，格龙维由于获得了新的活力，创作了长达 312 节的诗歌《充满生机的大地是新年的黎明》(The Land of the Living are New Years Morn)，又在 1824 年的圣诞节出版了《O，再次欢迎您》(O, Welcome Again)。在这些著作中，格龙维展示了他关于优秀文学形式与内容的独到见解，认为语言与内容并非通常所说的彼此分离，而是相互融合的。

有一个直接的原因使格龙维在其新的人生观上走在时代的前列。1825 年，青年神学家克劳森出版了《教会传统：耶稣教与天主教的学说和仪式》。克劳森认为，教会在某种意义上是"促进一般宗教信仰的共同体"①。而格龙维认为，教会是一个具体的实在物，有其自身的历史渊源。于是，他发表《教会的反驳》，指责克劳森是错误的，并要求克劳森辞职。克劳森以诽谤罪与格龙维对簿公堂。结果，克劳森胜诉，格龙维被判终身接受审查。格龙维虽然受挫，甚至不得不于 1826 年辞去牧师职位，但是，他由此结交了一些志同道合的朋友。他们一起研讨问题，出版书籍和报刊。格龙维还因此打消了当大学教授的念头，决定到人民群众中间，与人民大众同呼吸、共患难。

1829—1831 年，格龙维得到政府资助，三次出访英国，研究英国的古典文献。英国人的崇尚理性与讲求实际给他以深刻的影响。他在 19 世纪 40 年代出版和发表的《丹麦四叶苜蓿》(The Danish Four-Leaf Clover)、《致孩子们的公开信》等作品里，极力主张开展自由、自然、灵活的民众教育。为弥补现存教育制度的缺陷，格龙维进一步萌生了建立一种全新的、为生活服务的学校

---

① Christian Thodberg and Anders Pontoppidan Thyssen, N.F.S.Grundtvig, Tradition and Renewal, Copenhagen, Oet Danske Selskab, 1983, p.12.

的基本构想，即民众高等学校。

1837 年，格龙维被解除审查，得以应邀向听众做公开系列讲座。1838年，他在博克学院做题为《在活着的记忆中》(Within Living Memory) 的讲座，以活泼轻快的口语讲述丹麦的历史，来激发民族自强意识，获得巨大的成功。

1832—1839 年，格龙维一直在弗里德里克教堂任无薪传教士。1839 年，他获得常任职务，在华托夫医院教堂做教区长。格龙维的听众越来越多。常任职务获得与社会声望提高，使格龙维在以后的三十多年里免除了经济上的忧虑，而且改变了他的整个生活。

格龙维以其独到的教育理论赢得越来越多的追随者。他们纷纷通过创办民众高等学校、开办师范学院和自由学校来将格龙维的理论付诸实践。一时间，格龙维的民众教育思想风靡丹麦，传遍整个斯堪的纳维亚，并波及欧洲大陆。民众高等学校这一教育领域里的新事物在各地出现。格龙维本人也因此连续当选为丹麦下议院议员；1866 年，又入选上议院。在克里斯蒂安八世和加洛林·阿玛莱在位期间，他还受到皇帝的厚爱。

格龙维在晚年亲眼见到他的教育理想变成现实，十分欣慰，因而更加努力工作。他人已老而壮志未衰，依然是一位浪漫的诗人、渊博的学者和慈祥的老师。在他的讲坛下，聚集着如饥似渴的人。在他的教堂里，民间歌谣、通俗演讲和学术讨论此起彼伏。格龙维就这样兴奋地为丹麦民众工作到生命的最后一刻。

1872 年 9 月 2 日，格龙维因病在哥本哈根去世。

二、政治观、宗教观及文史哲观

作为一位政治家，格龙维在政治上的见解倾向于广泛的自由。虽然他对民众的同情和对国王的忠诚自始至终联系在一起，但他仍然主张民主政治，积极投身到立宪运动中去，成为 1848—1849 年丹麦制宪会议中有力的成员。

他始终反对财产特权,主张保障言论自由和服务责任,使新的民主政治真正能够反映民众的意志而不致成为官僚政治。

在唤醒丹麦人民的民族情感方面,几乎没有人比格龙维更伟大的了。他不仅以诗歌和译著向丹麦民众溯述过去历史上以及传说中的光荣,而且用更直接、更切实的方法激起人民的爱国情绪。1838 年,格龙维在哥本哈根做了几次关于丹麦现代史的演讲,引发了"丹麦学社"的成立。这个学社及其以后相继成立的类似组织,专门研讨丹麦民众的一切幸福问题。格龙维首倡的民众高等学校,以祖国为中心来教育学生。在 1844 年的斯康林斯班根大会上,格龙维以出色的演讲,激起了民众的爱国热情。在战争期间,他带领一批人鼓励他的同胞与强暴斗争,用自己对国家命运毫不动摇的信心去激励人民。格龙维反对任何形式的武装侵略和文化侵略,同时也竭力主张以任何形式的武装与文化斗争来捍卫本国的完整。

作为一位宗教改革家,格龙维狂热地投身到宗教改革运动中。虽屡遭挫败,但他仍然成功地领导了为国教会内外两方面的自由而斗争的事业,令国教会取消了有关虐待反国教派以及强迫反国教派子女接受洗礼的有关条例。格龙维还领导了一个名叫"索尼班兹·罗斯宁"的改革,于 1855 年废止了一项条例。该条例规定:除了居住在哥本哈根的人以外,教会以下的所有人都归教士约束;只有他们的教区教士可以替他们举行一切圣礼;他们必须把子女送到教区教士那里,准备接受按手礼以鉴别他们是否具有应有的宗教观念。

格龙维对丹麦教会所做的不朽贡献,不仅表现在神学上和实际改革上,而且表现在他所创作的大量宗教诗歌上。他的长诗《罗斯基尔德诗篇》和《哈拉德王与安斯加》叙述了丹麦教会的历史。格龙维的大量赞美诗极大地丰富了丹麦文赞美诗的内容。他的赞美诗传遍了丹麦的每一寸土地,展示着他那坚强的信仰。

可以说,格龙维以其全新的神学思想和主张革新了丹麦的教会政策,以其积极的宗教改革活动在一定程度上为人民群众赢得了宗教信仰的自由权和宗教事务的自主权。他主张在丹麦实现非暴力社会革命；他以鲜明的民主政治的主张参加社会政治活动，切实提高了农民的社会政治地位；尤其重要的是，他以其充满神谕的呼喊，唤醒了沉睡的同胞。正是格龙维所构想的民众高等学校培养的一代又一代新型丹麦人民，在丹麦走向现代化的历程中谱写了光辉的篇章。

19世纪及其以后的丹麦人，几乎无一例外地享受着格龙维的永久贡献。作为一位诗人、学者和哲学家，格龙维以大量的文学、史学、哲学著作充实了丹麦的文化宝库。他在写作和演讲中所运用的词语来自丹麦民间，虽然令外国人不易理解、难以翻译，但他的同胞却意会于心、为之雀跃。他的哲学思想看起来晦涩玄妙、捉摸不定，可在民众看来却是清晰可辨、理当如此的。他的史学著作着力于叙述民族精神，渲染的是那种世代相传、永不磨灭的精神力量。在诗歌的创作上，格龙维把一切诗体都打破了，而抓取其中的碎片，就像用象形文字抒情达意一样。他还以其经久不衰的作品在丹麦文字学、丹麦语言学等许多领域写下了史无前例的新篇章。

格龙维从小就对农民抱有深切的同情，恼恨一切虐待农民的人。他在深入了解了丹麦农民的历史与现状之后，决计用自己的勇气，不惜一切代价来教化农民。他的许多作品是为农民写的"平民读物"。他频繁地与农民接触，积极地向农民和乡村牧师宣讲，推广他的农民思想和主张。他与"农友党"领袖们私交甚密，热心地支持他们带领农民阶级参政议政。格龙维竭尽全力倡导的民众高等学校，便是要给予农民以他们需要的教育，使他们能够应付政治工作，做自己政治生活的主人。

格龙维认为，人人生而平等。因此，他倡导的民众高等学校，不是纡尊降贵地分一些文化科学的残羹冷炙来施舍给民众，而是彻底地与民众共同生活，与民众共同分享文化科学的营养。在格龙维看来，应该将有着永久的生命的信仰注入每一个灵魂中去，无论他是多么的贫穷和愚昧，他都会由此而感觉到自己生命之火在燃烧，从而积极地投身到创造性的生活中，去开创宏伟的事业。

三、民众高等学校思想的基本命题

丹麦自古以来的教育只面向少数特权者。在此前一千多年的学校教育史上，丹麦从来就没有过真正的民众学校，因此，造成了丹麦民众的愚昧、粗俗和顽劣。18世纪末19世纪初，丹麦之所以被战争推垮，民众之所以在一系列革命运动及社会变革中表现出消沉、麻木和不知所措的状态，显然都与此有关。怎样使民众变得敏捷、勇敢、富有科学头脑和优良品性呢？格龙维不无激动和浪漫地说：民众高等学校是一口天然自疗井。盲者遇之可以复明；聋者遇之可以复聪；哑者遇之可以复语；跛者遇之，不但可以抛弃拐杖、健步如故，而且可以轻快地跳舞。

丹麦皇家教育学院的布格认为，从某种意义上说，格龙维并不是一个教育理论家，他的兴趣在于创立一种教育机构。与此相应，他的教育思想不成体系，是零散的，并没有按一定的秩序和逻辑形成整体。其实，格龙维关于教育的主张还是有一定的内在联系的。他关于民众高等学校的思想有下述几个基本命题。

(一)活的语言

格龙维"活的语言"一说，主张把口语作为表达精神生活的工具，他认为只有用这种工具才能将生命从一个灵魂传到另一个灵魂。格龙维的门徒们后来把这一原理分解为三个要点：精神即力量，精神凭语言而活动，精神只有在自由中才能活动。

格龙维认为，口语是一种精神的实体，是一切高等人生活不可思议的有力工具。语言是属于精神方面的东西，要通过经验表达出来，仍然传达给精神。这是精神启示的唯一捷径，是精神与肉体的内在关系的一种确证。我们的语言，如果只是说说或形容形容我们所看见或感知到的事物，是很不够的。在格龙维看来，如果我们所表达的是存在于我们的心底里或飘浮在我们脑海中的不可见只可解的事物，从而创造出一个现象以外的世界——我们人类自有自享的，在现象世界中只能看见影子或画形的世界，那么，语言就有了其应有的充分的力量。语言高于文字，就像形体高于阴影一样。所以，格龙维说：在精神家族里，口语是子女，文字是奴仆；活的语言，并不是人云亦云的说话，而是骨子里带有人格和信仰的说话；活的语言，在自由的说话里升腾，在精神的通道上穿梭，把生命从一个灵魂移植到另一个灵魂。"没有活的语言，就没有生命。"①

（二）生活启导

格龙维认为，"生活启导"的意思是说，对真知、真理的理解，绝不源于对课堂教学科目的死记硬背。人们通过课堂教学，记住一些事实和理论，这无疑会有用处，但它不能代替生活启导。生活启导只能从生活本身获得，旨在使人们能够区别对待光明与黑暗、真知与谎言，能够明了生死的缘由和事业的旨趣。

（三）民众启蒙

格龙维认为，每个民族或宗族、每个国家或地区，都对世界历史的发展有着独特的贡献。据此，他提出了"民众启蒙"的命题。在格龙维看来：一方面，每个民族都生活于其特殊的背景和历史联系之中，并在这种结构中演示着自己的启蒙戏剧；另一方面，个人和集体都有其启蒙的经历，其目的在于通过有智慧又有远见的政策，利用民众启蒙的条件，来创造新社会。

---

① Steven N. Dorish, The Land of tho Living. The Danish Folk High School and Denmark's Non-violent Path to Modernization, California, Blue Dolphin Publishing, 1991, p.167.

(四) 平衡与平等

为了创造出"民众启蒙"的条件，格龙维又提出了"平衡与平等"的命题。他强调："在彼此存异的两个事物间求取平衡。这种平衡使两者相互丰富。"①不同的人和社会组织都力求相互牵制，如国家与军队、教会与国家、政府与学校等，都希望自己凌驾于对方之上，或使权力仅仅来自一方。在格龙维看来，同样的情况也常常见于学校内部。在课堂上，教师总是力求支配学生，以便于把自己的知识或思想充填到学生的头脑里去。因此，必须分解权力结构，使各社会组织、各权力中心以及各个人之间，通过平等对话达成共识。

(五) 民智为优

格龙维认为，"民智为优"的意思是广大民众的智慧优于少数智者。更进一步说，启蒙的源泉来自民众，而不是"书虫"。格龙维并不仇视知识分子，而是反对旧教育，因为知识分子是旧教育的牺牲品。

在阐述民众高等学校思想的基本命题的同时，格龙维对旧教育进行了尖锐的批判。早在大学时代，他就写了一部讽刺剧《校长们》，讽刺当时布拉加特师范学院培养出来的那些半通不通的教师。1804年，格龙维发表的第一篇作品就是他写给哥本哈根一家报社的信，揭露了法斯特一所初级小学的种种腐败情形。他批评当时的旧学校硬使学生隔绝了自然，隔绝了家庭生活和自主生活，是一种"死路学校"。尤其是，所有的学校都把广大民众拒之门外，只把少数贵族子弟培养成不劳而获的人。格龙维还揭露了哥本哈根大学教育中存在的种种问题：有四分之一的学生不会写丹麦文；他们对历史只知一些零星片段；他们只把哲学当成应付下次考试不得不学的一种讨厌的东西；他们不知道什么叫诗歌，只知道它是无缘无故地押了韵，听起来怪好听的谎话；他们在大学里学到的，只是自骄骄人、自忧忧人、自欺欺人。

---

① Steven N. Borish, The Land of the Living: The Danish Folk High School and Denmark's Non-violent Path to Modernization, California, Blue Dolphin Publishing, 1991, p.169.

四、论生活学校

格龙维把对民众高等学校思想的基本命题的见解熔于一炉，并结合他对旧教育的批判，提出了关于生活学校的理论。他认为，必须建立一种全新的教育制度，才能使丹麦的教育走出泥沼，培养出具有健全的人格的人，撑起丹麦民族的脊梁，使丹麦走向世界先进之林。在这个全新的教育制度里，各级各类学校都必须是为了生活的学校，即生活学校。

(一)生活学校的目的和主要教学科目

格龙维认为，生活学校旨在培养人类作为个人和社会一分子的两重性格。这种学校必须帮助个人充分发展他自己的能力；同时，还要唤醒、培植、启导人类学会生活。一个人由青年至成年，积累了许多经验，学校必须帮助他解释这些经验。等他对人生的奇妙了解渐深，学校又得帮助他从紊乱的经验中建立起自己的世界观来，并使他得出一种人生的哲学线索。在格龙维看来，凭着这种人生的哲学线索，他在往后便可以应付一切复杂的社会事务了。也就是说，生活学校在于将"自知"输给每个人，使其达到"知己"。

除了促进人的个性发展之外，生活学校还必须使人成为文明社会的一分子。人类天生是社会的动物。一个人所受的教育必须让他明白地感觉到自己和社会是一体的，过去的传统、现在的生活和行动、将来的希望和责任，都有他的一份。这样，他的日常工作就有了新的意义。他现在所做的工作，说不定是为了集体，为了国家，或是为了整个人类。为此，生活学校仅灌输知识是不够的，必须对人的精神予以激发，必须创造一种复杂中见统一的神感，来培养学生识察社会的有机关系的心力。

为达到上述目的，格龙维为生活学校确立了历史、国语、唱歌三大主要科目。

首先，格龙维把历史视为整个教育的基础。他认为，如果从一种有机的立场来教历史，而不是杂乱地堆积许多名称和日期，那么，既可以用它那丰富而可靠的经验来弥补个人狭隘的经验，也可以用它来点明个人与社会的关系。一个人在研究民族历史的时候，重新经历在个人成长中已经经历了的发展阶段。因此，在他的知识与感情上，个人经验便与社会经验联系起来了。研究本国历史时，他会明白发生在自己所属群体的进化过程中的各种倾向和特征，也会明白这些倾向和特征又在他本人的身上存在着。因此，他得以依照社会传统正确地发展人格。在格龙维看来，真正的历史教育，使成长中的青年处身于宇宙之间而感到安适，并知道自己和他所在的国家都是人类大行列的一部分，同时，他还获得一种新的责任感，觉得自己是整个历史的产物，对于将来人类道德、知识等的发展，也应该献上自己的一份力量。

生活学校里的历史教学，不是批评式的，也不是死读书式的。这里以活的语言为主体，书本只是附庸。教师应当利用科学研究的结果，将其精神吸取在心，然后用诚恳热烈而结构简单的词句介绍给他的学生。例如，教师讲述丹麦古代传说，就不能像对专门学者做学术报告那样，用批评的态度去考察它的来源，而要用生动有力的语气，将传说本身重述出来。教师要恢复历史的原貌，使学生从中获得关于民族传统所结成的伟大时代的活的观念。因此，历史教学材料选择至关重要。教师要辨明什么材料适合历史教学的目的，能启发青年的灵感，能使学生获得关于历史发展与个人事业有机联系的真诚感悟。

其次，格龙维认为，信仰与国语是将人类的灵魂和一切神圣的以及亲切的事物联结起来的两条宝贵的链锁。有了信仰，灵魂才和它的神圣的渊源相联结；有了国语，灵魂才得以与同类的灵魂打成一片。国语是每个人社会生活的基本条件。每个人以国语与他人交往，以国语接受民族遗产。国语还是团结国民的最有力的纽带。所以，国语教学与历史教学一样，能兼顾个人教育与社会教育的双重目标，是生活学校不可或缺的重要科目之一。

生活学校里的国语教学，并不是研究文法的格式。格龙维说，学校通常在国语课上谈论说写法则，可是从根本上讲，说写的好坏，全在知不知道要表达的东西，认不认识语言的精神。否则，什么法则都没用。国语的老家不在学者们的头脑里，也不在头等作家的笔尖下，而在广大民众的嘴巴里。因此，国语教学的方法应该是自由演讲和"活的会话"。

最后，格龙维认为，唱歌能使人们超脱人世，一见永恒。具体来说，唱歌可以使个人在其本身以及与他人相处之间得到最高的和谐，无论在什么地方，如果要使青年人快乐，学习有兴趣，那么，最佳的选择就是唱歌。在格龙维看来，唱歌不是鹦鹉学舌、哼哼唧唧，而是自然由衷地唱歌。与独唱相比，格龙维更倾向于合唱。他把民间歌曲视为最有效力的演讲工具。他号召词曲作者打破纸头笔头以及为盛大庆典而创作的局限，深入民间生活，创作出适于丹麦民族的好歌，来鼓舞青年学生的进取精神，激发他们的民族情感。

（二）生活学校分级

格龙维认为，自孩提至成人，人类生长每个时期都有一种相应的特殊的教育形式。他把理想的教育分为初等教育、中等教育和成人教育三个主要阶段。因此，生活学校也就随之分为三级。

格龙维主张初等教育在家庭中进行，由父母亲自教育孩子，或由一位专职教师教一两个学生。他认为公共小学是需要的，但必须使其表现出一种新的自由精神。他反对折磨人的考试，要求教师不要为难学生，要尽可能地延长精神上的儿童时代的年限。

格龙维主张，中等教育在学校里进行，但又认为，在 14~16 岁这一时期，不宜将学生关在学校里用课桌和书籍来约束他们，而应当尽量让他们到室外去，到自然界所创造的自由天地里去，学习农业或其他职业，参加有益于身心的手工劳动。此外，格龙维提出，在学习任何外语之前，学生应先熟练而全面地掌握国语。

格龙维主张，18 岁以上的青年时期是精神创造的时期。学校所给予青年的，不应是技能教育或职业教育，而应是生活教育，是能够使他们在离校后继续自修的教育。为此，格龙维构想了一种新型的学校——民众高等学校。

民众高等学校是格龙维将他对活的语言、生活启导、民众启蒙、平衡与平等、民智为优等基本命题的思想有机地熔铸在一起的生活学校的最佳典范。格龙维说，民众高等学校向全国各行各业各阶层的人敞开门户。它使青年通达人性、了解社会。它用纯朴、自然的本国语言，把青年置于浓郁的民族氛围之中，使他们学习本国历史、诵唱民间歌谣，这些活动渗透着丹麦人民的光辉伟大、忠厚诚实和天真烂漫。它将培养出不可抵挡的民族自尊心和自豪感，培养出无与伦比的爱国精神和生活情趣。在格龙维看来，民众高等学校的简单却伟大的工作是：教导民众，使他们知道自己的天性、自己的国家以及祖国的宪法、经济、财富和实际需要等，以谋求全体的福利。

民众高等学校除以历史、国语和唱歌为三大主要科目外，也开设一些次要科目。格龙维将"国家统计"称为"丹麦之镜"，因为它不仅仅是把若干统计表格凑在一起，而是把丹麦人的生活和经济活动状况生动地呈现出来。该科目的教师最好是曾经游历过全国，对丹麦各地状况有着独到见解的人。丹麦的宪法、法律、国家行政与地方行政状况以及一切有关人文和科学的知识，均可适当编入民众高等学校的课程计划中。

格龙维认为：在民众高等学校里，活的语言应当作为自然而伟大的工具；生活启导和民众启蒙应当作为光辉而宏伟的任务；自由、民主、平等、平衡应当作为不可或缺的条件；广大民众是它不断的源泉和唯一的主人。在格龙维看来，这种教育，最终要造就这样的人：他被抚养在大自然母亲的怀抱里，能保持对于一切伟大、美丽事物的深情，当看到事实与理想相去甚远，以至于超出限度时，不至于颓然走向消极。

格龙维还认为，只有高深的学术才能保障民众文化不流于浮浅。因此，他为丹麦成年人设想了"斯堪的纳维亚大学"，作为其学制图上的最高点和生活学校的最高级。这是一所名副其实的大学，而不是当时的"拉丁大学"。它以前进的文明与文化为趋向，包括人类知识的各个方面；它虽以学术研究见长，但仍和民众高等学校一样，以生活的立场代替一切。

格龙维在初等教育和中等教育上的某些主张后来在丹麦教育中得到实现，尽管并未如他所说把整个基础教育都放在家庭中进行。虽然丹麦没有设立一所名为斯堪的纳维亚大学的学校，但丹麦和北欧其他一些国家的某些大学已在有些方面接近格龙维理想中的斯堪的纳维亚大学。至关重要的是，格龙维首倡的民众高等学校迅速在丹麦发展，创造了伟大的成就，并受到了全体斯堪的纳维亚人民的欢迎。

丹麦人民在各个方面都甚为珍视格龙维为他们提供的无尽宝藏。在1983年"纪念格龙维诞辰200周年国际大会"上，丹麦教育部部长哈阿德说："格龙维对现时代所给予的启示是如此深远，你永远都用不完它。我们有充分的理由推测，人们将在节日的气氛中来庆祝他的300周年诞辰，就像今天我们在这里庆祝他的200周年诞辰一样。"①

格龙维的社会实践以及民众高等学校思想使其不仅在丹麦，而且在北欧以至全世界留下英名。因此，有人这样赞誉说："格龙维仍然活着。他属于全人类。他既服务于工业化国家，又服务于发展中的第三世界国家。"②

---

① Det Danske Selskab, Education For Life: International Conference on the Occasion of the Bicentenary of N.F.S.Grundtvig, Copenhagen, September 10—14, 1983, p.1.

② Det Danske Selskab, Education For Life: International Conference on the Occasion of the Bicentenary of N.F.S.Grundtvig, Copenhagen, September 10—14, 1983, p.1.

第三节 丹麦民众教育思想的发展

在丹麦历史上，19世纪40年代是一个转折期。从欧洲其他国家传来的经济上和政治上的革命运动在丹麦引起了强烈反响。它为丹麦的浪漫主义画上了一个句号，使丹麦人从梦想境界进入了现实境界。凭着几个著名人物和特殊天才的力量来反对遍是愚昧冷酷的社会的时代结束了，开始了全民奋起创造光明前途的新时代。这就要普遍提高全体人民的文化水平，使他们能够担此重任。人们逐渐明白了格龙维著书立说奔走呼号的意思，并接受他的主张，力图实现他的理想。格龙维本人也频繁地出入于大学讲坛和民众集会，向有志于此道的青年人宣传自己的主张和理想。许多早期民众高等学校的创办者这时也与格龙维建立密切联系。就这样，一场轰轰烈烈的民众高等学校运动在丹麦开始了，使独特的丹麦民众教育思想得到了广泛的传播和发展。

一、早期的民众高等学校及其思想

格龙维关于民众高等学校的理想，最先在亚特兰南部的罗定村实现，这就是罗定民众高等学校。它是丹麦最早的民众高等学校。当时亚特兰南部是丹麦与德国的交界处，丹麦文化与德国文化的冲突在这里表现得异常激烈。拥护丹麦文化的人认为，要使农民有能力保持自己的文化唯一的办法就是给他们一种国家本位的教育，用丹麦语做启导工具，就如格龙维所主张的那样。

在西斯列士韦，几个倾心于格龙维思想的教士和农民，受到第一个创办自由学校的科尔德的指导，便立志开办一所民众高等学校。他们于1842年1月开办民众高等学校，并公开募捐。1842年11月，西斯列士韦举行人民大会。会上，劳伦正发表了关于使用丹麦语的演讲，极大地鼓舞了人们的爱国热忱，从而使格龙维早年反对其神学的克劳森所领导的哥本哈根自由党人也对使用丹麦语和通过民众高等学校来保卫边境上的丹麦文化深表赞同。

弗洛直接领导了丹麦第一所民众高等学校，即罗定民众高等学校的成立。他从 1826 年起，在基尔大学任丹麦文教授，深受格龙维著作的影响。1829 年，他与格龙维相识，并成了好友。弗洛是一个机智果敢、有领袖风度的人，知道怎样把民族运动中的各种因素有机地联系起来，以促进民众高等学校计划的推行。在 1843 年斯康林斯班根爱国人民大会之后，他便巧妙地利用克劳森领导的扶助会的支持而成立了旨在推行丹麦国家理想的西斯列士韦人民联合会。弗洛向该联合会发表他拟订的民众高等学校计划，获得一致赞同，当即委派七人组成校董事会。校董事会推举他为主席。在这个董事会里，在 1842 年就立志要办民众高等学校的所谓"格龙维派"虽只占有一个名额，不过，弗洛要求有关民众高等学校的一切事务都必须按照格龙维的原则来办。

他们从克劳森领导的扶助会那里得到一笔借款，在罗定村买了一处房屋，作为拟办的民众高等学校的校舍。1844 年 6 月，国王克里斯蒂安八世表示同意设校计划，准许其开办。董事会便将由弗洛起草的民众高等学校计划印刷发行。这个计划宣称："我们的目的，是要建立这样一所学校：要使所有民众都获得有用而又有趣的知识和能力。这种教育，不是为了掌握具体操作技术，而是为了使他们作为民族之子和国家公民。我们希望，学校对他们的家庭生活与个人生活，如同对他们的公共生活与社会生活一样，都有一种良好的影响。我们称它为高等学校，是因为它与普通的儿童学校不同，它是招收那些过了施浸礼年龄的青年和成人的教育机构。我们称它为民众高等学校，是因为它招收各行各业的人，尽管它的学生大部分来自农村。青年将在此学得能够以清新和健康的人格明智地思考、正确地说话和书写。"①这个计划还规定了学校的组织管理和教学安排。校董事会的七名成员中，有三名必须从农民

① Steven N. Borish, The Land of the Living: The Danish Folk High School and Denmark's Non-violent Path to Modernization, California, Blue Dolphin Publishing, 1991, p.183.

中选任。学校首先只聘两名教师，待财力充足后再增聘。学校开设的科目有丹麦文与丹麦文学、历史、公民、算术、地理、图画、测量、德文、瑞典文、自然科学、唱歌和体操等。学制两年，每半年为一学程。全部免交学费，但须缴纳膳宿费，每年160克朗。

罗定民众高等学校于1844年11月7日正式开学，当时有学生20人。首任校长为威格纳，最初只有一个助教，后来包尔生博士加入了。包尔生担任物理、化学、地质、地理等学科的教师，为学校创办了一个试验农场和菜园、一个实验室和一个自然历史博物馆。

继罗定民众高等学校之后，又有多所民众高等学校在丹麦国内建立。早期的民众高等学校是在几个思想激进、与格龙维有着相同观念的先驱者直接参与和组织下，冲破外界的重重阻力并克服内部的种种困难而创立的。因为当时的外部政治氛围并不支持这一新鲜事物，大部分丹麦人并不了解民众高等学校为何物，所以这些早期的民众高等学校要想生存下去，必须克服来自各方面的困难，必须创造自己的生存土壤和环境，必须寻找自己生存的理由。早期的民众高等学校集中体现了以下几个方面的思想。

(一)教学对象以农村民众为主

虽然按照格龙维的思想，民众高等学校是招收农民、市民、商人等的平民学校，但早期都建立在相对比较偏僻的农村。这主要是因为：第一，当时这些农村地区政治环境相对比较宽松，右派政治势力相对比较薄弱，而这里的农民的思想相对空虚，易于先入为主。这种环境最适于民众高等学校的生存，并有利于民众高等学校思想的传播。第二，这些地区接受格龙维思想的人较多，也是格龙维经常演讲的地方。这些地方开设民众高等学校易于招收学生，也容易收取费用，可以得到当地志同道合的有志之士的帮助。第三，在经济上，把学校设在农村，购买土地、建造校舍或购置校舍花费较少。

(二)教学目的是给成年人以基本的教育

早期的民众高等学校是依据格龙维倡导的生活启导、民众启蒙的思想，来确定学校的办学宗旨和教学目的的。学校要教给学生的不是那种作为农民、商人从事某种职业的专门知识与技术，而是那种有利于公民更好地认识人生、更好地生活的知识。虽然这种目的是很抽象的，但它明确地规定了民众高等学校不是职业性的，学生不要期盼能学到如何种西红柿、如何经营农场等具体的知识。根据所设课程以及格龙维的思想，早期民众高等学校的教学目的是：掌握生活中必需的工具，如丹麦语、丹麦文学等；培养民族思想，即丹麦的民族感、使命感，如学习丹麦史、世界史等；培养一种积极向上的工作精神，如唱歌、体操等。

民众高等学校创办之初就明确了它是成人性的。它游离于传统的教育系统之外，既不是初等教育，也不是中等教育，而是成人教育中一种独特的教育机构。它对入学年龄有着比较明确的规定：受过洗礼的人（在宗教上，称受过洗礼的人为成年人），一般在 18 岁以上。

（三）教学内容突出历史、国语和唱歌

为了达到激发民众的生活热情、培养民众的民族感和开启民众的创造性的目标，民众高等学校的教学包括三大科目：历史、国语、唱歌。历史包括世界史和丹麦史。通过世界史的学习，学生可以领悟到人类生活的真谛，知道自己所扮演的角色和承担的历史任务，进而激发从事各种不同工作的热情。通过丹麦史的学习，学生可以增强民族自豪感，对比丹麦社会现状，又可以激发危机感和使命感，努力工作，再创丹麦昔日的辉煌。国语即丹麦语，是丹麦民族的语言。只有掌握这种语言，学生才能与更广泛的民众交流，才能更好地生活。唱歌是激发情感、表达内心世界的工具，是启发民智的一种有效的手段。

（四）争取政府的经济资助

第 所民众高等学校受到了政府的资助。在 1849 年颁布的《宪法》生效后，《农民之友》杂志的主编曾要求政府增加资助的数额。但是，政府以设立

民众高等学校考试为条件，这遭到早期民众高等学校的强烈反对。他们声称，增加考试不符合民众高等学校的精神本质，因为其目的不在于提供一种特殊的商业性质的教育，而是激发人内心的潜质。但是，这种观点又遭到了另一派的反对。他们认为，提供给丹麦农民一种农业技术教育是民众高等学校的首要目的。伴随着这种争论，他们要求政府停止给予民众高等学校任何形式的资助，应该给技术学校以单独的资助。最终丹麦政府经过综合考虑，决定继续给予民众高等学校以资助。

二、民众高等学校及民众教育思想的发展

丹麦民众高等学校伴随着丹麦社会经济和政治的发展而不断发展，它与丹麦社会的发展是协调一致、相互促进的。社会的发展要求民众高等学校适应其步伐，使得民众高等学校必须调整自身的结构，以便满足社会发展的需要。从这一角度看，社会的发展促进了民众高等学校的发展。同时，民众高等学校办学的根本目的就是要促进社会的发展。它通过对民众启导和精神激发，提高了民众的思想觉悟，鼓起了民众对生活和工作的热情，进而促进了丹麦社会经济和政治发展。

1864年，为了争夺石勒苏益格、霍尔斯泰因，普鲁士联合奥地利出兵丹麦，西欧各国旁观不动。丹麦孤立无援地抵抗普奥联军的进攻，结果遭到失败。丹麦不得不放弃对石勒苏益格、霍尔斯泰因的一切权利，将石勒苏益格割让给普鲁士，将霍尔斯泰因割让给奥地利。这次战争给丹麦造成的损失是惨重的，但将丹麦逼上了自我强盛之路。这场战争不但没有摧垮丹麦人民的精神，反而激发了他们奋发向上的激情。丹麦民众高等学校抓住机遇，在激发民众精神方面做了很大努力；同时它自身也获得了史无前例的发展和繁荣。此期间被称为"丹麦高等学校的伟大时代"。

(一)合作运动中的民众高等学校

英国是合作运动的发源地。合作运动后来传到了丹麦，1866年索纳在约

特兰西岸的金斯台组织了丹麦的第一个工人合作社，这便是丹麦合作运动的开始。起初工人合作社并没有引起工人的广泛兴趣，他们没有积极地参与合作社。当时丹麦的社会政治状况是：乡村的农民大多加入了自由党，城市市民大多加入了保守党。两大政党之间的矛盾反映在农民和工商业者之间互相不信任上。为了在政治、经济上争取到平等的地位，丹麦的自由党鼓励农民办农民合作社，团结起来与城市的工商业竞争，形成了大规模的农民合作运动。由于农业合作运动取得了巨大的成功，农民从合作运动中获取了实惠，改变了城市工人和商人对合作社的观点，他们后来也纷纷组织各自行业的合作社。丹麦的合作运动实质上是农民为争取自身平等权的运动。

在农民合作运动中，民众高等学校起到了积极的推动作用。有的丹麦史学家说，农民积极参加合作运动与其说是政治和经济方面的原因，倒不如说是民众高等学校的影响。民众高等学校唤醒了青年农民的好学勇为之心，他们的性格坚强了，对人生的希望变得更热切了。他们不仅自己积极投身于合作运动，还影响他们的家人、朋友参加这场争取平等权的合作运动。合作运动的许多领袖都是民众高等学校的学生。民众高等学校激发了丹麦农民的团结精神，使他们运用自己的努力和能力来改善生活，使农民明白团结合作不仅对个人有益，而且对团体有利。事实也证明了民众高等学校在合作运动中的巨大作用。例如，丹麦最早成立合作社的地区大多是民众高等学校影响较深的地方。又如，据1897年的统计，合作社的发起者和组织者中有47%的人受过民众高等学校教育。

丹麦民众高等学校并不是通过宣传合作运动来鼓动农民参加该运动的，它是以历史和诗歌为媒介，唤起农民的觉醒。民众高等学校正是抱着精神激发比知识传授更为重要的主张，以生活启导、民众启蒙为宗旨，为丹麦的合作运动奠定了雄厚的思想基础，并培养了一大批思想活跃和激进的农民运动分子。

(二)民众高等学校思想的发展

1864 年战争结束后，丹麦民众高等学校步入了发展阶段。除原有各民众高等学校相继恢复以外，新的民众高等学校不断涌现。很快，丹麦各地布满了大大小小的民众高等学校。其中，施洛德的阿斯科夫民众高等学校经过扩充成了 19 世纪末丹麦民众高等学校的典范。民众高等学校的发展还体现在教学制度、教学内容、管理方式等方面的改进上。

1. 教学制度

在新的教学制度下，阿斯科夫民众高等学校的学程于当年 11 月开始，第二年 4 月结束。此期的课程为全体学生必修。学制两年。每天 2 课时，每周12 课时。

2. 教学内容

阿斯科夫民众高等学校开设的公共课程有教会史、斯堪的纳维亚史、世界史和物理学史。除了上述必修课外，其他课都是一年级学生和二年级学生分开教学，有时女生和男生也分开教学。一年级教数学史，二年级教斯堪的纳维亚语言文学史；一年级教神话传说和丹麦经济生活，二年级教世界文学和社会学。体操和卫生课是男女生分开教学的。

3. 管理方式

从 1898 年起，阿斯科夫民众高等学校就成了一个自属机构。该校由四位教师组成董事会，决定课程、人事等重大事务。董事会须维持学校的传统，保证学校的存在，非得国家教育部的同意，不得变卖或典押校产。

总之，阿斯科夫民众高等学校在施洛德的领导下，与丹麦人民的生活发生了广泛、深入而直接的联系。在阿斯科夫民众高等学校的影响下，丹麦民众高等学校获得了很大发展，丹麦民众教育的思想也得到了进一步传播。

(三)城市民众高等学校的发展

为了使民众高等学校成为真正的民众的学校，民众高等学校的领导者们认为，只有把市民吸引到学校中来才真正体现民众教育的思想。因此，他们把目光转向了城市，吸引市民进入民众高等学校学习，发展城市民众高等学校。

民众高等学校大多成立在农村，招收的学生是农民，这是民众高等学校给丹麦城市工人和居民留下的一般印象。但是，随着民众高等学校在社会的影响逐步扩大，许多毕业于民众高等学校的学生进入丹麦政府的各个部门任职，并领导了丹麦的社会民主运动。民众高等学校成功地塑造了自己的良好形象，在一定程度上引起了城市工人和居民的兴趣，然而他们仍把民众高等学校看成农民的学校。为了改变这种状况，必须在城市建立民众高等学校。

在1891年，有两所民众高等学校在哥本哈根市成立，其中伯普民众高等学校获得了巨大成功。由于学校的学生数有了一定的规模，而且比较稳定，从1894年开始，学校得到了政府财政上的资助。

尽管伯普民众高等学校在哥本哈根市获得了成功，但对于大多数市民来说，他们并不熟悉民众高等学校。为了使民众高等学校在城市扩展，一些坚定的格龙维主义者继伯普民众高等学校成功后，陆续在各城市开办了各种形式的民众高等学校。因此，到20世纪第一次世界大战爆发以前，丹麦已有城市民众高等学校二十多所；此外，一些农村地区的民众高等学校也能招收城市的学生入学。这样，民众高等学校已不是早期的只能招收农村学生的农民高等学校了，它已成为真正意义上的民众高等学校了。民众高等学校在城市的广泛发展，不仅为它自身的发展开辟了一条新路，扩大了招生的范围，而且为以后丹麦从农业社会向工业社会的顺利转变起到了积极的推动作用。

在城市民众高等学校发展的同时，民众高等学校的课程也在逐渐发生变化。早期的民众高等学校是不提倡开设专门技术课程的，但随着社会的不断发展，逐渐出现了专门的技术课程，如农业技术、手工技术、家政、体操等课程。主张开办技术高等学校的人们声称：技术民众高等学校招收的是那些不喜欢民众高等学校的学生，也就是说，许多 20 岁左右的年青人不愿意从早到晚学习那些诸如历史、名著欣赏、文学等课程。他们强调，技术民众高等学校是民众高等学校的一种形式。一时间，许多民众高等学校把课程的重点放在技术类的科目上。这种情况虽然多少有违格龙维关于民众高等学校的思想，但是，它在一定程度上确实解决了丹麦的社会问题，符合社会的需要。可以说，这种做法是格龙维民众教育思想的发展。

丹麦人民把他们一个多世纪以来在各个方面所取得的成就，首先归功于格龙维。他们说：直到今天，格龙维所构想和倡导的"民众高等学校一直是解决民主社会中最基本问题的最佳方式。这个最基本的问题就是：教育青年过一种良好公民的生活"①。

---

① Det Dansk Selskab, Education for Life: International Conference on the Occasion of the Bicentenary of N. F. S. Grundtvig, Copenhagen, September10—14, 1983. p.25.

参考文献

一、中文文献

《赫尔巴特文集 3》教育学卷一，李其龙、郭官义等译，杭州，浙江教育出版社，2002。

《赫尔巴特文集 4》教育学卷二，李其龙、郭官义等译，杭州，浙江教育出版社，2002。

《列宁选集》第一卷，北京，人民出版社，1972。

《马克思恩格斯全集》第二卷，北京，人民出版社，1956。

常导之：《各国教育制度》下卷，上海，中华书局，1941。

常道直：《赫尔巴特的教学论的再评价》，载《华东师范大学学报 (人文科学版)》，1958(3)。

单中惠、刘传德：《外国幼儿教育史》，上海，上海教育出版社，1997。

丁建弘、李霞：《普鲁士的精神和文化》，杭州，浙江人民出版社，1993。

范捷平：《德国教育思想概论》，上海，上海译文出版社，2003。

方彤：《瑞典基础教育》，广州，广东教育出版社，2004。

冯增俊、陈时见、项贤明：《当代比较教育学》，北京，人民教育出版社，2008。

国家教委职业技术教育中心研究所：《历史与现状：德国双元制职业教育》，北京，经济科学出版社，1998。

贺国庆：《德国和美国大学发达史》，北京，人民教育出版社，1998。

贺国庆、朱文富：《外国职业教育通史》下卷，北京，人民教育出版社，2014。

贺麟：《黑格尔哲学讲演集》，上海，上海人民出版社，1986。

瞿葆奎：《联邦德国教育改革》，北京，人民教育出版社，1991。

李永连:《日本学前教育》,北京,人民教育出版社,1991。

刘利平:《赫尔巴特关于教育理论与实践关系问题的阐释》,载《教育史研究》,2017(2)。

穆立立、赵常庆:《世界民族·第七卷·欧洲》,北京,中国社会科学出版社,2013。

潘后杰、徐学莹:《外国幼儿教育简史》,成都,四川民族出版社,1997。

任钟印:《世界教育名著通览》,武汉,湖北教育出版社,1994。

滕大春:《外国教育通史》第四卷,济南,山东教育出版社,1992。

滕大春:《外国近代教育史》,北京,人民教育出版社,2002。

巍克山:《托尔斯泰论教育》,陆庚译,上海,正风出版社,1955。

吴式颖:《俄国教育史:从教育现代化视角所作的考察》,北京,人民教育出版社,2006。

张弢、何雪冰、蔡志楠:《洪堡神话的终结?:德国史学界对洪堡与德国现代大学史之关系的解构以及相关思考》,载《德国研究》,2018(3)。

赵广俊、冯少杰:《当今芬兰教育概览》,郑州,河南教育出版社,1994。

郑寅达,《德国史》,北京,人民出版社,2014。

中国教育史研究会:《杜威、赫尔巴特教育思想研究》,济南,山东教育出版社,1985。

中国社会科学院哲学研究所:《论康德黑格尔哲学》,上海,上海人民出版社,1981。

钟启泉:《现代课程论》,上海,上海教育出版社,1989。

周谷平、赵卫平:《孟宪承教育论著选》,北京,人民教育出版社,1997。

[澳]康内尔:《二十世纪世界教育史》,张法琨等译,北京,人民教育出版社,1990。

[丹麦]克努特·J. V. 耶斯佩森:《丹麦史》,李明、张晓华译,北京,商务印书馆,2012。

[丹麦]帕利·劳林:《丹麦王国史》,华中师范学院《丹麦王国史》翻译组译,武汉,湖北人民出版社,1973。

[德]贝格拉:《威廉·冯·洪堡传》,袁杰译,北京,商务印书馆,1994。

[德]第斯多惠:《德国教师培养指南》,袁一安译,北京,人民教育出版社,1990。

[德]费希特:《论学者的使命 人的使命》,梁志学、沈真译,北京,商务印书

馆，1984。

[德]鲍尔生：《德国教育史》，滕大春、滕大生译，北京，人民教育出版社，1986。

[德]弗里德里希·包尔生：《德国大学与大学学习》，张弛、郄海霞、耿益群译，北京，人民教育出版社，2009。

[德]弗利特纳：《洪堡人类学和教育理论文集》，胡嘉荔、崔延强译，重庆，重庆大学出版社，2013。

[德]福禄培尔：《人的教育》，孙祖复译，北京，人民教育出版社，1991。

[德]赫尔巴特：《教育学讲授纲要》，盛群力、赵卫平译，北京，中国轻工业出版社，2017。

[德]赫尔巴特：《普通教育学·教育学讲授纲要》，李其龙译，北京，人民教育出版社，1989。

[德]赫尔巴特：《普通教育学》，尚仲衣译，上海，商务印书馆，1936。

[德]黑格尔：《法哲学原理或自然法和国家学纲要》，范扬等译，北京，商务印书馆，1961。

[德]黑格尔：《历史哲学》，王造时译，上海，上海书店出版社，1999。

[德]沃尔夫冈·布列钦卡：《教育科学的基本概念：分析、批判和建议》，胡劲松译，上海，华东师范大学出版社，2001。

[德]沃尔夫冈·布列钦卡：《教育知识的哲学》，杨明全、宋时春译，上海，华东师范大学出版社，2006。

[德]席勒：《美育书简》，徐恒醇译，北京，中国文联出版公司，1984。

[俄]T.C.格奥尔吉耶娃：《俄罗斯文化史：历史与现代》，焦东建、董茉莉译，北京，商务印书馆，2006。

[法]加布里埃尔·孔佩雷：《教育学史》，张瑜、王强译，济南，山东教育出版社，2013。

[美]G.墨菲、J.K.柯瓦奇：《近代心理学历史导引》，林方、王景和等译，北京，商务印书馆，1980。

[美]S.E.佛罗斯特：《西方教育的历史和哲学基础》，吴元训等译，北京，华夏出版社，1987。

[美]奥恩斯坦:《美国教育学基础》,刘付忱等译,北京,人民教育出版社,1984。

[美]波林:《实验心理学史》,高觉敷译,北京,商务印书馆,1981。

[美]杜威:《学校与社会·明日之学校》,赵祥麟等译,北京,人民教育出版社,1994。

[美]多德:《资本主义经济学批评史》,熊婴、陶李译,南京,江苏人民出版社,2008。

[美]克伯莱:《美国公共教育:关于美国教育史的研究和阐释》,陈露茜译,合肥,安徽教育出版社,2012。

[美]克雷明:《美国教育史(3):城市化时期的历程(1876—1980)》,朱旭东、王保星、张驰等译,北京,北京师范大学出版社,2002。

[摩洛哥]扎古尔·摩西:《世界著名教育思想家》第 1 卷,梅祖培、龙治芳等译,北京,中国对外翻译出版公司,1994。

[摩洛哥]扎古尔·摩西:《世界著名教育思想家》第 2 卷,梅祖培、龙治芳等译,北京,中国对外翻译出版公司,1995。

[日]日本世界教育史研究会:《世界幼儿教育史》上册,刘翠荣、梁忠义、吴自强等译,长春,吉林人民出版社,1986。

[日]筑波大学教育学研究会:《现代教育学基础》,钟启泉译,上海,上海教育出版社,1986。

[日]佐藤正夫:《教学论原理》,钟启泉译,北京,人民教育出版社,1996。

[瑞士]瓦尔特·吕埃格:《欧洲大学史(第三卷):19 世纪和 20 世纪早期的大学(1800—1945)》,张斌贤、杨克瑞等译,保定,河北大学出版社,2014。

[苏联]康斯坦丁诺夫等:《苏联教育史》,李子卓等译,北京,人民教育出版社,1958。

[苏联]洛尔德基帕尼泽:《乌申斯基教育学说》,范云门、何寒梅译,南京,江苏教育出版社,1987。

[苏联]苏科院历史所列宁格勒分所:《俄国文化史纲(从远古至 1917 年)》,张开等译,北京,商务印书馆,1994。

[英]贝尔纳:《科学的社会功能》,陈体芳译,北京,商务印书馆,1982。

[英]博伊德、金：《西方教育史》，任宝祥、吴元训主译，北京，人民教育出版社，1985。

[英]克劳利：《新编剑桥世界近代史（第九卷）：动乱年代的战争与和平：（1793—1830 年）》，中国社会科学院世界历史研究所组译，北京，中国社会科学出版社，1992。

[英]罗伯特·R.拉斯克、詹姆斯·斯科特兰：《伟大教育家的学说》，朱镜人、单中惠译，济南，山东教育出版社，2013。

[英]梅尔茨：《十九世纪欧洲思想史：第一卷》，周昌忠译，北京，商务印书馆，1999。

[英]尼尔·肯特：《瑞典史》，吴英译，北京，中国大百科全书出版社，2009。

Andreas Boje 等：《丹麦的教育》，吴克刚译，上海，商务印书馆，1934。

Nöelle Davies：《格龙维与丹麦民众高等学校》，戴子钦译，上海，中华书局有限公司，1936。

二、外文文献

Christian Thodberg and Anders Pontoppidan Thyssen, N.F.S.Grundtvig, Tradition and Renewal, Copenhagen, Oet Danske Selskab, 1983.

C.De Garmo, Herbart and the Herbartians, New York, C.Scribner's sons, 1895.

Det Dansk Selskab, Education for Life: International Conference on the Occasion of the Bicentenary of N. F. S. Grundtvig, Copenhagen, September10—14, 1983.

Dieter Lenzen, Pädagogische Grundbegriffe, Hamburg, Rororo, 1989.

Dorothy McMurry, Herbartian Contributions to History Instruction in American Elementary Schools, New York, Bureau of Publications, 1946.

Ellwein, Thomas, Die deutsche Universität: vom Mittelalter bis zur Gegenwart, Königstein, Athenäum Verlag, 1985.

Emile Michaels, Autobiography of Friedrich Froebel, New York, C.W.Bardeen Publisher, 1915.

Evelyn Weber, The Kindergarten, New York, Teachers College Press, Columbia University, 1969.

F. Eless, Modern Education Development, New York, Garland Press, 1974.

Heinrich Heine, Gesammelte Werke, Bd.5, Weimar, Anaconda Verlag, 1956.

Heinz Schuffenhauer, Ueber Patriotische Erziehung, Pädagogische Schriften und Reden Johann Gottlieb Fichtes, Belin, 1960.

Henry Barnard, Kindergarten and Child Culture Papers, Hartford, Office of Barnard's American Journal of Education, 1890.

Herbart H. Frister, Principles of Teaching in Secondary Education, Elementary School Journal, 1921(10).

I.H.Fichte, Johann Gottlieb Fichte's Leben und literarischer Briefwechsel, Berlin, Leipzig, 1830.

Johann Gottlieb Fichte, Sämmtliche Werke, Bd.7, Berlin, Veit und comp, 1845.

John Dewey, Democracy and Education, New York, Foreign Language Teaching and Research Press, 1967.

John Dewey, Democracy and Education, New York, The Macmillan Company, 1916.

J.G.Fichte, Briefe kritische Gesamtausgabe, hrsg.v.H. schulz, Bd.1, Leipzig, 1973.

König R., Vom Wesen der deutschen Universität, Berlin, Runde, 1935.

Köpke R., Die Gründung der königlichen Friedrich-Wilhelms-Universität zu Berlin: nebst anhängen über die Geschichte der Institute und den Personalbestand, Berlin, Gustav Shade, 1860.

Lotze, The German Dual System: Formal Policy, Theory and Practice, and Legitimation. What the United States Can Learn from an Apprenticeship Model in Context, PhD diss., Universtiy of Virginia, 1994.

Merle Curti, The Social Ideas of American Educators, New Jersey, Littlefield, 1959.

Müller R A., Geschichte der Universität: von der mittelalterlichen Universitas zur deutschen Hochschule, München, Callwey, 1990.

Paul Monroe, A Text-book in the History of Education, New York, The Macmillan Company, 1919.

Richard E.Theersfield, Henry Barnard's American Journal of Education, Baltimore, John Hopkins Press, 1945.

Robert Downs, Friedrich Froebel, Boston, Twayne Publishers, 1978.

Schleiermacher F., Gelegentliche Gedanken über Universitäten in deutschem Sinn. Nebst einem Anhang über eine neu zu errichtende, Berlin, Realschulbuchhandlung, 1808.

Steven N.Borish, The Land of the Living: The Danish Folk High School and Denmark's Nonviolent Path to Modernization, California, Blue Dolphin Publishing, 1991.

S.E.Frost: Historical and Philosophical Foundations of Western Education, New York, Merrill, 1966.

Talme Lisale, The Science of Education in Finland 1828—1918, Helsinki, Finnish Society of Science, 1975.

Thomas Rordanm, The Danish Folk High School, Copenhagen, Det Danmark Selskab, 1980.

William M. Bryant, Hegel's Educational Ideas, New York, Werner School Book Company, 1971.

Багалей Д. И., Краткий очерк истории Харьковского университета за первые 100 лет его существования (1805—1905). Харьков, издательство Университета, 1906.

Базанов В.А., Владимирова Г. А., " Русская колония " в Цюрихе, Советское здравоохранение, 1969(10), p.72.

Бардовский А. Ф., Патриотический институт. Исторический очерк за 100 лет, СПБ., тип. Т-ва Е. Вейерман и К°, 1913.

Белинский В. Г., Избранные педагогические сочинения, Москва, Ленинград, Акад.

пед. наук РСФСР, 1948.

Белинский В. Г., Полное собрание сочинений В. Г. Белинскаго, т. I, Санкт-Петербург, Тип. М. М. Стасюлевича, 1900.

Белинский В. Г., Полное собрание сочинений В. Г. Белинскаго, т. IV, Санкт-Петербург, Тип. М. М. Стасюлевича, 1901.

Белинский В. Г., Полное собрание сочинений В. Г. Белинскаго, т. VII, Санкт-Петербург, Тип. М. М. Стасюлевича, 1904.

Белинский В. Г., Полное собрание сочинений В. Г. Белинскаго, т. XII, Санкт-Петербург, Тип. М. М. Стасюлевича, 1926.

Блонский П.П., Место К. Д. Ушинского в истории русской педагогики, Педагогический листок, 1915(2), р.хх.

Вахтеров В. П., Всеобщее обучение, Москва, Издательство И. Д. Сытина, 1897.

Ведомства Министерства народного просвещения, Сборник постановлений и распоряжений по гимназиямВестник Европы, 1888(11), р.470.

Герцен А. И., Полное собрание сочинений и писем. т. V, Петроград, Лит.-изд. отд. Нар. ком. по просвещению, 1919.

Герцен А. И., Полное собрание сочинений и писем. т. XXI, Петроград, Лит.-изд. отд. Нар. ком. по просвещению, 1923.

Гончаров Н. К., Педагогическая система К. Д. Ушинского, Москва, Педагогика, 1974.

Гранат А. И., История России в XIX веке, СПб. 1909.

Гроссен Г. И., В заграничном университете. Наброски, СПб., 1910.

Добролюбов Н. А., Собрание сочинений, т. 2, Москва, Ленинград, Гослитиздат, 1962.

Добролюбов Н. А., Собрание сочинений, т. 1, Москва, Ленинград, Гослитиздат, 1961.

Добролюбов Н. А., Собрание сочинений, т. 6, Москва, Ленинград, Гослитиздат,

1963.

Еголин А. М., Медынский Е. Н. и Струминский В. Я., Педагогические статьи 1862—1870 гг., Ушинский К.Д., Собрание Сочинений, т. 3, Москва, Ленинград, Акад. пед. наук РСФСР, 1948.

Еголин А. М., Медынский Е. Н. и Струминский В. Я., Педагогические статьи 1857—1861 гг., Ушинский К.Д., Собрание Сочинений, т. 2, Москва, Ленинград, Акад. пед. наук РСФСР, 1948.

Зейфман Н.В., Правительственная реакция и регулирование социального состава гимназистов в конце XIX в.

Иванов А. Е., "Еврейский вопрос" и высшее образование в России (конец XIX - начало XX вв.), Вестник еврейского университета в Москве, 1994(1), p.15.

Иванов А. Е., Высшая школа России в конце XIX - начале XX в., Москва, Академия наук СССР, Институт истории СССР, 1991.

Ильминский Н., Правила и программы для церковно-приходских школ и школ грамоты, СПБ., Синод. тип., 1894.

Канкрин Е.Ф, Очерки политической экономии и финансии, СПБ, 1894.

Каптерев П. Ф., История русской педагогики, СПБ., О. Богданова, 1909.

Королев Ф.Ф., Арсеньев А. М., Пискунов А. И., Шабаева М. Ф., Очерки истории школы и педагогической мысли народов СССР, Москва, издательство Педагогика, 1973.

Королёв Ф. Ф., Очерки по истории советской школы и педагогики(1917—1920), Москва, издательство АкадемииКузин Н. П., Королев Ф. Ф., Равкин З. И., Очерки истории школы и педагогической мысли народов СССР, Москва, Педагогика, 1980.

Кузьмин Н. Н., Низшее и среднее специальное образование в дореволюционной России, Челябинск, Южно.Уральское книжное издательство, 1971.

Лемке М, Очерки освободительного движения шестидесятых годов, СПБ, 1908.

Ленин В. И., Полное собрание сочинений, том 5, Москва, Иниститут марксизма-ленинизма при ЦК КПСС, 1967.

Ленин В. И., Полное собрание сочинений, т. 20, Москва, Госполитиздат, 1961.

Ленин В. И., Полное собрание сочинений, т. 21, Москва, Госполитиздат, 1961.

Ленин В. И., Полное собрание сочинений, т. 25, Москва, Госполитиздат, 1961.

Ленин В. И., Полное собрание сочинений, т. 6, Москва, Госполитиздат, 1959.

Лещинский Я., Из материалов студенческой анкеты, Русская мысль, 1914(7), p.123.

Лихачев Е. О., Материалы для истории женского образования в России 1850—1880, т.IV, СПБ., тип. М.М. Стасюлевича, 1901.

Лихачева Е. О., Материалы для истории женского образования России, Т.III, СПБ., тип. М.М. Стасюлевича, 1899.

Марголин Д. С., Студенческий справочник.Ч.II: Руководство для поступающих во все высшие учебные заведения за границей, Киев, Сотрудник, 1909.

Марголин Д., Справочник по высшему образованию. Ч. II: Руководство для поступающих во все высшие учебные заведения за границей. Пг.-Киев, 1915.

Маркс К., Энгельс Ф., Сочинения, т.13, Москва, Госполитиздат, 1954.

Милашевич Д, Положение русской учащейся молодежи в Германии (Письмо из Мюнхена), Образование, 1901(9), p.xx.

Министерства Народного Просвещения. Университетский Устав, 1835.

Министерство Народного Просвещения, Краткий исторический обзор хода работ по реформе средней школы Министерства народного просвещения с 1871 г. Петроград, тип. В.И. Андерсона и Г.Д. Лойцянского, 1915.

Министерство Народного Просвещения, Об испытании домашних учителей. Сб. постановлений по МНП. 2-е изд, Т. I, СПБ., Общественная польза, 1875.

Министерство Народного Просвещения, Положение о городских училищах, Москва, тип. класс при Набилк. учеб.-ремесл. уч-ще, ценз. 1875.

Министерство Народного Просвещения, Положение о домашних наставниках и учителях, постановлений по МНП. 2-е изд, Т. II., СПБ., Общественная польза, 1875.

Министерство Народного Просвещения, Сборник материалов по техническому и профессиональному образованию. Вып.2, СПБ., типография Балашева, 1902.

Министерство Народного Просвещения, Университетский Устав 1863 года, Санкт-Петербург, тип. Огризко, 1863.

Министерство Народного Просвещения, Университетский Устав 1884 года, Санкт-Петербург, Министерство Народного Просвещения, 1884.

Министерство Народного Просвещения, Устав университетов Российской империи, СПБ., Министерство Народного Просвещения, 1804.

Министерство Народного Просвещения, Устав учебных заведений, подведомых университетам, СПБ., Министерство Народного Просвещения, 1804.

Министерство Народного Просвещения, Извлечение из отчета Мянистерства народного просвещения за 1858 г., СПБ., Министерство Народного Просвещения, 1859.

Министерство Народного Просвещения, Наставление для образования воспитанниц женских учебных заведений, СПБ., тип. Опекун. совета, 1852.

Министерство Народного Просвещения, Основные положения о промышленных училищах, СПБ., 1909.

Министерство Народного Просвещения, Сборник материалов по техническому и профессиональному образованию, Вып.II, СПБ., типография Балашева, 1895.

Министерство Народного Просвещения, Сборник постановлений по Министерству народного просвещения, том III, СПБ., Общественная польза, 1865.

Министерство Народного Просвещения, Устав епархиальных женских училищ, Пенза, Губ. тип., 1880.

Министерство Народного Просвещения, Устав женских учебных заведений Ведомства учреждений императрицы Марии, утвержденный 30 августа 1855 г., СПБ.,

Министерство Народного Просвещения, 1855.

Министерство Народного Просвещения, Устав училищ для приходящих девиц Ведомства учреждений императрицы Марии, СПБ., Тип. В. Д. Смирнова, 1862.

Министерство Народного Просвещения, Учебные заведения ведомства учреждений императрицы Марии, СПБ., 1906.

Министерство народного просвещения, Устав гимназий и прогимназий ведомства, СПБ., Министерство народного просвещения, 1864.

Министерство народного просвещения, Сборник постановлений по Министерству народнаго просвещения, Том 2, СПБ, 1875—1876.

Писарев Д. И., Избранные педагогические сочинения, Москва, издательство Академии дагогических наук РСФСР, 1951.

Пискунов А. И., Арсеньев А.М., Шабаева М.Ф., Очерки истории школы и педагогической мысли народов СССР, Москва, Педагогика, 1976.

Рашин А. Г., Население России за 100 лет, Москва, 1956.

Рождественский С.В., Исторический обзор деятельности Министерства народного просвещения, СПБ., Государственная типография, 1902.

Рождественский С.В., Две записки М.М. Сперанского, Рождественский С.В., Материалы для истории учебных реформ в России в XVIII—XIX вв. СПБ., Общественная польза, 1910.

Рождественский С.В., Исторический обзор деятельности Министерства народного просвещения.

СПБ., Государственная типография, 1902.

Санкт-петербурские студенты, Новейший сборник программ и условий приема женщин в русские и заграничные высшие учебные заведения, СПБ., Надежда, 1910.

Семёнов Д. Д., Избранные педагогические сочинения, Москва, Акад. пед. наук РСФСР, 1953.

Сергеева С. В., Домашнее образование в России в первой половине XIX в., Пенза,

ПГТА, 2010.

Стоюнин В. Я., Избранные педагогические сочинения, Москва, Педагогика, 1991.

Стоюнин В. Я., Избранные педагогические сочинения, Москва, Академия педагогических наук, 1954.

Струминский В. Я., Архив К. Д. Ушинского, т. 1, Москва, Издательство Академии педагогических наук РСФСР, 1959.

Струминский В. Я., Архив К. Д. Ушинского, т. 4, Москва, Издательство Академии педагогических наук РСФСР, 1962.

Сытина И. Д. Народная энциклопедия научных и прикладных знаний, т. X. Москва, 1910-1913.

Толстой Л. Н., Педагогические сочинения, Москва, Учпедгиз, 1953.

Ушинский К. Д., Собрание Сочинений, т. 3, Москва, Ленинград, Акад. пед. наук РСФСР, 1948.

Ушинский К. Д., Собрание Сочинений, т. 10, Москва, Ленинград, Акад. пед. наук РСФСР, 1950.

Ушинский К. Д., Собрание Сочинений, т. 11, Москва, Ленинград, Акад. пед. наук РСФСР, 1952.

Ушинский К. Д., Собрание Сочинений, т. 2, Москва, Ленинград, Акад. пед. наук РСФСР, 1948.

Ушинский К. Д., Собрание Сочинений, т.6, Москва, Ленинград, Акад. пед. наук РСФСР, 1952.

Ушинский К. Д., Собрание Сочинений, т.7, Москва, Ленинград, Акад. пед. наук РСФСР, 1949.

Ушинский К. Д., Собрание Сочинений, т.8, Москва, Ленинград, Акад. пед. наук РСФСР, 1950.

Ушинский К. Д., Собрание Сочинений, т.9, Москва, Ленинград, Акад. пед. наук РСФСР, 1952.

Ушинский К. Д., Человек как предмет воспитания. Опыт педагогической антропологии(первый том), Москва, Академия педагогических наук РСФСР, 1945.

Ушинский К.Д., Собрание Сочинений, т. 1, Москва, Ленинград, Акад. пед. наук РСФСР, 1948.

Ушинский К.Д., Собрание Сочинений, т. 5, Москва, Ленинград, Акад. пед. наук РСФСР, 1950.

Фальборк Г. И., Чарнолуский В. И., Народное образование в России, Минск, Госбиблиотека БССР, 1989.

Чарнолуский В. И, Начальное образование в первой половине XIX столетия, История России в XIX в. , т. 4, Вып. 13, 14, СПБ., А. и И. Гранат, 1910.

Чарнолуский В. И., Земство и народное образование, ч. II, СПБ., Знание, 1911.

Чернышевский Н. Г., Полное собрание сочинений. т. V, Москва, Гослитиздат, 1949.

Чехов Н.В., Народное образование в России с 60-х годов XIX века, М., 1912.

Шелгунов Н. В., Избранные педагогические сочинения, Москва, Издательство Академии педагогических наук РСФСР, 1954.

Шмид Г. К., История средних учебных заведений в России, СПб., б.и. , 1878.